山川 一問一答 世界史

光森佐和子・増元良英 編

JN017302

山川出版社

はじめに 本書の特長と使い方

　この本は、世界史の学力を着実に身につけたいと考えている皆さんのための本です。「歴史はおもしろいけど暗記科目だから。特に世界史は大変！」という声をよく耳にします。確かに世界史の学習では、人類のこれまでの長い歩みと地球上の各地でおこったできごと(歴史的事象)を表現するために、多くの歴史用語を使用しています。また、歴史に足跡を残した人物や地名も多く登場します。これらを頭の中に定着させることは、歴史という「大河の流れ」を理解し、深くその意味を考えて表現するための基礎力として必要不可欠だと考えます。また、あるできごとについて詳細に知ることが、歴史をいきいきと魅力的なものにしているのも事実だと思うのです。

　この本は、教科書や用語集と常に一緒に手元に置いて下さい。まず授業進行に合わせて教科書の内容を確認し、わからないところは用語集で調べます。そして授業や教科書、用語集で学習したことを正しく理解し、覚えているかを、この本の一問一答形式の問題を使って最後にチェックしましょう。紙に書き、声に出して答えることが大

使い方

❶授業や教科書、『世界史用語集』で学習した用語を、この問題集でアウトプットして、覚えているかチェックしよう。

❷わからなかった問題は、教科書や『世界史用語集』で確認しよう。

❸チェック欄を活用して、身につくまで繰り返し学習しよう。

重要度
　★マークの数がその問題の解答の用語の重要度を表しています。★の数が多い問題は、とくに確実に覚えましょう。
　重要度は『世界史用語集』の頻度数に準拠したものです。なお、『世界史用語集』で項目として立てられていない、用語の解説文中の事項を問う問題などは、適宜、もととなった項目の頻度数を参考に重要度を示しています。
問題数：約4,700問

問題文中の赤字
問題文中の重要事項や、直前の問題の解答を赤字にしています。

チェック欄
各問題にチェック欄を設けています。解けた問題にチェックするなどして、復習に活用しよう。

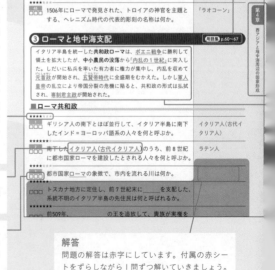

解答
問題の解答は赤字にしています。付属の赤シートをずらしながら1問ずつ解いていきましょう。

切です。これで授業での学びを補強することができます。何度も反復して、確実な知識と歴史を語るための語彙力が身につくと、定期考査だけでなく、受験を乗り越える学力の基礎ができ、論述問題の題意を理解して的確な解答を作成する力もついてくるでしょう。

大学入学共通テストが導入され、新課程科目「世界史探究」も始まりました。共通テストでは、資料文・図版・地図・発表形式や会話文の使用などが、「探究」では資料の読解といった特徴が目立ちますが、どのような出題・学習形態でも、基本は歴史用語・人名などに関する正しい知識の理解と学習内容の定着にあることを強調したいと思います。

皆さんがこの本をすみずみまで十分に活用して確かな学力を身につけ、それぞれの目標を達成されることを心から願っています。

編　者

**『世界史用語集』の
ページ数**
節ごとに、『世界史用語集』の対応するページ数を記載しています。

インデックス
章ごとに、目印となるインデックスを付しています。

節の冒頭
各節の冒頭には、その節の内容のポイントが書かれています。赤字の重要用語をチェックしながら、時代の流れや用語のつながりをおさえよう。

章の扉
各章の最初のページには、その章の内容の概要と、年表・地図・流れ図などがまとめられています。章の学習の前後に確認し、整理しておさえよう。

第1章　文明の成立と古代文明の特質

氷期が終わり、地球が温暖化するなかで、人類の生活が狩猟・採集から農耕・牧畜に移行すると、人口は飛躍的に増え、文明発展の基礎が築かれた。大河の流域を中心にエジプト文明・メソポタミア文明・インダス文明・中国文明などが栄え、政治や商業の記録を残すための文字が発明されると、人類史は先史時代から歴史時代に入った。一方ギリシアでは、オリエントの影響からエーゲ文明が誕生し、やや遅れてアメリカ大陸中・南部では、丘陵や山岳に都市が築かれ、**オルメカ文明・マヤ文明・チャビン文化**などの独自の文明が生まれた。

【古代文明の変遷】

	オリエント							ギリシア	南アジア	中国
	エジプト	パレスチナ		シリア	アナトリア	メソポタミア		イラン			
		南部	北部			南部	北部				
前3000	ノモス分立 初期王朝					シュメール人					仰韶文化
前2500	古王国 メンフィス										竜山文化

こんな使い方もできます。

● 本書を読みすすめるだけでなく、解答を紙に書いていくと、より一層の学習効果が期待できます。
● 問題文中の赤字も付属の赤シートで隠せるので、穴埋め問題としても活用できます。

| 序章 | 自然環境と人類の進化 |

今から46億年前に地球が誕生し、約700万年前のアフリカに<u>直立二足歩行</u>を特徴とする人類が出現した。この最初に出現した人類を<u>猿人</u>といい、簡単な<u>打製石器</u>を用いた。やがて約240万年前に<u>原人</u>が登場すると、<u>ハンドアックス</u>などの改良された打製石器や<u>火</u>を使用した。さらに約60万年前に<u>旧人</u>が出現すると、死者を<u>埋葬</u>するなど精神文化を発達させた。ついで約20万年前に<u>新人</u>が現れると、鮮やかな<u>洞穴絵画</u>を残し、<u>骨角器</u>を用いて生活を豊かにした。このように人類は、各地の環境に適応しながら生活圏を広げていき、アメリカ大陸を含むほぼ全世界に住み着くようになった。

【人類の出現と進化】

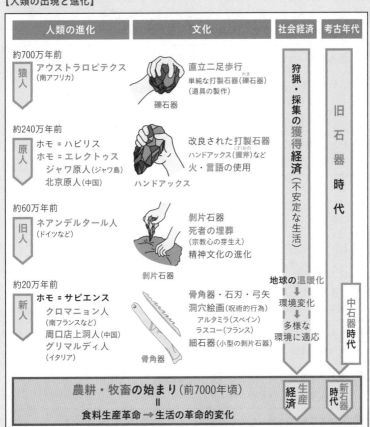

1

★★★★★★		
1 ☐☐☐	文字の発明以前の時代を、<u>歴史時代</u>に対して何というか。	先史時代
★★★★★★		
2 ☐☐☐	化石人類のうち、<u>直立二足歩行</u>をしていたと推定される、約700万年前に出現した初期の人類を何と総称するか。	<ruby>猿人<rt>えんじん</rt></ruby>
★★★★☆☆		
3 ☐☐☐	<u>猿人</u>のうち、半樹上生活ではあるが、地上では直立二足歩行をしていた、中央アフリカのチャドで発見された現在最古と考えられる700万〜600万年前の化石人類は何か。	サヘラントロプス
★★★☆☆☆		
4 ☐☐☐	<u>猿人</u>のうち、エチオピアで発見された、約440万年前に現れたとされる化石人類は何か。	ラミダス猿人
★★★☆☆☆		
5 ☐☐☐	<u>猿人</u>のうち、南・東アフリカで発見された、約420万年前に出現した「南のサル」を意味する化石人類は何か。	アウストラロピテクス
★★★☆☆☆		
6 ☐☐☐	<u>猿人</u>が用いたもっとも原始的な<u>打製石器</u><rt>だせい</rt>を何と呼ぶか。	<ruby>礫石器<rt>れきせっき</rt></ruby>
★★★★★☆		
7 ☐☐☐	人類が<u>打製石器</u>や骨角器を道具として、<u>狩猟・採集</u>を中心に生活を営んだ、約250万〜約1万3000年前の石器時代前期を何と呼ぶか。	旧石器時代
★★★★★☆		
8 ☐☐☐	約240万年前に出現した、猿人よりも発達した知力をもつ化石人類を何と総称するか。	<ruby>原人<rt>げんじん</rt></ruby>
★★★☆☆☆		
9 ☐☐☐	猿人と<u>原人</u>の中間に位置し、東アフリカで発見された、「器用な人」を意味する、240万〜180万年前頃の化石人類は何か。	ホモ＝ハビリス
★★★★★☆		
10 ☐☐☐	180万〜20万年前に東アフリカに現れ、ユーラシア大陸に拡散した<u>原人</u>の学名は何か。	ホモ＝エレクトゥス
★★★★★☆		
11 ☐☐☐	<u>原人</u>のうち、19世紀末、オランダ人のデュボワがジャワ島のトリニールで発見した化石人類は何か。	ジャワ原人
★★★★★☆		
12 ☐☐☐	<u>原人</u>のうち、1920〜30年代に中国の<ruby>周口店<rt>しゅうこうてん</rt></ruby>で発見され、<u>火</u>の使用が確認されている化石人類は何か。	<ruby>北京<rt>ペキン</rt></ruby>原人
★★★★★☆		
13 ☐☐☐	<u>原人</u>が木を<ruby>伐<rt>き</rt></ruby>ったり削ったりするために用いた、全体を整形した<u>打製石器</u>を何と呼ぶか。	ハンドアックス (<ruby>握斧<rt>にぎりおの</rt></ruby>)
★★★★★☆		
14 ☐☐☐	約60万年前に出現したと推定され、原人より発達した知	<ruby>旧人<rt>きゅうじん</rt></ruby>

力をもつ、旧大陸各地から出土している化石人類を何と総称するか。

★★★★★★☆
15 ☐☐☐ <u>旧人</u>のうち、19世紀半ばにドイツのある渓谷で発見された、ヨーロッパから中央アジアおよび西アジア一帯に分布していた化石人類は何か。 | ネアンデルタール人

★★★★★★☆
16 ☐☐☐ <u>ネアンデルタール人</u>の発掘によって確認された、宗教的行為あるいは精神文化とは何か。 | 埋葬の習慣

★★★★★★☆
17 ☐☐☐ <u>ネアンデルタール人</u>が肉を切ったり、骨を削いだりするために用いた打製石器は何か。 | 剝片石器

★★★★★★★
18 ☐☐☐ 約20万年前にアフリカに出現し、5万年前頃から世界各地に広がった、現生人類(ホモ＝サピエンス)に属する化石人類を何と総称するか。 | 新人

★★★★★★☆
19 ☐☐☐ <u>新人</u>のうち、4万2000年ほど前に現れ、南西フランスで発見された現生人類の名称は何か。 | クロマニョン人

★★★★☆☆☆
20 ☐☐☐ <u>新人</u>のうち、3万5000年前に現れ、中国の北京郊外で発見された現生人類の名称は何か。 | 周口店上洞人

★★☆☆☆☆☆
21 ☐☐☐ <u>新人</u>のうち、2万5000年前に現れ、イタリア領地中海沿岸の洞穴群でみつかった現生人類の名称は何か。 | グリマルディ人

★★★★★★☆
22 ☐☐☐ 新人が出現した旧石器時代後期から、動物の骨や角で製作し、銛・槍・針などに使われはじめた道具は何か。 | 骨角器

★★★★★★★
23 ☐☐☐ 新人らが残した、旧石器時代後期の<u>洞穴絵画</u>で知られる、1940年に南西<u>フランス</u>で発見された遺跡の名称は何か。 | ラスコー

★★★★☆☆☆
24 ☐☐☐ 新人らが残した、旧石器時代後期の<u>洞穴絵画</u>で知られる、1879年に<u>スペイン</u>北部で発見された遺跡の名称は何か。 | アルタミラ

★★☆☆☆☆☆
25 ☐☐☐ 旧石器時代後期につくられた、多産や豊作を祈るためと考えられる、小さな石のヴィーナス像を何と呼ぶか。 | 女性裸像

★☆☆☆☆☆☆
26 ☐☐☐ 旧石器時代と新石器時代との中間の文化段階で、考古学的には<u>細石器</u>の使用を指標とする時代を何と呼ぶか。 | 中石器時代

★★★☆☆☆☆
27 ☐☐☐ <u>中石器時代</u>から新石器時代の初め、矢・ナイフ・鎌などの刃として使用された、小型の剝片石器を何と呼ぶか。 | 細石器

★★★★☆☆☆		
28 ☐☐☐	新生代後期のうち、約260万年前から約1万1700年ほど前までの氷河時代を、地質学上では何と呼ぶか。	更新世 こうしんせい

★★☆☆☆☆☆		
29 ☐☐☐	新生代末期(約1万1700年前)から現在までの、温暖化した後氷期を、地質学上では何と呼ぶか。	完新世 かんしんせい

■人類と言語

用語集 p.2～3

★★★★★☆☆		
1 ☐☐☐	19世紀に興隆した、皮膚色などの身体的特徴から人類を区分した分類のことで、生物学的根拠がなく、今日では差別意識の原因ともなっている集団概念を何と呼ぶか。	人種

★★★★★★★		
2 ☐☐☐	人間の話す言語や風俗、政治・経済の形態や同属意識など、おもに帰属する文化によって分類した集団概念を何と呼ぶか。	民族

★★★★★★☆		
3 ☐☐☐	人類を同系統の言語を話す人々で分類・設定した集団概念を何と呼ぶか。	語族

★★★★☆☆☆		
4 ☐☐☐	ヨーロッパのゲルマン語派・イタリック語派や、アジアのインド=イラン語派などを含む一大語群を、何と総称するか。	インド=ヨーロッパ語族

★★★☆☆☆☆		
5 ☐☐☐	アジア地域に広がるトルコ語・モンゴル語・ツングース語などを話す人々の語群を何と総称するか。	アルタイ語族

★★★★☆☆☆		
6 ☐☐☐	西アジアから北アフリカ地域に分布するセム語派やエジプト語派などの語群を何と総称するか。	アフロ=アジア語族

第1章	# 文明の成立と古代文明の特質

氷期が終わり、地球が温暖化するなかで、人類の生活が狩猟・採集から農耕・牧畜に移行すると、人口は飛躍的に増え、文明発展の基礎が築かれた。大河の流域を中心にエジプト文明・メソポタミア文明・インダス文明・中国文明などが栄え、政治や商業の記録を残すための文字が発明されると、人類史は先史時代から歴史時代に入った。一方ギリシアでは、オリエントの影響からエーゲ文明が誕生し、やや遅れてアメリカ大陸中・南部では、丘陵や山岳に都市が築かれ、オルメカ文明・マヤ文明・チャビン文化などの独自の文明が生まれた。

【古代文明の変遷】

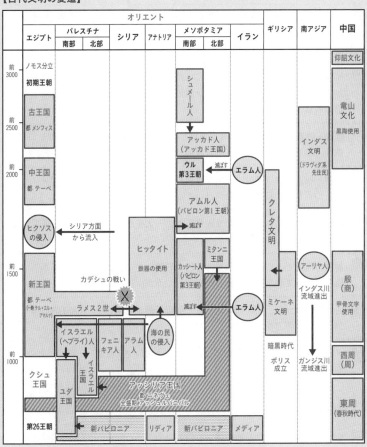

❶ 文明の誕生

用語集 p.4〜5

約1万年前に氷期が終わると地球は温暖化し、自然環境は大きく変化した。人類は世界各地で植物栽培による食料生産を開始し、移動をやめて定住し、共同作業の必要から集落を形成した。大河の流域で灌漑農業が開始されると、宗教や交易の中心地に都市が生まれ、武器などの金属器や記録用の文字が発明され、人類は歴史時代へ入った。

■農耕と牧畜のはじまり

★★★★★★☆		
1 □□□	棒や簡単な武器を用いて鳥獣・魚類・植物などを食料として手に入れる、旧石器時代の食料獲得方法とは何か。	狩猟・採集
★★★★★★☆		
2 □□□	約1万年前に氷期が終わり、地球が温暖化するなか、約9000年前の西アジアで開始された、画期的な食料生産方法とは何か。	農耕・牧畜
★☆☆☆☆☆☆		
3 □□□	イラク東北部のジャルモとならんで最古の初期農耕集落とされる、パレスチナのヨルダン川西岸で発見された遺跡の名は何か。	イェリコ
★★★★★★☆		
4 □□□	農耕・牧畜開始以前の、人類が食料として自然界の鳥獣・魚類・植物などを手に入れて営む経済活動を何と呼ぶか。	獲得経済
★★★★★★☆		
5 □□□	農耕・牧畜開始以降の、人類が食料など生活に必要なものをつくり出す経済活動を何というか。	生産経済
★★☆☆☆☆☆		
6 □□□	農耕・牧畜の開始にともなう人類史上の一大変革を何というか。	食料生産革命（新石器革命）
★★★★★★☆		
7 □□□	農耕の開始とともに発達した、石臼・石斧などの、砂や砥石を使って表面を磨いた石器を何というか。	磨製石器
★★★★★★☆		
8 □□□	約9000年前から、人類が道具として磨製石器を使用した時代を何と呼ぶか。	新石器時代
★★★★★★☆		
9 □□□	メソポタミアをはじめ各地でつくられた、顔料で模様を施した土器を何と呼ぶか。	彩文土器

■文明の誕生

★★☆☆☆☆☆		
1 □□□	自然の雨水に頼る、初期の農法を何と呼ぶか。	乾地農法

★★★★★☆☆☆
| 2 □□□ | 村落から都市の成立に向かう頃、水を人工的に供給する農業が開始された。この農業を何と呼ぶか。 | 灌漑農業 |

★★★★☆☆☆☆
| 3 □□□ | 約6000年前から、西アジア・ヨーロッパ・インド・中国などで製作・使用されはじめた、銅と錫の合金である金属器は何か。 | 青銅器 |

★★★☆☆☆☆☆
| 4 □□□ | 金属器時代、貧富の差や職業分化によって、人々のあいだに形成された上下区分を何と呼ぶか。 | 階級 |

★★★★★☆☆☆
| 5 □□□ | 金属器時代、支配階級の居住する都市が周辺地域を支配する、最初の国家形態が生まれたが、これを何と呼ぶか。 | 都市国家 |

★★★★★★☆☆
| 6 □□□ | 国家の成立とほぼ同じ頃、人類が言語を記録するために発明したものは何か。 | 文字 |

★★★★★★☆☆
| 7 □□□ | 文字の登場以降の、文字史料によって歴史を研究することができる時代を何と呼ぶか。 | 歴史時代 |

★★★★☆☆☆☆
| 8 □□□ | 千年を単位とした時代の区画法を何と呼ぶか。 | 千年紀 |

❷ 古代オリエント文明とその周辺　　　　用語集 p.5〜12

　古代オリエントでは、**メソポタミア**と**エジプト**の大河の流域に灌漑農業を基盤とする国家が成立し、**シリア・パレスチナ地方**は両地域を結ぶ海陸交通の要地として繁栄した。**エジプト**の**太陽暦**、**メソポタミア**の**六十進法**、**フェニキア**の**表音文字**は、周辺地域に大きな影響をおよぼし、東地中海沿岸の**エーゲ文明**成立にも影響を与えた。

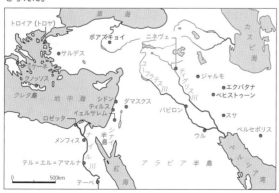

■オリエントの風土と人々

★★★★★★☆☆ 1 □□□	ラテン語で「日の昇るところ」を意味し、西アジアからエジプトにかけての地域を指す言葉は何か。	オリエント
★★★★★★★☆ 2 □□□	「川のあいだの土地」を意味する、北のティグリス川と南のユーフラテス川との流域を指す言葉は何か。	メソポタミア
★★★★★★★☆ 3 □□□	メソポタミアからシリア・パレスチナに至る、農耕文明が早くから成立した地帯を何と呼ぶか。	「肥沃な三日月地帯」
★★★★☆☆☆☆ 4 □□□	古代オリエントで話されたアッカド語・アラム語・ヘブライ語や、今日のアラビア語を話す人々は、言語分類上、何語系の民族と呼ばれるか。	セム語系
★★★★★☆☆☆ 5 □□□	古代文明に多くみられる、神の権威を借りておこなわれた政治を何と呼ぶか。	神権政治

■シュメール人の都市国家

★★★★★★★☆ 1 □□□	民族系統は不詳だが、メソポタミア南部に最古の文明を築いた人々の名称は何か。	シュメール人
★★★★★★★☆ 2 □□□	シュメール人がユーフラテス川下流域に建設し、王墓が発見された都市国家遺跡はどこか。	ウル
★★☆☆☆☆☆☆ 3 □□□	戦争や貢納の場面を表したとみられるモザイクがほどこされている、ウルから出土した箱状の工芸品は何か。	ウルのスタンダード
★★★★★★★☆ 4 □□□	ウルの遺跡の上流部に位置し、最初の文字記録が発見されたシュメール人の都市国家遺跡はどこか。	ウルク
★★★☆☆☆☆☆ 5 □□□	ウルの遺跡の北方、ティグリス川河口近くのシュメール人の都市国家遺跡はどこか。	ラガシュ
★★★★★★★☆ 6 □□□	古代メソポタミアの都市国家で建設された、煉瓦でつくられ、基壇の上に神殿が建っていた聖塔を何と呼ぶか。	ジッグラト
★★★★★★★☆ 7 □□□	シュメール人の都市国家を征服し、前24世紀頃にメソポタミア最初の統一国家を建てたセム語系の人々の名称は何か。	アッカド人
★★★☆☆☆☆☆ 8 □□□	前24世紀頃、メソポタミア最初の統一国家であるアッカ	サルゴン（1世）

ド王国を建てた王は誰か。

★☆☆☆☆☆☆☆
| 9 ☐☐☐ | 前22世紀末〜前21世紀末、アッカド人を追放して、シュメール人が建てた最後の王朝を何と呼ぶか。 | ウル第3王朝 |

■メソポタミアの統一と周辺地域

★★★★★★★☆
| 1 ☐☐☐ | 前19世紀初めにセム語系遊牧民がユーフラテス川中流域を中心に建てた王朝は何か。 | バビロン第1王朝 |

★★★★★★★☆
| 2 ☐☐☐ | メソポタミアに進出し、前19世紀初めにバビロン第1王朝を建てたセム語系遊牧民は何か。 | アムル人 |

★★★★☆☆☆
| 3 ☐☐☐ | マルドゥクを守護神とし、前19世紀以降、メソポタミアの中心として栄えた都市はどこか。 | バビロン |

★★★★★★★☆
| 4 ☐☐☐ | 前18世紀前半に全メソポタミアを統一し、運河を含む交通網を整備し商業を発展させた、バビロン第1王朝第6代の王は誰か。 | ハンムラビ王 |

★★★★★★★☆
| 5 ☐☐☐ | ハンムラビ王がシュメール法などを継承して集大成した、楔形文字で石碑に刻まれた282条の法典の名称は何か。 | ハンムラビ法典 |

★★★★★☆☆
| 6 ☐☐☐ | ハンムラビ法典の刑法は(同害)復讐法と身分法を特色とする。この(同害)復讐法の原則を表す有名な成句は何か。 | 「目には目を、歯には歯を」 |

★★★★★★☆☆
| 7 ☐☐☐ | 前17世紀半ば頃アナトリアに王国を建て、はじめて鉄器を本格的に使用し、バビロン第1王朝を滅ぼしたインド＝ヨーロッパ語系の民族は何か。 | ヒッタイト人 |

★★★★★☆☆
| 8 ☐☐☐ | ザグロス山脈方面から南メソポタミアに侵入し、前16世紀にバビロン第3王朝を建てたが、前12世紀にエラム人によって滅ぼされた、民族系統不明の民族は何か。 | カッシート人 |

★★★★★☆☆
| 9 ☐☐☐ | 前2千年紀後半に成立して、北メソポタミアからシリアを制圧して栄えた、住民の多くをフルリ人が占めていた王国の名称は何か。 | ミタンニ王国 |

★★★★★★★☆
| 10 ☐☐☐ | シュメール人が粘土板に刻んだ文字は何か。 | 楔形文字 |

★★★★★★★☆
| 11 ☐☐☐ | シュメール人が発明した、天文学・角度・時間の単位となった記数法は何か。 | 六十進法 |

★★★★★★ 12 □□□	シュメールに始まり、古代メソポタミアで広く用いられた、月の満ち欠けの周期を基準とする暦は何か。	太陰暦
★★★★☆☆☆ 13 □□□	古代メソポタミアなどで用いられた、太陰暦を基本に、月の満ち欠けと太陽の運行を組み合わせ、閏月を挿入して、季節とのずれを解消した暦は何か。	太陰太陽暦
★★★☆☆☆☆ 14 □□□	ノアの洪水伝説の原型とされ、ウルクの王を題材とした古代メソポタミアの伝説的叙事詩は何か。	『ギルガメシュ叙事詩』
★★★☆☆☆☆ 15 □□□	シュメールに始まり、バビロニアで盛んとなった、天体の運行から様々な事象を説明しようとする考え(術)は何か。	占星術

■エジプトの統一国家

★★★★★★☆ 1 □□□	古代ギリシアの歴史家ヘロドトスがその著書『歴史』に書いた、古代エジプトの繁栄を表現した言葉は何か。	「エジプトはナイルのたまもの」
★☆☆☆☆☆☆ 2 □□□	統一以前の各地の集落群をもとに形成されたと考えられている古代エジプトの地方行政単位を何と呼ぶか。	ノモス
★★★★★★★ 3 □□□	もとは「大きな家」を意味し、太陽神ラーの子とされる、古代エジプトの王の称号を何と呼ぶか。	ファラオ
★★★★★★☆ 4 □□□	前27〜前22世紀の古代エジプトの第3〜6王朝期を何時代と呼ぶか。	古王国時代
★★★★★★☆ 5 □□□	ナイル川デルタの南端にある古王国時代の都はどこか。	メンフィス
★★★★★★☆ 6 □□□	古王国時代に多く建設された、王の権威を象徴する石造建築物は何か。	ピラミッド
★★★★★☆☆ 7 □□□	ギザに最大のピラミッドを建設させた、第4王朝の王は誰か。	クフ王
★★★★★☆☆ 8 □□□	ピラミッドの入口におかれた、人頭獣身の石像は何か。	スフィンクス
★★★★★★☆ 9 □□□	前21〜前18世紀の古代エジプトの第11〜12王朝期を何時代と呼ぶか。	中王国時代
★★★★★★☆ 10 □□□	ナイル川中流東岸にある中王国時代とのちの新王国時代	テーベ

の都はどこか。

★★★★★☆ 11 □□□	中王国末期にシリア方面から流入し、その滅亡後に下エジプトを支配したアジア系民族を何と呼ぶか。	ヒクソス
★★★★★☆ 12 □□□	前16世紀前半～前11世紀前半の古代エジプトの第18～20王朝期を何時代と呼ぶか。	新王国時代
★★★★★☆ 13 □□□	前14世紀にテーベの守護神アメン（アモン）を奉じる神官団をおさえるため、唯一神アテン（アトン）の信仰を強制する宗教改革をおこなった、第18王朝の王は誰か。	アメンヘテプ4世（アクエンアテン）
★★★★★☆ 14 □□□	アメンヘテプ4世の時に遷都されて都となったが、この王の死後放棄された都市はどこか。	テル＝エル＝アマルナ
★★★★☆☆ 15 □□□	アメンヘテプ4世の時代の、写実的な芸術を何と呼ぶか。	アマルナ美術
★★★★☆☆ 16 □□□	美しく彩色されたアマルナ美術の彫像で知られる、アメンヘテプ4世の妃は誰か。	ネフェルティティ
★★☆☆☆☆ 17 □□□	多数の神殿を建設し、対外的にはシリアやナイル川上流のヌビアなどに領土を拡大して、大王と称された新王国時代の王は誰か。	ラメス（ラメセス）2世
★★☆☆☆☆ 18 □□□	ラメス2世が、前13世紀前半にヒッタイトと戦った場所はシリアのどこか。	カデシュ
★★★★★☆ 19 □□□	古代エジプトの主神である太陽神を何と呼ぶか。	ラー
★★★★★☆ 20 □□□	テーベの都市神が、太陽神と結合して新王国時代に広く普及した神の名称は何か。	アメン（アモン）＝ラー
★★★★★☆ 21 □□□	古代エジプト人が霊魂不滅を信じて、加工保存した遺体を何と呼ぶか。	ミイラ
★★★★★★ 22 □□□	人間の死後の世界をつかさどり、冥界の王とみなされ、死後の審判をおこなうとされた神の名称は何か。	オシリス
★★★★★★ 23 □□□	古代エジプト人が、死後の世界の案内書として、オシリスの審判を受けるために必要な呪文を記した副葬品は何か。	「死者の書」
★★★★★★ 24 □□□	ヒエログリフと称される、神殿・墓などに刻まれたエジプトの象形文字を何と呼ぶか。	神聖文字

★★☆☆☆☆☆		
25 □□□	<u>神聖文字</u>を簡略化し、宗教文書・行政文書・文学作品に用いられた文字を何と呼ぶか。	神官文字(ヒエラティック)
★★★★★☆☆		
26 □□□	<u>神官文字</u>をさらに簡略化した文字を何と呼ぶか。	民用文字(デモティック)
★★★★★★★		
27 □□□	古代エジプトで使用された、カヤツリ草を材料とした一種の紙のことを何と呼ぶか。	パピルス
★★★★★☆☆		
28 □□□	ナイル川の氾濫後、荒れた土地をもと通りに区画するため、古代エジプトで発達した技術とは何か。	測地術
★★★★★★★		
29 □□□	エジプト人が用いた、ナイル川の氾濫の規則性から考案されたとされる暦は何か。	太陽暦
★★★★★☆☆		
30 □□□	ナポレオンのエジプト遠征の際に発見され、<u>神聖文字・民用文字・ギリシア文字</u>の3書体が刻まれていた石碑は何と呼ばれるか。	ロゼッタ = ストーン
★★★★★☆☆		
31 □□□	<u>ロゼッタ = ストーン</u>に刻まれていたギリシア文字を手がかりに、神聖文字の解読に成功した19世紀のフランス人学者は誰か。	シャンポリオン

■東地中海の諸民族

★★☆☆☆☆☆		
1 □□□	パレスチナの先住民で、前15〜前14世紀に交易で栄えたのち、ヘブライ人に従属したセム語系民族は何か。	カナーン人
★★★★★☆☆		
2 □□□	前13世紀末〜前12世紀初め、東地中海一帯に進出し、<u>ヒッタイト</u>滅亡や<u>エジプト新王国</u>弱体化の要因となった、民族系統不明の諸族集団の総称は何か。	「海の民たみ」
★★★★★★☆		
3 □□□	前13世紀頃から、シリア地方を中心に<u>内陸交易</u>で活躍したセム語系遊牧民は何か。	アラム人
★★★★★★☆		
4 □□□	シリアの中心都市で、<u>アラム人</u>の<u>内陸交易</u>の拠点として栄えた都市はどこか。	ダマスクス
★★★★★★★		
5 □□□	アッシリアやアケメネス朝の公用語にもなったオリエントの共通語で、イエスも使用したセム語系言語は何か。	アラム語
★★★★★★☆		
6 □□□	西アジアではヘブライ文字や<u>アラビア文字</u>の、東方では	アラム文字

	ソグド文字やウイグル文字などの母体となった文字は何か。	
★★★★★★★ **7** ☐☐☐	地中海東岸に多くの都市国家を建て、前12世紀頃から<u>地中海交易</u>で活躍したセム語系民族は何か。	フェニキア人
★★★★★☆☆☆ **8** ☐☐☐	かつてシリア一帯に自生した針葉樹で、まっすぐで頑強なため、船材・建築の材料に使われた、<u>フェニキア人</u>の主要な交易品は何か。	レバノン杉
★★★★★★★ **9** ☐☐☐	<u>フェニキア人</u>が地中海東岸に建てた拠点のうち、<u>シドン</u>にかわって最有力となり、前9世紀に植民市<u>カルタゴ</u>を建設した海港都市国家はどこか。	ティルス
★★★★★★☆☆ **10** ☐☐☐	<u>アルファベット</u>の起源となり、西方系文字の源流となった、セム語系の表音文字は何か。	フェニキア文字
★★★★★★☆ **11** ☐☐☐	前1500年頃パレスチナに移住・定着し、またその一部がエジプトへ移住したセム語系民族は何と他称されるか。	ヘブライ人
★★★★★★☆ **12** ☐☐☐	<u>ヘブライ人</u>の自称は何か。	イスラエル人
★★★★☆☆☆ **13** ☐☐☐	前13世紀頃に「<u>出エジプト</u>」を指導した、<u>イスラエル(ヘブライ)人</u>の伝説的預言者は誰か。	モーセ
★★★★☆☆☆☆ **14** ☐☐☐	前10世紀前半、第2代の国王として<u>イスラエル王国</u>の全盛期を現出したのは誰か。	ダヴィデ王
★★★★☆☆☆ **15** ☐☐☐	<u>ダヴィデ王</u>によって定められた、<u>イスラエル王国</u>の都はどこか。	イェルサレム
★★★★☆☆☆☆ **16** ☐☐☐	王国の都に神殿を建設した、<u>イスラエル王国</u>の第3代国王は誰か。	ソロモン王
★★★★★★★ **17** ☐☐☐	前722年、<u>イスラエル王国</u>を滅ぼした、セム語系の民族・国家は何か。	アッシリア王国
★★★★★★★ **18** ☐☐☐	<u>イスラエル王国</u>分裂後、南部に成立したが、前586年(前587年)に<u>新バビロニア</u>によって滅ぼされた王国は何か。	ユダ王国
★★★★★★★ **19** ☐☐☐	<u>ユダ王国</u>の滅亡の際、<u>新バビロニア</u>が住民の多くを強制移住させたできごとは何と呼ばれるか。	バビロン捕囚
★★★★★★★ **20** ☐☐☐	成立した<u>ユダヤ教</u>の唯一神の名称は何か。	ヤハウェ

★★★★★★☆ 21 □□□	ユダヤ教の特色の1つである、自民族だけが救われるとする排他的な思想を何というか。	選民思想
★★★★★★☆ 22 □□□	民族が苦境におちいった時、民族を破滅から救う者が現れるとする思想がある。破滅から人々を救う者を何と呼ぶか。	救世主(メシア)
★★★★★★☆ 23 □□□	約50年にわたるバビロン捕囚からの解放後、帰国したユダヤ人が成立させた民族宗教は何か。	ユダヤ教
★★★★★★☆ 24 □□□	イスラエル人の伝承、神への賛歌、預言者の言葉をヘブライ語で記した、ユダヤ教の教典は何か。	『旧約聖書』
★★★☆☆☆☆ 25 □□□	唯一絶対神、偶像崇拝の禁止、安息日の厳守や、殺人・窃盗・偽証などの戒めからなる、モーセが神から授かったユダヤ教の基本戒律は何か。	十戒
★★★☆☆☆☆ 26 □□□	宗教において、神から言葉を預かり、それを人々に伝える者を何と呼ぶか。	預言者
★★☆☆☆☆☆ 27 □□□	ギリシア語で「分散」を意味する、パレスチナ以外の地にユダヤ人が離散したことを指す言葉は何か。	ディアスポラ

■エーゲ文明

★★★★★★★ 1 □□□	前3000〜前1200年頃にかけて、エーゲ海を中心に成立した、青銅器文明の総称は何か。	エーゲ文明
★★★★★★★ 2 □□□	エーゲ文明のうち、城壁はなく、平和的性格がうかがえる、前2000〜前1400年頃に栄えた文明は何か。	クレタ文明(ミノア文明)
★★★★★★☆ 3 □□□	クレタ文明の中心地で、壮大な宮殿が発掘された場所はどこか。	クノッソス
★★★★☆☆☆ 4 □□□	クノッソスの宮殿跡を発掘したイギリスの考古学者は誰か。	エヴァンズ
★★★★★★★ 5 □□□	前1600〜前1200年頃、南下したアカイア人がペロポネソス半島に築いた青銅器文明を何と呼ぶか。	ミケーネ文明
★★★★★★☆ 6 □□□	ミケーネ文明の中心地となった、ペロポネソス半島東部の代表的な遺跡は、ミケーネともう1つはどこか。	ティリンス

★★★★☆☆☆		
7 ◻◻◻	エーゲ文明のうち、<u>ミケーネ文明</u>と同時期に第7層がつくられたと推定される、アナトリア半島西北岸の遺跡はどこか。	トロイア(トロヤ)
★★★★★★☆		
8 ◻◻◻	<u>ホメロス</u>の詩『<u>イリアス</u>』の歴史性を信じて、<u>トロイア</u>の発掘に成功したドイツの考古学者は誰か。	シュリーマン
★★★★☆☆☆		
9 ◻◻◻	ミケーネ文明の頃の<u>線文字B</u>の解読に成功したイギリス人は誰か。	ヴェントリス
★★★★☆☆☆		
10 ◻◻◻	<u>ミケーネ文明</u>滅亡の一因とも推定される、前13世紀末〜前12世紀初めにかけて東地中海一帯に進出した、諸民族集団の総称は何か。	「海の民」
★★★★☆☆☆		
11 ◻◻◻	「<u>海の民</u>」の侵入なども背景に、ミケーネ文明崩壊後、前12〜前8世紀頃まで続く、ギリシア史の初期鉄器時代を何と呼ぶか。	暗黒時代
★★★★★☆☆		
12 ◻◻◻	バルカン半島南部やアナトリア半島西岸に定住し、ミレトスなどを建設したギリシア人の一派を何と呼ぶか。	イオニア人
★★★★★☆☆		
13 ◻◻◻	アナトリア半島西北岸に定住した、ギリシア人の一派を何と呼ぶか。	アイオリス人
★★★★★☆☆		
14 ◻◻◻	前12世紀末頃<u>鉄器</u>をもって南下した、第2波のギリシア人の一派を何と呼ぶか。	ドーリア(ドーリス)人

■オリエントの統一と分裂

★★★★★★★		
1 ◻◻◻	<u>ミタンニ王国</u>の支配から独立し、前7世紀前半にエジプトを含む全オリエントをはじめて統一したセム語系民族の国は何か。	アッシリア王国
★★★★★☆☆		
2 ◻◻◻	前8世紀末から<u>アッシリア王国</u>の都となった都市はどこか。	ニネヴェ
★★★★★★☆		
3 ◻◻◻	<u>アッシリア王国</u>の最大版図を達成し、また<u>ニネヴェ</u>に<u>大図書館</u>をつくった国王は誰か。	アッシュルバニパル
★★★★★☆☆		
4 ◻◻◻	<u>アッシリア王国</u>滅亡後に分立した4王国のうち、アナトリア南西部で栄え、世界最古の<u>金属貨幣</u>を使用した国は何か。	リディア(リュディア)

★★★★★★ 5 □□□	アッシリア王国滅亡後に分立した4王国のうち、メソポタミア主要部を支配し、もっとも強勢をほこったセム語系民族の国は何か。	新バビロニア（カルデア）
★★★★★ 6 □□□	エジプトを破ったのち、ユダ王国を滅ぼし、前586年にバビロン捕囚をおこなった、新バビロニアの最盛期の王は誰か。	ネブカドネザル2世
★★★★★★ 7 □□□	アッシリア王国滅亡後、エクバタナを都にイラン人が建てた国家は何か。	メディア
★★★★★★ 8 □□□	エジプト新王国の滅亡後、エジプトに進出していたヌビア人の国家で、アッシリアの攻撃でエジプト南方に退いた黒人王国は何か。	クシュ王国
★★★★★ 9 □□□	アッシリアのエジプト侵入で南に遷都し、製鉄と商業で繁栄したクシュ王国の都はどこか。	メロエ
★★★★★★ 10 □□□	メロエを都とした後期クシュ王国は何と呼称されることがあるか。	メロエ王国（王朝）
★★★★★ 11 □□□	紀元前後頃エチオピア高原に成立し、後4世紀にクシュ王国を滅ぼした国は何か。	アクスム王国

③ 南アジアの古代文明　　　　　　　用語集 p.13〜14

前2600年頃にドラヴィダ系の先住民が、南アジア最古のインダス文明を築いた。前1500年頃、北方からアーリヤ人が侵入すると、先住民を征服しつつヴェーダの文化を築いた。前1000年を過ぎるとアーリヤ人はより肥沃なガンジス川流域に進出し、鉄器の使用開始とともに、社会の階層分化が進み、ヴァルナ制と呼ばれる身分制度が成立した。

■インダス文明

★★★★★★★ 1 □□□	前2600年頃〜前1800年頃の、都市計画にもとづく遺跡が発掘された、インダス川中・下流域に成立した古代文明を何と呼ぶか。	インダス文明
★★★★★★★ 2 □□□	インダス川下流域のシンド地方で発見された、「死人の丘」を意味する名称の遺跡は何か。	モエ(ヘ)ンジョ゠ダーロ

★★★★★★★ **3** ☐☐☐	インダス川中流域の<u>パンジャーブ地方</u>で発見された、代表的な都市遺跡の名称は何か。	ハラッパー
★★★★☆☆☆ **4** ☐☐☐	インド西部の湿原地帯で発見された、大規模な遺跡の名称は何か。	ドーラヴィーラー
★★★★★★★ **5** ☐☐☐	インダス文明の未解読の象形文字を何と呼ぶか。	インダス文字
★★★★★★★ **6** ☐☐☐	インダス文明の遺跡から出土した、動物の図柄と<u>インダス文字</u>が刻まれている印鑑・ハンコを何と呼ぶか。	印章 <small>いんしょう</small>
★★★★★★★ **7** ☐☐☐	インダス文明の建設者と推定され、現在は<u>南インド</u>を中心に分布している先住民は何系の人々か。	ドラヴィダ系

■アーリヤ人の侵入とガンジス川流域への移動

★★★☆☆☆☆ **1** ☐☐☐	インドと西アジアを結ぶ交通の要衝で、アフガニスタンとパキスタンを結ぶ峠の名称は何か。	カイバル峠
★★★★★★★ **2** ☐☐☐	前1500年頃までに中央アジアからインド西北部に移住してきた、インド＝ヨーロッパ語系の人々は何と呼ばれるか。	アーリヤ人
★★★★★★★ **3** ☐☐☐	<u>アーリヤ人</u>が最初に定住したインダス川中流の地域は何と呼ばれるか。	パンジャーブ
★★★★☆☆☆ **4** ☐☐☐	<u>アーリヤ人</u>が、<u>ガンジス川流域</u>に進出する前1000年頃までに生み出した自然崇拝宗教の聖典の総称は何か。	ヴェーダ
★★★★★★★ **5** ☐☐☐	<u>ヴェーダ</u>のうち、神々への賛歌を集めた、最古の聖典の名称は何か。	『リグ＝ヴェーダ』
★★★★★★★ **6** ☐☐☐	<u>アーリヤ人</u>が前1000年頃から移動を開始し、森林地帯を鉄器で開墾して定住するようになった地域はどこか。	ガンジス川(上)流域
★★★★★★★ **7** ☐☐☐	前10世紀以後に形成された身分制度のうち、「種姓<small>しゅせい</small>」と訳される4つの基本的身分のことを何と呼ぶか。	ヴァルナ
★★★★★★★ **8** ☐☐☐	<u>ヴァルナ</u>のうち、宗教儀式をつかさどる、最上位の<u>司祭</u>階層を何と呼ぶか。	バラモン
★★★★★★★ **9** ☐☐☐	<u>ヴァルナ</u>のうち第2位に位置する、<u>王侯・戦士</u>階層を何	クシャトリヤ

	と呼ぶか。	
★★★★★★★ **10** ☐☐☐	<u>ヴァルナ</u>のうち第3位に位置する、農民・商人などの<u>庶民階層</u>を何と呼ぶか。	ヴァイシャ
★★★★★★★ **11** ☐☐☐	<u>ヴァルナ</u>のうち最下位に位置する、被征服民を中心とする<u>隷属民階層</u>を何と呼ぶか。	シュードラ
★★★★☆☆☆ **12** ☐☐☐	ヴァルナの枠外におかれ、もっとも差別された人々を何と呼んだか。	不可触民 <small>ふかしょくみん</small>
★★★★★★★ **13** ☐☐☐	<u>ヴェーダ</u>を根本聖典とし、のちに民間信仰と融合して<u>ヒンドゥー教</u>へとかわっていった、バラモンが執行する祭式を中心とした宗教は何か。	バラモン教
★★★★★★★ **14** ☐☐☐	<u>ヴァルナ</u>のもとで、職業・出身地などの違いによって細分化された社会階層を何と呼ぶか。	ジャーティ(カースト)
★★★★★★☆ **15** ☐☐☐	ポルトガル語の「血統」に由来する、ヴァルナに<u>ジャーティ</u>を結びつけて成立した、インドの社会制度を何と呼ぶか。	カースト制度

④ 中国の古代文明　　　　　　　　　　　　　　用語集 p.15〜20

中国の古代文明は、<u>黄河</u>流域と<u>長江</u>流域を中心に各地で発生した。やがて、中央ユーラシアに連なる黄河流域の都市文明のなかから<u>殷王朝</u>、ついで<u>周王朝</u>が成立して華北を支配した。その後、<u>春秋・戦国時代</u>の動乱のなかで、<u>鉄器</u>の普及による農業生産力の向上から**氏族**の統制は緩み、**実力本位**の風潮から諸子百家が登場した。

■東アジアの風土と人々

★★★★★★★ **1** ☐☐☐	青海省に発し渤海湾に注ぐ、中国第2の大河は何か。 <small>せいかい</small>　　　<small>ぼっかい</small>	黄河 <small>こうが</small>
★★★☆☆☆☆ **2** ☐☐☐	黄河中流域などにみられる、砂漠地帯から風で運ばれた微粒子が堆積してできた土壌を何と呼ぶか。	黄土 <small>こうど</small>
★★★★★★★ **3** ☐☐☐	青海省のチベット高原から東シナ海へ注ぐ、中国最長の大河は何か。	長江 <small>ちょうこう</small>
★★☆☆☆☆☆ **4** ☐☐☐	吉林省と内モンゴル自治区に発し、渤海に注ぐ川は何か。 <small>きつりん</small>	遼河 <small>りょうが</small>

■中華文明の発生

★★★★★★★		
1 □□□	前5000年頃から黄河中流域におこった文明のうち、最古の新石器文化は、河南(かなん)省の遺跡名をとって何と呼ばれるか。	仰韶文化(ヤンシャオ)(ぎょうしょう)
★★★★★★★		
2 □□□	<u>仰韶文化</u>の時代の代表的な土器は何か。	彩文土器(彩陶)(さいもん)(さいとう)
★★★★★★		
3 □□□	陝西(せんせい)省西安(せいあん)市にある<u>仰韶文化</u>を代表する遺跡は何か。	半坡遺跡(はんぱ)
★★★★★★★		
4 □□□	前3000年頃から黄河下流域を中心におこった新石器時代後期の文化は、山東(さんとう)省の遺跡の名称をとって何と呼ばれるか。	竜山文化(ロンシャン)(りゅうざん)
★★★★★★		
5 □□□	<u>竜山文化</u>の時代に使用された、薄手の磨研(まけん)土器は何と呼ばれるか。	黒陶(こくとう)
★★★★★★★		
6 □□□	<u>竜山文化</u>の時代に、日常用に広く使用された厚手の土器は何と呼ばれるか。	灰陶(かいとう)
★★★★★★★		
7 □□□	前5000年頃までに始まっていた<u>稲作</u>文明のうち、長江下流域で発見された遺跡の名称は何か。	河姆渡遺跡(かぼと)
★★★★★★★		
8 □□□	農業・漁労(ぎょろう)・狩猟や、豚や牛の飼育がおこなわれ、土器や玉器(ぎょっき)の生産も発達していたことで知られる、前4000年～前3000年頃に遼河下流域に成立した新石器文化は何か。	紅山文化(こうざん)
★★★★★★★		
9 □□□	縦長の玉(ぎょく)製祭具である琮(そう)など多彩な<u>玉器</u>文化が特徴で、遼河流域の文明にも影響を与えたとされる、前3300年頃～前2300年頃に長江下流域に成立した新石器文化は何か。	良渚文化(りょうしょ)
★★★★★★★		
10 □□□	青銅製の「縦目(たてめ)仮面」で知られる、前1600年以降、四川盆地に成立した新石器文化の名称は何か。	三星堆文化(さんせいたい)

■殷・周王朝

★★★★★★★		
1 □□□	古代中国の伝説的な3人の帝王は誰か。	堯・舜・禹(ぎょう)(しゅん)(う)
★★★★★★★		
2 □□□	河南(かなん)省で発掘され、宮殿址や青銅器・玉器、車の轍(わだち)などが確認され、夏王朝に比定する説もある、前2000年前後以降に黄河中流域に成立した新石器文化は何か。	二里頭文化(にりとう)
★★★★★★★		
3 □□□	<u>禹</u>から桀(けつ)に至るとされ、現在中国では公式に存在を認め	夏(か)

	ている、最古の王朝は何か。	
★★★★★★★		
4 ☐☐☐	前16世紀頃から存在した中国の王朝は何か。	殷 <small>いん</small>
★★★★★★★		
5 ☐☐☐	<u>殷</u>の別称は何か。	商 <small>しょう</small>
★★★★★☆☆		
6 ☐☐☐	河南省安陽市<small>あんよう</small>を中心に発見された、<u>殷</u>の後期(最後)の都の遺跡は何と呼ばれるか。	殷墟 <small>いんきょ</small>
★★★☆☆☆☆		
7 ☐☐☐	王が占いをもとに祭祀<small>さいし</small>・軍事をとり決めた、<u>殷</u>の政治形態は何と呼ばれるか。	神権政治 <small>しんけんせいじ</small>
★★★★★★★		
8 ☐☐☐	<u>殷墟</u>から発掘された、亀甲<small>きっこう</small>や獣骨<small>じゅうこつ</small>に刻まれた、漢字の原形とされる文字は何か。	甲骨文字 <small>こうこつもじ</small>
★★★★★★★		
9 ☐☐☐	前3000年以降しだいに形成された、集落や都市を意味する用語は何か。	邑 <small>ゆう</small>
★★★★★★★		
10 ☐☐☐	前11世紀頃、渭水<small>いすい</small>盆地からおこり、<u>殷</u>にかわって華北を支配した王朝は何か。	周 <small>しゅう</small>
★★★★★★☆		
11 ☐☐☐	<u>周</u>(西周)の都はどこか。	鎬京 <small>こうけい</small>
★★★★☆☆☆		
12 ☐☐☐	人に命を下し、悪をおこなう者には罰を下すとされる、中国における上帝の上位に位置する超越的な存在の最高神を何と呼ぶか。	天 <small>てん</small>
★★★☆☆☆☆		
13 ☐☐☐	<u>天</u>の命を受けて、中国の土地と人民を支配する人物を指す、周代に登場した、中国における王朝国家の最高支配者の呼称は何か。	天子 <small>てんし</small>
★★★★★★☆		
14 ☐☐☐	孟子<small>もうし</small>がとなえた王朝交替の考え方を、中国では何と呼んだか。	易姓革命 <small>えきせいかくめい</small>
★★★☆☆☆☆		
15 ☐☐☐	<u>易姓革命</u>における平和的な王朝交替と、武力による王朝交替をそれぞれ何と呼ぶか。	禅譲・放伐 <small>ぜんじょう・ほうばつ</small>
★★★★★★★		
16 ☐☐☐	<u>周</u>が施行した、血縁的関係を基盤とした統治体制の名称は何か。	封建 <small>ほうけん</small>
★★★★★☆☆		
17 ☐☐☐	周の<u>封建制</u>において、臣下に与えられた領地を何というか。	封土 <small>ほうど</small>
★★★★★★★		
18 ☐☐☐	周王(<u>天子</u>)から<u>封土</u>を与えられ、土地と農民の支配を世	諸侯 <small>しょこう</small>

襲的に認められた君主を何というか。

★★★★★★★ 19 □□□	封建のもと、王や諸侯の世襲の家臣は何と呼ばれたか。	卿・大夫・士
★★ 20 □□□	封建の基盤となった、同姓の父系親族集団は何と呼ばれたか。	宗族
★★★★★★★ 21 □□□	宗族において守るべき規範は、何と呼ばれたか。	宗法
★★ 22 □□□	儒家が実践を重視した、周代に成立した社会の上下関係を律する行動規範は何か。	礼

■春秋・戦国時代

★★★★★★★ 1 □□□	前770年の周の東遷以降、東周の都となったのはどこか。	洛邑
★★★★★★★ 2 □□□	前770年の周の東遷から、前403年に晋が韓・魏・趙の三国に分裂するまでの時代を何と呼ぶか。	春秋時代
★★★★★★ 3 □□□	五経の1つで、孔子の編集ともいわれる春秋時代の魯の年代記は何か。	『春秋』
★★★★★★★ 4 □□□	春秋時代、周王にかわって会盟を開催した有力諸侯を何と呼ぶか。	覇者
★★★★★★ 5 □□□	周王を尊び、外敵・異民族を打ち払うという、覇者のあり方を何と形容するか。	尊王・攘夷
★★★★★★★ 6 □□□	斉の桓公、晋の文公など、春秋時代の代表的な覇者を何と呼ぶか。	春秋の五覇
★★★★★★ 7 □□□	春秋の五覇の1人にあげられる、斉の君主は誰か。	桓公
★★★★★★ 8 □□□	春秋の五覇の1人にあげられる、晋の君主は誰か。	文公
★★★★★★★ 9 □□□	前403年の晋の分裂から前221年の秦による中国統一までの時代を何と呼ぶか。	戦国時代
★★★★★★ 10 □□□	戦国時代の各国の歴史や遊説の士の策などを、国別に編集した書の名称は何か。	『戦国策』
★★★★★★★ 11 □□□	戦国時代の有力な七国を何と呼んだか。	戦国の七雄
★★★★★★★ 12 □□□	戦国の七雄のうち、もっとも西方に位置し、前4世紀に	秦

商鞅の改革で強大となった国はどこか。	
★★★★★☆☆☆ **13** ☐☐☐ 戦国の七雄のうち、黄河下流域から山東地方を領有した国はどこか。	斉 _{せい}
★★★★☆☆☆☆ **14** ☐☐☐ 戦国の七雄のうち、現在の北京の近くに都をおいた国はどこか。	燕 _{えん}
★★★★★★☆☆ **15** ☐☐☐ 戦国の七雄のうち、長江中流域を中心に中国南部を領有した国はどこか。	楚 _そ
★★★★☆☆☆☆ **16** ☐☐☐ 晋から自立した三国を、北方から順番に答えよ。	趙・魏・韓 _{ちょう ぎ かん}
★★★★☆☆☆☆ **17** ☐☐☐ 文明化された自国に対し、周辺の民族を野蛮な民族・国とみなした思想を何と呼ぶか。	華夷思想 _{か い}
★★★★★★☆☆ **18** ☐☐☐ 古代中国の中心地域である中原の人々と区別して、周辺の異民族に用いた蔑称は何か。	夷狄 _{い てき}

■春秋・戦国時代の社会と文化

★★★★★★☆☆ **1** ☐☐☐ 春秋時代末期に出現し、戦国時代に普及した農具は何か。	鉄製農具
★★★★★★★☆ **2** ☐☐☐ 鉄製の犂を牛にひかせた耕作法は何か。	牛耕
★★★★★★★☆ **3** ☐☐☐ 戦国時代や秦・漢時代に使用された、文字を記録する細長い木片や竹片は何と呼ばれたか。	木簡・竹簡 _{もっかん ちくかん}
★★★★☆☆☆☆ **4** ☐☐☐ 戸籍を編成する単位であり、1組の夫婦と子供からなる小家族を何と呼ぶか。	戸 _こ
★★★★★★★☆ **5** ☐☐☐ 殷・周代のタカラガイ(子安貝)にかわり、春秋時代末期から戦国時代にかけて地域ごとに様々な形のものがつくられ、使用された貨幣は何か。	青銅貨幣
★★★★★★☆☆ **6** ☐☐☐ 戦国時代、燕・斉などでおもに使用された青銅貨幣のうち、小刀の形をした貨幣の名称は何か。	刀銭 _{とうせん}
★★★★★★★☆ **7** ☐☐☐ 韓・魏・趙などでおもに使用された、農具の形を模した青銅貨幣の名称は何か。	布銭 _{ふせん}
★★★★★★☆☆ **8** ☐☐☐ 秦をはじめ、渭水・黄河中流域でおもに使用された、中央に孔のある青銅貨幣の名称は何か。	円銭(環銭) _{えんせん かんせん}

★★★★☆☆☆ 9 □□□	南方の楚で使用された、小型の青銅貨幣の名称は何か。	蟻鼻銭
★★★★★★★ 10 □□□	春秋時代末期から現れた、様々な思想家や諸学派を何と総称するか。	諸子百家
★★★★★★★ 11 □□□	春秋時代末期の魯の曲阜(山東省)出身で、仁を根本思想と説いた思想家は誰か。	孔子
★★★★★★★ 12 □□□	孔子を祖とする学派の名称は何か。	儒家
★★★★★☆☆ 13 □□□	四書の1つで、孔子の死後、弟子によって編纂された、孔子とその弟子の言行録は何か。	『論語』
★★★★★☆☆ 14 □□□	性善説をとなえた儒家の思想家は誰か。	孟子
★★★★★★☆ 15 □□□	孟子が、力による統治の覇道よりもすぐれていると説いた、徳による統治を何と呼ぶか。	王道政治
★★★★★★☆ 16 □□□	性悪説をとなえ、礼による教化を説いた儒家の思想家は誰か。	荀子
★★★★★★★ 17 □□□	君主の定めた法による統治を主張した学派は何か。	法家
★★★★★★★ 18 □□□	戦国時代、秦の孝公に仕えて変法(改革)を実施した法家の人物は誰か。	商鞅
★★★★★☆☆ 19 □□□	前3世紀に、法家の思想を大成した人物は誰か。	韓非(韓非子)
★★★☆☆☆☆ 20 □□□	法家の1人で、秦の始皇帝に仕えた人物は誰か。	李斯
★★★★★★☆ 21 □□□	儒学を批判し、無差別の愛である「兼愛」と、侵略の手段としての戦争を否定した「非攻」をとなえた思想家は誰か。	墨子
★★★★★☆☆ 22 □□□	墨子を祖とする学派の名称は何か。	墨家
★★★★★★☆ 23 □□□	老子を祖とし、荘子が継承・発展させた学派は何か。	道家
★★★★★☆☆ 24 □□□	道家の根本思想を示す用語は何か。	無為自然
★☆☆☆☆☆☆ 25 □□□	伝説上の聖人「黄帝」と道家の祖「老子」の教えが結びつき、君主が社会に干渉しないことを理想とする政治思想を何と呼ぶか。	黄老思想
★★★★☆☆☆ 26 □□□	孫子がとなえた、兵法や戦略を説く学派は何か。	兵家

★★★★★☆☆		
27 ☐☐☐	戦国時代、外交政策をとなえた人々を何と呼ぶか。	縦横家 (じゅうおうか しょうおうか)
★★★★☆☆☆		
28 ☐☐☐	6国が同盟して秦に対抗する**合従策**をとなえたのは誰か。	蘇秦 (そしん)
★★★★☆☆☆		
29 ☐☐☐	秦王の信任を得て、**連衡策**をとなえた人物は誰か。	張儀 (ちょうぎ)
★★★★☆☆☆		
30 ☐☐☐	天文暦学と人間生活との関係を説いた学派は何か。	陰陽家 (いんようか)
★★★★☆☆☆		
31 ☐☐☐	**陰陽家**の説を集大成した人物は誰か。	鄒衍 (すうえん)
★★★★☆☆☆		
32 ☐☐☐	万物生成やその変化を、陰陽という二気と木・火・土・金・水の五要素の消長・関連から説明する思想は何と呼ばれるか。	陰陽五行説 (いんようごぎょうせつ)
★★★☆☆☆☆		
33 ☐☐☐	名と実との関係を解明しようとした論理学派は何か。	名家 (めいか)
★★★☆☆☆☆		
34 ☐☐☐	**許行**がとなえた、農耕の重要性を説いた学派は何か。	農家 (のうか)

❺ 南北アメリカ文明

用語集 p.20〜21

アメリカ大陸の中・南部では、<u>トウモロコシ</u>や<u>ジャガイモ</u>を主食とする都市文明が形成された。**メソアメリカ**では、**ユカタン半島**の<u>マヤ文明</u>や、**メキシコ中央高原**の<u>アステカ</u>文明が繁栄し、他方、**アンデス地帯**では、現在のペルーを中心に<u>インカ帝国</u>が栄えた。これらの文明は丘陵や山岳に都市が築かれ、<u>鉄器</u>や<u>車輪</u>、**馬**などの<u>大型家畜</u>は利用されなかった。

■南北アメリカの風土と先住民

★★★★★☆☆		
1 ☐☐☐	氷期にアジアのモンゴロイド系の人々がユーラシア大陸からアメリカ大陸に移動した際に通過した、当時陸続きであった海峡は何か。	ベーリング海峡
★★★★☆☆☆		
2 ☐☐☐	コロンブスが到達後、アメリカ大陸の先住民を誤って呼んだ名称に由来する、先住民の総称は何か。	インディオ(インディアン)
★★★☆☆☆☆		
3 ☐☐☐	メキシコ高原から中央アメリカにかけて成立した古代文明を何と総称するか。	メソアメリカ文明 (中米文明)
★★★★★★★		
4 ☐☐☐	アンデス地方原産の食物で、寒さに強く、地下に育つため、天候や戦争の被害を受けにくく、ヨーロッパで広く普及したイモ類は何か。	ジャガイモ
★★★★★★★		
5 ☐☐☐	**ジャガイモ**などとともに、主食として南北アメリカ大陸	トウモロコシ

の古代文明の基礎となった、農耕作物は何か。

★☆☆☆☆☆☆☆ **6** □□□ アメリカ大陸原産の食物で、やせた土地でも栽培でき、大航海時代以降ヨーロッパ人によって中国や日本に伝えられた、甘みのあるイモ類は何か。	サツマイモ
★☆☆☆☆☆☆☆ **7** □□□ アメリカ大陸原産の食物の1つで、のちにイタリアなどで料理に広く用いられるようになった作物は何か。	トマト

■中南米の先住民文明

★★★★★★★☆ **1** □□□ 前1200年頃までにメキシコ湾岸に成立し、巨石人頭像を残した、中央アメリカ最初の都市文明の名称は何か。	オルメカ文明
★★★★★★★★ **2** □□□ 前4世紀頃<u>ユカタン半島</u>の各地に都市が成立して栄え、その後、16世紀に<u>スペイン人</u>に征服された文明は何か。	マヤ文明
★★★★★★★☆ **3** □□□ <u>マヤ文明</u>で用いられた、20を底とする位取りの記数法を何と呼ぶか。	二十進法
★★★★★★☆☆ **4** □□□ <u>マヤ文明</u>で建設された、石造の<u>ピラミッド</u>状の神殿で知られる遺跡は何か。	チチェン=イツァ（イッツァ）
★★★★★★★☆ **5** □□□ 前1〜後6世紀頃に、<u>メキシコ高原</u>で発達した古代都市文明は何か。	テオティワカン文明
★★★☆☆☆☆☆ **6** □□□ <u>テオティワカン文明</u>で建設された、高さ65mのピラミッド型の神殿は何か。	太陽のピラミッド
★☆☆☆☆☆☆☆ **7** □□□ 10〜12世紀にメキシコ高原に成立した、<u>テオティワカン文明</u>を継承し、「すぐれた工人(こうじん)」を意味する文明は何か。	トルテカ文明
★★★☆☆☆☆☆ **8** □□□ 14〜16世紀に、メキシコ高原に王国を築いた先住民の名称は何か。	アステカ人
★★★★★★★☆ **9** □□□ <u>アステカ人</u>が14〜16世紀にメキシコ高原に築いた王国（文明）の名称は何か。	アステカ王国(文明)
★★★★★★★☆ **10** □□□ <u>アステカ王国</u>の都で、その廃墟の上に現在の<u>メキシコシティ</u>がつくられた都市はどこか。	テノチティトラン
★★★★★☆☆☆ **11** □□□ 前1000年頃以降、ペルー北高地のチャビン=デ=ワンタルを中心とした、初期のアンデス文明は何か。	チャビン文化

12 □□□	駅伝制や<u>石造建築</u>などが発達し、とくに15世紀半ば～16世紀前半までアンデス地帯で栄えた、ケチュア人の建てた帝国は何か。	インカ帝国

13 □□□	1533年に滅亡した<u>インカ帝国</u>の都はどこか。	クスコ

14 □□□	<u>インカ帝国</u>の都北方の標高2400m の山岳地帯に建てられ、高い文化レベルをうかがわせた都市はどこか。	マチュ＝ピチュ

15 □□□	文字のなかった<u>インカ</u>帝国で、縄の結び方で意味や数量を示した方法を何と呼ぶか。	キープ（結縄）

第2章	中央ユーラシアと東アジア世界

　中央ユーラシアの草原地帯には遊牧国家が形成され、オアシス都市の支配をめぐり、中国王朝と抗争を繰り返した。遊牧国家の匈奴は、前漢武帝の攻撃により衰退するが、魏晋南北朝時代の動乱期に「五胡」とよばれる諸民族が華北に進出すると、華北の住民は江南や周辺地域へ移住したため中国文化圏は拡大した。また、中国王朝は遊牧諸民族などとの関係で優位に立つため、近隣諸国と朝貢・冊封体制を結び、国際関係が拡大した。隋が中国を再統一すると大運河を築き、南朝時代に発展した江南と華北を繋ぎ、唐代には海路による交易も活発化し国際文化が開花するとともに、唐を中心とする東アジア文化圏が形成された。

【中央ユーラシアと東西交易路】

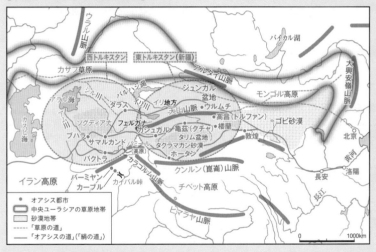

- ● オアシス都市
- ▭ 中央ユーラシアの草原地帯
- 砂漠地帯
- ------ 「草原の道」
- —— 「オアシスの道」（「絹の道」）

0　　　　1000km

【モンゴル高原の民族と中国王朝】

	前7世紀	前6世紀	前5世紀	前4世紀	前3世紀	前2世紀	前1世紀	後1世紀	2世紀	3世紀	4世紀	5世紀	6世紀	7世紀	8世紀	9世紀
草原の道 (モンゴル高原・カザフ草原)	スキタイ イラン系 騎馬遊牧民				匈奴 前3世紀末：冒頓単于が即位（最盛期） 前1世紀：東西分裂 後1世紀：南北分裂					鮮卑 4世紀：五胡の1つ として華北に侵入		柔然 北魏と 対抗		突厥 6世紀： 東西分裂	ウイグル	
中国	東周 （春秋時代）　（戦国時代）				秦	前漢 （都：長安）		新　後漢 （都：洛陽）		魏蜀呉／西晋／東晋／宋斉梁陳		北魏		隋	唐	

❶ 中央ユーラシア——草原とオアシスの世界 用語集 p.22〜24

中央ユーラシアの草原地帯には騎馬遊牧民が遊牧国家を形成し、軍事力を背景に農耕・商工業社会を営むオアシス都市を支配・提携下におき、「草原の道」と「オアシスの道」をおさえて、東西交易の利益を獲得した。

■中央ユーラシアの風土

★★★★★★★ 1 □□□	モンゴル高原から黒海北岸にかけての草原地帯と、その南の砂漠・オアシス地域からなる地域の名称は何か。	中央ユーラシア
★★★★★★★ 2 □□□	「世界の屋根」と呼ばれ、天山山脈・ヒンドゥークシュ山脈・崑崙山脈・ヒマラヤ山脈が集まる高原地帯はどこか。	パミール(高原)
★★★★★★★ 3 □□□	パミール高原の北から北東に走り、中国の新疆中央部を横断する大山脈は何か。	天山山脈
★★★★★★★ 4 □□□	季節ごとに家畜とともに定まった地域を移動しながら生活する牧畜民を何と呼ぶか。	遊牧民

■遊牧民の社会と国家

★★★★★★★ 1 □□□	遊牧民のうち騎馬の技術にすぐれ、機動性に富んだ軍事力を備えた人々を何と呼ぶか。	騎馬遊牧民
★★★★★★★ 2 □□□	騎馬遊牧民がユーラシア草原に建てた部族連合国家を、何と総称するか。	遊牧国家
★★★★★★★ 3 □□□	様々な遊牧民が活動した、南ロシアの草原地帯からモンゴル高原にかけての東西交通路を何と呼ぶか。	「草原の道」

■スキタイと匈奴

★★★★★★★ 1 □□□	独自の騎馬文化を生み、前7世紀頃からコーカサス・黒海北方の草原地帯を支配したイラン系遊牧民は何か。	スキタイ
★★★★★★★ 2 □□□	中国の現在の新疆ウイグル自治区に位置する盆地は何か。	タリム盆地
★★★★★★★ 3 □□□	騎馬文化を取り入れ、前3世紀末からモンゴル高原で活躍した、モンゴル系ともトルコ系ともいわれる遊牧民は何か。	匈奴

★★★★☆☆☆☆ **4** ☐☐☐	中継貿易で栄えていたが、前2世紀前半に匈奴の圧迫を受けてイリ地方に逃れた、イラン系といわれる騎馬遊牧民は何か。	月氏
★★★☆☆☆☆☆ **5** ☐☐☐	月氏をイリ地方で圧迫した、トルコ系といわれる騎馬遊牧民は何か。	烏孫
★★★★★☆☆☆ **6** ☐☐☐	匈奴をはじめ、のちの鮮卑の前まで騎馬遊牧民の国家で使用された、君主の称号は何か。	単于
★★★★★★★☆ **7** ☐☐☐	前3世紀末に匈奴を統率し、前漢の高祖を包囲して捕らえた君主は誰か。	冒頓単于
★★★★★★★★ **8** ☐☐☐	前1世紀半ばに匈奴が東西分裂したのち、前51年に前漢に服属した匈奴は何か。	東匈奴
★★★☆☆☆☆☆ **9** ☐☐☐	後1世紀半ばの東匈奴の南北分裂後、現在の内モンゴル自治区と華北の一部に居住した一派を何と総称するか。	南匈奴
★★★☆☆☆☆☆ **10** ☐☐☐	東匈奴が南北に分裂したのち、西のカザフ草原に移動した一派は何と呼ばれるか。	北匈奴
★★★★☆☆☆☆ **11** ☐☐☐	北匈奴との同族説もある、4世紀末〜5世紀に中央アジアからヨーロッパへ西進し、ゲルマン人大移動の要因となった騎馬遊牧民は何か。	フン人
★★★★☆☆☆☆ **12** ☐☐☐	2世紀半ばに諸部族を統合してモンゴル高原を支配し、その後華北に進出して北魏を建国した遊牧民は何か。	鮮卑

■オアシス民の社会と経済

★★★★★★★★ **1** ☐☐☐	中央アジアなどの乾燥・砂漠地帯で、湧水や河水を利用した農業と交易で栄えた都市は何と呼ばれるか。	オアシス都市
★★★★★★★★ **2** ☐☐☐	中国の洛陽・長安から中央アジア・イラン高原をとおって地中海東岸にいたる、ユーラシア大陸の東西交通路を何というか。	「オアシスの道」
★★★★★★★★ **3** ☐☐☐	ドイツの地理学者リヒトホーフェンの用語に由来する、狭義では「オアシスの道」の別称であり、広義では東西交易ルート全般を指す名称は何か。	「絹の道」（シルク＝ロード）

★★★★★☆☆☆ **4** □□□	とくに「オアシスの道」で、ラクダや馬を利用した商人がグループをつくっておこなった長距離交易は何か。	隊商交易 <small>たいしょう</small>
★★☆☆☆☆☆☆ **5** □□□	パミール高原から発し、アフガニスタン北部を流れ、<u>アラル海</u>に注いでいた中央アジアの大河の名称は何か。	アム川
★★★★☆☆☆☆ **6** □□□	古くから東西交易の要地として争奪が繰り返された、<u>アム川</u>と<u>シル川</u>に挟まれた地域の名称は何か。	ソグディアナ
★★★★☆☆☆☆ **7** □□□	<u>ソグディアナ</u>の中心都市の名称は何か。	サマルカンド
★☆☆☆☆☆☆☆ **8** □□□	漢代に西域都護府がおかれた、天山山脈南麓のオアシス都市国家はどこか。	クチャ（亀茲） <small>きじ</small>
★★★☆☆☆☆☆ **9** □□□	前8世紀に西部イランで始まったとされる、乾燥地帯の伝統的な灌漑方法は何と呼ばれるか。	カナート
★★★★★★★☆ **10** □□□	甘粛省西端のオアシス都市で、前漢の武帝の時代に郡がおかれ、4世紀以降、石窟寺院が建造されたのはどこか。	敦煌 <small>とんこう</small>
★☆☆☆☆☆☆☆ **11** □□□	新疆の<u>タリム盆地</u>の南部に位置し、古くは玉の産地として知られたオアシス都市国家はどこか。	ホータン（于闐） <small>うてん</small>
★☆☆☆☆☆☆☆ **12** □□□	古来「オアシスの道」の要衝として栄えた、新疆ウイグル自治区西部の都市はどこか。	カシュガル（疏勒） <small>そろく</small>

❷ 秦・漢帝国

用語集 p.24～28

中国初の統一王朝である<u>秦</u>は、中央集権化を進め、「<u>皇帝</u>」による支配体制を確立した。<u>前漢</u>では匈奴討伐事業によって<u>西域事情</u>が明らかになり、「<u>オアシスの道</u>」が開かれた。<u>後漢</u>は周辺民族を従わせるなど安定したが、国政の混乱とともに離反し、抗争も激化した。**秦・漢帝国**のように、**中国王朝の盛衰は草原地帯の遊牧国家**と密接に関係した。

■「皇帝」の出現

★★★★★★★☆ **1** □□□	前3世紀に中国をはじめて統一した<u>戦国の七雄</u>の1つはどこか。	秦 <small>しん</small>
★★★★★☆☆☆ **2** □□□	前350年に遷都して以降の<u>秦</u>の都はどこか。	咸陽 <small>かんよう</small>
★★★★★★★☆ **3** □□□	前221年に中国をはじめて統一した秦王で、統一後<u>皇帝</u>	秦王政（始皇帝） <small>せいしこうてい</small>

を称し（在位前221〜前210）、法家思想にもとづいた中央集権策を強行したのは誰か。

★★★★★★★
| **4** □□□ | 中国統一後、秦王政が使いはじめた、「王」にかわる上級の称号は何か。 | 皇帝 |

★★★★★★★
| **5** □□□ | 中央集権化のため、秦が施行した地方統治制度は何か。 | 郡県制 |

★★★★★★★
| **6** □□□ | 秦で実施された思想・言論統制策は何と呼ばれたか。 | 焚書（ふんしょ）・坑儒（こうじゅ） |

★★★★★☆☆
| **7** □□□ | 焚書・坑儒の際に除外された書物は何か。 | 医薬・占い・農業 |

★★★☆☆☆☆
| **8** □□□ | 始皇帝（しこうてい）のもと、丞相（じょうしょう）として仕えた法家の人物は誰か。 | 李斯（りし） |

★★★★★★☆
| **9** □□□ | 戦国時代末期から秦で用いられた方孔円銭で、中国統一後、東方にも広まった銅銭は何か。 | 半両銭（はんりょうせん） |

★★★★★★★
| **10** □□□ | 始皇帝の陵墓周辺でも大量に発見された、兵士と馬をかたどった陶製の像を何と呼ぶか。 | 兵馬俑（へいばよう） |

★★★★★★★
| **11** □□□ | 秦によって修築された、対匈奴防衛のための造営物は何か。 | 長城（ちょうじょう） |

★★★★★☆☆
| **12** □□□ | 秦の華南征服で、現在の広東省地域に設けられた郡は何か。 | 南海郡 |

★★★★☆☆☆
| **13** □□□ | 秦末に発生した、中国史上最初の農民反乱は何か。 | 陳勝（ちんしょう）・呉広（ごこう）の乱 |

★★★★☆☆☆
| **14** □□□ | 陳勝・呉広の乱の指導者の1人がいったとされる、実力主義の風潮を示す言葉は何か。 | 「王侯将相（おうこうしょうしょう）いずくんぞ種（しゅ）あらんや」 |

★★★★★★☆
| **15** □□□ | 農民反乱を機に挙兵し、秦を滅ぼした後、垓下の戦い（がいかのたたかい）で敗れた、楚の名門出身の武将は誰か。 | 項羽（こうう） |

★★★★★★★
| **16** □□□ | 農民出身で、項羽に勝利し、漢を建てて中国を再統一した人物は誰か。 | 劉邦（りゅうほう）（高祖（こうそ）） |

■漢代の政治

★★★★★☆☆
| **1** □□□ | 前漢の都はどこか。 | 長安（ちょうあん） |

★★★★★★★
| **2** □□□ | 前漢の高祖が採用した郡県制と封建制を併用した支配体制の名称は何か。 | 郡国制 |

★★★★★★★ **3** □□□	秦・漢に対抗したモンゴル高原の騎馬遊牧民は何か。	匈奴
★★★★★★★ **4** □□□	前200年に前漢の<u>高祖</u>を破った、<u>匈奴</u>の全盛期を築いた君主は誰か。	冒頓単于
★★★★★★☆ **5** □□□	前154年、<u>景帝</u>の諸侯王抑圧策に対し、江南を中心とする7王国がおこした反乱で、鎮圧後、中央集権化が進められる契機となったものは何か。	呉楚七国の乱
★★★★★★★ **6** □□□	前漢の最盛期を現出した、第7代皇帝は誰か。	武帝
★★★★★★★ **7** □□□	<u>匈奴</u>に追われてイリ地方に移り、さらに烏孫に追われてバクトリア地域に移った月氏が建てた国名は何か。	大月氏
★★★★★★★ **8** □□□	<u>匈奴</u>をはさみ打ちする目的で、<u>武帝</u>によって<u>大月氏</u>に派遣された人物は誰か。	張騫
★★★★★★★ **9** □□□	中国側による中央アジアの呼称は何か。	西域
★★★☆☆☆☆ **10** □□□	武帝が<u>汗血馬</u>を獲得する目的で<u>李広利</u>を派遣した、中央アジアのイラン系国家の名称は何か。	大宛（フェルガナ）
★★★★☆☆☆ **11** □□□	武帝が設置した<u>河西</u>4郡のうち、もっとも西におかれた郡の名称は何か。	敦煌郡
★☆☆☆☆☆☆ **12** □□□	武帝の時、匈奴を駆逐して4つの郡がおかれた、黄河の上流より西に向かい、祁連山脈（チーリエン）とゴビ砂漠に挟まれた狭い交通路を何というか。	河西回廊
★★★★★★☆ **13** □□□	武帝の時代に滅ぼされた、現在の広東省からベトナム北部にあった国の名称は何か。	南越
★★★★★★★ **14** □□□	武帝の時代に滅ぼされた、朝鮮の国名は何か。	衛氏朝鮮
★★★☆☆☆☆ **15** □□□	前190年頃、<u>箕子</u>朝鮮の王を追放して国を建てたといわれる、<u>衛氏朝鮮</u>の建国者は誰か。	衛満
★★★★★★☆ **16** □□□	武帝が設置した<u>朝鮮</u>4郡の1つで、現在の平壌（ピョンヤン）付近におかれた郡の名称は何か。	楽浪郡
★★★★★★☆ **17** □□□	前漢の武帝の頃から本格的に実施された官吏任用制度の名称は何か。	郷挙里選

★★★★★★ 18 □□□	武帝が財政再建のために専売化し、その後も重要な収入源となった2つの物品名は何か。	塩・鉄
★★★★☆☆ 19 □□□	後漢で流行した、墓室の壁面に人物・神話・車馬などの画像を彫りつけたものは何と呼ばれるか。	画像石(がぞうせき)
★☆☆☆☆☆ 20 □□□	前7年、前漢の哀帝(あいてい)の時に発布された土地所有制限策は何か。	限田策(げんでん)
★★★★★☆ 21 □□□	武帝が施行した、各地の特産品を国家がほかの地方へ輸送・販売して、国庫収入の増大をはかった政策は何か。	均輸(きんゆ)
★★★★★☆ 22 □□□	武帝が施行した、政府が貯蔵した産物の価格が上がると売り出し、物価が下がると買い入れて、国庫収入の増大と物価の安定をはかる政策の名称は何か。	平準(へいじゅん)
★★★★☆☆ 23 □□□	武帝が鋳造させた銅銭の名称は何か。	五銖銭(ごしゅせん)
★★★★★★ 24 □□□	後宮に仕えた去勢された男性で、皇帝の側近として権力を握った者を何と呼ぶか。	宦官(かんがん)
★★★★★★ 25 □□□	宮中で権力を握った、皇后や妃の親族を何と呼ぶか。	外戚(がいせき)
★★★★★☆ 26 □□□	前漢元帝(げんてい)の皇后の一族で、権力を簒奪したのは誰か。	王莽(おうもう)
★★★★★★ 27 □□□	王莽が、後8年に建てた国(王朝)の名称は何か。	新(しん)
★★★★☆☆ 28 □□□	王莽の復古的政治に不満な人々がおこした反乱のうち、山東地方から始まった農民反乱は何か。	赤眉の乱(せきび)
★★★★★★ 29 □□□	後25年に漢王朝(後漢)を再建した、漢王室一族の人物(初代皇帝)は誰か。	劉秀(光武帝)(りゅうしゅう こうぶてい)
★★★★★☆ 30 □□□	後漢の都はどこか。	洛陽(らくよう)
★★★★☆☆ 31 □□□	2世紀後半におこった、宦官の専横に反対する儒学者官僚を、宦官が弾圧した事件を何と呼ぶか。	党錮の禁(とうこ きん)
★★★★★★ 32 □□□	後漢末の184年におこった農民反乱は何か。	黄巾の乱(こうきん)
★★★★★☆ 33 □□□	黄巾の乱の主力となった宗教結社の名称は何か。	太平道(たいへいどう)
★★★★☆☆ 34 □□□	太平道を組織した、黄巾の乱の指導者は誰か。	張角(ちょうかく)

★★☆☆☆☆☆
35
□□□ 2世紀後半、張陵が四川地方で組織した宗教結社の名称は何か。 ……… 五斗米道（ごとべいどう）

■漢代の社会と文化

★★★★★★★
1
□□□ 秦・漢以降、広大な土地と奴婢（ぬひ）・農民を支配した地方の実力者を何と呼ぶか。 ……… 豪族（ごうぞく）

★★★★★★★
2
□□□ 前漢時代、天人相関説の立場から災異説をとなえた儒学者は誰か。 ……… 董仲舒（とうちゅうじょ）

★★★★★☆☆
3
□□□ 前漢時代に成立した、儒学の経典のもっとも重要な五書の総称は何か。 ……… 五経（ごきょう）

★★★☆☆☆☆
4
□□□ 五経の解釈と教授をおこなう官職の名称は何か。 ……… 五経博士

★★★★★☆☆
5
□□□ 五経の1つともされ、黄河地域の民謡や歌を集めた、中国最古の詩集の名称は何か。 ……… 『詩経』（しきょう）

★★★★★★☆
6
□□□ 儒学古典の字句解釈を目的とした学問を何と呼ぶか。 ……… 訓詁学（くんこがく）

★★★☆☆☆☆
7
□□□ 後漢時代、馬融に学び、訓詁学を大成した儒学者は誰か。 ……… 鄭玄（じょうげん）

★★★★★★☆
8
□□□ 前漢時代、武帝の命で中国最初の正史を完成させた歴史家は誰か。 ……… 司馬遷（しばせん）

★★★★★★★
9
□□□ 司馬遷が黄帝から前漢の武帝までの事績を記した正史の名称は何か。 ……… 『史記』（しき）

★★★★★★☆
10
□□□ 『史記』に始まり、本紀（帝王の年代記）と列伝（帝王以外の人物史）を中心に記述をおこなう、中国正史の記述形式は何か。 ……… 紀伝体（きでんたい）

★★★★★★☆
11
□□□ 西域都護（さいいきとご）の班超（はんちょう）の兄で、前漢一代の正史を著した歴史家は誰か。 ……… 班固（はんこ）

★★★★★★☆
12
□□□ 班固が著した前漢一代の正史の名称は何か。 ……… 『漢書』（かんじょ）

★★★☆☆☆☆
13
□□□ 製紙法を改良したとされる、後漢の宦官は誰か。 ……… 蔡倫（さいりん）

★★★★★☆☆
14
□□□ 屈原（くつげん）の詩など、戦国時代の楚の作品を中心にまとめた韻文集は何か。 ……… 『楚辞』（そじ）

★★☆☆☆☆☆
| 15 □□□ | みずからを黄帝の子孫とみなし、漢王朝の文化を受け継ぐ民族を何と呼ぶか。 | 漢族 |

★★★★☆☆☆
| 16 □□□ | 前漢末に設置され、後漢の時にカスピ海以東の50あまりの西域諸国を統括した機関の長官の名称は何か。 | 西域都護 |

★★★★★★☆
| 17 □□□ | 1世紀末、後漢の和帝によって<u>西域都護</u>に任命された人物は誰か。 | 班超 |

★★★☆☆☆☆
| 18 □□□ | <u>班超</u>によって、ローマ帝国への派遣を命じられた部下は誰か。 | 甘英 |

★★★★★★☆
| 19 □□□ | 『後漢書』など中国の史書で、ローマ帝国は何と記されていたか。 | 大秦 |

★★★★★☆☆
| 20 □□□ | 2世紀後半、後漢に使者を派遣したローマ皇帝<u>マルクス=アウレリウス=アントニヌス</u>の中国表記は何か。 | 大秦王安敦 |

★★★★★☆☆
| 21 □□□ | <u>大秦王安敦</u>の使者が到着した、現ベトナム中部におかれていた郡の名称は何か。 | 日南郡 |

★★★★★☆☆
| 22 □□□ | 紀元前後に西域経由で中国に伝来した宗教は何か。 | 仏教 |

★☆☆☆☆☆☆
| 23 □□□ | 『漢書』地理志や『後漢書』東夷伝に記された、日本人の呼び名は何か。 | 倭人 |

★★★★☆☆☆
| 24 □□□ | 後漢の初代皇帝が日本からの使者に贈ったとされる金印には、どのような文字が刻まれていたか。 | 漢委奴国王 |

❸ 中国の動乱と変容

用語集 p.29〜34

後漢末期に**黄巾の乱**がおこると各地に**豪族**が割拠し、220年には<u>後漢</u>が滅亡して<u>三国時代</u>となった。この動乱により<u>五胡</u>と呼ばれる遊牧諸民族が華北に流入する一方、華北の漢人貴族や農民らは<u>江南地域</u>や周辺地域に移住し、中国文化圏は拡大した。<u>三国時代</u>から<u>隋</u>による中国再統一までの約370年間の分裂期を<u>魏晋南北朝時代</u>と呼ぶ。

■動乱の時代

★★★★★★★
| 1 □□□ | 中国史上、220〜280年の分裂時代を何と呼ぶか。 | 三国時代 |

★★★★☆☆☆
| 2 □□□ | 後漢末の混乱期、華北の実権を握って全国統一をめざし、 | 曹操 |

	216年に後漢の献帝から王に封ぜられた人物は誰か。	
★☆☆☆☆☆☆ 3 □□□	208年、曹操が劉備・孫権の連合軍と長江中流域で戦い、敗れた戦いは何か。	赤壁の戦い
★★★★★★★ 4 □□□	天下三分ののち、曹操が王となった国はどこか。	魏
★★★★☆☆☆ 5 □□□	曹操の子で、後漢の献帝から禅譲され、魏の初代皇帝となった人物は誰か。	曹丕(文帝)
★★★★★★☆ 6 □□□	魏の初代皇帝が定めた都はどこか。	洛陽
★★★★☆☆☆ 7 □□□	漢の後裔を称し、四川地方に国を建てた人物は誰か。	劉備
★★★★★★★ 8 □□□	劉備が四川地方に建てた国の名称は何か。	蜀
★★☆☆☆☆☆ 9 □□□	天下三分の計を立て、蜀の建国に貢献した宰相は誰か。	諸葛亮
★☆☆☆☆☆☆ 10 □□□	蜀の都はどこか。	成都
★★★★☆☆☆ 11 □□□	222年に江南で独立し、国を建てた人物は誰か。	孫権
★★★★★★★ 12 □□□	孫権が建てた国の名称は何か。	呉
★★★☆☆☆☆ 13 □□□	現在の南京の前身となった、呉の都はどこか。	建業
★★★☆☆☆☆ 14 □□□	後漢の地方官で、2世紀末に遼東半島を中心に半独立政権を樹立した氏族は何か。	公孫氏
★★★☆☆☆☆ 15 □□□	前漢の武帝が設置した朝鮮4郡の1つだが、313年に高句麗に滅ぼされた郡は何か。	楽浪郡
★★☆☆☆☆☆ 16 □□□	後漢末に、楽浪郡の南部を割いて設置された郡は何か。	帯方郡
★★★★★★★ 17 □□□	魏の武将で、禅譲されて265年に皇帝となり、280年に呉を滅ぼして中国をいったん統一した人物は誰か。	司馬炎(武帝)
★★★★★★★ 18 □□□	司馬炎が洛陽を都に建てた国(王朝)は何か。	晋(西晋)
★★★★☆☆☆ 19 □□□	司馬炎の死後、290年から始まった一族諸王による内乱は何か。	八王の乱
★★★★★★★ 20 □□□	後漢などで傭兵として活動していたが、4世紀初めの中国内地の政治的混乱に乗じ、北方や西方から華北に侵入した5つの異民族を何と総称するか。	五胡

★★★★★★★		
21 □□□	五胡の1つで、後漢に臣属して以来、長城以南に移住していた北方民族は何か。	匈奴
★★★★★★★		
22 □□□	五胡の1つで、山西に居住した、匈奴の1種族は何か。	羯
★★★★★★★		
23 □□□	五胡の1つで、匈奴ののちモンゴル高原を支配した遊牧民は何か。	鮮卑
★★★★★★★		
24 □□□	五胡の1つで、のちに前秦を建てたチベット系民族の名は何か。	氐
★★★★★★★		
25 □□□	五胡の1つで、青海地方に居住したチベット系民族の名は何か。	羌
★☆☆☆☆☆☆		
26 □□□	八王の乱ののち、4世紀に入り匈奴が中心となっておこし、西晋を滅ぼした兵乱は何と呼ばれるか。	永嘉の乱
★★★★☆☆☆		
27 □□□	西晋滅亡後、江南に逃れて東晋を建てた人物は誰か。	司馬睿
★★★★★★☆		
28 □□□	東晋は建業を改称して都とした。その名称は何か。	建康
★★★★★★★		
29 □□□	五胡の侵入から439年の鮮卑による華北統一までの、華北で諸国が興亡を繰り返した時代を何と総称するか。	五胡十六国
★★★★★★★		
30 □□□	鮮卑が建て、439年に華北を統一した国の名称は何か。	北魏
★★★★★★☆		
31 □□□	北魏を建てた鮮卑の氏族名は何か。	拓跋氏
★★★★☆☆☆		
32 □□□	5〜6世紀にモンゴル高原を支配し、北魏に対抗した遊牧国家は何か。	柔然
★★★★☆☆☆		
33 □□□	北魏が439年に華北を統一した時の皇帝は誰か。	太武帝
★★★★★★☆		
34 □□□	5世紀後半に漢化政策を実施した北魏の第6代皇帝は誰か。	孝文帝
★★★★★★★		
35 □□□	北魏が建国されてから5世紀末までの都はどこにおかれたか。	平城
★★★★★★★		
36 □□□	孝文帝はどこに遷都したか。	洛陽
★★★★★★☆		
37 □□□	北魏が採用した、鮮卑の服飾・姓名・言語を漢人風に改めた政策を何と呼ぶか。	漢化政策

★☆☆☆☆☆☆ 38 ☐☐☐	北方の6つの駐屯地の人々が、遷都によって政権の重心が南へ移ったことから不満をもつようになり、北魏末期の523年におこした反乱は何か。	六鎮の乱（りくちんのらん）
★★★★★★★ 39 ☐☐☐	北魏の華北統一から、東魏・西魏・北斉・北周と続いた華北の5王朝の総称は何か。	北朝
★★★★★☆☆ 40 ☐☐☐	北魏の分裂後、府兵制（ふへいせい）を開始したことで知られる、長安を都とした国は何か。	西魏（せいぎ）
★★★★★☆☆ 41 ☐☐☐	東魏からの禅譲（ぜんじょう）で成立した国はどこか。	北斉（ほくせい）
★★★★★☆☆ 42 ☐☐☐	西魏からの禅譲で成立した国はどこか。	北周（ほくしゅう）
★★★★★★★ 43 ☐☐☐	東晋の滅亡後、建康を都に漢人武将が建てた、宋・斉・梁・陳の4王朝の総称は何か。	南朝
★★★★★★★ 44 ☐☐☐	東晋の武将劉裕（りゅうゆう）が建てた、南朝最初の王朝は何か。	宋（そう）
★★★★★★☆ 45 ☐☐☐	南朝の2番目の王朝は何か。	斉（せい）
★★★★★★☆ 46 ☐☐☐	南朝文化の最盛期を現出した3番目の王朝は何か。	梁（りょう）
★★★★★★☆ 47 ☐☐☐	隋に滅ぼされた、南朝最後の王朝は何か。	陳（ちん）
★★★★★★★ 48 ☐☐☐	建業と建康を都とした呉・東晋・宋・斉・梁・陳の6王朝の総称は何か。	六朝（りくちょう）
★★★★★★★ 49 ☐☐☐	220〜589年の、後漢の滅亡から隋の中国統一までの約370年間の総称は何か。	魏晋南北朝時代（ぎしんなんぼくちょうじだい）
★★★☆☆☆☆ 50 ☐☐☐	439〜589年の、江南の宋と華北の北魏の並存から、隋の中国統一までの南北分裂期の呼び名は何か。	南北朝時代

■魏晋南北朝の社会と文化

★★★★★☆☆ 1 ☐☐☐	六朝下では豪族が土地を失った人々を勢力下において貴族として経営した、中国では大土地所有制およびその経営を指す呼称は何か。	荘園（しょうえん）
★★★★★★☆ 2 ☐☐☐	三国の魏の文帝（ぶんてい）が始めた、地方に役人を派遣し、中央に人材を推薦させた官吏登用制度は何か。	九品中正（きゅうひんちゅうせい）

★★★★★☆☆		
3 □□□	九品中正で、中央から任命された役人を何と呼ぶか。	中正官
★★★★★★☆		
4 □□□	九品中正のもとでの、魏晋南北朝時代の豪族による上級官僚独占を風刺した言葉は何か。	「上品に寒門なく、下品に勢族なし」
★★★★★★★★		
5 □□□	九品中正により、上級官僚を世襲的に独占するようになった豪族は、何と呼ばれる階層を形成したか。	門閥貴族
★★★★☆☆☆		
6 □□□	国家財政を確立するため、三国の魏の曹操が、荒廃地を国有化して流民や一般農民に耕作させた制度は何か。	屯田制
★☆☆☆☆☆☆☆		
7 □□□	三国の魏の曹操が戸ごとに課した現物税を何と呼ぶか。	戸調
★★★☆☆☆☆		
8 □□□	残存する史料が少なく、その実態はよくわかっていないが、西晋の司馬炎が施行したといわれる土地制度は何か。	占田・課田法
★★★★★★★		
9 □□□	国家財政を確立するため、北魏の孝文帝が、丁男・妻・奴婢・耕牛に土地を授給・回収した制度は何か。	均田制
★★☆☆☆☆☆		
10 □□□	北魏の孝文帝が制定した、村落統治制度は何か。	三長制
★★★★★★☆		
11 □□□	魏・晋時代に流行した、老荘思想にもとづき、世俗を超越した表現でおこなわれた哲学的議論を何と呼ぶか。	清談
★★☆☆☆☆☆		
12 □□□	清談をおこなった、阮籍らに代表される7人を何と総称したか。	「竹林の七賢」
★★★★★★☆		
13 □□□	4世紀初め洛陽に来て仏教を広めた、西域の亀茲（クチャ）出身の僧は誰か。	仏図澄
★★★★★★☆		
14 □□□	5世紀初め長安に来て仏典の漢訳と教理の中国定着に大きく貢献した、インド僧を父にもつ亀茲出身の僧は誰か。	鳩摩羅什
★★★★★★☆		
15 □□□	仏典収集のため、4世紀末に長安から陸路でインドへ向かい、海路で帰国した東晋時代の僧は誰か。	法顕
★★★★☆☆☆		
16 □□□	法顕が著したインド旅行記は何か。	『仏国記』
★★★★★★☆		
17 □□□	北魏前半の都である平城の西に位置し、石窟寺院が造営されたのはどこか。	雲崗
★★★★★☆☆		
18 □□□	北魏の遷都後から石窟寺院の造営が開始された、洛陽南方の地はどこか。	竜門

★★★★★★★ 19 □□□	4〜14世紀にかけて莫高窟などの石窟寺院が造営された、甘粛省西端のオアシス都市はどこか。	敦煌
★★★★★★★ 20 □□□	後漢末の太平道や五斗米道(天師道)を源流とし、北魏時代に教団組織を確立した中国固有の宗教は何か。	道教
★★★★★☆☆ 21 □□□	北魏の太武帝に重用され、五斗米道を改革して新天師道を確立した人物は誰か。	寇謙之
★★★★★☆☆ 22 □□□	魏晋南北朝時代にもっとも盛んになった、仙人や不老長寿の観念が発展した思想は何か。	神仙思想
★★★☆☆☆☆ 23 □□□	魏晋南北朝時代に流行した、無為自然を理想の生き方とする道教の思想的基礎となった考え方を何と呼ぶか。	老荘思想
★★★★☆☆☆ 24 □□□	三国の呉から東晋・南朝までの時期、建業・建康を都とした江南の王朝の貴族文化を何と総称するか。	六朝文化
★★★★★★☆ 25 □□□	「帰去来辞」で知られる、東晋の田園詩人は誰か。	陶潜(陶淵明)
★★☆☆☆☆☆ 26 □□□	六朝の山水文学の代表者でもある、南朝宋の田園詩人は誰か。	謝霊運
★★★★★★☆ 27 □□□	南朝とくに斉・梁で流行した、4字句と6字句の対句と韻をふむ華麗な形式の文体を何と呼ぶか。	四六駢儷体
★★★★☆☆☆ 28 □□□	南朝梁の武帝の長子で、詩文にすぐれていたのは誰か。	昭明太子
★★★★★★☆ 29 □□□	昭明太子が編纂した、全30巻からなる詩文集は何か。	『文選』
★★★★★★☆ 30 □□□	「画聖」と称される、東晋の画家は誰か。	顧愷之
★★★★★★☆ 31 □□□	女官へのいましめを書いた作品を題材として、顧愷之が描いたとされる作品は何か。	「女史箴図」
★★★★★★☆ 32 □□□	「書聖」と称され、「蘭亭序」で名高い東晋の書家は誰か。	王羲之
★★☆☆☆☆☆ 33 □□□	4世紀半ばに王羲之が書いた、行書の手本とされた書跡作品は何か。	「蘭亭序」
★☆☆☆☆☆☆ 34 □□□	北魏の酈道元が著した歴史地理書は何か。	『水経注』
★☆☆☆☆☆☆ 35 □□□	北魏時代の農法を著した、農業技術書は何か。	『斉民要術』

■朝鮮・日本の国家形成

★★★★★★☆		
1 □□□	東アジアにおいて、中国皇帝が周辺諸国の支配者とのあいだで形成した国際体制を何と呼ぶか。	冊封体制
★★★★★★☆		
2 □□□	冊封体制のもとで周辺諸国の支配者が、中国皇帝に対し、漢文の正式な外交文書をつくり、使節とともに貢物を送ることを何と呼ぶか。	朝貢
★★★★★★☆		
3 □□□	ツングース系の一派が前1世紀頃中国東北地方に建て、その後朝鮮半島北部に進出した国はどこか。	高句麗
★★★★☆☆☆		
4 □□□	4世紀末〜5世紀初め、朝鮮半島南部に進出し、倭とも戦い破ったとされる、高句麗の最盛期の王は誰か。	広開土王(好太王)
★☆☆☆☆☆☆		
5 □□□	朝鮮半島中南部で勢力を誇った韓族の国家群の総称は何か。	三韓
★★★☆☆☆☆		
6 □□□	三韓の1つで、半島南西部に分立していた国名は何か。	馬韓
★★★☆☆☆☆		
7 □□□	三韓の1つで、半島南東部に分立していた国名は何か。	辰韓
★★★☆☆☆☆		
8 □□□	三韓の1つで、日本が進出したともいわれる国名は何か。	弁韓(弁辰)
★★★★★★☆		
9 □□□	4世紀半ば〜7世紀後半にかけて、朝鮮半島で高句麗・百済・新羅が抗争した時代を何というか。	三国時代
★★★★★★★		
10 □□□	4世紀半ば、半島南東部に分立していた三韓の国々を統一して成立した国はどこか。	新羅(しらぎ)
★★★★★★★		
11 □□□	4世紀半ば、半島南西部に分立していた三韓の国々を統一して成立した国はどこか。	百済(くだら)
★★★★★★☆		
12 □□□	日本が進出したともいわれる三韓の国々の地域で、4世紀中頃から成立した小国家連合の名称は何か。	加耶(加羅)
★★★★☆☆☆		
13 □□□	3世紀の日本に関する記述が残されている、『三国志』の一部分の俗称は何か。	「魏志」倭人伝
★★★★★★☆		
14 □□□	「魏志」倭人伝に記述されている、倭の国の名前は何か。	邪馬台国
★★★★★★☆		
15 □□□	「魏志」倭人伝に記述されている、邪馬台国の女王の名前は何か。	卑弥呼

★★★★☆☆☆ **16** □□□	<u>卑弥呼</u>に魏の皇帝が授けたとされる称号は何か。	「親魏倭王」
★★★★★☆☆☆ **17** □□□	4世紀頃に成立した日本の古代政権は何か。	ヤマト政権
★★★☆☆☆☆ **18** □□□	中国南朝の『宋書』などにみえる、朝貢した日本の5人の王を何と総称するか。	倭の五王
★★★☆☆☆☆ **19** □□□	4～7世紀に、日本に渡ってきた中国や朝鮮の人々を何と呼ぶか。	渡来人

❹ 東アジア文化圏の形成

用語集 p.34～42

隋は南北を再統一すると、科挙を開始するとともに、大運河を建設して江南と華北を結びつけた。唐は律令に従った**中央集権体制**を確立し、都の長安は**国際都市**として繁栄した。また、**漢字・儒学・漢訳仏教・律令**など唐の文化は、朝貢・冊封をとおして朝鮮・日本・北部ベトナムなど近隣諸国に広がり、唐を中心とする**東アジア文化圏**が形成された。

■隋から唐へ

★★★★★★★★ **1** □□□	589年に、南朝の陳を滅ぼして中国を再統一した王朝は何か。	隋
★★★★★★★★ **2** □□□	北周の外戚だが、禅譲により隋の初代皇帝として即位したのは誰か。	楊堅(文帝)
★★★★★★★☆ **3** □□□	<u>楊堅</u>が建てた都の名称は何か。	大興城
★★★★★★★★ **4** □□□	貴族の高級官僚独占を防ぎ中央集権化をめざす目的で開始した、科目試験による官吏登用制度は何か。	科挙
★★★★☆☆☆☆ **5** □□□	<u>北魏</u>に始まり、隋に継承された土地制度は何か。	均田制
★★★★☆☆☆☆ **6** □□□	<u>均田制</u>にもとづいて実施された税制は何か。	租調庸制
★★★★★☆☆☆ **7** □□□	隋の楊堅が整備した、<u>西魏</u>に始まる兵制は何か。	府兵制
★★★★★★★★ **8** □□□	隋の第2代皇帝は誰か。	煬帝
★★★★★★★★ **9** □□□	煬帝の時代に完成し、その後も南北をつなぐ経済の大動脈となった交通網は何か。	大運河
★★★★★★★☆ **10** □□□	煬帝が強行したが、3回とも失敗した外征は何か。	高句麗遠征

★★★★★★★
11 □□□ 618年に建国され、隋に続いて中国を統一した王朝は何か。 | 唐(とう)

★★★★★★☆
12 □□□ 唐の都はどこか。 | 長安

★★★★★★☆
13 □□□ 唐の建国者は誰か。 | 李淵(りえん)(高祖(こうそ))

★★★★★☆☆
14 □□□ 唐の第2代皇帝となり、中国統一を完成したのは誰か。 | 李世民(りせいみん)(太宗(たいそう))

★★★☆☆☆☆
15 □□□ 盛時を現出した唐の太宗の治世を、後世になって元号でたたえた言葉は何か。 | 「貞観の治(じょうがんのち)」

★★★★★★★
16 □□□ 太宗の時代、唐に服属した遊牧民国家は何か。 | 東突厥(ひがしとっけつ)

★★★★★★☆
17 □□□ 周辺国家を服属させ、唐の最大版図(はんと)を実現した第3代皇帝は誰か。 | 高宗(こうそう)

★★★★★★★
18 □□□ 唐が周辺諸民族の統治のため6つ設置した機関は何か。 | 都護府(とごふ)

★★☆☆☆☆☆
19 □□□ 都護府のうちベトナム北部に設置された機関は何か。 | 安南都護府(あんなんとごふ)

★★★★☆☆☆
20 □□□ 中央から役人を派遣し、そのもとで在地の族長を任命して、周辺民族を間接統治した中国歴代王朝の政策を何と呼ぶか。 | 羈縻政策(きびせいさく)

■唐代初期の制度と文化

★★★★★★★
1 □□□ 唐で確立された、中国の法体系の名称は何か。 | 律・令・格・式(りつ・れい・かく・しき)(りょう)(きゃく)

★★★★★★★
2 □□□ 律・令・格・式のうち、刑法典の名称は何か。 | 律

★★★★★★★
3 □□□ 律・令・格・式のうち、行政法ないし民法典の名称は何か。 | 令

★★★★★★★
4 □□□ 唐の中央政府の最高機関は何と呼ばれるか。 | 三省(さんしょう)

★★★★★★★
5 □□□ 三省のうち、詔勅の立案起草を担当した機関は何か。 | 中書省(ちゅうしょしょう)

★★★★★★★
6 □□□ 三省のうち、立案された詔勅や奏文の審議を担当した機関は何か。 | 門下省(もんかしょう)

★★★★★★★
7 □□□ 三省のうち、成立した詔勅を執行する行政機関は何か。 | 尚書省(しょうしょしょう)

★★★★★★★		
8 □□□	尚書省のもとにおかれた6つの部署を何と呼ぶか。	六部
★★★★★★★		
9 □□□	六部のうち、官吏の人事を担当したのはどこか。	吏部
★★★★★★★		
10 □□□	六部のうち、戸籍・財務を担当したのはどこか。	戸部
★★★★★★★		
11 □□□	六部のうち、教育・祭祀・科挙を担当したのはどこか。	礼部
★★★★★★★		
12 □□□	六部のうち、軍事を担当したのはどこか。	兵部
★★★★★★★		
13 □□□	六部のうち、司法を担当したのはどこか。	刑部
★★★★★★★		
14 □□□	六部のうち、土木事務を担当したのはどこか。	工部
★★★★★★★		
15 □□□	後漢時代に機構が整えられた、中国での官吏監察機関の名称は何か。	御史台
★★★★★★★		
16 □□□	隋で始まり、唐で確立された地方行政区画制度は何か。	州県制
★★★★★★★		
17 □□□	北魏に始まり、隋の制度を継承した土地制度は何か。	均田制
★★★★★★★		
18 □□□	唐の均田制で給田された土地のうち、桑田のような世襲を認められた永業田に対し、穀物田などの返還を義務づけられた土地を何と呼ぶか。	口分田
★★★★★★★		
19 □□□	北魏で始まった均田制にもとづく税制は何か。	租調庸制
★★☆☆☆☆☆		
20 □□□	唐代の労役のうち、中央政府から課された労役は何と呼ばれたか。	力役
★★☆☆☆☆☆		
21 □□□	唐代の労役のうち、地方官庁から課せられた年間40日の土木事業や臨時の労役は何と呼ばれたか。	雑徭 (ぞうよう)
★★★☆☆☆☆		
22 □□□	隋の制度を継承した、科目試験による官僚登用制度は何か。	科挙
★★★★★★★		
23 □□□	唐の太宗時代、布教を許されたネストリウス派キリスト教の中国名は何か。	景教
★★★☆☆☆☆		
24 □□□	ネストリウス派キリスト教の流行をたたえて、長安の大秦寺に建立された碑は何と呼ばれるか。	大秦景教流行中国碑
★★★★★★★		
25 □□□	北魏の頃に伝わり、唐では各地に寺院が建てられたゾロアスター教(拝火教)の中国名は何か。	祆教

★★★★★★★ **26** □□□ サ サン朝のもとで生まれ、中国へは7世紀末に西域から 伝わった二元論の宗教は何か。	マニ教
★★★★★★★ **27** □□□ 副葬品に多く使用された、緑・黄・白などの彩色をほど こした唐代の陶器の名称は何か。	唐三彩
★★★★★☆☆ **28** □□□ 玄宗に重用され、李白らとも交友した、日本からの留学 生は誰か。	阿倍仲麻呂
★★★☆☆☆☆ **29** □□□ 清真教とも呼ばれたイスラーム教のもう1つの中国名は 何か。	回教
★★★★★★★ **30** □□□ 海上交易で活躍したイスラーム教徒の商人を何というか。	ムスリム商人
★★★★★☆☆ **31** □□□ 広州とならんで、ムスリム商人が来航し彼らの居留地が おかれた、大運河沿いの江蘇省の港市はどこか。	揚州
★★★★★★★ **32** □□□ 古くから南海交易の拠点として栄えた、広東省の海港都 市はどこか。	広州
★★☆☆☆☆☆ **33** □□□ 玄宗時代、広州にはじめて設置された、海上交易管理機 関の名称は何か。	市舶司
★☆☆☆☆☆☆ **34** □□□ 唐・宋時代に広州・揚州などに設けられた外国人居留地 は、何と呼ばれたか。	番坊
★★★★★★★ **35** □□□ 陸路貿易で活躍した、ソグディアナ地域を原住地とした イラン系民族は何人か。	ソグド人
★★★★★☆☆ **36** □□□ 北朝以降に中国に流入した西域の文化の1つで、ペルシ アが起源とされ、唐で流行した、馬に乗っておこなう球 技は何か。	ポロ競技
★★★★★★☆ **37** □□□ 唐代の初め、太宗の時代に、往復とも陸路でインドにお もむいた中国僧は誰か。	玄奘
★★★★★★☆ **38** □□□ 弟子が編集して完成した、玄奘の旅行記は何か。	『大唐西域記』
★★★★★★☆ **39** □□□ 7世紀後半の唐代に、往復とも海路でインドにおもむい た中国僧は誰か。	義浄
★★★★☆☆☆ **40** □□□ 義浄がシュリーヴィジャヤで記述した旅行記は何か。	『南海寄帰内法伝』

★★☆☆☆☆☆ **41** □□□	隋の智顗を開祖とし、『法華経』を重んじ、日本へは最澄が伝えた仏教の一派は何か。	天台宗
★☆☆☆☆☆☆ **42** □□□	7世紀以後にインドから中国へ伝来した密教の1つで、日本へは空海が伝えた仏教の一派は何か。	真言宗
★★★★★★☆ **43** □□□	東晋の慧遠を開祖とし、阿弥陀浄土信仰を説く仏教の一派は何か。	浄土宗
★★★★★★☆ **44** □□□	北魏に来朝したインド僧達磨を開祖とし、坐禅と瞑想による実践を重視した仏教の一派は何か。	禅宗
★★★★★★☆ **45** □□□	太宗の勅命で『隋書』や五経の注釈書を編纂した儒学者は誰か。	孔穎達 (こうえいたつ)
★★★★★☆☆ **46** □□□	孔穎達らが編纂した、五経の統一的な注釈書は何か。	『五経正義』
★★★★★☆☆ **47** □□□	南画の祖とも呼ばれる唐中期の詩人・画家は誰か。	王維
★★★★★★★ **48** □□□	安史の乱の時に粛宗の弟の反乱に加担し、一時流罪となったこともある、「詩仙」と称された唐中期の詩人は誰か。	李白
★★★★★★★ **49** □□□	「春望」など社会の現実をうたった作品が多く、のちに「詩聖」と称された唐中期の詩人は誰か。	杜甫
★★☆☆☆☆☆ **50** □□□	人物画に秀でた、唐初の宮廷画家は誰か。	閻立本
★★☆☆☆☆☆ **51** □□□	唐初の書家で、楷書の典型をつくりだした人物は誰か。	欧陽詢
★★★☆☆☆☆ **52** □□□	唐初の書家で、太宗・高宗に仕え、楷書に秀でた人物は誰か。	褚遂良
★★★☆☆☆☆ **53** □□□	古代中国の都をモデルとして、朝鮮や日本でも採用された、天子(皇帝)の居城を中心に整えられた都市制度を何と呼ぶか。	都城制

■唐と近隣諸国

★★★★★★☆ **1** □□□	7世紀にラサを都に成立したチベットの王国に対する、中国側の呼称は何か。	吐蕃
★★★★★★☆ **2** □□□	吐蕃の建国者は誰か。	ソンツェン゠ガンポ

★★★★★★ 3 □□□	ラマ教とも呼ばれる、チベット固有の大乗仏教は何か。	チベット仏教
★★★★★★☆ 4 □□□	唐代の雲南地方に10世紀初めまで存続した、チベット＝ビルマ系の人々が建てた国は何か。	南詔（なんしょう）
★★★★★★★ 5 □□□	百済（くだら）滅亡後、救援のため出兵した日本水軍が、663年に唐と新羅（しらぎ）の水軍に大敗した戦いは何か。	白村江の戦い（はく［すきのえ］）
★★★★★★★ 6 □□□	唐と結んで百済・高句麗を滅ぼしたのち、676年に朝鮮半島を統一した国はどこか。	新羅（しんら）（しらぎ）
★★★★★★ 7 □□□	新羅の都はどこか。	金城（慶州）（きんじょう けいしゅう）
★★★★ 8 □□□	新羅の都の東南に残る、代表的な仏教寺院の名称は何か。	仏国寺（ぶっこくじ）
★★★★★ 9 □□□	新羅の王族と一般貴族だけを対象とした、特権的な氏族的身分制を何と呼ぶか。	骨品制（こっぴんせい）
★★★★★★ 10 □□□	7世紀末、中国東北地方の東部を中心に靺鞨人（まっかつじん）と高句麗の遺民によって建てられた国は何か。	渤海（ぼっかい）
★★★☆☆☆☆ 11 □□□	渤海の建国者は誰か。	大祚栄（だいそえい）
★★★★★★ 12 □□□	唐の長安をモデルとした、渤海の都はどこか。	上京竜泉府（じょうけいりゅうせんふ）
★★★★★★ 13 □□□	厩戸王（うまやと）(聖徳太子)によって小野妹子（おののいもこ）らが派遣された使節は何か。	遣隋使（けんずいし）
★★★★★★ 14 □□□	630〜838年のあいだに十数回派遣され、894年に廃止された、日本から唐への使節を何と呼ぶか。	遣唐使（けんとうし）
★★★☆☆☆☆ 15 □□□	7世紀半ば、中大兄皇子（なかのおおえのみこ）らが蘇我（そが）氏を倒し、中央集権的な律令国家体制の確立をめざした改革は何か。	大化改新（たいかのかいしん）
★★★★★★ 16 □□□	7世紀後半から「やまと」にかわって用いられるようになった国号は何か。	日本
★★★★☆☆ 17 □□□	689年の飛鳥浄御原令（あすかきよみはらりょう）で正式に規定されたといわれる、大王にかわる日本の君主号は何か。	天皇（てんのう）
★★☆☆☆☆ 18 □□□	唐の均田制にならった古代日本の土地制度の名称は何か。	班田収授法（はんでんしゅうじゅほう）
★★★★★★ 19 □□□	唐の長安をモデルとした、奈良の都の呼び名は何か。	平城京（へいじょうきょう）（へいぜいきょう）

★★★★★★☆		
20 ☐☐☐	唐や大陸各地の文化の影響を受けた、国際色豊かな奈良時代の文化の名称は何か。	天平文化
★★★★★★☆		
21 ☐☐☐	桓武天皇によって定められた平安時代の都の名称は何か。	平安京
★★★☆☆☆☆		
22 ☐☐☐	唐代の<u>朝貢国</u>の1つで、6世紀後半メコン川中流域に建てられ、中国史料で<u>真臘</u>と記された<u>クメール人</u>が興した国は何か。	カンボジア
★★★☆☆☆☆		
23 ☐☐☐	唐代の<u>朝貢国</u>の1つで、2世紀末〜17世紀にベトナム中部に存続し、中国史料では<u>林邑</u>や<u>環王</u>などと記された国は何か。	チャンパー
★★★☆☆☆☆		
24 ☐☐☐	唐代の<u>朝貢国</u>の1つで、7〜8世紀、スマトラ島南部を中心に海上交易で栄えた中国史料では<u>室利仏逝</u>と記された港市国家は何か。	シュリーヴィジャヤ

■唐の変容と五代

★★★★★★☆		
1 ☐☐☐	<u>西魏</u>で始まり隋・唐で整備された兵農一致の徴兵制度は何か。	府兵制
★★★★★★★		
2 ☐☐☐	7世紀末、病身の高宗にかわって政権を握った、中国史上で唯一の女帝は誰か。	則天武后(武則天)
★★★★★★☆		
3 ☐☐☐	<u>則天武后</u>の即位で成立した国号は何か。	周
★★☆☆☆☆☆		
4 ☐☐☐	8世紀初め、中宗を毒殺して皇帝になろうとした皇后は誰か。	韋后
★★☆☆☆☆☆		
5 ☐☐☐	高宗の皇后の<u>則天武后</u>と中宗の皇后の<u>韋后</u>が政権を奪って、唐の政治を混乱させたとされるできごとを、後世に何と呼んだか。	武韋の禍
★★★★★★☆		
6 ☐☐☐	<u>韋后</u>の一派を倒したのち、712年に即位した唐の第6代皇帝は誰か。	玄宗
★★★☆☆☆☆		
7 ☐☐☐	<u>玄宗</u>の治世前半の盛時を、後世にほめ称えた言葉は何か。	「開元の治」
★★★★★☆☆		
8 ☐☐☐	均田制の崩壊後に発達した、小作人の佃戸を耕作者とした、貴族らによる大土地所有制を何と呼ぶか。	荘園

★★★★★★☆ **9** □□□	均田制の崩壊にともない、749年に全面的に廃止された<u>府兵制</u>にかわって、傭兵を用いた兵制の名称は何か。	募兵制
★★★★★★★ **10** □□□	玄宗の時、周辺異民族にそなえて辺境10地区に設置された募兵軍団の指揮官を何と呼ぶか。	節度使
★★★★★★☆ **11** □□□	751年に中央アジアで唐軍が<u>アッバース朝</u>軍に大敗した戦いは何か。	タラス河畔の戦い
★★★★★☆☆ **12** □□□	玄宗の晩年の愛妃は誰か。	楊貴妃
★★★★★★★ **13** □□□	ソグド系の出身で、3つの節度使を兼ねて華北の実権を握り、755年に反乱をおこした人物は誰か。	安禄山
★★★★★★☆ **14** □□□	<u>安禄山</u>の部下で反乱に加わり、大燕皇帝を名乗ったソグド系の人物は誰か。	史思明
★★★★★★★ **15** □□□	755〜763年まで続き、唐を動揺させた反乱は何と呼ばれているか。	安史の乱
★★★★★★★ **16** □□□	<u>安史の乱</u>の鎮圧に際し、要請を受けて唐を援助した、モンゴル高原を支配していたトルコ系騎馬遊牧民は何か。	ウイグル
★★★★★★★ **17** □□□	<u>安史の乱</u>後、国内各地におかれた節度使が中央政府から自立するようになると、何と呼ばれるようになったか。	藩鎮
★★★★★★★ **18** □□□	徳宗時代の780年、貧富の差の拡大や<u>麦作の普及</u>を背景に<u>租調庸制</u>にかわって実施された、現住地で所有する資産に応じて夏・秋2回課税をおこなう新税法は何か。	両税法
★☆☆☆☆☆☆ **19** □□□	<u>両税法</u>を献策・推進した宰相は誰か。	楊炎
★★★★★★☆ **20** □□□	安史の乱の最中の761年に、財政救済策として専売を開始したものは何か。	塩
★★★★★★★ **21** □□□	唐滅亡の契機となった、875年からの農民反乱は何と呼ばれているか。	黄巣の乱
★★★★★★★ **22** □□□	<u>黄巣の乱</u>のなか、880年に長安を占領して皇帝を称した、山東の<u>塩</u>密売商人は誰か。	黄巣
★★★★★★☆ **23** □□□	<u>黄巣の乱</u>の幹部となったのち、唐に帰順して反乱鎮圧に活躍し、907年に唐を滅ぼした部将は誰か。	朱全忠

★★★★☆☆☆		
24 ☐☐☐	<u>朱全忠</u>が拠点とした、大運河と黄河の接する要衝で、別名<u>開封</u>とも呼ばれる都市はどこか。	汴州 _{べんしゅう}
★★★★★★☆		
25 ☐☐☐	華北で興亡した<u>五代</u>のうち、開封を都に<u>朱全忠</u>によって建国された、最初の王朝の名称は何か。	後梁 _{こうりょう}
★★★★★★☆		
26 ☐☐☐	<u>五代</u>のうち、<u>洛陽</u>を都とした2番目の王朝は何か。	後唐 _{こうとう}
★★★★★★☆		
27 ☐☐☐	五代のうち、契丹の援助を受け、開封を都に建国した3番目の王朝は何か。	後晋 _{こうしん}
★★★★★★★		
28 ☐☐☐	五代のうち、開封を都とした4番目の王朝は何か。	後漢 _{こうかん}
★★★★★★☆		
29 ☐☐☐	五代のうち、開封を都とした最後の王朝は何か。	後周 _{こうしゅう}
★★★★★★☆		
30 ☐☐☐	907年から979年の宋による中国統一までの、華北と江南・華南で興亡した諸国を何と総称するか。	五代十国 _{ごだいじっこく}
★★★★☆☆☆		
31 ☐☐☐	<u>玄宗</u>と<u>楊貴妃</u>の悲恋をうたった「長恨歌」や『白氏文集』などが有名な、唐後期の詩人は誰か。	白居易(白楽天) _{はくきょい はくらくてん}
★★★★★★☆		
32 ☐☐☐	<u>唐宋八大家</u>の1人で、文章家としては古文の復興を、学者としては儒学の復興を主張した人物は誰か。	韓愈(韓退之) _{かんゆ かんたいし}
★★★★★★☆		
33 ☐☐☐	<u>唐宋八大家</u>の1人で、<u>韓愈</u>とともに古文の復興をとなえた唐後期の文章家は誰か。	柳宗元 _{りゅうそうげん}
★★★★★★☆		
34 ☐☐☐	玄宗に仕え、線の太さで量感や立体感を表す新技術を生み出した、唐中期の画家は誰か。	呉道玄 _{ごどうげん}
★★★★★☆☆		
35 ☐☐☐	水墨によって描かれた、中国的自然観を反映した絵画のことを何と呼ぶか。	山水画 _{さんすいが}
★★★★★★☆		
36 ☐☐☐	楷書・草書に力強い書風を開く一方、安史の乱の際に義勇軍を率いて抗戦した、唐中期の書家は誰か。	顔真卿 _{がんしんけい}

■突厥とウイグル

★★★☆☆☆☆		
1 ☐☐☐	名前は高輪の車を用いたことに由来する、4～6世紀にモンゴル高原から西方の草原で活動した騎馬遊牧民および彼らが建てた国家の名称は何か。	高車 _{こうしゃ}

★★★★★☆☆ ② □□□	鮮卑の南進後、5〜6世紀にモンゴル高原を支配し、<u>北魏</u>とも対抗した、モンゴル系遊牧民は何か。	柔然（じゅうぜん）
★★★☆☆☆☆ ③ □□□	5〜6世紀、中央アジアから<u>ササン朝</u>下のイランや西北インドに侵入した騎馬遊牧民は何か。	エフタル
★★★★★★★ ④ □□□	6世紀半ばに台頭し、<u>柔然</u>を滅ぼしてモンゴル高原に大帝国を建てたトルコ系騎馬遊牧民は何か。	突厥（とっけつ）（とっくつ）
★★★★☆☆☆ ⑤ □□□	<u>突厥</u>などの遊牧民が、馬との交換で中国から絹を得る貿易を何というか。	絹馬貿易（けんば）
★★★★★★★ ⑥ □□□	<u>突厥</u>がつくったとされる、北方遊牧民最古の文字は何か。	突厥文字
★★★★★★★ ⑦ □□□	<u>突厥</u>のもとから独立し、8〜9世紀にモンゴル高原を支配したトルコ系騎馬遊牧民は何か。	ウイグル
★★★☆☆☆☆ ⑧ □□□	鮮卑から用いられ、<u>柔然・突厥・ウイグル</u>に継承された遊牧国家の君主の称号は何か。	カガン（可汗）（かがん）
★★★★★★☆ ⑨ □□□	<u>ウイグル人</u>が使用した、<u>ソグド文字</u>に由来し、のちのモンゴル文字や満洲文字に継承された文字は何か。	ウイグル文字
★★★★★☆☆ ⑩ □□□	<u>ウイグル</u>で国教となった、3世紀前半に西アジアで創始された二元論の宗教は何か。	マニ教
★★★★★☆☆ ⑪ □□□	840年、<u>ウイグル</u>の内紛に乗じてこれを滅ぼした、中央アジアのトルコ系遊牧民は何か。	キルギス

■ソグド人

★★★★★★★ ① □□□	中国の洛陽・長安から東西トルキスタン・イラン高原北部・地中海東岸を結ぶ、東西交通の主要ルートを何と呼ぶか。	「オアシスの道」
★★★★★★★ ② □□□	「<u>オアシスの道</u>」を中心に、古くから<u>隊商交易</u>で活躍した、ソグディアナ地域を原住地とするイラン系住民は何か。	ソグド人
★★★★★☆☆ ③ □□□	アラム文字に由来し、<u>ソグド人</u>が使用し、のちのウイグル文字のもととなった文字は何か。	ソグド文字

第3章　南アジア世界と東南アジア世界の展開

　南アジアでは、都市国家の発展を背景にバラモンの権威を認めない仏教やジャイナ教が現れ、バラモン教も祭式至上主義への反省から革新を遂げた。特に仏教は、インド初の統一王朝であるマウリヤ朝や、西北インドに興ったクシャーナ朝のもとで保護され、交易の拡大とともに東南アジアや東アジアに伝わった。しかし、ヴァルナ制の束縛の強いインドでは、バラモン教が民間信仰を吸収して成立したヒンドゥー教にとってかわられ、仏教はしだいに衰退した。一方、東南アジア諸地域は、東西の海上交通の接点としてインド・中国の影響を受けながら、独自の世界を形成した。

【南アジア・東南アジアの変遷】

	インド		ビルマ (ミャンマー)	タイ (シャム)	カンボジア	インドネシア		ベトナム		中国
	北部	中・南・南端部				マレー半島・ スマトラ島	ジャワ島	南部	北部	
1世紀	クシャーナ朝	サータヴァーハナ朝	チョーラ朝(前3〜後4世紀)	パーンディヤ朝	ビュー人の国家		扶南 (港市オケオ)				前漢
										新
2世紀										後漢
3世紀										
4世紀	グプタ朝							チャンパー (林邑) チャム人 が建国	中国の支配	魏晋南北朝
5世紀										
6世紀	エフタルの侵入	チャールキヤ朝		ドヴァーラヴァティー (モン人)	カンボジア (真臘) 独立	シュリー ヴィジャヤ (室利仏逝)	シャイレンドラ朝		安南 都護府	隋
7世紀	ヴァルダナ朝		パーンディヤ朝							唐
8世紀	(諸王朝に分裂 (ラージプート時代)	ラーシュトラクータ朝			分裂 (8世紀)	支配 引き継ぐ	マタラム朝	チャンパー (環王)		
9世紀					カンボジア 再統一	東部へ移り 改称				
10世紀	チョーラ朝	チャールキヤ朝	ビルマ人 の南下		アンコール朝 (9〜15世紀) のもとで繁栄 (クメール人)	港市国家群 (三仏斉)	クディリ朝 (影絵芝居 ワヤンの発達)	チャンパー (占城)	五代十国	
11世紀	ガズナ朝			タイ人 の南下					大越 (李朝)	北宋
12世紀	ゴール朝	チョーラ朝(9〜13世紀)	パガン朝							金
13世紀	奴隷王朝	滅ぼす	パーンディヤ朝	スコータイ朝			シンガサリ朝	大越 (陳朝) 遠征	南宋	元

❶ 仏教の成立と南アジアの統一国家

用語集 p.43〜45

都市国家の発展・統合がすすむなか、<u>クシャトリヤ</u>と<u>ヴァイシャ</u>の台頭を背景に、<u>仏教</u>やジャイナ教が生まれた。<u>マウリヤ朝</u>では、<u>アショーカ王</u>が<u>仏教</u>に帰依し、<u>ダルマ</u>にもとづく統治をおこなった。その後、イラン系の<u>クシャーナ朝</u>では<u>東西交易</u>が活発化し、<u>大乗仏教</u>が保護され、<u>ガンダーラ美術</u>とともに交易路を通じて中央アジアから東アジアへ伝わった。

■都市国家の成長と新しい宗教の展開

★★★★★★★★ **1** □□□	前6世紀にガンジス川中流域におこり、叙事詩『<u>ラーマーヤナ</u>』の舞台とされるなど繁栄したが、前5世紀になるともう1つの強国に併合された国の名称は何か。	コーサラ国
★★★★★★★★ **2** □□□	前6世紀にガンジス川中流域におこり、前5世紀に<u>コーサラ国</u>を併合し、この地域を支配した国の名称は何か。	マガダ国
★★★★★★★★ **3** □□□	「<u>奥義書</u>」を意味し、祭式至上主義におちいったバラモン教への反省と批判から生まれた宗教哲学書を何と呼ぶか。	ウパニシャッド
★★★★★★★★ **4** □□□	「<u>梵</u>」とも呼ばれ、<u>ウパニシャッド</u>で宇宙の根本原理や万物の本体を意味する言葉は何か。	ブラフマン
★★★★★★★★ **5** □□□	「<u>我</u>」とも呼ばれ、<u>ウパニシャッド</u>で人間存在の根本原理を意味する言葉は何か。	アートマン
★★★★★★★★ **6** □□□	インド思想上の観念で、生物は永久に生死を繰り返すという考え方を何と呼ぶか。	輪廻転生 (りんねてんしょう)
★★★★★★★★ **7** □□□	インド思想上の観念で、「行為」を意味する用語は何か。	業(カルマ)
★★★★★★★★ **8** □□□	仏教において、<u>輪廻</u>から脱却して、自由を得た状態のことを何と呼ぶか。	解脱
★★★★★★★★ **9** □□□	シャカ族の王子で、前6〜前5世紀頃に<u>仏教</u>を開いた人物は誰か。	ガウタマ゠シッダールタ
★★★★★★★★ **10** □□□	「悟った者」を意味する、<u>ガウタマ゠シッダールタ</u>の尊称は何か。	ブッダ(仏陀)
★★★★★★★★ **11** □□□	<u>ガウタマ゠シッダールタ(ブッダ)</u>が説いた、正しい思考や正しい行為などの、解脱にいたるための8つの実践法を何と呼ぶか。	八正道

★★★★☆☆		
12 □□□	<u>仏塔</u>とも呼ばれ、のちの寺院のもとになったとされる、<u>ガウタマ゠シッダールタ（ブッダ）</u>の遺骨をおさめる建造物は何か。	ストゥーパ
★★★☆☆☆☆		
13 □□□	アショーカ王の建立した<u>ストゥーパ</u>などの仏教遺跡で知られる、インド中部の都市はどこか。	サーンチー
★★★★★★☆		
14 □□□	<u>マハーヴィーラ</u>という尊称で呼ばれ、前6〜前5世紀頃、徹底した不殺生主義に立つ宗教を開いた人物は誰か。	ヴァルダマーナ
★★★★★★☆		
15 □□□	<u>ヴァルダマーナ</u>の開いた宗教は何か。	ジャイナ教

■統一国家の成立

★★☆☆☆☆☆		
1 □□□	アレクサンドロス大王のインダス川流域侵入後に衰退し、前4世紀後半にチャンドラグプタによって滅ぼされた、<u>マガダ国</u>の王朝は何か。	ナンダ朝
★★★★★★★		
2 □□□	前4世紀後半に成立した、インド史上最初の統一国家の王朝は何か。	マウリヤ朝
★★★★★☆☆		
3 □□□	<u>マウリヤ朝</u>の建国者は誰か。	チャンドラグプタ王
★★★★☆☆☆		
4 □□□	<u>マウリヤ朝</u>の都はどこか。	パータリプトラ
★★★★★★★		
5 □□□	<u>マウリヤ朝</u>の全盛期を現出した、第3代の王は誰か。	アショーカ王
★★★★★☆☆		
6 □□□	<u>アショーカ王</u>が政治倫理とし、磨崖碑や石柱碑に詔勅として刻ませたインド思想の概念を何と呼ぶか。	ダルマ（法）
★★★★★★☆		
7 □□□	<u>アショーカ王</u>がおこなったとされる、3回目の仏教教説の収集・編纂事業を何と呼ぶか。	仏典結集
★★★★★☆☆		
8 □□□	<u>アショーカ王</u>が王子を派遣して仏教を布教させたとされ、のちに<u>上座部仏教</u>の一大中心地となった地域はどこか。	セイロン島（スリランカ）

■クシャーナ朝と大乗仏教

★★★★☆☆☆		
1 □□□	前3世紀半ばにアム川上流域に、<u>セレウコス朝</u>から自立して成立し、西北インドにも進出したが、のちに大夏（トハラ）に滅ぼされたギリシア系国家は何か。	バクトリア

★★★☆☆☆☆ 2 □□□	中央アジアから西北インドに進出したが、クシャーナ朝に服属し、4世紀グプタ朝に滅ぼされた、イラン系遊牧民は何か。	サカ人
★★☆☆☆☆☆ 3 □□□	匈奴・烏孫(きょうど うそん)に追われてソグディアナに逃れ、その後バクトリア地方に移り、大夏(トハラ)を征服した民族は何か。	大月氏(だいげっし)
★★★★★★★ 4 □□□	1〜3世紀にかけて、大月氏の支配から自立したイラン系民族が中央アジア〜西北インドに建てた王朝は何か。	クシャーナ朝
★★☆☆☆☆☆ 5 □□□	クシャーナ朝の都はどこか。	プルシャプラ
★★★★★★★ 6 □□□	2世紀にクシャーナ朝の全盛期を現出した王は誰か。	カニシカ王
★★★★★★★ 7 □□□	「利他行(り たぎょう)」を特徴とし、大衆の救済をめざした新仏教は一般に何と呼ばれるか。	大乗仏教(だいじょう)
★★★★★☆☆ 8 □□□	大乗仏教の中心思想となった信仰は何か。	菩薩信仰(ぼさつ)
★★★☆☆☆☆ 9 □□□	大乗仏教の理論を確立した、竜樹とも記される仏教学者は誰か。	ナーガールジュナ
★★★★★★☆ 10 □□□	戒律の厳守を主張し、出家しての修行によりみずからの解脱をめざす、スリランカや東南アジアに南伝した仏教の一派は何と称しているか。	上座部仏教(じょうざぶ)
★★★★★☆☆ 11 □□□	上座部仏教(じょうざぶ)に対する、大乗仏教側からの蔑称は何か。	小乗仏教(しょうじょう)
★★★★★★★ 12 □□□	カニシカ王の治世下に発達した、ギリシア彫刻などヘレニズム文化の影響を受け、仏像などがつくられた仏教美術は何と呼ばれるか。	ガンダーラ美術

■インド洋交易と南インドの諸王朝

★★★★★☆☆ 1 □□□	ドラヴィダ系の人々が1〜3世紀にインド南端部に建てた諸王国において、文学などに用いられた言語は何か。	タミル語
★★★★★★★ 2 □□□	地中海から紅海・アラビア海・インド洋を経て、東南アジア・中国を結ぶ海路で、9世紀以降、中国産の陶磁器が主要な交易品となったため、「陶磁の道」とも呼ばれる海上交易ルートを何というか。	「海の道」

★★★★★★☆☆ **3** □□□	1世紀にギリシア人が書いたとされる、紅海からインド洋にかけての地理・物産の書の名称は何か。	『エリュトゥラー海案内記』
★★★★★★★☆ **4** □□□	前1～後3世紀にデカン高原を支配し、季節風を利用した交易で繁栄した、ドラヴィダ系アーンドラ族の王朝は何か。	サータヴァーハナ朝
★★☆☆☆☆☆☆ **5** □□□	前3～後14世紀にかけて南インド最南端に存在した、ドラヴィダ系タミル人の王朝は何か。	パーンディヤ朝
★★☆☆☆☆☆☆ **6** □□□	前5世紀頃北インドからスリランカに移住し王国を建国した、現在のスリランカの多数を占める<u>アーリヤ系</u>民族の名称は何か。	シンハラ人

❷ インド古典文化とヒンドゥー教の定着 　　用語集 p.45～47

<u>グプタ朝</u>では、**バラモン教**に民間信仰が融合した<u>ヒンドゥー教</u>が、日常生活に関わる宗教として定着した。また、宮廷では**バラモン**の言葉である<u>サンスクリット語</u>による<u>文学</u>が開花し、仏教美術では、**純インド的**な<u>グプタ様式</u>が成立した。グプタ朝の滅亡後、北インドは<u>ヴァルダナ朝</u>によって一時統一されるも、その後は長い分立状態となった。

■グプタ朝とインド古典文化の黄金期

★★★★★★★★ **1** □□□	4世紀前半に成立した、北インドの統一王朝は何か。	グプタ朝
★★☆☆☆☆☆☆ **2** □□□	<u>グプタ朝</u>の創始者は誰か。	チャンドラグプタ1世
★★★★★★★☆ **3** □□□	<u>グプタ朝</u>の都はどこか。	パータリプトラ
★★★★★★★☆ **4** □□□	<u>グプタ朝</u>の最盛期を現出した、第3代の王は誰か。	チャンドラグプタ2世
★★★★★☆☆☆ **5** □□□	<u>チャンドラグプタ2世</u>の治世下、仏教教義の研究のため<u>陸路</u>でインドを訪れ、<u>海路</u>で帰国した東晋時代の中国僧は誰か。	法顕
★★★★★★★☆ **6** □□□	グプタ朝の頃<u>バラモン教</u>に民間信仰が融合して成立し、民衆のあいだに広まったインドの宗教は何か。	ヒンドゥー教
★★★★★★★☆ **7** □□□	<u>ヒンドゥー教</u>の三大神の1つで、破壊や創造、舞踏の神として広く信仰を集めた神の名称は何か。	シヴァ神

★★★★★★★★		
8 □□□	<u>ヒンドゥー教</u>の三大神の1つで、世界維持の神として信仰を集めた神の名称は何か。	ヴィシュヌ神
★★★★★★★★		
9 □□□	聖典のない<u>ヒンドゥー教</u>において、人々の生活規範に関する法典とされたものは何か。	『マヌ法典』
★★★★☆☆☆☆		
10 □□□	梵語とも呼ばれる、古代インドの共通語は何か。	サンスクリット語
★★★★☆☆☆☆		
11 □□□	グプタ朝の時代に完成した古代インドの文語による文学を、何文学と呼ぶか。	サンスクリット文学
★★★★★☆☆☆		
12 □□□	北インドのバラタ族間の戦争を題材とした叙事詩で、のちの4世紀末〜5世紀頃にまとめられた作品は何か。	『マハーバーラタ』
★★★★★★☆☆		
13 □□□	<u>コーサラ国</u>の王子の冒険を題材とした英雄叙事詩で、のちの3〜4世紀頃にまとめられた作品は何か。	『ラーマーヤナ』
★★★★★☆☆☆		
14 □□□	グプタ朝の全盛期を現出した<u>チャンドラグプタ2世</u>の宮廷で活躍した、詩人・戯曲家は誰か。	カーリダーサ
★★★★★☆☆☆		
15 □□□	<u>カーリダーサ</u>の代表作とされる戯曲は何か。	『シャクンタラー』
★★★★★★★☆		
16 □□□	起源は不明だが、インドで確立された数学上の概念で、<u>十進法</u>とともに、のちにアラビアに伝播したものは何か。	ゼロの概念
★★★★★☆☆☆		
17 □□□	グプタ朝のもとで5世紀に建立された、仏教教学研究の機関の名称は何か。	ナーランダー僧院
★★★★★★☆☆		
18 □□□	グプタ朝のもとで完成された、純インド的な美術様式を何と呼ぶか。	グプタ様式
★★★★★★★☆		
19 □□□	6〜7世紀にグプタ様式の壁画が数多く描かれた、石窟寺院の遺跡のあるインド西部の地名は何か。	アジャンター
★☆☆☆☆☆☆☆		
20 □□□	<u>アジャンター</u>の南に位置する石窟寺院の名称は何か。	エローラ
★★☆☆☆☆☆☆		
21 □□□	1〜4世紀中頃の純インド風仏像彫刻で知られる、インド北部の古代都市はどこか。	マトゥラー
★★★☆☆☆☆☆		
22 □□□	グプタ朝衰退の一因をつくった、中央アジアから進出してきた騎馬遊牧民の名称は何か。	エフタル

★★★★★☆☆☆
| 23 □□□ | 7世紀前半に成立した、古代北インド最後の統一王朝は何か。 | ヴァルダナ朝 |

★★★★★★★★
| 24 □□□ | <u>ヴァルダナ朝</u>の建国者にして、この王朝唯一の王は誰か。 | ハルシャ王 |

★★★☆☆☆☆☆
| 25 □□□ | <u>ハルシャ王</u>の時、仏教研究のため往復<u>陸路</u>でインドを訪れた唐僧は誰か。 | 玄奘
(げんじょう) |

★★★☆☆☆☆☆
| 26 □□□ | <u>ヴァルダナ朝</u>滅亡後の7世紀後半、仏教研究のため往復<u>海路</u>でインドを訪れた唐僧は誰か。 | 義浄
(ぎじょう) |

★★★★★☆☆☆
| 27 □□□ | 7世紀頃南インドでおこった、ヒンドゥー教の最高神に対する絶対帰依をとなえた宗教運動を何と呼ぶか。 | バクティ運動 |

■地方王権の時代

★★★★★★★☆
| 1 □□□ | 8〜13世紀初めにかけて、北インド各地に諸王国を建て、クシャトリヤの子孫を自称する戦士カースト集団を、「王の子」を意味する語で、何と総称するか。 | ラージプート |

★☆☆☆☆☆☆☆
| 2 □□□ | 8〜12世紀、ベンガル・ビハールを支配し、仏教を保護し、ナーランダー僧院を復興させた王朝は何か。 | パーラ朝 |

★★★★★★★☆
| 3 □□□ | 10世紀頃最盛期を迎えた南インドのドラヴィダ系タミル人の王朝で、灌漑施設建設による安定した農業生産と、東南アジア・中国との「海の道」の交易で栄えた王朝は何か。 | チョーラ朝 |

❸ 東南アジア世界の形成と展開

用語集 p.47〜49

東南アジアの諸地域は、古くは中国や南アジア、ついでイスラームと海を通じて交流し、交易路沿いには多くの港市国家が誕生した。前4世紀には、中国の影響下にベトナム北部で<u>ドンソン文化</u>と呼ばれる**青銅器・鉄器文化**が生まれ、4世紀頃には南アジアの発展を受け、広い地域で**ヒンドゥー教**や**仏教**を受容する「**インド化**」がすすんだ。

■南アジア・中国文明の受容と東南アジアの国家形成

★★★★★★★☆
| 1 □□□ | 南インドや東南アジア各地の海岸や河川沿いに、中継港や物産の集積港として成立した都市国家を何と呼ぶか。 | 港市国家
(こうし) |

★★★★☆☆☆		
2 ☐☐☐	青銅製の銅鼓(どうこ)が代表的な、前4世紀頃から東南アジア各地に広がった青銅器・鉄器文化を何と呼ぶか。	ドンソン文化
★★★★★☆☆		
3 ☐☐☐	チベット高原に発し、カンボジア、ベトナム南部を通って南シナ海に注ぐ河川は何か。	メコン川
★★★★★★★		
4 ☐☐☐	クメール人あるいはマレー人が、1世紀に<u>メコン川</u>下流域に建てた東南アジア最初の国家は、中国名で何と呼ばれたか。	扶南(ふなん)
★★★★★☆☆		
5 ☐☐☐	<u>扶南</u>の外港で、ローマ金貨などを出土した遺跡の名称は何か。	オケオ
★★★★★★★		
6 ☐☐☐	2世紀末、ベトナム中部に<u>チャム人</u>が建てた王国は何か。	チャンパー
★★★★★★★		
7 ☐☐☐	<u>メコン川</u>流域に居住したオーストロアジア語系の民族で、大部分が上座部仏教を信仰する、現在のカンボジア王国の主要民族は何か。	クメール人
★★★★★★★		
8 ☐☐☐	6世紀に、<u>クメール人</u>が<u>扶南</u>から独立して建てた国家は何か。	カンボジア(真臘(しんろう))
★★★★★★★		
9 ☐☐☐	9〜15世紀に栄えた、<u>クメール人</u>の国家の王朝は何か。	アンコール朝
★★★★★★★		
10 ☐☐☐	12世紀に<u>アンコール朝</u>のスールヤヴァルマン2世によりヒンドゥー教寺院として造営され、のちに上座部仏教寺院に改修された建造物は何か。	アンコール゠ワット
★★★☆☆☆☆		
11 ☐☐☐	13世紀初頭に<u>アンコール朝</u>のジャヤヴァルマン7世が造営した王都遺跡の名称は何か。	アンコール゠トム
★★★★★☆☆		
12 ☐☐☐	<u>ビルマ(ミャンマー)</u>北部に発しベンガル湾に注ぐ河川は何か。	エーヤワディー(イラワディ)川
★★★☆☆☆☆		
13 ☐☐☐	4世紀頃建国され、ビルマの<u>エーヤワディー川</u>流域に栄えた民族・国家の名称は何か。	ピュー
★★★★★★★		
14 ☐☐☐	11世紀に成立した、<u>ビルマ人</u>が建てたビルマ最初の統一王朝は何か。	パガン朝
★★★★★☆☆		
15 ☐☐☐	北部の山地に発しタイ湾に注ぐ、<u>タイ</u>第一の河川は何か。	チャオプラヤ川
★★★☆☆☆☆		
16 ☐☐☐	7〜11世紀頃、<u>チャオプラヤ川</u>下流域にモン人が建てた	ドヴァーラヴァティー

国の名称は何か。

★★★★★☆☆ 17 □□□	13〜15世紀、タイ人によってタイ北部に建てられた王朝は何か。	スコータイ朝
★★★★★★★ 18 □□□	7〜8世紀に、マレー人によってスマトラ島を中心に建てられた港市国家は何か。	シュリーヴィジャヤ
★★★★★★★ 19 □□□	シュリーヴィジャヤは唐代には中国史料で何と表記されたか。	室利仏逝（しつりぶっせい）
★★★☆☆☆☆ 20 □□□	シュリーヴィジャヤの都で、スマトラ島東南部の港市はどこか。	パレンバン
★★★★★☆☆ 21 □□□	シュリーヴィジャヤを引き継いで、マラッカ海峡地域を支配した港市国家群を、宋代以降の中国では何と総称したか。	三仏斉（さんぶっせい）
★★★★★★★ 22 □□□	8世紀後半に有力となり、シュリーヴィジャヤを支配したマレー人がジャワ島中部に建てた王朝は何か。	シャイレンドラ朝
★★★★★★★ 23 □□□	シャイレンドラ朝の時、ジャワ島中部に建てられた大乗仏教の石造遺跡の名称は何か。	ボロブドゥール
★★★☆☆☆☆ 24 □□□	8世紀に中部ジャワに成立した、ヒンドゥー教の王朝は何か。	マタラム朝（古マタラム朝）
★☆☆☆☆☆☆ 25 □□□	中部ジャワに残るヒンドゥー教寺院群遺跡の名称は何か。	プランバナン
★★☆☆☆☆☆ 26 □□□	10世紀前半〜13世紀前半にかけて存続した、マタラム朝がジャワ島東部に移り、成立した王朝は何か。	クディリ朝
★★★★☆☆☆ 27 □□□	クディリ朝のもとで発達した、インドの叙事詩を題材とした影絵芝居は何と呼ばれるか。	ワヤン
★★★☆☆☆☆ 28 □□□	中国雲南省に発し、ベトナム北部を流れ、トンキン湾に注ぐ河川は何か。	紅河（ホン川）（こうが）
★★★★★★★ 29 □□□	中国王朝の支配下から自立し、11世紀初めベトナム北部に成立した最初の長期王朝は何か。	李朝（りちょう）
★★★★★★☆ 30 □□□	李朝以降のベトナムの国名（国号）は、中国史料で何と表記されたか。	大越（ダイベト）（だいえつ）

★★★★★☆☆☆

31
☐☐☐ 13世紀前半〜1400年に存続し、<u>元軍</u>の侵攻を撃退した北部ベトナムの<u>大越</u>の王朝は何か。

陳朝^{ちんちょう}

★★★★★★☆☆

32
☐☐☐ <u>陳朝</u>のもとで、漢字の部首をもとに考案されて使われたベトナム文字は何か。

チュノム（字喃）

★★☆☆☆☆☆

33
☐☐☐ 13世紀末、<u>元軍</u>の干渉を退けて東部ジャワに成立したヒンドゥー王国は何か。

マジャパヒト王国

| 第4章 | 西アジアと地中海周辺の国家形成 |

　<u>アケメネス朝</u>によって築かれた**イラン文明**は、<u>アレクサンドロス大王の東方遠征</u>によって<u>ヘレニズム文化</u>の影響を強く受けたが、徐々に**イランの伝統文化**が復活し、<u>ササン朝</u>の時代には大いに発達した。一方、<u>ギリシア</u>では、<u>ポリス</u>と呼ばれる市民の自治に根差した**都市国家**が発展し、前5世紀には<u>アテネ</u>で<u>民主政</u>が実現した。**イタリア半島**に誕生した都市国家<u>ローマ</u>は、<u>共和政</u>のもとで拡大し、前1世紀には**帝政**を採用し、**地中海**を内海とする大帝国を築いた。ローマ帝国の統治のもとで発達した**普遍的な法律**と、ローマの国教となった**キリスト教**は、ローマ人が後世に残した遺産である。

【ローマにおける共和政から帝政への推移】

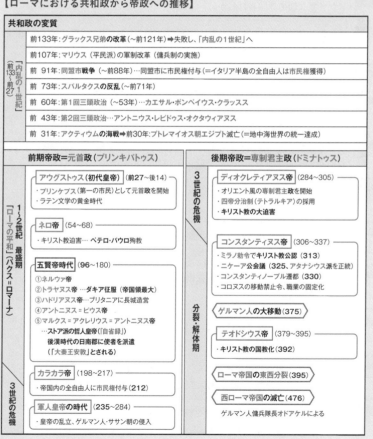

共和政の変質
前133年：グラックス兄弟の**改革**（〜前121年）➡失敗し、「内乱の1世紀」へ
前107年：マリウス（平民派）の軍制改革（傭兵制の実施）
前91年：同盟市戦争（〜前88年）…同盟市に市民権付与（＝イタリア半島の全自由人は市民権獲得）
前73年：スパルタクスの反乱（〜前71年）
前60年：第1回三頭政治（〜53年）…カエサル・ポンペイウス・クラッスス
前43年：第2回三頭政治…アントニウス・レピドゥス・オクタウィアヌス
前31年：アクティウムの海戦➡前30年：プトレマイオス朝エジプト滅亡（＝地中海世界の統一達成）

前期帝政＝元首政（プリンキパトゥス）

アウグストゥス（初代皇帝）（前27〜後14）
・プリンケプス（第一の市民）として元首政を開始
・ラテン文学の黄金時代

ネロ帝（54〜68）
・キリスト教迫害…ペテロ・パウロ殉教

五賢帝時代（96〜180）
①ネルウァ帝
②トラヤヌス帝…ダキア征服（帝国領最大）
③ハドリアヌス帝…ブリタニアに長城造営
④アントニヌス＝ピウス帝
⑤マルクス＝アウレリウス＝アントニヌス帝
　…ストア派の哲人皇帝（『自省録』）
　後漢時代の日南郡に使者を派遣
　（「大秦王安敦」とされる）

カラカラ帝（198〜217）
・帝国内の全自由人に市民権付与（212）

軍人皇帝の時代（235〜284）
・皇帝の乱立、ゲルマン人・ササン朝の侵入

後期帝政＝専制君主政（ドミナトゥス）

ディオクレティアヌス帝（284〜305）
・オリエント風の専制君主政を開始
・四帝分治制（テトラルキア）の採用
・**キリスト教の大迫害**

コンスタンティヌス帝（306〜337）
・ミラノ勅令でキリスト教公認（313）
・ニケーア公会議（325、アタナシウス派を正統）
・コンスタンティノープル遷都（330）
・コロヌスの移動禁止令、職業の固定化

ゲルマン人の大移動（375）

テオドシウス帝（379〜395）
・**キリスト教の国教化**（392）

ローマ帝国の東西分裂（395）

西ローマ帝国の滅亡（476）
ゲルマン人傭兵隊長オドアケルによる

❶ イラン諸国家の興亡とイラン文明

用語集 p.50〜52

アケメネス朝はオリエントを再統一し、各州に知事(サトラップ)をおいて中央集権的支配をおこなった。その後、アレクサンドロス大王やセレウコス朝といったギリシア系国家が一時ペルシア(現在のイラン)を支配するが、イラン系のパルティア、次いでササン朝が建国されると、東西交易で大いに栄え、イランの伝統文化を復興させて東西世界に広く伝えた。

■ アケメネス朝の興亡

★★★★★★★ 1	前550年にメディアを滅ぼし、イラン高原南西部にペルシア人が建てた王朝は何か。	アケメネス(アカイメネス)朝
★★★★★★ 2	アケメネス朝の建国者は誰か。	キュロス2世
★★★★★ 3	キュロス2世は、約50年にわたるバビロン捕囚からユダヤ人を解放したが、その際に滅ぼした国家は何か。	新バビロニア王国
★★★★★★ 4	アケメネス朝の都で、行政の中心だった都市はどこか。	スサ
★★★★★★★ 5	東はインダス川から西はエーゲ海東部に至る大帝国を建設した、アケメネス朝第3代の王は誰か。	ダレイオス1世
★★★★★★★ 6	ダレイオス1世が建設を開始した、祭祀用の王都の名称は何か。	ペルセポリス
★★★★★★★ 7	ダレイオス1世が任命した、アケメネス朝の州の軍民両権を握る知事は何と呼ばれたか。	サトラップ
★★★★★★ 8	ダレイオス1世が定めた、州を巡察してサトラップを監察する、王直属の行政官を何と呼ぶか。	「王の目」「王の耳」
★★★★★ 9	ダレイオス1世が建設した、駅伝制が整備された長距離の国道を何と呼ぶか。	「王の道」
★★★★★★ 10	「王の道」で都のスサと結ばれた、アナトリア西部に位置する元リディアの都はどこか。	サルデス(サルディス)
★★★★★★★ 11	ダレイオス1世の時代に始まった、アケメネス朝とギリシア諸ポリスとの戦争は、一般に何と呼ばれるか。	ペルシア戦争
★★★★★ 12	アケメネス朝時代、ペルシア語を表すために楔形文字を表音化してつくった文字は何か。	ペルシア文字

★★★★★☆☆☆ **13** □□□	ダレイオス1世の事績が記され、楔形文字解読の史料となった碑文は何か。	ベヒストゥーン碑文
★★★☆☆☆☆☆ **14** □□□	ベヒストゥーン碑文をもとに楔形文字の解読に成功したイギリス人学者は誰か。	ローリンソン
★★★★★★★★ **15** □□□	前7世紀頃までに生まれたともいわれ、善悪二元論にもとづき、拝火教とも呼ばれるイラン人の宗教は何か。	ゾロアスター教
★★★★☆☆☆☆ **16** □□□	ゾロアスター教の中国名は何か。	祆教
★★★★★★★☆ **17** □□□	ゾロアスター教の最高神で、光明神・善神とされるものの名称は何か。	アフラ = マズダ
★★★★★★☆☆ **18** □□□	アフラ = マズダと対立する、暗黒神・悪神の名称は何か。	アンラ = マンユ(アーリマン)
★★★★☆☆☆☆ **19** □□□	ゾロアスター教の思想(考え方)のうち、のちのユダヤ教・キリスト教にも影響を与えたとされる概念は何か。	最後の審判

■ パルティアとササン朝

★★★★★★★★ **1** □□□	東方遠征をおこない、アケメネス朝を滅ぼしたマケドニアの王は誰か。	アレクサンドロス大王
★★★★★★☆☆ **2** □□□	アレクサンドロス大王の死後、イラン高原を含む西アジアの大半を支配した後継のヘレニズム王朝は何か。	セレウコス朝
★★★★★★☆☆ **3** □□□	前3世紀半ば、セレウコス朝の支配から自立して、アム川上流でギリシア系住民が建てた国は何か。	バクトリア
★★★★★★☆☆ **4** □□□	前3世紀半ば、セレウコス朝の支配から自立して、イラン系遊牧民が建てた国は何か。	パルティア
★★★★☆☆☆☆ **5** □□□	パルティアの建国者は誰か。	アルサケス
★★★★☆☆☆☆ **6** □□□	アルサケスの人名・王朝名の中国史書での音訳は何か。	安息
★★★★★★☆☆ **7** □□□	ティグリス川中流の東岸に建設され、前1世紀半ば以降、パルティアの都となった都市はどこか。	クテシフォン
★★★★★★★★ **8** □□□	3世紀前半、イラン高原南部の農耕イラン人がパルティ	ササン朝

ア を滅ぼして建てた王朝は何か。

★★★★★☆☆		
9 □□□	ササン朝の建国者で、ゾロアスター教を国教とした王は誰か。	アルダシール1世
★★★★★★☆		
10 □□□	西方でローマ皇帝を捕虜とした、ササン朝の第2代国王は誰か。	シャープール1世
★★★★☆☆☆		
11 □□□	シャープール1世によって捕らえられたローマの軍人皇帝は誰か。	ウァレリアヌス
★★★★★★☆		
12 □□□	5～6世紀にイラン東部とインドに侵入した、中央アジアの騎馬遊牧民は何か。	エフタル
★★★★★★☆		
13 □□□	6世紀後半、中央アジアから侵入したエフタルを、突厥と同盟して滅ぼしたササン朝の王は誰か。	ホスロー1世
★★★★★★☆		
14 □□□	642年イスラーム軍に大敗し、ササン朝の事実上の滅亡につながった戦いは何か。	ニハーヴァンドの戦い

■イラン文明の特徴

★★★★★★☆		
1 □□□	ホスロー1世時代に集大成された、ゾロアスター教の教典の名称は何か。	『アヴェスター』
★★★★★★☆		
2 □□□	シャープール1世に重用された人物が創始した、ゾロアスター教にキリスト教・仏教を融合した宗教は何か。	マニ教
★★☆☆☆☆☆		
3 □□□	431年のエフェソス公会議で異端とされ、ローマの反体制勢力としてササン朝では活動が許されたキリスト教の一派は何か。	ネストリウス派
★★★★★★☆		
4 □□□	日本の法隆寺に所蔵されている、ササン朝美術の影響を受けた唐代の織物作品は何か。	獅子狩文錦
★★★☆☆☆☆		
5 □□□	ササン朝様式の工芸品（水差し）である漆胡瓶など、ササン朝や唐から伝来した工芸品が所蔵されている奈良県東大寺の宝物倉は何か。	正倉院

❷ ギリシア人の都市国家　　　　用語集 p.53～59

ポリスは貴族政が一般的であったが、**平民が重装歩兵**として活躍すると**参政権**を要求した。アテネでは、ペルシア戦争で活躍した

無産市民も**参政権**を得て、**成年男性市民全員**が参加する<u>直接民主政</u>が実現した。しかし、ポリス間の抗争で衰退すると、北方の<u>マケドニア</u>が覇権を握り、<u>アレクサンドロス大王</u>は<u>東方遠征</u>によりギリシア文化をオリエントに伝えた。

■ ポリスの成立と発展

★★★★★☆☆ 1 □□□	前8世紀頃、有力者(貴族)が中心となって軍事的・経済的要地へ移住したことを何と称するか。	集住(シノイキスモス)
★★★★★★☆ 2 □□□	**集住**により成立した、古代ギリシアの都市国家を何と呼ぶか。	ポリス
★★★★★★☆ 3 □□□	「城山」の意味で、<u>ポリス</u>の中心部にあり、市の守護神がまつられていた丘を何と呼ぶか。	アクロポリス
★★★★★★☆ 4 □□□	中部ギリシアに位置し、<u>アポロン神</u>の神託が権威をもっていた聖地はどこか。	デルフォイ
★★★★★★☆ 5 □□□	ペロポネソス半島北西部の、ゼウス神の神域とされた場所で4年ごとにおこなわれた、スポーツ競技の祭典を何と呼ぶか。	オリンピアの祭典
★★★★★★☆ 6 □□□	古代ギリシア人は何と自称したか。	ヘレネス
★★★★★★☆ 7 □□□	古代ギリシア人は異民族を蔑視して何と呼んだか。	バルバロイ
★★★★★★☆ 8 □□□	前8世紀以降、ポリス社会が安定すると、人口増加による土地不足や交易拠点の確保などを理由に、ギリシア人が地中海・黒海沿岸に建設したポリスを何と呼ぶか。	植民市
★★★☆☆☆☆ 9 □□□	ボスフォラス海峡に面してギリシア人が建設した、現在の<u>イスタンブル</u>の前身となった<u>植民市</u>のラテン語表記は何か。	ビザンティウム
★★★☆☆☆☆ 10 □□□	南イタリアにギリシア人が建設した、現在の<u>ナポリ</u>の前身となった<u>植民市</u>の名前は何か。	ネアポリス
★★★☆☆☆☆ 11 □□□	南フランスのローヌ川河口近くにギリシア人が建設した、現在の<u>マルセイユ</u>の前身となった<u>植民市</u>の名前は何か。	マッサリア

■市民と奴隷／アテネとスパルタ

1 □□□	イオニア人がアッティカ地方に集住して建てた、古代ギリシアの強大なポリスは何か。	アテネ
2 □□□	アテネでは前8世紀半ばに、王政から何と呼ばれる政治形態に移行したか。	貴族政
3 □□□	アクロポリスのふもとにあり、ポリスの政治・経済活動の中心であった公共広場を何と呼ぶか。	アゴラ
4 □□□	元来は「くじ」という意味で、定住後、くじで分配された私有地(持ち分地)を何と呼ぶか。	クレーロス
5 □□□	ドーリア人が先住民を征服して、ペロポネソス半島南部に建てたポリスは何か。	スパルタ
6 □□□	スパルタにおいて市民に共有された、隷属農民は何と呼ばれたか。	ヘイロータイ(ヘロット)
7 □□□	「周辺民」の意味で、農業・商工業に従事した、参政権のないスパルタの半自由民は何と呼ばれたか。	ペリオイコイ
8 □□□	スパルタの独特な軍国主義体制を確立したとされる、伝説的立法者は誰か。	リュクルゴス

■民主政への歩み

1 □□□	古代地中海世界で軍事の主力となった、武具を自費で購入した平民からなる歩兵は何と呼ばれるか。	重装歩兵
2 □□□	市民軍の中心となった、重装歩兵による密集隊形を何と呼ぶか。	ファランクス
3 □□□	前7世紀後半のアテネで、従来の慣習法を成文化した立法者は誰か。	ドラコン
4 □□□	前594年、調停者として市民の借金の帳消し、債務奴隷の禁止などの国制改革をおこなった人物は誰か。	ソロン
5 □□□	ソロンがおこなった、財産によって市民を4等級に分け、参政権と兵役義務を定めた政治は、何と呼ばれるか。	財産政治

6 □□□	貴族政から民主政への過渡期に出現した、非合法な手段で政権を握った独裁者を何と呼ぶか。	僭主
7 □□□	前561年より3度にわたって<u>僭主</u>となり、中小農民の保護・育成や文化事業にも力を注いだ人物は誰か。	ペイシストラトス
8 □□□	前6世紀末、血縁にもとづく4部族制を解体し、地縁にもとづく<u>10部族制</u>に改める大改革をおこない、アテネ民主政の基礎を確立した政治家は誰か。	クレイステネス
9 □□□	<u>クレイステネス</u>が制定した、古代アテネの行政単位であり、10部族制の基礎となる地縁共同体の区を何と呼ぶか。	デーモス
10 □□□	<u>クレイステネス</u>が創設した、僭主の出現を防止するための、市民による投票制度は何と呼ばれるか。	陶片追放(オストラキスモス)
11 □□□	<u>陶片追放</u>の際に用いられた、人名を記入する陶器のかけらを何と呼ぶか。	オストラコン

■ペルシア戦争とアテネ民主政

1 □□□	<u>アケメネス朝のダレイオス1世</u>の支配に対して、ギリシア人が反乱をおこしたアナトリアの地方はどこか。	イオニア地方
2 □□□	<u>ギリシア人諸都市の反乱</u>で中心となった、<u>イオニア地方</u>の植民市はどこか。	ミレトス
3 □□□	<u>ギリシア人諸都市の反乱</u>を契機として前500〜前449年におこった、3回にわたる<u>アケメネス朝</u>ペルシアとギリシアの諸ポリスとのあいだの戦争を何と呼ぶか。	ペルシア戦争
4 □□□	前490年、第2回の<u>ペルシア戦争</u>で、アテネ北東岸に上陸したペルシア軍を、アテネ重装歩兵軍が破った戦いを何と呼ぶか。	マラトンの戦い
5 □□□	前480年、第3回の<u>ペルシア戦争</u>で、ギリシア半島中部でスパルタ軍がペルシア軍に大敗した戦いを何と呼ぶか。	テルモピレー(テルモピュライ)の戦い
6 □□□	前480年、第3回の<u>ペルシア戦争</u>において、ギリシア艦隊がペルシア艦隊を撃破した戦いを何と呼ぶか。	サラミスの海戦
7 □□□	<u>サラミスの海戦</u>でギリシア艦隊を指揮したアテネの軍	テミストクレス

人・政治家は誰か。

8 ☐☐☐	<u>サラミスの海戦</u>で用いられた、上中下3段に並んだ漕ぎ手が櫂(オール)を使って動かす軍船は何か。	三段櫂船

9 ☐☐☐	<u>サラミスの海戦</u>の際、<u>三段櫂船</u>の漕ぎ手として貢献し、戦後に発言権を増大させたのはどのような人々か。	無産市民

10 ☐☐☐	前479年、アテネ・スパルタ連合軍がペルシア陸軍を破り、ギリシア側の勝利を確定した戦いを何と呼ぶか。	プラタイアの戦い

11 ☐☐☐	ペルシアの再侵攻にそなえ、前478年頃<u>アテネ</u>を盟主に結成された軍事同盟は何か。	デロス同盟

12 ☐☐☐	前5世紀後半、アテネの全盛期を現出し、古代民主政を完成させた政治家は誰か。	ペリクレス

13 ☐☐☐	18歳以上の成年男性市民全員で構成された、アテネの政治上の最高議決機関は何か。	民会

14 ☐☐☐	<u>民会</u>における<u>選挙</u>で選ばれた、軍事の最高職は何か。	将軍

15 ☐☐☐	アテネなどで、一般市民のなかから抽選で選ばれた<u>陪審員</u>が判決をくだす裁判機関の名称は何か。	民衆裁判所

16 ☐☐☐	アテネでは<u>民会</u>で実現した、市民全員が参加して決定する政治制度をとくに何と呼ぶか。	直接民主政

17 ☐☐☐	<u>民主政治</u>を実現したアテネでは、成年男性市民間での政治的平等が達成されていた一方、今日とは異なり、政治から排除されたのはどのような人々か。	女性・奴隷・在留外国人

■ポリス社会の変容

1 ☐☐☐	前6世紀に結成され、アテネの強勢化に対抗して、<u>スパルタ</u>を盟主に強化された軍事同盟を何と呼ぶか。	ペロポネソス同盟

2 ☐☐☐	前431年から開始された、アテネを盟主とする<u>デロス同盟</u>と、スパルタを盟主とする<u>ペロポネソス同盟</u>間の戦争は何と呼ばれるか。	ペロポネソス戦争

3 ☐☐☐	ポリス間抗争のなか、エパメイノンダスの指導で<u>スパルタ</u>を破り、前4世紀前半に覇権を握ったポリスは何か。	テーベ(テーバイ)

★★★★★★☆ **4** ☐☐☐	ドーリア人の一派が、前7世紀にギリシア北方に建てた王国は何か。	マケドニア王国
★★★★★★☆ **5** ☐☐☐	前4世紀にギリシアを制圧するなど、<u>マケドニア王国</u>の勢力を拡大した王は誰か。	フィリッポス2世
★★★★★★☆ **6** ☐☐☐	前338年、<u>フィリッポス2世</u>が<u>アテネ・テーベ</u>連合軍を撃破し、ギリシア諸ポリスをほぼ制圧した戦いを何と呼ぶか。	カイロネイアの戦い
★★★★☆☆☆ **7** ☐☐☐	<u>カイロネイアの戦い</u>の翌年、<u>マケドニア</u>が盟主となり、スパルタを除く全ポリスと結んだ同盟は何か。	コリントス同盟(ヘラス同盟)

■ヘレニズム時代

★★★★★★★ **1** ☐☐☐	<u>フィリッポス2世</u>の子で、少年期に<u>アリストテレス</u>に学び、即位後、<u>東方遠征</u>をおこなった王は誰か。	アレクサンドロス大王
★★★★★★☆ **2** ☐☐☐	前333年、<u>アレクサンドロス大王</u>の軍がアケメネス朝軍に大勝した戦いの名称は何か。	イッソスの戦い
★☆☆☆☆☆☆ **3** ☐☐☐	前331年、<u>アレクサンドロス大王</u>の軍がアケメネス朝軍との決戦に勝利した戦いの名称は何か。	アルベラの戦い
★★★★★★★ **4** ☐☐☐	<u>アルベラの戦い</u>の敗北後に滅んだアケメネス朝の最後の王は誰か。	ダレイオス3世
★★★★★☆☆ **5** ☐☐☐	アレクサンドロスの死後、「後継者」をめざして分立・抗争した部下の有力者たちは何と呼ばれたか。	ディアドコイ
★★★★★☆☆ **6** ☐☐☐	大帝国の分裂後、アレクサンドロスの部下の孫が建てた<u>マケドニア</u>王国の王朝名は何か。	アンティゴノス朝
★★★★★★☆ **7** ☐☐☐	大帝国の分裂後、アレクサンドロスの部下の1人が建てた<u>シリア</u>王国の王朝名は何か。	セレウコス朝
★★★★★★☆ **8** ☐☐☐	大帝国の分裂後、アレクサンドロスの部下の1人が建てた<u>エジプト</u>王国の王朝名は何か。	プトレマイオス朝
★★★★★★☆ **9** ☐☐☐	<u>プトレマイオス朝</u>の都で、ヘレニズム世界の中心として栄えた、ナイル川河口の都市はどこか。	アレクサンドリア

★★★★★★★☆ **10** □□□	前334年のアレクサンドロスの東方遠征開始から、プトレマイオス朝の滅亡までの約300年間を何時代と呼ぶか。	ヘレニズム時代
★★★☆☆☆☆☆ **11** □□□	前3世紀半ば、アム川上流域でセレウコス朝のもとから自立した、ギリシア系住民の建てた王国は何か。	バクトリア
★★★☆☆☆☆☆ **12** □□□	前3世紀半ば、イラン高原でセレウコス朝のもとから自立した、イラン系遊牧民の建てた王国は何か。	パルティア

■ ギリシアの生活と文化

★★★★★★★★ **1** □□□	ギリシア神話の中心となった、主神ゼウスをはじめとする12神は何と総称されるか。	オリンポス12神
★★★★★★★☆ **2** □□□	ギリシア人の同胞意識の1つにもなっている、二大叙事詩の作者または編者とされる詩人は誰か。	ホメロス
★★★★★☆☆☆ **3** □□□	トロイア戦争における英雄の活躍を描いた、ホメロスの叙事詩は何か。	『イリアス』
★★★★★☆☆☆ **4** □□□	トロイア戦争を勝利に導いた知将の、トロイア攻略後の冒険などを描いた、ホメロスの叙事詩は何か。	『オデュッセイア』
★★★★☆☆☆☆ **5** □□□	『労働と日々』で、実際の農業の様子を描き、勤労の大切さを説いた詩人は誰か。	ヘシオドス
★★★★☆☆☆☆ **6** □□□	ヘシオドスが、神々の系譜を語った叙事詩は何か。	『神統記』
★★★★★☆☆☆ **7** □□□	レスボス島出身の、前7世紀末～前6世紀の女性叙情詩人は誰か。	サッフォー
★★☆☆☆☆☆☆ **8** □□□	オリンピアなどの競技会の優勝者をたたえる祝勝歌を多く残した、前6～前5世紀の叙情詩人は誰か。	ピンダロス
★★★★★☆☆☆ **9** □□□	前6世紀、イオニア地方のミレトスを中心におこった、自然現象を合理的に解釈しようとした哲学を何と呼ぶか。	イオニア自然哲学
★★★★★★★☆ **10** □□□	「哲学の父」と称される、万物の根源を「水」と考え、また日食を予言したとされる哲学者は誰か。	タレス
★★★★★★★☆ **11** □□□	万物の根源を「数」とした哲学者・数学者は誰か。	ピタゴラス

★★★☆☆☆☆		
12 ☐☐☐	「万物は流転する」の言葉を残し、「火」を変化の象徴とした哲学者は誰か。	ヘラクレイトス
★★★★☆☆☆		
13 ☐☐☐	万物の根源を等質不変の「原子（アトム）」と主張した哲学者は誰か。	デモクリトス
★★★★★★☆		
14 ☐☐☐	代表作『アガメムノン』を著した、アテネ三大悲劇詩人の1人は誰か。	アイスキュロス
★★★★★★☆		
15 ☐☐☐	代表作『オイディプス王』を著した、アテネ三大悲劇詩人の1人は誰か。	ソフォクレス
★★★★★★☆		
16 ☐☐☐	代表作『メデイア』を著した、アテネ三大悲劇詩人の1人は誰か。	エウリピデス
★★★★★★☆		
17 ☐☐☐	ペロポネソス戦争期に活躍し、『女の平和』などの作品を残した、アテネ最大の喜劇作家は誰か。	アリストファネス
★★★★★★☆		
18 ☐☐☐	前5世紀の民主政最盛期のアテネで活躍した、弁論・修辞の職業教師を何と呼ぶか。	ソフィスト
★★★★★★★		
19 ☐☐☐	「万物の尺度は人間」といった言葉を残したソフィストの代表的な人物は誰か。	プロタゴラス
★★★★★★★		
20 ☐☐☐	問答法を通じて「無知の知」を自覚させる方法を実践し、普遍的真理の存在を説いた哲学者は誰か。	ソクラテス
★★★★★★★		
21 ☐☐☐	ソクラテスの弟子で、真に存在するのは善や美というイデアであると説いた哲学者は誰か。	プラトン
★★★☆☆☆☆		
22 ☐☐☐	哲人政治を理想とした、プラトンの主著は何か。	『国家』
★★★★★★★		
23 ☐☐☐	プラトンの弟子で、諸学の集大成者として「万学の祖」と呼ばれ、後世に大きな影響を及ぼした哲学者は誰か。	アリストテレス
★★★★★☆☆		
24 ☐☐☐	アナトリア出身で、病気の原因を科学的に究明し、「西洋医学の祖」と呼ばれる人物は誰か。	ヒッポクラテス
★★★★★★☆		
25 ☐☐☐	アナトリア出身で、ペルシア戦争を物語的に叙述し、『歴史』を著して「歴史の父」と呼ばれる人物は誰か。	ヘロドトス
★★★★★★☆		
26 ☐☐☐	ペロポネソス戦争を史料批判にもとづいた『歴史』に著した、アテネ出身の歴史家は誰か。	トゥキディデス

★★★★★★★ 27 □□□	ペリクレスによって再建された、アテネのアクロポリスにあるアテナ女神殿は一般に何と呼ばれるか。	パルテノン神殿
★★☆☆☆☆☆ 28 □□□	荘重な印象を与える、パルテノン神殿の建築様式は何か。	ドーリア式
★★★☆☆☆☆ 29 □□□	ペリクレスと親交があり、パルテノン神殿再建工事の総監督で、「アテナ女神像」をつくった彫刻家は誰か。	フェイディアス
★★☆☆☆☆☆ 30 □□□	前4世紀のアテネの彫刻家で、「ヘルメス神像」など人間美を追求した作品を残したとされるのは誰か。	プラクシテレス
★★☆☆☆☆☆ 31 □□□	柱頭に渦巻装飾がつけられ、優雅な印象を与える、ギリシア中期の建築様式名は何か。	イオニア式
★★☆☆☆☆☆ 32 □□□	柱は細く、装飾も複雑化して華麗・繊細な印象を与える、ギリシア後期の建築様式名は何か。	コリント式
★★★★★★★ 33 □□□	前334年の[アレクサンドロス](アレクサンドロス)の東方遠征以降成立した、オリエント的要素とギリシア的要素の融合した文化を何と呼ぶか。	ヘレニズム文化
★★★★★☆☆ 34 □□□	ポリス社会の枠をこえた、より普遍的かつ個人主義的な傾向をもつヘレニズムの考え方を何と呼ぶか。	世界市民主義(コスモポリタニズム)
★★★★★★☆ 35 □□□	精神的な[快楽](快楽)を得ることを重視した哲学者の名前に由来する、ヘレニズム哲学の一派を何と呼ぶか。	エピクロス派
★★★★★★☆ 36 □□□	[禁欲](禁欲)による幸福の追求と、理性によって生きることの大切さを説いた、ヘレニズム哲学の一派を何と呼ぶか。	ストア派
★★★★★☆☆ 37 □□□	ストア派の創始者は誰か。	ゼノン
★★★★☆☆☆ 38 □□□	ヘレニズム世界で広範に使用された共通ギリシア語は何と呼ばれるか。	コイネー
★★★★★★☆ 39 □□□	エジプトの[アレクサンドリア](アレクサンドリア)に開設され、自然科学研究の中心となった王立研究所は何と呼ばれるか。	ムセイオン
★★★★★★☆ 40 □□□	ムセイオンで学び、平面幾何学を大成したギリシアの数学者は誰か。	エウクレイデス
★★★★★★☆ 41 □□□	ムセイオンで学び、浮力の原理を発見した、シチリア島のシラクサ出身の数学・物理学者は誰か。	アルキメデス

★★★★★☆☆		
42 ☐☐☐	<u>ムセイオン</u>の館長をつとめ、<u>地球の周囲の長さ</u>を計測した、北アフリカ出身のギリシア人天文学者は誰か。	エラトステネス
★★★★★☆☆		
43 ☐☐☐	<u>地球の自転と公転</u>(<u>太陽中心説・地動説</u>)を主張した、ギリシア出身の天文学者は誰か。	アリスタルコス
★★★★★★☆		
44 ☐☐☐	1820年にミロス(ミロ)島で発見された、美の女神の大理石像の名称は何か。	「ミロのヴィーナス」
★★★★☆☆☆		
45 ☐☐☐	1506年にローマで発見された、トロイアの神官を主題とする、ヘレニズム時代の代表的彫刻の名称は何か。	「ラオコーン」

❸ ローマと地中海支配　　　　用語集 p.60〜67

イタリア半島を統一した**共和政ローマ**は、<u>ポエニ戦争</u>に勝利して領土を拡大したが、**中小農民の没落**から**「内乱の1世紀」**に突入した。しだいに私兵を率いた有力者に権力が集中し、内乱を収めて<u>元首政</u>が開始され、<u>五賢帝</u>時代に全盛期をむかえた。しかし<u>軍人皇帝</u>の乱立により帝国分裂の危機に陥ると、共和政の形式は払拭され、<u>専制君主政</u>が開始された。

■ローマ共和政

★★★★☆☆☆		
1 ☐☐☐	ギリシア人の南下とほぼ並行して、イタリア半島に南下したインド゠ヨーロッパ語系の人々を何と呼ぶか。	イタリア人(古代イタリア人)
★★★★★★★		
2 ☐☐☐	南下した<u>イタリア人(古代イタリア人)</u>のうち、前8世紀に都市国家ローマを建設したとされる人々を何と呼ぶか。	ラテン人
★★★★☆☆☆		
3 ☐☐☐	都市国家ローマの象徴で、市内を流れる川は何か。	ティベル川
★★★★★★☆		
4 ☐☐☐	トスカナ地方に定住し、前7世紀末に<u>ローマ</u>を支配した、系統不明のイタリア半島の先住民は何と呼ばれるか。	エトルリア人
★★★★★★☆		
5 ☐☐☐	前509年、<u>エトルリア人</u>の王を追放して、貴族が実権を握り公職を独占したと伝えられる、世襲の君主を戴かない政治形態は何か。	共和政
★★★★★★☆		
6 ☐☐☐	<u>共和政</u>の要職を独占した、完全な市民権をもつ大土地所有者であるローマの<u>貴族</u>を何というか。	パトリキ
★★★★★★★		
7 ☐☐☐	中小土地所有農民と商工業者からなり、<u>パトリキ</u>に対して身分闘争を展開したローマの<u>平民</u>を何というか。	プレブス

★★★★★★★ **8** □□□	任期終身の300人の<u>貴族</u>で構成された、ローマ共和政最高の諮問機関を何と呼ぶか。	元老院
★★★★★★★ **9** □□□	2名で構成され、任期1年で無給の、行政・軍事を担当した最高公職者は何と呼ばれたか。	コンスル(執政官・統領)
★★★★★★★ **10** □□□	<u>平民</u>たちで構成され、ローマ軍の中心となった歩兵は何と呼ばれるか。	重装歩兵
★★★★★★★ **11** □□□	民会の1つで、前5世紀前半に開設され、<u>平民</u>のみで構成された議決機関を何と呼ぶか。	平民会
★★★★★★★ **12** □□□	伝承では前494年の設置とされる、<u>平民会</u>で選出された、平民保護のための官職を何と呼ぶか。	護民官
★★★★★★★ **13** □□□	貴族に対する平民の闘争のなか、前5世紀半ばに旧来の慣習法を明文化し、公開したローマ最古の<u>成文法</u>は何か。	十二表法
★★★★★★★ **14** □□□	前367年、<u>コンスル</u>の1人を平民から選出することを制定した法は何か。	リキニウス・セクスティウス法
★★★★★★★ **15** □□□	前287年、<u>平民会</u>の決議は<u>元老院</u>の承認がなくとも国法とされることを定めた法は何か。	ホルテンシウス法
★★★★★★★ **16** □□□	元老院の提案でコンスルが1人を指名し、非常時に<u>6カ月の任期</u>で全権を委任された官職を何というか。	独裁官(ディクタトル)

■地中海征服とその影響

★★★★★☆☆ **1** □□□	征服したイタリア半島の諸都市を支配するために、ローマが用いた統治方法を何というか。	分割統治
★★☆☆☆☆☆ **2** □□□	<u>分割統治</u>のうち、占領した地域にローマ市民を移住させて建設した都市は何か。	植民市
★★☆☆☆☆☆ **3** □□□	<u>分割統治</u>のうち、軍事援助の義務を負わされ、市民権が与えられなかった都市は何か。	同盟市
★★★★★★★ **4** □□□	前9世紀に<u>フェニキア人</u>が北アフリカに建てた植民市で、西地中海交易を独占して繁栄した海洋国家は何か。	カルタゴ
★★★★★★★ **5** □□□	前264年からの、西地中海の覇権をめぐる<u>カルタゴ</u>とロ	ポエニ戦争

★★★★★☆☆
□6□□□ 当時、西地中海最大の穀物生産地で、<u>カルタゴ</u>とローマとの第1回<u>ポエニ戦争</u>の原因となった島はどこか。 / シチリア島

★★★★★★★
□7□□□ 第1回<u>ポエニ戦争</u>の結果、ローマが<u>シチリア島</u>を獲得した。こうしたイタリア半島以外の征服地をローマは何と呼んだか。 / 属州(ぞくしゅう)

★★★★★☆☆
□8□□□ 第2回<u>ポエニ戦争</u>の際、現在のスペインから出発し、<u>カンネーの戦い</u>でローマ軍に大勝したカルタゴの将軍は誰か。 / ハンニバル

★★★★★☆☆
□9□□□ 前202年、カルタゴの本拠地を襲い、カルタゴ軍に圧勝して第2回ポエニ戦争をローマの勝利に導いた将軍は誰か。 / スキピオ

★★☆☆☆☆☆
□10□□□ 第2回ポエニ戦争で、<u>スキピオ</u>がカルタゴ軍を破った戦いは何と呼ばれるか。 / ザマの戦い

★★★★☆☆☆
□11□□□ <u>属州の徴税請負</u>や土木事業などで台頭し、元老院貴族につぐ階層身分とされた新興富裕市民を何と呼ぶか。 / 騎士(エクイテス)

★★★★☆☆☆
□12□□□ 富裕なパトリキと上層プレブスからなる、新しい支配階級は何と呼ばれたか。 / 新貴族(ノビレス)

★★★★★★☆
□13□□□ 第2回ポエニ戦争以降急速に発達した、<u>奴隷</u>を使用してブドウ・オリーヴなどの果樹栽培をおこなった、大土地所有の経営を何と呼ぶか。 / ラティフンディア(ラティフンディウム)

★★★★★☆☆
□14□□□ 共和政末期に、<u>元老院</u>中心の政治体制を維持しようとした、保守的なグループを何と呼ぶか。 / 閥族派(ばつぞくは)

★★★★★☆☆
□15□□□ 共和政末期に、民会を基盤に民衆の支持を背景として政界に進出した、反元老院派のグループを何と呼ぶか。 / 平民派

★☆☆☆☆☆☆
□16□□□ 前135～前132年と前104～前100年に、大規模な奴隷反乱がおこった場所はどこか。 / シチリア島

■内乱の1世紀

★★★★★★☆
□1□□□ 前2世紀後半、ともに<u>護民官</u>となり、大土地所有の制限、ローマ軍再建などの改革をこころみた兄弟は誰か。 / グラックス兄弟

★★★★★ ☆ **2** ☐☐☐ グラックス兄弟の改革から<u>プリンキパトゥス(元首政)</u>成立までのローマの混乱期を何と呼ぶか。	「内乱の1世紀」
★★★★★ ☆ **3** ☐☐☐ 軍制改革をおこない、ユグルタ戦争を鎮圧して台頭すると、平民派を形成して一時政権を握った政治家は誰か。	マリウス
★★★☆☆☆ **4** ☐☐☐ 前1世紀初め、イタリア半島内の<u>同盟市</u>がローマ市民権を要求しておこした反乱を何と呼ぶか。	同盟市戦争
★★★★★☆ **5** ☐☐☐ <u>同盟市戦争</u>を鎮圧し、さらにアナトリアから帰国したのち平民派を弾圧した、<u>閥族派</u>の政治家は誰か。	スラ
★★★★★☆ **6** ☐☐☐ 前73〜前71年におこった、トラキア出身の剣闘士が指導した大奴隷反乱を何と呼ぶか。	スパルタクスの反乱
★★★★★☆ **7** ☐☐☐ ローマの東方支配を確立したのち、元老院と対立して<u>第1回三頭政治</u>に参加した人物は誰か。	ポンペイウス
★★★★★☆ **8** ☐☐☐ 騎士階級出身の政治家で、<u>第1回三頭政治</u>に参加した人物は誰か。	クラッスス
★★★★★★ **9** ☐☐☐ 平民派の政治家で、<u>第1回三頭政治</u>に参加し、前58年から<u>ガリア遠征</u>をおこなった人物は誰か。	カエサル
★★★★☆☆ **10** ☐☐☐ <u>カエサル</u>の独裁に反対し、前44年に彼を暗殺した共和主義者は誰か。	ブルートゥス
★★★★★☆ **11** ☐☐☐ <u>カエサル</u>の部下で、<u>第2回三頭政治</u>に参加し、エジプトに赴いて、その女王と結んだ人物は誰か。	アントニウス
★★★★★☆ **12** ☐☐☐ <u>カエサル</u>の部下で、<u>第2回三頭政治</u>に参加し、エジプトを除く北アフリカを勢力圏とした人物は誰か。	レピドゥス
★★★★★★ **13** ☐☐☐ <u>カエサル</u>の養子で、<u>第2回三頭政治</u>に参加し、前30年に全地中海域の平定を完成した人物は誰か。	オクタウィアヌス
★★★★★☆ **14** ☐☐☐ 前31年、<u>オクタウィアヌス</u>が<u>アントニウス</u>と<u>エジプト</u>の連合軍を撃破した戦いは何か。	アクティウムの海戦
★★★★★☆ **15** ☐☐☐ <u>オクタウィアヌス</u>に敗れ、その後自殺した、<u>プトレマイオス朝エジプト</u>最後の女王は誰か。	クレオパトラ

■ローマ帝国

★★★★★★★		
1 ☐☐☐	前27年、元老院が<u>オクタウィアヌス</u>に贈った尊称で、以後、歴代皇帝の称号とされたものは何か。	アウグストゥス(尊厳者)
★★★★★★★		
2 ☐☐☐	<u>アウグストゥス</u>に対して、オクタウィアヌスは「<u>市民のなかの第一人者</u>」を自称した。「元首」と訳されるこの称号は何か。	プリンケプス
★★★★★★★		
3 ☐☐☐	名目上は元老院や共和政の伝統を尊重したが、実質上の帝政である<u>元首政</u>をラテン語で何と呼ぶか。	プリンキパトゥス
★★★★★★★		
4 ☐☐☐	<u>アウグストゥス</u>から<u>五賢帝</u>末期までの約200年の、ローマの黄金時代を意味する「<u>ローマの平和</u>」をラテン語で何と呼ぶか。	パクス゠ロマーナ
★★★★★★★		
5 ☐☐☐	ローマの最盛期を現出した<u>ネルウァ</u>から<u>マルクス゠アウレリウス゠アントニヌス</u>にいたる5人の皇帝を何と呼ぶか。	五賢帝
★★★★★★		
6 ☐☐☐	<u>五賢帝</u>の最初の皇帝は誰か。	ネルウァ帝
★★★★★★★		
7 ☐☐☐	<u>ダキア</u>を属州とし、ローマ帝国の最大版図を実現した<u>五賢帝</u>の2番目の皇帝は誰か。	トラヤヌス帝
★★★★★★		
8 ☐☐☐	内政整備のほか、辺境防衛のためブリタニアに<u>長城</u>を築いた<u>五賢帝</u>の3番目の皇帝は誰か。	ハドリアヌス帝
★★★★★★		
9 ☐☐☐	貧民救済事業と財政改革につとめた、<u>五賢帝</u>の4番目の皇帝は誰か。	アントニヌス゠ピウス帝
★★★★★★		
10 ☐☐☐	ストア哲学を学び「<u>哲人皇帝</u>」と呼ばれ、中国史書では「<u>大秦王安敦</u>」と記された<u>五賢帝</u>最後の皇帝は誰か。	マルクス゠アウレリウス゠アントニヌス帝
★★★★★★		
11 ☐☐☐	五賢帝時代に栄えた、ヒッパロスの風とも呼ばれた気候現象を利用した貿易は何と呼ばれるか。	季節風(モンスーン)貿易
★★★★☆☆☆		
12 ☐☐☐	212年に勅令を発布して、帝国内の全自由人にローマ市民権を付与した皇帝は誰か。	カラカラ帝

■帝国の変容／西ローマ帝国の滅亡

★★★★★★☆		
1 ☐☐☐	235〜284年のあいだに、各地の軍団によって擁立された	軍人皇帝

皇帝たちを何というか。

★★★★★★☆
2 □□□ **軍人皇帝**の頃からあらわれた、土地にしばりつけられた隷属的小作人を何と呼ぶか。

コロヌス

★★★★★★☆
3 □□□ **ラティフンディア**にかわり拡大した、**コロヌス**を使用する土地経営形態を何と呼ぶか。

コロナトゥス

★★★★★★★
4 □□□ **軍人皇帝**の時代の混乱を収拾した皇帝は誰か。

ディオクレティアヌス帝

★★★★★★★
5 □□□ **ディオクレティアヌス帝**は、広大なローマ帝国をどのような方法で統治しようとしたか。

四帝分治制(テトラルキア)

★★★★★★★
6 □□□ **ディオクレティアヌス帝**に始まる、共和政の伝統を完全に無視した、帝政後期の**専制君主政**を何と呼ぶか。

ドミナトゥス

★★★★★★★
7 □□□ 313年に**キリスト教の公認**をおこない、その後324年に帝国を再統一した皇帝は誰か。

コンスタンティヌス帝

★★★★★★★
8 □□□ 330年、**コンスタンティヌス帝**は旧ビザンティウムに遷都した。遷都後、この都市は何と改称されたか。

コンスタンティノープル

★★★☆☆☆☆
9 □□□ **コンスタンティヌス帝**の時に鋳造され、以後数百年にわたって金の含有量がかわらず、基軸通貨とされた金貨の名称は何か。

ソリドゥス金貨(ノミスマ)

★★★★☆☆☆
10 □□□ 4世紀末に**キリスト教を国教化**し、また死に際して帝国を東西に分けた皇帝は誰か。

テオドシウス帝

★★★★☆☆☆
11 □□□ 476年に**西ローマ帝国**を滅ぼした、帝国に仕えていた**ゲルマン人**傭兵隊長は誰か。

オドアケル

■ローマの生活と文化

★★★★★★★
1 □□□ ローマ人の日常語で、ローマの拡大につれて南欧から全ヨーロッパに普及した、ローマ帝国の公用語は何か。

ラテン語

★★★☆☆☆☆
2 □□□ **ラテン語**を表記するための文字は何か。

ローマ字

★★★★★★★
3 □□□ **カラカラ帝**建造のものが有名な、図書館や運動場なども備えた大娯楽施設は何か。

浴場

★★★★★★☆ 4 □□□	ローマ市のコンスタンティヌス帝の門などが代表例の、戦勝を記念して造られた大きな石造門を何と呼ぶか。	凱旋門
★★★★★★★☆ 5 □□□	剣闘士の試合などがおこなわれた、ローマの円形闘技場を何と呼ぶか。	コロッセウム
★★☆☆☆☆☆☆ 6 □□□	万神殿とも呼ばれ、ローマの神々をまつった神殿は何と呼ばれるか。	パンテオン
★★★★★★☆ 7 □□□	ローマ人の市民生活の中心だった広場の遺跡は何か。	フォロ゠ロマーノ
★★★★★★★☆ 8 □□□	ローマでは道路網が整備されたが、ローマから南東部にのびる、最古の軍用道路の名称は何か。	アッピア街道
★★★★★★☆ 9 □□□	南フランスに建築された、3層アーチからなり、上が水道、中・下が人馬道の水道橋の名称は何か。	ガール水道橋
★★★★★★☆ 10 □□□	無産市民となって都市へ流入した農民に、ローマの為政者が与えた施策を示す言葉は何か。	「パンと見世物」
★★★★★★☆ 11 □□□	ローマ領の拡大にともない、市民法から発達し、すべての人に適用されるようになった法を何と呼ぶか。	万民法
★★★★★★☆ 12 □□□	6世紀、東ローマ（ビザンツ）皇帝ユスティニアヌス大帝の命によって編纂された、古代ローマ法の集大成を何と呼ぶか。	『ローマ法大全』
★★★☆☆☆☆ 13 □□□	ユスティニアヌス大帝に命じられ、『ローマ法大全』の編纂事業の中心となった東ローマ（ビザンツ）の法学者は誰か。	トリボニアヌス
★★★★★☆☆ 14 □□□	エジプトの太陽暦をもとに、カエサルが制定した暦を何と呼ぶか。	ユリウス暦
★★★☆☆☆☆ 15 □□□	1582年に教皇グレゴリウス13世がユリウス暦を修正して制定した、現在も用いられている暦を何と呼ぶか。	グレゴリウス暦
★★★★★★☆ 16 □□□	アウグストゥス時代に黄金時代を迎えた文学は何か。	ラテン文学
★★★★★★☆ 17 □□□	ローマ建国にまつわる叙事詩『アエネイス』を著した、古代ローマ最大の詩人は誰か。	ウェルギリウス
★★★★☆☆☆ 18 □□□	『叙情詩集』を著した、前1世紀の叙情詩人は誰か。	ホラティウス

★★★★☆☆☆ 19 □□□	『転身譜』を著した、前1〜後1世紀の叙情詩人は誰か。	オウィディウス
★★★★★★★ 20 □□□	古ケルト・古ゲルマン研究の重要史料でもある、カエサルが前1世紀に著した遠征記録を何というか。	『ガリア戦記』
★★★★★★☆ 21 □□□	騎士ながら雄弁でもって出世する一方、文体がラテン語散文の模範とされた散文家は誰か。	キケロ
★★★★★★☆ 22 □□□	アウグストゥスに委嘱されて『ローマ建国史』を著した、ローマの歴史家は誰か。	リウィウス
★★★★★★★ 23 □□□	古ゲルマン研究の最重要史料である著書や、ローマ政治史の『年代記』の著者は誰か。	タキトゥス
★★★★★★★ 24 □□□	民族大移動前のゲルマン人社会を、後1世紀に記したタキトゥスの著作名は何か。	『ゲルマニア』
★★★★☆☆☆ 25 □□□	前2世紀後半、政体循環史観に立って『歴史』を著した、ギリシア人の歴史家は誰か。	ポリビオス
★★★★★★☆ 26 □□□	ギリシアとローマの英雄的人物を比較評論した伝記の『対比列伝』(『英雄伝』)を著した、ギリシア人作家は誰か。	プルタルコス
★★★★★☆☆ 27 □□□	前1〜後1世紀の、史料的な地誌の『地理誌』を著したギリシア人地理学者は誰か。	ストラボン
★★★★★★☆ 28 □□□	ネロ帝の師で、のちに死を強制された、ストア派哲学者は誰か。	セネカ
★★★★☆☆☆ 29 □□□	奴隷出身のギリシア人ストア派哲学者は誰か。	エピクテトス
★★★★☆☆☆ 30 □□□	哲人皇帝マルクス゠アウレリウス゠アントニヌスが、ギリシア語で書いた著作の名称は何か。	『自省録』
★★★★☆☆☆ 31 □□□	1世紀に、百科全書的な『博物誌』を著し、ヴェスヴィオ火山噴火の際に殉職した人物は誰か。	プリニウス
★★★★★★☆ 32 □□□	『天文学大全』を著し、天動説をとなえて中世までの宇宙観に決定的な影響を与えたギリシア人天文学者は誰か。	プトレマイオス

❹ キリスト教の成立と発展

用語集 p.68〜70

パレスチナで生まれたイエスは、ユダヤ教を形式主義として批判

したため、十字架刑に処せられた。しかし、復活した<u>イエス</u>を**救世主**と信じる<u>使徒</u>たちによって<u>キリスト教</u>は拡大し、**教会**が組織された。ローマでは、反社会集団とみなされ<u>迫害</u>されたが、下層民から広く勢力を拡大し、313年に<u>ミラノ勅令</u>で<u>公認</u>され、392年には<u>国教化</u>された。

■キリスト教の成立

	問	答
★★★★★★☆☆ **1** □□□	<u>ユダヤ教</u>において、神から授けられたとされる宗教上の教えや生活規範を何と呼ぶか。	律法
★★★★☆☆☆ **2** □□□	ユダヤ教徒のなかで、モーセの律法の遵守を主張し、宗教儀礼を極端に重視した一派は何と呼ばれたか。	パリサイ派
★★☆☆☆☆☆ **3** □□□	新約聖書の伝承によれば<u>イエス</u>が成長した場所と伝えられる、パレスチナ北部ガリラヤ地方の村はどこか。	ナザレ
★★★★★★★ **4** □□□	<u>神の絶対愛</u>と<u>隣人愛</u>を説き、形式主義の<u>パリサイ派</u>を批判したのは誰か。	イエス
★★★★★★☆ **5** □□□	ユダヤ教で、世界の終末の際にあらわれ、信者を救済する存在を何と呼ぶか。	救世主(メシア)
★★★★★★☆ **6** □□□	<u>救世主</u>(<u>メシア</u>)をギリシア語で何というか。	キリスト
★★★★★★☆ **7** □□□	ユダヤ人の圧力のもと、イエスを帝国への反逆者として処刑した、ローマ属州ユダヤの総督は誰か。	ピラト(ピラトゥス)
★★★★★★☆ **8** □□□	<u>イエス</u>の処刑後、彼の弟子たちから生まれた、彼を救世主であると信じる宗教は何か。	キリスト教
★★★★★★★☆ **9** □□□	イエスが選んだ12人の直弟子で、のちに布教・伝道や聖書の成立などに大きく貢献した者を何と呼ぶか。	使徒
★★★★★★☆ **10** □□□	「第1使徒」と呼ばれ、ローマ伝道に力をつくしたが<u>ネロ帝</u>の迫害で殉教した人物は誰か。	ペテロ(ペトロ)
★★★★★★☆ **11** □□□	<u>ユダヤ教</u>の<u>パリサイ派</u>に属していたが回心してキリスト教徒となり、「異邦人伝道の使徒」と呼ばれた人物は誰か。	パウロ
★★★★★★☆ **12** □□□	<u>コイネー</u>で書かれた、キリスト教の教典は何か。	『新約聖書』
★★★★☆☆☆ **13** □□□	『<u>新約聖書</u>』の中心となる、<u>イエス</u>の言行を記録した四書を何と呼ぶか。	『福音書』

14 □□□	『新約聖書』中で、とくにペテロ・パウロの伝道を記述した部分を何と呼ぶか。	『使徒行伝』

■迫害から国教へ

★★★★★☆☆☆ 1 □□□	1世紀後半、ローマの大火の責任をキリスト教徒に課し、彼らを迫害した皇帝は誰か。	ネロ帝
★★★★★☆☆☆ 2 □□□	皇帝崇拝を拒否するキリスト教徒に対して、4世紀初めに最大級の迫害をおこなった皇帝は誰か。	ディオクレティアヌス帝
★★★★★★★☆ 3 □□□	初期キリスト教時代の信徒たちが集会所・礼拝堂としても利用した地下墓所を何というか。	カタコンベ
★★★★★★★★ 4 □□□	313年、コンスタンティヌス帝がキリスト教を公認した際に発布したものは何か。	ミラノ勅令
★★★★★★★☆ 5 □□□	325年、教義統一のためコンスタンティヌス帝が招集した、キリスト教会最初の公会議の名称は何か。	ニケーア公会議
★★★★★☆☆☆ 6 □□□	ニケーア公会議で、正統教義と認められたのは何派か。	アタナシウス派
★★★★★★★☆ 7 □□□	アタナシウス派はイエスの神性を強く認め、のちにある説へと発展するが、この説は何と呼ばれるか。	三位一体説
★★★★★★☆☆ 8 □□□	カトリックの教義で父なる神と子なるイエスとともに三位一体をなす存在で、神の意志を人に伝えて、精神的な活動を促す力を何と呼ぶか。	聖霊
★★★★★★★☆ 9 □□□	ニケーア公会議で異端とされた、イエスを人間であるとするキリスト教の一派は何か。	アリウス派
★★★★★★★☆ 10 □□□	正統教義の確立につとめた、古代および中世初期のキリスト教の著作家たちを何というか。	教父
★★☆☆☆☆☆☆ 11 □□□	コンスタンティヌス帝時代、キリスト教最初の『教会史』をはじめ、『年代記』などを著した教父は誰か。	エウセビオス
★★★★★★★☆ 12 □□□	北アフリカの司教で、カトリックの教義確立に大きく貢献した、ローマ帝政末期最大の教父は誰か。	アウグスティヌス
★★★★☆☆☆☆ 13 □□□	5世紀前半、西ゴート人のローマ侵入を契機に執筆され	『神の国』(『神国論』)

た、<u>アウグスティヌス</u>のキリスト教的歴史哲学書の名称は何か。

★★★☆☆☆☆		
14 ⬜⬜⬜	<u>アウグスティヌス</u>が、青年期に帰依した<u>マニ教</u>から回心してキリスト教にたどりつくまでを描いた自伝の名称は何か。	『告白録』
★★★☆☆☆☆		
15 ⬜⬜⬜	帝政期のローマに広まった、古代エジプトの女神を信仰する密儀宗教は何か。	イシス教
★★★★☆☆☆		
16 ⬜⬜⬜	ローマ帝政期に軍人を中心に流行した、光明神を崇拝するインド・イラン起源の密儀宗教の名称は何か。	ミトラ教(ミトラス教)
★★★★☆☆☆		
17 ⬜⬜⬜	ギリシア古典と<u>ミトラ教</u>に心酔し、異教復興を企て、教会から「背教者」と呼ばれた4世紀の皇帝は誰か。	ユリアヌス帝
★★★★★☆☆		
18 ⬜⬜⬜	380年にキリスト教を<u>国教</u>とする勅令を出し、392年に異教の信仰を全面的に禁止した皇帝は誰か。	テオドシウス帝
★★★★★★☆		
19 ⬜⬜⬜	431年、アナトリア半島西岸の町で開かれた公会議の名称は何か。	エフェソス公会議
★★★★★★★		
20 ⬜⬜⬜	<u>エフェソス公会議</u>で異端とされた、イエスの神性と人性を分離して考えるキリスト教の一派は何か。	ネストリウス派
★★★★★★☆		
21 ⬜⬜⬜	<u>ネストリウス派</u>はのちに中国にも伝わり、唐代には何と呼ばれたか。	景教
★★★☆☆☆☆		
22 ⬜⬜⬜	451年、コンスタンティノープルの対岸の町で開かれた公会議の名称は何か。	カルケドン公会議
★★★★☆☆☆		
23 ⬜⬜⬜	<u>カルケドン公会議</u>で異端とされた、イエスの神性と人性は融合して一つであるとする考え方を何と呼ぶか。	単性論
★★★★☆☆☆		
24 ⬜⬜⬜	<u>シリア</u>を中心として、<u>単性論</u>を信奉する教会の名称は何か。	シリア教会
★★★★☆☆☆		
25 ⬜⬜⬜	6世紀以降、単性論を受け入れた、<u>アルメニア</u>を中心に広がった教会の名称は何か。	アルメニア教会
★★★★☆☆☆		
26 ⬜⬜⬜	<u>単性論</u>を信奉する<u>エジプト</u>の教会の名称は何か。	コプト教会
★★★★★★☆		
27 ⬜⬜⬜	ローマ帝国末期以降信徒たちを指導した、<u>ローマ・コンスタンティノープル・アンティオキア・イェルサレム・</u>	五本山

<u>アレクサンドリア</u>の有力な5つの総大司教座教会の総称を何と呼ぶか。

第5章

イスラーム教の成立とヨーロッパ世界の形成

　7世紀に**イスラーム教**を創始した<u>アラブ人</u>は、7世紀半ばから約100年間のあいだに、東は中央アジアから西はイベリア半島にいたる大帝国をつくりあげ、その後各地の諸王朝に分裂していった。また、7世紀の**イスラーム勢力**の進出によって、地中海世界は**西欧・東欧・イスラーム**の3つの世界に分断させた。**東欧**では<u>ビザンツ帝国</u>が<u>ギリシア正教会</u>を従属させ、<u>スラヴ人</u>の拡大とともに**ギリシア＝スラヴ的世界**を形成した。一方、<u>西欧では</u>**フランク王国**が<u>ローマ＝カトリック教会</u>と提携して**ローマ＝ゲルマン的世界**を形成し、民族移動後の長い混乱期によって<u>封建社会</u>が成立した。

【西欧・東欧・イスラーム世界の推移】

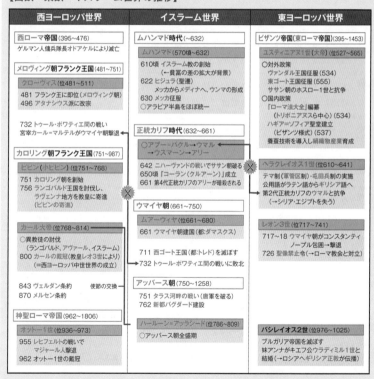

イスラーム教創始者の<u>ムハンマド</u>が没すると、<u>カリフ</u>(後継者)を**選挙**で選んだ。**第4代カリフ**の<u>アリー</u>が暗殺されると、<u>ムアーウィヤ</u>が<u>ウマイヤ朝</u>を開いて**世襲制**とした。**ウマイヤ朝**では、アラブ人が免税特権をもつなど、**アラブ人中心の支配体制**(**アラブ帝国**)であったが、次の<u>アッバース朝</u>では**ムスリム間の平等**が実現され、**イスラーム法**にもとづく支配体制(**イスラーム帝国**)となった。

■アラブ=ムスリム軍による大征服

★★★★★★★ 1 ☐☐☐	セム語派のアラビア語を母語とした、<u>アラビア半島</u>の先住民は何か。	アラブ人
★★☆☆☆☆☆ 2 ☐☐☐	多くはアラビア半島を故地とし、ラクダなどの遊牧で生活している、アラブ系遊牧民を何と呼ぶか。	ベドウィン
★★☆☆☆☆☆ 3 ☐☐☐	ラクダなどに荷を積んだ商人たちが一団を組んでおこなった長距離交易を何というか。	隊商交易
★☆☆☆☆☆☆ 4 ☐☐☐	アラビア半島南西部に位置し、農耕にめぐまれ、海上交易路にもあたっていた地域はどこか。	イエメン
★★★★★★★ 5 ☐☐☐	アラビア半島西部の<u>ヒジャーズ地方</u>に位置し、古来から宗教都市・商業都市として栄えていたのはどこか。	メッカ(マッカ)
★★★★★☆☆ 6 ☐☐☐	5世紀末に<u>メッカ</u>を征服し定住した、名門一族は何か。	クライシュ族
★★★★★★★ 7 ☐☐☐	<u>クライシュ族</u>の<u>ハーシム家</u>出身で、神の啓示を受けて610年頃に新宗教を創始した人物は誰か。	ムハンマド
★★★★★★★ 8 ☐☐☐	<u>ムハンマド</u>のように神の言葉(啓示)を受けた人を何と呼ぶか。	預言者
★★★★★★☆ 9 ☐☐☐	<u>ムハンマド</u>が創始した、「神への絶対的帰依」を意味する宗教は何か。	イスラーム教
★★★★★★★ 10 ☐☐☐	イスラーム教における唯一神をアラビア語で何と呼ぶか。	アッラー
★★★★★★★ 11 ☐☐☐	<u>イスラーム教徒</u>のことを指し、「神に帰依する者」を意味するアラビア語は何か。	ムスリム
★★★★★★★ 12 ☐☐☐	622年、ムハンマドが<u>メッカ</u>の有力者から迫害を受けて移住した、<u>メッカ</u>北方に位置する旧名ヤスリブの都市は	メディナ

何か。

★★★★★★★
| 13 □□□ | イスラーム暦の紀元(元年)とされた、西暦622年にムハンマドがメッカからメディナへ移住したできごとを何と呼ぶか。 | ヒジュラ(聖遷) |

★★★★★★★
| 14 □□□ | ムハンマドの移住後、メディナで成立したイスラーム教徒の共同体(宗教共同体)を何と呼ぶか。 | ウンマ |

★★★★★★★
| 15 □□□ | 古来アラブ人の多神教の神殿であったがムハンマドによってイスラーム教の聖殿とされた、メッカの聖殿は何か。 | カーバ聖殿 |

★★★★★★★
| 16 □□□ | ムハンマドの後継者にして、ウンマの代表者を何と呼ぶか。 | カリフ |

★★★★★★★
| 17 □□□ | ムハンマドの死後、信徒の選挙で選出された4代にわたる後継者は、とくに何と呼ばれるか。 | 正統カリフ |

★★★★★★★
| 18 □□□ | ムハンマドの義父で、初代後継者(カリフ)として選出されたのは誰か。 | アブー=バクル |

★★★★★☆☆
| 19 □□□ | 異教徒に対する、イスラーム教徒の戦いを何と呼ぶか。 | ジハード(聖戦) |

★★★★☆☆☆
| 20 □□□ | 第2代正統カリフは誰か。 | ウマル |

★★☆☆☆☆☆
| 21 □□□ | 642年、ウマルの時、アラブ軍がササン朝軍を撃破した戦いは何か。 | ニハーヴァンドの戦い |

★★★★☆☆☆
| 22 □□□ | 『コーラン』を現在のかたちにまとめたとされる、第3代正統カリフは誰か。 | ウスマーン |

★★★★★☆☆
| 23 □□□ | イスラーム世界の成立・発展期に、アラブ人イスラーム教徒が家族をともなって移住し建設した軍営都市は、何と呼ばれるか。 | ミスル |

★★★☆☆☆☆
| 24 □□□ | ウマイヤ朝とアッバース朝の初期に、軍人や官僚に現金で支払われた俸給を何と呼ぶか。 | アター |

■ウマイヤ朝の成立と拡大

★★★★★★★
| 1 □□□ | ムハンマドの娘婿で、暗殺された第4代正統カリフは誰か。 | アリー |

★★★★★★★ **2** □□□	<u>アリー</u>と戦い、彼が暗殺されたのち、新王朝を開いたシリア総督（<ruby>総督<rt>そうとく</rt></ruby>）は誰か。	ムアーウィヤ
★★★★★★★ **3** □□□	<u>ムアーウィヤ</u>が開いた新王朝は、何朝と呼ばれるか。	ウマイヤ朝
★★★★★★☆ **4** □□□	<u>ウマイヤ朝</u>が都とした、シリアの中心都市はどこか。	ダマスクス
★★★★★★★ **5** □□□	<u>アリー</u>とその子孫のみをムハンマドの正統な後継者と認める、イスラーム教少数派の分派名は何か。	シーア派
★★★☆☆☆☆ **6** □□□	イスラーム世界における指導者を指すが、<u>シーア派</u>ではアリー以後の最高指導者を指す称号は何か。	イマーム
★★☆☆☆☆☆ **7** □□□	<u>シーア派</u>の最大宗派は何か。	十二イマーム派
★★★★★☆☆ **8** □□□	慣行・慣習を意味し、イスラームでは「ムハンマドの言行」を指す呼称は何か。	スンナ
★★★★★★★ **9** □□□	ムハンマドの言行に従う者という意味で、代々のカリフを正統と認めるイスラーム教の多数派は何か。	スンナ派（スンニー）
★★★★★☆☆ **10** □□□	711年、<u>ウマイヤ朝</u>が滅ぼしたイベリア半島のゲルマン人国家は何か。	西ゴート王国
★★★★★★★ **11** □□□	732年、<u>ウマイヤ朝</u>が宮宰（<ruby>宮宰<rt>きゅうさい</rt></ruby>）カール＝マルテル率いる<u>フランク王国</u>に敗れ、ピレネー山脈以南に退くこととなった戦いは何か。	トゥール・ポワティエ間の戦い
★★★☆☆☆☆ **12** □□□	正統カリフ時代とウマイヤ朝の時代は、<u>アラブ人</u>が特権的支配層を形成していたため、何帝国と呼ばれるか。	アラブ帝国
★★★★★★★ **13** □□□	初めは征服地の非ムスリムに対して課し、ウマイヤ朝末期からアラブ人ムスリムにも課したイスラーム世界の<u>土地税</u>を何と呼ぶか。	ハラージュ
★★★★★★★ **14** □□□	イスラーム政権が征服地すべての異教徒に対して課し、ウマイヤ朝では改宗した非アラブ人にも課した、<u>人頭税</u>の呼称は何か。	ジズヤ
★★★☆☆☆☆ **15** □□□	<u>庇護民</u>（<ruby>庇護民<rt>ひごみん</rt></ruby>）を意味し、ムスリムの支配下で一定の保護を認められた非ムスリムを何と呼んだか。	ズィンミー
★★★★★☆☆ **16** □□□	8世紀初め、ウマイヤ朝第6代カリフのワリード1世に	ウマイヤ＝モスク

よって建てられた、シリアのダマスクスにある、現存す
る最古のモスクは何か。

■アッバース朝の成立とその繁栄

★★★★☆☆☆
1 □□□ ウマイヤ朝時代、とくにイラン人に多かった、非アラブ人のイスラーム教改宗者は何と呼ばれたか。 | マワーリー

★★★★★★★
2 □□□ 750年、アブー＝アルアッバースがウマイヤ朝を打倒して開いた新王朝は何か。 | アッバース朝

★★★★★★☆
3 □□□ 751年、中央アジアでアッバース朝軍が唐軍を破った戦いは何か。 | タラス河畔の戦い

★★★★★★★
4 □□□ 762年、ティグリス河畔に建設された、アッバース朝の新都の名前は何か。 | バグダード

★★★★☆☆☆
5 □□□ バグダードを造営し、また行政機構を整備して中央集権体制を確立した、アッバース朝の第2代カリフは誰か。 | マンスール

★★★★★★☆
6 □□□ 800年頃にアッバース朝の最盛期を現出した、第5代カリフは誰か。 | ハールーン＝アッラシード

★★★★☆☆☆
7 □□□ アラブ人の特権が廃止されてムスリムの平等が実現した支配体制から、アッバース朝はとくに何帝国と呼ばれるか。 | イスラーム帝国

★★★★★★★
8 □□□ イスラーム法を中心とするイスラーム諸学をおさめた学者(知識人)を何と呼ぶか。 | ウラマー

★☆☆☆☆☆☆
9 □□□ アッバース朝の初期から用いられた行政機構の統轄者(大臣)の称号を何と呼ぶか。 | ワジール(ワズィール)

■イスラーム文化の成立

★★★★★★★
1 □□□ アラブ人の言葉であるが、イスラーム教の拡大とともに西アジアや北アフリカの共通語となった言語は何か。 | アラビア語

★★★☆☆☆☆
2 □□□ イスラーム世界の学問のうち、『コーラン』にもとづく法学・神学・詩学・歴史学などを何と総称するか。 | 固有の学問

★★★★☆☆☆
3 □□□ イスラーム世界の学問のうち、非アラブ地域から導入さ | 外来の学問

	れた、哲学・医学・数学・天文学・地理学・錬金術(化学)などの諸学問を何と呼ぶか。	
★★★★★☆☆☆ **4** ☐☐☐	インド数字を原型とし、イスラーム世界で完成され、ヨーロッパにも普及した数字は何か。	アラビア数字
★★★★☆☆☆☆ **5** ☐☐☐	インドで成立し、アラビアを経てヨーロッパへ伝わった、数学に大きく寄与した概念は何か。	ゼロの概念
★★★★★★☆☆ **6** ☐☐☐	ムハンマドの死後、650年頃に編纂されたイスラーム教の聖典は何か。	『コーラン』(『クルアーン』)
★★★★★☆☆☆ **7** ☐☐☐	預言者ムハンマドの言行(スンナ)と伝承の記録を何と呼ぶか。	ハディース
★★★★★★☆☆ **8** ☐☐☐	『コーラン』やハディースにもとづいて導き出されたイスラーム法のことを、アラビア語で何と呼ぶか。	シャリーア
★★★★★★☆☆ **9** ☐☐☐	神から啓示された聖典をもつユダヤ教徒やキリスト教徒を、イスラーム教では何と呼んだか。	「啓典の民」
★★★★★★★☆ **10** ☐☐☐	ムスリムが信者として信仰し、おこなうべきことの基本を何と総称するか。	六信五行
★★☆☆☆☆☆☆ **11** ☐☐☐	断食月とも呼ばれるイスラーム暦第9番目の月を、アラビア語で何と呼ぶか。	ラマダーン
★★☆☆☆☆☆☆ **12** ☐☐☐	9世紀にバグダードに建設され、ギリシア語文献のアラビア語への翻訳がおこなわれた研究機関は何か。	「知恵の館」(バイト=アルヒクマ)
★★★☆☆☆☆☆ **13** ☐☐☐	天地創造以来の人類史をまとめた年代記『預言者たちと諸王の歴史』を著した、アッバース朝期にバグダードで活躍した知識人は誰か。	タバリー
★★★★☆☆☆☆ **14** ☐☐☐	アラビア数学を確立し、代数学を発展させた、アッバース朝期のイラン系数学者・天文学者は誰か。	フワーリズミー
★★★★★☆☆☆ **15** ☐☐☐	ギリシア・アラブの医学の集大成者で、ラテン名アヴィケンナで知られるイラン系医学者・哲学者は誰か。	イブン=シーナー
★★★★☆☆☆☆ **16** ☐☐☐	中世ヨーロッパの医学校でも重用された、イブン=シーナーの著作は何か。	『医学典範』
★★★★★★★☆ **17** ☐☐☐	8世紀に中世ペルシア語の説話集がアラビア語に翻訳さ	『千夜一夜物語』(『ア

	れたのち、各地の説話が融合され、16世紀のカイロでほぼ現在のかたちとなった、アラビア語の大説話集は何か。	ラビアン＝ナイト♪)
★★★★★★☆ 18 □□□	ムスリムが製作した、植物の茎や葉を幾何学的に図案化した装飾文様は何か。	アラベスク
★★★★☆☆☆☆ 19 □□□	751年に<u>タラス河畔の戦い</u>で、中国から捕虜を通じて西伝した技術は何か。	製紙法
★★★★★★★★ 20 □□□	イスラーム教の<u>礼拝施設</u>を何と呼ぶか。	モスク
★★★★★★☆ 21 □□□	<u>モスク</u>に付属する尖塔のことを何と呼ぶか。	ミナレット(光塔)
★★★★★★★ 22 □□□	イスラーム法学者(<u>ウラマー</u>)を育成するための高等教育機関を何と呼ぶか。	マドラサ(学院)
★★★★★★☆ 23 □□□	都市のなかでモスクに隣接する<u>市場</u>を、アラビア語で何と呼ぶか。	スーク
★★★★★★☆ 24 □□□	<u>スーク</u>をペルシア語で何と呼ぶか。	バザール
★★★★★☆☆ 25 □□□	中央アジアや西アジアの街道や都市につくられた<u>隊商宿</u>は何と呼ばれたか。	キャラヴァンサライ
★★★★★★☆ 26 □□□	公共施設の建設や運営のために用いられる、イスラーム法にもとづく<u>財産寄進制度</u>を何と呼ぶか。	ワクフ

■イスラーム政権の多極化

★★★★★★★ 1 □□□	ウマイヤ朝滅亡の際、一族の者が<u>イベリア半島</u>に逃れ、アッバース朝に対抗して建てた王朝は何か。	後ウマイヤ朝
★★★★★☆☆ 2 □□□	<u>後ウマイヤ朝</u>の都とされ、イスラーム文化の西方への窓口ともなった都市はどこか。	コルドバ
★★★★★★☆ 3 □□□	<u>後ウマイヤ朝</u>の繁栄を物語る、スペイン語でメスキータと呼ばれる建造物は何か。	コルドバの大モスク
★★☆☆☆☆☆☆ 4 □□□	<u>後ウマイヤ朝</u>の第8代君主で、10世紀前半に<u>カリフ</u>の称号を使用し、この王朝の最盛期を現出した人物は誰か。	アブド＝アッラフマーン3世
★★★☆☆☆☆ 5 □□□	アッバース朝の衰退とともに各地で自立した、総督を意味する軍司令官の称号は何か。	アミール

★★★★☆☆☆		
6 □□□	9世紀後半、アッバース朝から<u>エジプト</u>に派遣されたトルコ系軍人が自立して建てた王朝は何か。	トゥールーン朝
★★★★★★★		
7 □□□	9世紀後半に成立し、<u>中央アジア</u>からイラン東部を支配したイラン系イスラーム王朝は何か。	サーマーン朝
★★☆☆☆☆☆		
8 □□□	<u>サーマーン朝</u>の都はどこか。	ブハラ
★★☆☆☆☆☆		
9 □□□	8世紀末、第4代正統カリフであるアリーの子孫が、ベルベル人の支持を得て<u>モロッコ</u>に樹立した王朝は何か。	イドリース朝
★★★★★★★		
10 □□□	10世紀初め、<u>シーア派</u>の一派が<u>チュニジア</u>で建国し、当初からカリフを称した王朝は何か。	ファーティマ朝
★☆☆☆☆☆☆		
11 □□□	10世紀初め、チュニジアに<u>ファーティマ朝</u>を建てた<u>シーア派</u>の一宗派は何か。	イスマーイール派
★★★★★★☆		
12 □□□	<u>ファーティマ朝</u>が10世紀後半<u>エジプト</u>に建設し、遷都した都市はどこか。	カイロ
★★★★★★☆		
13 □□□	10世紀前半、イラン系の人々が<u>バグダード</u>に入城して建てた<u>シーア派</u>軍事政権は何か。	ブワイフ朝
★★★★★★☆		
14 □□□	<u>ブワイフ朝</u>の君主はアッバース朝カリフから何の称号を授与されたか。	大アミール
★★★☆☆☆☆		
15 □□□	9世紀以後、イスラーム諸王朝の軍事力の中心となったトルコ人などの白人奴隷を何と呼ぶか。	マムルーク

② ヨーロッパ世界の形成

用語集 p.77〜85

ゲルマン人の移動とイスラーム勢力の侵入により、東西2つのヨーロッパ世界が形成された。**東ヨーロッパ世界**では、**ビザンツ帝国**が**イスラーム**の侵入などにより領土を縮小し、**ギリシア化**が進展した。一方、**西ヨーロッパ世界**では、**フランク王国**がイスラームの進撃を阻止したことから**ローマ教皇**と接近し、**カールの戴冠**によって東欧世界から自立した。

■ゲルマン人の移動とイスラーム勢力の侵入

★★★★★☆☆		
1 □□□	前6世紀頃から、アルプス以北のヨーロッパに広く居住していたインド＝ヨーロッパ語系民族は何か。	ケルト人

★★★★★★★ **2** ☐☐☐ バルト海沿岸を原住地とし、前4世紀頃から<u>ケルト人</u>を圧迫しながら居住地を広げていった、インド＝ヨーロッパ語系民族は何か。	ゲルマン人
★★★★☆☆☆ **3** ☐☐☐ ゲルマン部族国家で首長が主宰し、武装した自由民成年男性で構成された最高決定機関は何か。	^{みんかい} 民会
★★☆☆☆☆☆ **4** ☐☐☐ <u>ガリア遠征</u>を記録した、<u>カエサル</u>が前1世紀に著した作品名は何か。	『ガリア戦記』
★★☆☆☆☆☆ **5** ☐☐☐ 古ゲルマン社会の風俗や素朴な慣習を記録した、<u>タキトゥス</u>が後1世紀に著した作品名は何か。	『ゲルマニア』
★★★★★★★ **6** ☐☐☐ 375年から始まる<u>ゲルマン人の大移動</u>の直接原因となった、ヨーロッパに侵入したトルコ系・モンゴル系の人々を起源とする騎馬遊牧民は何か。	フン人
★★★★★☆☆ **7** ☐☐☐ 375年<u>フン人</u>に征服され、その大帝国の崩壊後、5世紀末には<u>イタリア</u>に王国を建てたゲルマン部族は何か。	東ゴート人
★★★★★★☆ **8** ☐☐☐ <u>フン人</u>の西進をおそれ、375年に南下を開始し、翌年<u>ドナウ川</u>を渡りローマ領内に移動したゲルマン部族は何か。	西ゴート人
★★★★★☆☆ **9** ☐☐☐ パンノニアから北イタリア・スペインを経て、5世紀前半に<u>アフリカ北岸</u>に建国したゲルマン部族は何か。	ヴァンダル人
★★★★★☆☆ **10** ☐☐☐ 5世紀初め、ローマ帝国の同盟者として<u>ガリア東南部</u>に移住・建国したゲルマン部族は何か。	ブルグンド人
★★★★★★☆ **11** ☐☐☐ ライン川東岸の原住地を保持しつつ、<u>ガリア北部</u>に移住・拡大したゲルマン部族は何か。	フランク人
★★★★☆☆☆ **12** ☐☐☐ 5世紀前半、ユトランド半島から<u>大ブリテン島</u>に侵入し、部族ごとの小王国を建てたゲルマン部族は何か。	アングロ＝サクソン人
★★★☆☆☆☆ **13** ☐☐☐ <u>アングロ＝サクソン人</u>がブリタニア南部に建てた小王国群を何と呼ぶか。	アングロ＝サクソン七王国（ヘプターキー）
★★☆☆☆☆☆ **14** ☐☐☐ <u>ケルト系</u>の人々が居住していた、大ブリテン島の西に位置する島はどこか。	アイルランド
★★☆☆☆☆☆ **15** ☐☐☐ <u>ケルト系</u>の人々による王国が建てられていた、大ブリテ	スコットランド

	ン島の北部を占める地域はどこか。	
★★☆☆☆☆☆ **16** □□□	<u>ケルト系</u>の人々が居住していた、大ブリテン島（ブリタニア）南西部の地域はどこか。	ウェールズ
★★☆☆☆☆☆ **17** □□□	名称が<u>ケルト系</u>のブリトン人に由来する、フランス北西部の大西洋につき出た半島は何か。	ブルターニュ半島
★★★★☆☆☆ **18** □□□	現在の<u>ハンガリー</u>にあたるドナウ川中流域の名称は何か。	パンノニア
★★★★★☆☆ **19** □□□	5世紀前半、<u>パンノニア</u>に大帝国を形成した、<u>フン人</u>の王は誰か。	アッティラ
★★★★☆☆☆ **20** □□□	451年、<u>アッティラ</u>の率いる軍が、パリ東方の地で西ローマとゲルマン人の連合軍に敗れた戦いは何か。	カタラウヌムの戦い
★★★★☆☆☆ **21** □□□	476年、最後の皇帝を廃位して<u>西ローマ帝国</u>を滅亡させた、ゲルマン出身の西ローマの傭兵隊長は誰か。	オドアケル
★★★★★☆☆ **22** □□□	5世紀末、<u>オドアケル</u>の建てた王国を滅ぼし、イタリアに<u>東ゴート王国</u>を建てた指導者（王）は誰か。	テオドリック大王
★★★★☆☆☆ **23** □□□	6世紀半ば、パンノニアから<u>イタリア北部</u>に移住し、建国したゲルマン部族は何か。	ランゴバルド人

■ビザンツ帝国の成立

★★★★★★★ **1** □□□	395年のローマ帝国の分裂後の、首都の旧名にちなんだ<u>東ローマ帝国</u>の別称は何か。	ビザンツ帝国
★★★★★★★ **2** □□□	<u>ビザンツ帝国</u>の首都はどこか。	コンスタンティノープル
★★★★★★★ **3** □□□	6世紀前半から6世紀半ばに<u>ビザンツ帝国</u>の全盛期を現出した皇帝は誰か。	ユスティニアヌス1世（大帝）
★★★★☆☆☆ **4** □□□	534年、<u>ユスティニアヌス大帝</u>に滅ぼされた<u>北アフリカ</u>のゲルマン人国家は何か。	ヴァンダル王国
★★★★☆☆☆ **5** □□□	555年、<u>ユスティニアヌス大帝</u>に滅ぼされたイタリア半島のゲルマン人国家は何か。	東ゴート王国
★★★★★★★ **6** □□□	<u>ユスティニアヌス大帝</u>が法学者<u>トリボニアヌス</u>に命じて	『ローマ法大全』

編纂させた、古代ローマ法規の集大成は何と呼ばれるか。

★★★★★★★		
7 ☐☐☐	ユスティニアヌス大帝が首都<u>コンスタンティノープル</u>に建立させた、ビザンツ様式を代表する大聖堂は何か。	ハギア＝ソフィア聖堂
★★★★★☆☆		
8 ☐☐☐	ユスティニアヌス大帝が中国または内陸アジアから<u>養蚕技術</u>を導入して盛んにした産業は何か。	絹織物産業
★★★★☆☆☆		
9 ☐☐☐	ユスティニアヌス大帝の共同統治者として政務を補佐した皇后は誰か。	テオドラ

■フランク王国の発展

★★★☆☆☆☆		
1 ☐☐☐	5世紀末に、イタリアのラヴェンナを都として建てられたゲルマン人国家は何か。	東ゴート王国
★★★★★★★		
2 ☐☐☐	481年に全フランク人を統一して<u>ガリア</u>一帯を支配したゲルマン人国家は何か。	フランク王国
★★★★★★★		
3 ☐☐☐	フランク人を統一し、496年に<u>アタナシウス派</u>に改宗した<u>フランク王国</u>建国の王は誰か。	クローヴィス
★★★★★★☆		
4 ☐☐☐	<u>クローヴィス</u>によって5世紀後半に成立した、<u>フランク王国</u>最初の王朝は何か。	メロヴィング朝
★★★★☆☆☆		
5 ☐☐☐	5世紀半ば、ジュネーヴを中心として<u>ガリア東南部</u>に建てられたゲルマン人国家は何か。	ブルグンド王国
★★★★☆☆☆		
6 ☐☐☐	5世紀初めガリア西南部に建国され、6世紀から<u>イベリア半島</u>の<u>トレド</u>を都としたゲルマン人国家は何か。	西ゴート王国
★★★★★★☆		
7 ☐☐☐	王家の家政の長を意味する、フランク王国の行政・財政面の長官の呼び名は何か。	宮宰(マヨル＝ドムス)
★★★★★★★		
8 ☐☐☐	732年、フランク領内に侵入した<u>ウマイヤ朝</u>イスラーム軍を撃退し、西欧キリスト教世界を防衛した戦いは何か。	トゥール・ポワティエ間の戦い
★★★★★★☆		
9 ☐☐☐	<u>トゥール・ポワティエ間の戦い</u>でフランク軍を勝利に導いた宮宰は誰か。	カール＝マルテル
★★★★★★☆		
10 ☐☐☐	<u>カール＝マルテル</u>の子で、<u>ローマ教皇</u>の承認のもと、751年に新王朝を開いた人物は誰か。	ピピン(小ピピン)

★★★★★★☆	
11 □□□ <u>ピピン(小ピピン)</u>が建てた新王朝の名称は何か。	カロリング朝

■ローマ＝カトリック教会の成長

★★★★★★★☆	
1 □□□ 西欧キリスト教世界を支配した、使徒<u>ペテロ</u>の後継者として<u>ローマ教皇</u>を最高の権威とするキリスト教会組織は何か。	ローマ＝カトリック教会
★★★★★☆☆	
2 □□□ <u>ビザンツ帝国</u>の保護を受けて発展した、東方教会の本山に相当した教会は何か。	コンスタンティノープル教会
★★★★★★★☆	
3 □□□ <u>ローマ＝カトリック教会</u>の最高位の聖職者を何と呼ぶか。	教皇(法王)
★★★☆☆☆☆	
4 □□□ <u>使徒</u>と呼ばれたイエスの弟子のうち、筆頭は誰か。	ペテロ(ペトロ)
★★★★★☆☆	
5 □□□ 東方に起源をもつ、修道士や修道女の修養機関は何か。	修道院
★★★★★☆☆	
6 □□□ イングランドのアングロ＝サクソンなど<u>ゲルマン人</u>への布教に大きく貢献した、6世紀末〜7世紀初めの教皇は誰か。	グレゴリウス1世
★★★★★★☆	
7 □□□ 726年に<u>ビザンツ帝国</u>で発布された、イエスや聖母マリアなどの聖画像の制作・崇拝を禁止する法令は何か。	聖像禁止令
★★★★★★☆	
8 □□□ 726年に<u>聖像禁止令</u>を発布したビザンツ皇帝は誰か。	レオン3世
★★★★★★☆	
9 □□□ <u>ピピン</u>が<u>ランゴバルド王国</u>から奪い、教皇に寄進した地域はどこか。	ラヴェンナ地方
★★★★★★☆	
10 □□□ 教皇によるフランク王国新王権承認の返礼に、<u>ピピン</u>が<u>ランゴバルド王国</u>を攻撃して<u>ラヴェンナ地方</u>などを献じたできごとを何と呼ぶか。	ピピンの寄進
★★★★★★☆	
11 □□□ <u>ピピンの寄進</u>は、その後、何の起源とされるか。	(ローマ)教皇領

■カール大帝

★★★★★★★☆	
1 □□□ <u>ピピン</u>の子で、西ヨーロッパの統一に成功したフランク国王は誰か。	カール大帝(シャルルマーニュ)
★★★☆☆☆☆	
2 □□□ <u>カール大帝</u>が宮廷をおいた、現ドイツ西部の都市はどこか。	アーヘン

★★★★☆☆☆ **3** ☐☐☐	<u>カール大帝</u>が従属させた、北ドイツのゲルマン人一派は何か。	ザクセン人
★★★★★☆☆ **4** ☐☐☐	8世紀末に<u>カール大帝</u>が撃退した、6世紀以後ヨーロッパに侵入してきたアルタイ語系遊牧民は何か。	アヴァール人
★★★★★★☆ **5** ☐☐☐	カール大帝が中央集権化のため、地方の有力者や家臣のなかから任命した、<u>フランク王国</u>の地方行政官の名称は何か。	伯^{はく}
★★★★★★☆ **6** ☐☐☐	フランク国王の代理とされ、<u>伯</u>を監督した査察官を何と呼ぶか。	巡察使^{じゅんさつし}
★☆☆☆☆☆☆ **7** ☐☐☐	8世紀後半、カール大帝の遠征後に創設され、9世紀には諸伯領を統合してバルセロナ伯が自立した領域は何か。	スペイン辺境伯領^{へんきょうはく}
★★★★★★☆ **8** ☐☐☐	<u>カール大帝</u>の保護・奨励による古典文化復興運動は何と呼ばれたか。	カロリング＝ルネサンス
★★★★★★★ **9** ☐☐☐	<u>カール大帝</u>にまねかれたイギリスの神学者は誰か。	アルクイン
★★★★★★★ **10** ☐☐☐	800年、カールに<u>ローマ皇帝</u>の帝冠を与えた教皇は誰か。	レオ3世
★★★☆☆☆☆ **11** ☐☐☐	<u>カールの戴冠</u>で復活したと考えられた国は何か。	西ローマ帝国
★★★★★★★ **12** ☐☐☐	コンスタンティノープル教会を中心とする東方教会を、一般に何と呼ぶか。	ギリシア正教会^{せいきょうかい}
★★★★★★★ **13** ☐☐☐	聖像崇拝問題から対立を深めた<u>ローマ＝カトリック教会</u>と<u>ギリシア正教会</u>が、1054年に相互に破門しあい、完全に分裂した状態を何と呼ぶか。	教会の東西分裂

■分裂するフランク王国

★★★★★★☆ **1** ☐☐☐	カール大帝の子<u>ルートヴィヒ1世</u>の死後、843年に<u>フランク王国</u>を3分した条約は何か。	ヴェルダン条約
★★★★★★★ **2** ☐☐☐	<u>ヴェルダン条約</u>で西ローマ皇帝位と中部フランクを継承した<u>ロタール1世</u>の死後、870年にフランク王国を3つに再分割した条約は何か。	メルセン条約
★★★★★★★ **3** ☐☐☐	<u>ヴェルダン条約</u>で、のちのドイツ領域に成立した国家は	東フランク王国

何か。

4 □□□ カロリング家の断絶後、919年から<u>東フランク王国</u>の新王朝を開いた大諸侯家は何か。　ザクセン家

★★★★★★★

5 □□□ <u>ザクセン家</u>の第2代の王で、962年に<u>ローマ教皇</u>から帝冠を授かったのは誰か。　オットー1世

★★★★★★★

6 □□□ <u>オットー1世</u>により、955年の戦いで西進をはばまれた、ウラル語系民族は何か。　マジャール人

★★☆☆☆☆☆

7 □□□ 955年<u>オットー1世</u>が侵入した<u>マジャール人</u>を撃破した戦いは、何と呼ばれるか。　レヒフェルトの戦い

★★★★★★★

8 □□□ 962年の<u>オットー1世</u>の戴冠は、何という帝国の起源とされるか。　神聖ローマ帝国

★★★☆☆☆☆

9 □□□ 10〜13世紀にかけて、<u>神聖ローマ帝国</u>の歴代皇帝がおこなったイタリアへの介入政策は何と呼ばれるか。　イタリア政策

★★★★★★★

10 □□□ <u>ヴェルダン条約</u>で、現在の<u>フランス</u>地域に成立した国家は何か。　西フランク王国

★★★★★★★

11 □□□ 987年、<u>西フランク王国</u>でカロリング朝が断絶したのち、新国王に選ばれたパリ伯は誰か。　ユーグ゠カペー

★★★★★★★

12 □□□ <u>ユーグ゠カペー</u>が開いた新王朝は何か。　カペー朝

■外部勢力の侵入とヨーロッパ世界

★★★★★☆☆

1 □□□ カルパティア山脈北方を原住地とし、<u>東ヨーロッパ</u>を中心に定住する、インド゠ヨーロッパ語系民族は何か。　スラヴ人

★★★★★★★

2 □□□ <u>スカンディナヴィア半島</u>や<u>ユトランド半島</u>を原住地とした、北方系のゲルマン人は何と呼ばれるか。　ノルマン人

★★★★★★★

3 □□□ 「入江の民」を意味すると考えられる、<u>ノルマン人</u>の別称は何か。　ヴァイキング

★★★★☆☆☆

4 □□□ 10世紀初め、西フランク王から北フランスの公爵に封じられた<u>ノルマン人</u>の首長は誰か。　ロロ

★★★★★★☆

5 □□□ <u>ロロ</u>によってセーヌ川下流域に成立した、<u>ノルマン人</u>国　ノルマンディー公国

	家の名称は何か。	

★★★★★★☆

6 □□□	12世紀前半、ノルマン系の貴族が南イタリア（ナポリ）とシチリア島を支配して建てた国は何か。	両シチリア王国（ノルマン＝シチリア王国）
7 □□□	両シチリア王国を建てたノルマン人は誰か。	ルッジェーロ2世
8 □□□	「アングル人の地」を語源とする、大ブリテン島南半の地域名は何か。	イングランド
9 □□□	9世紀前半、アングロ＝サクソン七王国を統一し、最初のアングロ＝サクソン王国（イングランド王国）を建てた王は誰か。	エグバート
10 □□□	来襲したノルマン人を撃退して、9世紀後半にアングロ＝サクソン王国を再統一したイングランド王は誰か。	アルフレッド大王
11 □□□	来襲したノルマン人の一派を、イギリスではその原住地にちなんで何と呼ぶか。	デーン人
12 □□□	1016年、イングランドを征服してデーン朝を開き、本国デンマークやノルウェーも支配して「北海帝国」を築いた人物は誰か。	クヌート（カヌート）
13 □□□	1066年、イングランドを征服して新王朝を開き、ウィリアム1世として即位した北フランスのノルマン人は誰か。	ノルマンディー公ウィリアム
14 □□□	1066年、ノルマンディー公ウィリアムがイングランド軍を破った戦いは何か。	ヘースティングズの戦い
15 □□□	ノルマンディー公ウィリアムによるイングランド征服は何と呼ばれるか。	ノルマン＝コンクェスト
16 □□□	ノルマン＝コンクェストの結果、イングランドに成立した新王朝は何か。	ノルマン朝
17 □□□	ロシアの語源ともなった、スラヴ人地域に入ったスウェーデン系ノルマン人に対するスラヴ側の呼称は何か。	ルーシ
18 □□□	9世紀後半、スウェーデン地方のノルマン人を率いてスラヴ人地域に入ったルーシの首領は誰か。	リューリク
19 □□□	862年、リューリクによって建設された、ロシアの起源	ノヴゴロド国

とされる都市国家は何か。

★★★★★★ 20 □□□	ノヴゴロド国の一派が南下し、9世紀後半に建てた国は何か。	キエフ公国
★★★★☆☆☆ 21 □□□	ノルマン人が9世紀後半に発見・移住し、13世紀後半にノルウェーに併合された北大西洋上の島はどこか。	アイスランド
★★★★☆☆☆ 22 □□□	ノルマン人が10世紀頃に到達し、その南西部に植民した北極圏の大きな島はどこか。	グリーンランド
★★★★★★☆ 23 □□□	8世紀頃、デーン人がユトランド半島を中心に建てた国は何か。	デンマーク王国
★★★★★★☆ 24 □□□	9世紀末頃、ノルマン人がスカンディナヴィア半島の西側に建てた国は何か。	ノルウェー王国
★★★★★★☆ 25 □□□	10世紀頃、ノルマン人がスカンディナヴィア半島の東側に建てた国は何か。	スウェーデン王国
★★☆☆☆☆☆ 26 □□□	13世紀にスウェーデンに併合された、バルト海北東地域のウラル語系の人々は何か。	フィン人

■封建社会の成立

★★★★★★☆ 1 □□□	封建制（封建的主従関係）と荘園制にもとづく身分制社会を何と呼ぶか。	封建社会
★★★★★★☆ 2 □□□	主君から家臣に貸与された土地を何と呼ぶか。	封土(領地)
★★★★★★★ 3 □□□	土地を媒介とし、臣従礼によって結ばれた君臣（主従）関係を何と呼ぶか。	封建的主従関係
★★★★☆☆☆ 4 □□□	中世ヨーロッパの封建制下で、主君と家臣の双方を拘束した取決めを何と呼ぶか。	双務的契約
★★★★☆☆☆ 5 □□□	封建的主従関係の構成要素の1つとなった、ローマ帝国末期に開始された、土地をめぐる制度は何か。	恩貸地制度
★★★★☆☆☆ 6 □□□	封建的主従関係の構成要素の1つとなった、有力者と自由民とのあいだの保護・忠誠に関する古ゲルマンの風習は何か。	従士制

★★★★★★★
7 □□□ 多くが小領主で、騎乗して戦う戦士階級の人々を何と呼ぶか。 / 騎士

★★☆★★★★
8 □□□ 騎士階級の人々がもつべきと期待された、武勇と信義の尊重や女性や弱者へのいたわりなどの徳目を何と呼ぶか。 / 騎士道精神

★★★★★★★
9 □□□ 領主の館や教会があり、その地に住む農民をも支配していた、領主の所有地を何と呼ぶか。 / 荘園（しょうえん）

★★★★★★★
10 □□□ 荘園のなかで、領主が直接経営する土地は何か。 / 領主直営地

★★★★★★☆
11 □□□ 荘園のなかで、農民に使用権を認めた土地は何か。 / 農民保有地

★★★★★★★
12 □□□ 領主の所有地内の大多数を占めた、移住と職業選択の自由のない、不自由身分の農民を何と呼ぶか。 / 農奴（のうど）

★★★★★★★
13 □□□ 直営地の耕作が中心の、領主に対する農民の労働地代を何と呼ぶか。 / 賦役（ふえき）

★★★★★★★
14 □□□ 農民が保有地からの収穫物を領主におさめる生産物地代を何と呼ぶか。 / 貢納（こうのう）

★★★★★☆☆
15 □□□ 農民が結婚により領外に出る際、領主に払った税は何か。 / 結婚税

★★★★★☆☆
16 □□□ 農民の死後、相続人が領主に払った税は何か。 / 死亡税

★★★★★☆☆
17 □□□ 領主が領民に行使した裁判権を何と呼ぶか。 / 領主裁判権

★★★★★★☆
18 □□□ 自分の支配地に関して、領主が国王やその官吏の立ち入りと職務執行を免除された権利を何と呼ぶか。 / 不輸不入権（ふゆふにゅうけん）（インムニテート）

イスラーム教の伝播と西アジアの動向

ムスリム商人の交易ネットワークの拡大とともに、**イスラーム教**は各地に広く伝播し、神秘主義(**スーフィズム**)の発展が、信仰の普及と大衆化を後押しした。西アジアでは、中央アジアから**イスラーム化**した<u>トルコ人</u>が進出すると、11世紀に<u>セルジューク朝</u>を開いて、**ビザンツ帝国**を圧迫した。一方、キリスト教を信仰するヨーロッパでは、**イスラーム教**の拡大に対する抵抗として<u>十字軍</u>や<u>国土回復運動</u>がおこった。また、13世紀に**モンゴル勢力**が伸張すると、ユーラシア一帯の統合が進められ、**ムスリム商人**が東西を結ぶ交易ネットワークの形成に貢献した。

【イスラーム世界の発展】

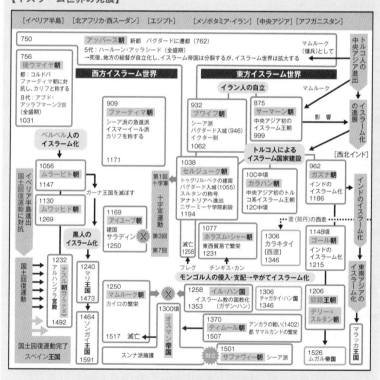

❶ イスラーム教の諸地域への伝播

用語集 p.86〜89

アッバース朝の衰退によってイスラーム政権の政治的分裂が進み、各地に地方政権が並び立った。一方、イスラーム教は、ムスリムによる通商や布教、神秘主義教団の活動の拡大によって、中央アジア・南アジア・東南アジア・アフリカへと広く伝播した。また、イスラーム化したトルコ人の西方進出も、イスラーム教の拡大に大きく貢献した。

■中央アジアのイスラーム化

★★★★★☆☆ 1 □□□	751年に中央アジアでアッバース朝軍が唐軍を破った戦いは何か。	タラス河畔の戦い
★★★★★★★ 2 □□□	9世紀後半にアッバース朝の地方政権として成立した、中央アジア最初のイラン系イスラーム王朝は何か。	サーマーン朝
★★★★★★☆ 3 □□□	サーマーン朝がカリフの親衛隊としてイスラーム世界に供給した、すぐれた騎馬戦士であった草原地帯のトルコ人などの白人奴隷を何と呼ぶか。	マムルーク
★★★★★★☆ 4 □□□	10世紀中頃成立し、10世紀末にサーマーン朝を滅ぼした、中央アジア最初のトルコ系イスラーム王朝は何か。	カラハン朝
★★★★★★★ 5 □□□	9世紀のウイグル人の移住後、「トルコ人の土地」の意味でしだいに定着した中央アジアの呼称は何か。	トルキスタン
★★☆☆☆☆☆ 6 □□□	トルキスタンはどこを境に、東西に分けられるか。	パミール高原
★★★★☆☆☆ 7 □□□	中央アジアやアナトリアのトルコ系の人々のあいだで特徴的にみられた文化は、何と呼ばれるか。	トルコ＝イスラーム文化

■南アジアへのイスラーム勢力の進出

★★★★★★★ 1 □□□	10世紀後半、サーマーン朝のマムルークがアフガニスタンを中心に建てたイスラーム王朝は何か。	ガズナ朝
★☆☆☆☆☆☆ 2 □□□	ガズナ朝最盛期のスルタンで、インドに遠征してヒンドゥー教寺院を略奪・破壊して「偶像破壊者」と呼ばれた人物は誰か。	マフムード
★★★★★★☆ 3 □□□	12世紀半ばにアフガニスタンで自立後、ガズナ朝を滅ぼし、インド侵入を繰り返してイスラーム教徒の北インド	ゴール朝

支配の基礎を築いたイスラーム王朝は何か。

★★★★★★★
4 □□□ 1206〜1526年まで、<u>デリー</u>を都に興亡した 5 つのイスラーム王朝を何と総称するか。

デリー＝スルタン朝

★★★★★★★
5 □□□ <u>デリー＝スルタン</u>朝のうち、最初の<u>トルコ系</u>王朝は何か。

奴隷王朝

★★★★★★★
6 □□□ <u>奴隷王朝</u>を建てた、<u>ゴール朝</u>の<u>マムルーク</u>出身の武将は誰か。

アイバク

★★★★★★
7 □□□ <u>アイバク</u>が12世紀末からデリー南方に建てた、インド最古の大モスクにある塔の名前は何か。

クトゥブ＝ミナール

★★★★★★
8 □□□ 最盛期にはデカンや南インドにも遠征軍を出し、税制・軍事改革などもおこなった、<u>デリー＝スルタン朝</u> 2 番目の<u>トルコ系</u>王朝は何か。

ハルジー朝

★★★★★★
9 □□□ 14世紀末にティムール軍の侵入を受けた、<u>デリー＝スルタン朝</u> 3 番目の<u>トルコ系</u>王朝は何か。

トゥグルク朝

★★★★★★
10 □□□ デリー周辺のみが支配領域だった、デリー＝スルタン朝 4 番目の<u>トルコ系</u>王朝は何か。

サイイド朝

★★★★★★
11 □□□ <u>アフガン系</u>の部族が建てた、デリー＝スルタン朝 5 番目の王朝は何か。

ロディー朝

★★★★★★★
12 □□□ インドに伝わる、心を静め、精神を統一してきたえる修行方法は、何と呼ばれるか。

ヨーガ

★★★★★★
13 □□□ デリー＝スルタン朝以降のインドで、ヒンドゥー文化の影響を受けて生まれたイスラーム文化を何と呼ぶか。

インド＝イスラーム文化

■東南アジアの交易とイスラーム化

★★★★★★★
1 □□□ 10世紀頃<u>中国</u>で建造された遠洋航海用の大型木造帆船は何と呼ばれるか。

ジャンク船

★★★★★★
2 □□□ <u>シュリーヴィジャヤ</u>を引き継いでマラッカ海峡地域を支配した港市国家連合を、宋代以降の中国では何と呼んだか。

三仏斉

★★★★★★
3 □□□ <u>元</u>の進攻を 3 度撃退して民族意識を高揚させ、「南の小中華」国家として発展した、北部ベトナムの<u>大越（ダイベ</u>

陳朝

	ト)の王朝は何か。	

★☆☆☆☆☆☆☆
| 4 □□□ | 1292年、内乱によって元軍のジャワ遠征直前に滅んだ、<u>ジャワ</u>東部に栄えたヒンドゥー教国は何か。 | シンガサリ朝 |

★★★★★★★☆
| 5 □□□ | 侵入した<u>元軍</u>の干渉を排し、<u>ジャワ島</u>東部に成立したヒンドゥー教の王国は何か。 | マジャパヒト王国 |

★★★★★★★☆
| 6 □□□ | 14世紀末頃から<u>マレー半島</u>西岸の港市を中心に成立し、15世紀半ばに支配階級がイスラーム教に改宗した国家は何か。 | マラッカ(ムラカ)王国 |

★★★★★☆☆☆
| 7 □□□ | 15世紀末から20世紀初めまで、<u>スマトラ島</u>北部に存在した港市国家は何か。 | アチェ王国 |

★★★★★☆☆☆
| 8 □□□ | 16世紀末、<u>マジャパヒト王国</u>にかわってジャワ島東部に成立したイスラーム国家は何か。 | マタラム王国 |

■アフリカのイスラーム化

★★★★★★☆☆
| 1 □□□ | 紀元前後頃<u>エチオピア高原</u>に成立し、後4世紀に<u>クシュ王国</u>(メロエ王国)を滅ぼした国は何か。 | アクスム王国 |

★★★★★★★☆
| 2 □□□ | ムスリム商人が<u>季節風</u>(モンスーン)を利用してインド洋交易で使用した、三角帆をもつ木造船を何と呼ぶか。 | ダウ船 |

★★★☆☆☆☆☆
| 3 □□□ | 15世紀に鄭和の艦隊が訪れた、アフリカ東岸の、現ソマリアの港市はどこか。 | モガディシュ |

★★★★★★★☆
| 4 □□□ | アフリカ東岸の港市の1つで、インド洋交易で繁栄し、15世紀に鄭和の艦隊や<u>ヴァスコ=ダ=ガマ</u>が来航した、現ケニアの港市はどこか。 | マリンディ |

★★★☆☆☆☆☆
| 5 □□□ | 14世紀にイブン=バットゥータが訪れた、アフリカ東岸の、現ケニアの港市はどこか。 | モンバサ |

★★★☆☆☆☆☆
| 6 □□□ | 古くからインド洋交易の重要拠点であった、アフリカ東岸の、現タンザニア沖合の島はどこか。 | ザンジバル |

★★★★★★☆☆
| 7 □□□ | 15世紀末ポルトガルに破壊された、アフリカ東岸の、現タンザニア南部の港市はどこか。 | キルワ |

★★☆☆☆☆☆☆
| 8 □□□ | 10世紀以降にアラビア半島やインドの文化の影響を受け | スワヒリ文化 |

て、<u>東アフリカ海岸部</u>で開花した文化を何と称するか。

★★★★★★★ **9** □□□	「海岸に住む人」を意味し、東アフリカ海岸部のバントゥー系言語を基盤に、<u>アラビア語</u>を取り入れて生まれた東アフリカの広域共通語は何か。	スワヒリ語
★★★☆☆☆☆ **10** □□□	アフリカ大陸中央部から南部にかけての住民の言語を何と総称するか。	バントゥー語
★★★★☆☆☆ **11** □□□	11〜19世紀に、アフリカ南部の<u>ザンベジ川</u>流域を支配し、インド洋交易で栄えた黒人王国は何か。	モノモタパ王国
★★★★★☆☆ **12** □□□	<u>モノモタパ王国</u>があった地域の繁栄を示す、壮大な石造遺跡は何か。	大ジンバブエ
★★★★★★☆ **13** □□□	ギニア高原より発し、ギニア湾に注ぐ西アフリカ一の大河は何か。	ニジェール川
★★★★★★★ **14** □□□	7世紀頃、西アフリカの<u>ニジェール川</u>上流に成立した黒人王国は何か。	ガーナ王国
★★★★★★★ **15** □□□	<u>サハラ砂漠地域</u>のオアシス都市を中継地とした縦断交易を何と総称するか。	サハラ交易(塩金交易)
★★★★★★★ **16** □□□	11世紀以降<u>サハラ交易</u>の終点として栄え、また西アフリカにおけるイスラーム文化の中心地となった、「<u>黄金の都</u>」とも称される都市はどこか。	トンブクトゥ
★★★★★★★ **17** □□□	13世紀前半〜15世紀後半、<u>ニジェール川</u>上流と西アフリカを支配した黒人王国は何か。	マリ王国
★★★★★★★ **18** □□□	14世紀に<u>マリ王国</u>の最盛期を現出し、また<u>メッカ巡礼</u>をおこなった王は誰か。	マンサ゠ムーサ
★★★★★★☆ **19** □□□	15世紀後半に、<u>マリ王国</u>にかわって<u>ニジェール川</u>流域を支配した黒人王国は何か。	ソンガイ王国
★☆☆☆☆☆☆ **20** □□□	8世紀頃チャド湖東岸に建国され、中央スーダンのイスラーム化をうながし、内紛で衰退後、14世紀にチャド湖西岸に遷都して再興した黒人王国は何か。	カネム゠ボルヌー王国

❷ 西アジアの動向

用語集 p.89〜93

9世紀に<u>トルコ系</u>の<u>ウイグル</u>が滅亡すると、トルコ系諸民族は**西**

進し、西アジアに進出した。11世紀にトルコ系のセルジューク朝が伸張すると、西ヨーロッパは西アジアに十字軍を派遣し、そのことが両地域の文化的・経済的交流をうながした。13世紀にはモンゴル勢力が西アジアに襲来し、アッバース朝が滅亡したが、さらなる西進をマムルーク朝が阻止し、イスラーム世界を防衛した。

■ トルコ人の西アジア進出とセルジューク朝

★★★★★★★ **1** □□□ 11世紀前半に中央アジアからおこり、1055年バグダードに入城したトルコ系スンナ派王朝は何か。	セルジューク朝
★★★★★★★ **2** □□□ セルジューク朝の建国者は誰か。	トゥグリル＝ベク
★★★★★★★ **3** □□□ トゥグリル＝ベグがバグダード入城後、アッバース朝カリフから授かった、世俗君主を意味する称号は何か。	スルタン
★★★★★☆☆ **4** □□□ セルジューク朝で諸制度を整備するとともに、学芸を奨励したイラン系の宰相は誰か。	ニザーム＝アルムルク
★★★★☆☆☆ **5** □□□ 司法や行政を担うウラマーを養成するための高等教育機関を何と呼ぶか。	マドラサ（学院）
★★★★☆☆☆ **6** □□□ ニザーム＝アルムルクが各地に開いたマドラサ（学院）は、その名にちなんで何と呼ばれるか。	ニザーミーヤ学院
★★★☆☆☆☆ **7** □□□ ビザンツ帝国を破ったマンジケルトの戦いに乗じ、セルジューク朝の一族がアナトリアに建国した王朝は何と呼ばれたか。	ルーム＝セルジューク朝
★★★★★★☆ **8** □□□ セルジューク朝期のイラン系神学者で、のちにスーフィズムの理論化もおこなった人物は誰か。	ガザーリー
★★☆☆☆☆☆ **9** □□□ サーマーン朝およびガズナ朝時代を代表するイラン系詩人は誰か。	フィルドゥーシー
★★☆☆☆☆☆ **10** □□□ ガズナ朝のもと、フィルドゥーシーがイラン建国からササン朝滅亡までを描いた長編叙事詩は何か。	『シャー＝ナーメ』（『王の書』）
★★★★★★☆ **11** □□□ ジャラーリー暦（太陽暦）の制定にも加わった、セルジューク朝期のイラン系詩人・科学者は誰か。	ウマル＝ハイヤーム
★★★★★★☆ **12** □□□ ウマル＝ハイヤームが著した、代表作の『四行詩集』の別名は何か。	『ルバイヤート』

★★★★★★★ **13** □□□ ブワイフ朝で開始され、セルジューク朝時代に西アジア に広まった、軍人や官僚に対し、俸給のかわりに国家所 有の分与地の徴税権を与えた制度は何と呼ばれるか。	イクター制
★★★☆☆☆☆ **14** □□□ セルジューク朝のトルコ人マムルークがアム川下流に成 立させ、セルジューク朝からイランを奪ったが、チンギ ス゠カンによって攻略された王朝は何か。	ホラズム゠シャー朝

■十字軍とアイユーブ朝

★★★★★★☆ **1** □□□ ザンギー朝に仕えていたが、12世紀後半エジプトの実権 を握って自立し、新王朝を建てた人物は誰か。	サラーフ゠アッディ ーン(サラディン)
★★★★★★☆ **2** □□□ サラーフ゠アッディーンが建てたイスラーム王朝の名前 は何か。	アイユーブ朝
★★★☆☆☆☆ **3** □□□ サラーフ゠アッディーンは、現在のイラン・イラク・シ リア・トルコにまたがる地域に居住する民族の出身であ るが、その民族名は何か。	クルド人
★★★★☆☆☆ **4** □□□ 1187年、アイユーブ朝のサラーフ゠アッディーン軍にイ ェルサレムを征服され、1291年に最後の拠点アッコンを 奪われて滅亡したキリスト教国は何か。	イェルサレム王国
★★☆☆☆☆☆ **5** □□□ 神聖ローマ皇帝・フランス王・イギリス王が参加した、 最大規模の十字軍は、第何回十字軍か。	第3回十字軍

■イル゠ハン国の西アジア支配

★★★★★☆☆ **1** □□□ 1258年にアッバース朝を滅ぼしたモンゴル人は誰か。	フレグ(フラグ)
★★★★★☆☆ **2** □□□ フレグがタブリーズを都に、イランに樹立したモンゴル 政権は何か。	イル゠ハン国(フレ グ゠ウルス)
★★★★★☆☆ **3** □□□ イル゠ハン国でイスラーム教を国教とした、第7代の君 主は誰か。	ガザン゠ハン
★★★★★☆☆ **4** □□□ イル゠ハン国の宰相で、ガザン゠ハンの命で歴史書を編 纂したイラン人政治家・歴史家は誰か。	ラシード゠アッディ ーン
★★★★★☆☆ **5** □□□ ラシード゠アッディーンがペルシア語で編集した、モン	『集史』

ゴル史を中心としたユーラシア全般の歴史書は何か。

★★★★★★★ **6** ☐☐☐	イル＝ハン国経由で伝来した中国画の影響を受けて、イスラーム世界で発展した絵画は何か。	写本絵画（ミニアチュール、細密画）
★★★★★☆☆ **7** ☐☐☐	10世紀以後のイラン高原や中央アジアにみられた、ペルシア語の文芸作品や美術工芸などに特徴をもつ文化は、何と呼ばれるか。	イラン＝イスラーム文化

■マムルーク朝とカイロの繁栄

★★★★★★★ **1** ☐☐☐	<u>アイユーブ朝</u>の軍人奴隷出身の軍司令官が、1250年に<u>カイロ</u>を都に建てたスンナ派王朝は何か。	マムルーク朝
★★☆☆☆☆☆ **2** ☐☐☐	<u>マムルーク朝</u>第5代スルタンで、<u>モンゴル軍</u>の侵入を撃退し、最終的にシリアから十字軍を撃退した人物は誰か。	バイバルス
★★★★★★☆ **3** ☐☐☐	<u>アイユーブ朝</u>と<u>マムルーク朝</u>の保護下で、カイロを拠点に香辛料貿易を独占した商人団を何と呼ぶか。	カーリミー商人
★★★☆☆☆☆ **4** ☐☐☐	<u>ファーティマ朝</u>が<u>カイロ</u>に創設し、のちにスンナ派神学研究の中心となった大学（マドラサ）は何か。	アズハル学院
★★★★★★☆ **5** ☐☐☐	14世紀のチュニス出身の、イスラーム世界を代表する歴史家は誰か。	イブン＝ハルドゥーン
★★★★★★☆ **6** ☐☐☐	<u>イブン＝ハルドゥーン</u>が著した、都市と遊牧民との関係を中心に歴史の法則性を論じた歴史書は何か。	『世界史序説』
★★★★★★☆ **7** ☐☐☐	イスラームの形式主義化に対し、「<u>神との一体化</u>」を求める<u>禁欲的な修行</u>を重視した考え方は何と呼ばれるか。	スーフィズム（神秘主義）
★★★★★★☆ **8** ☐☐☐	<u>イスラーム神秘主義者</u>のことを何と呼ぶか。	スーフィー
★★☆☆☆☆☆ **9** ☐☐☐	各地へのイスラームの布教に大きく貢献した、<u>聖者</u>と呼ばれる特定の<u>スーフィー</u>を中心に、その崇拝者たちによって組織された教団は何と総称されるか。	神秘主義教団

■北アフリカ・イベリア半島の情勢

★★★☆☆☆☆ **1** ☐☐☐	アラビア語で「日の没する地」を意味する、現在のモロッコ・アルジェリア・チュニジアなどの<u>北アフリカ西部</u>を	マグリブ

指した言葉は何か。

★★★★★★☆ **2** □□□ <u>マグリブ</u>のうち、とくにモロッコ・アルジェリアの先住民を何と呼ぶか。	ベルベル人
★★★★★★☆ **3** □□□ 11世紀半ば、<u>ベルベル人</u>が建てた、<u>モロッコ</u>を中心にサハラ地域や<u>イベリア半島</u>に進出したイスラーム王朝は何か。	ムラービト朝
★★★★★★☆ **4** □□□ 7世紀頃、西アフリカの<u>ニジェール川</u>上流に成立したが、11世紀後半に<u>ムラービト朝</u>の攻撃を受け衰退した黒人王国は何か。	ガーナ王国
★★★★★★☆ **5** □□□ 12世紀前半に<u>モロッコ</u>で成立し、<u>ムラービト朝</u>を滅ぼして<u>イベリア半島</u>にも進出したイスラーム王朝は何か。	ムワッヒド朝
★★★★☆☆☆ **6** □□□ <u>ムラービト朝</u>・<u>ムワッヒド朝</u>が都をおいた<u>モロッコ</u>の都市はどこか。	マラケシュ
★★★★★☆☆ **7** □□□ 8世紀前半からキリスト教勢力によって<u>イベリア半島</u>で展開された、イスラーム勢力からの半島奪回運動を何と呼ぶか。	国土回復運動(レコンキスタ)
★★★★★★☆ **8** □□□ <u>イベリア半島</u>最後のイスラーム王朝は何か。	ナスル朝
★★★★★★☆ **9** □□□ 1492年、キリスト教徒に陥落させられた、<u>ナスル朝</u>の首都はどこか。	グラナダ
★★★★★★☆ **10** □□□ 13世紀より<u>グラナダ</u>に建設された<u>ナスル朝</u>の宮殿で、西方イスラーム世界の代表的建築は何か。	アルハンブラ宮殿
★★★☆☆☆☆ **11** □□□ 12世紀に西ヨーロッパでおこった、<u>古代ギリシア・アラビア語文献</u>の<u>ラテン語への翻訳</u>を背景とする運動を何と呼ぶか。	12世紀ルネサンス
★★★★☆☆☆ **12** □□□ <u>西ゴート王国</u>の都であったが、ウマイヤ朝に征服されて以降<u>イスラーム文化</u>の中心都市となり、12世紀からアラビア語文献のラテン語への翻訳が盛んにおこなわれたスペインの都市はどこか。	トレド
★★★★★★☆ **13** □□□ コルドバ生まれで<u>アリストテレス</u>の著作の注釈で知られる、ラテン名で<u>アヴェロエス</u>と呼ばれる哲学者は誰か。	イブン゠ルシュド

★★★★★★★★
14 □□□ 14世紀のモロッコ出身の大旅行家で、メッカ巡礼を皮切りに、西アジア・インド(<u>トゥグルク朝</u>)・中国(<u>元朝</u>)・イベリア半島・西アフリカ(<u>マリ王国</u>)などをたずねたのは誰か。

イブン゠バットゥータ

★★★★★★☆
15 □□□ <u>イブン゠バットゥータ</u>が口述した旅行の記録は何か。

『大旅行記』(『三大陸周遊記』)

第7章 ヨーロッパ世界の変容と展開

　11～13世紀に**封建社会**は最盛期を迎えたが、**農業生産が増大**し、**人口が急増**すると、**西ヨーロッパ世界は拡大を開始**した。**オランダの干拓**、エルベ川以東への**東方植民**、**十字軍の遠征**、**国土回復運動**などが進行し、人々の移動が活発化して、**遠隔地貿易**が復活した。**貨幣経済の浸透**や**黒死病**の流行は農民の地位を向上させ、**封建社会**は崩壊へ向かった。また、**十字軍**の失敗から**教皇権**が衰退する一方で**王権**は強まり、**身分制議会**を通して**中央集権化**をうながした。**東ヨーロッパ世界**は、**ビザンツ帝国**が北方の**スラヴ人**に**ビザンツ文化**と**ギリシア正教**を伝え、独自の文化圏を形成した。

【西ヨーロッパ諸国の動向】

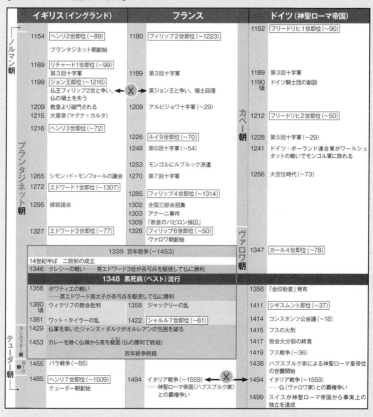

	イギリス（イングランド）	フランス	ドイツ（神聖ローマ帝国）
ノルマン朝	1154 ヘンリ2世即位(～89)／プランタジネット朝創始	1180 フィリップ2世即位(～1223)	1152 フリードリヒ1世即位(～90)
プランタジネット朝	1189 リチャード1世即位(～99)／第3回十字軍	1189 第3回十字軍	1189 第3回十字軍
	1199 ジョン王即位(～1216)／仏王フィリップ2世と争い、領土回復　仏の領土を失う　✕ 英ジョン王と争い、領土回復		1190頃 ドイツ騎士団の創設
	1209 教皇より破門される	1209 アルビジョワ十字軍(～29)	1212 フリードリヒ2世即位(～50)
	1215 大憲章(マグナ=カルタ)		
	1216 ヘンリ3世即位(～72)	1226 ルイ9世即位(～70)	1228 第5回十字軍(～29)
		1248 第6回十字軍(～54)	1241 ドイツ・ポーランド連合軍がワールシュタットの戦いでモンゴル軍に敗れる
	1265 シモン=ド=モンフォールの議会	1253 モンゴルにルブルック派遣	1256 大空位時代(～73)
	1272 エドワード1世即位(～1307)	1270 第7回十字軍	
	1295 模範議会	1285 フィリップ4世即位(～1314)	
		1302 全国三部会招集	
		1303 アナーニ事件	
		1309 「教皇のバビロン捕囚」	
	1327 エドワード3世即位(～77)	1328 フィリップ6世即位(～50)／ヴァロワ朝創始	1347 カール4世即位(～78)
	1339 百年戦争(～1453)		
	14世紀半ば　二院制の成立		
	1346 クレシーの戦い……英エドワード3世が長弓兵を駆使して仏に勝利		
	1348 黒死病(ペスト)流行		
	1356 ポワティエの戦い……英エドワード黒太子が長弓兵を駆使して仏に勝利		1356 「金印勅書」発布
	1380頃 ウィクリフの教会批判	1358 ジャックリーの乱	1411 ジギスムント即位(～37)
テューダー朝	1381 ワット=タイラーの乱	1422 シャルル7世即位(～61)	1414 コンスタンツ公会議(～18)
		1429 仏軍を率いたジャンヌ=ダルクがオルレアンの包囲を破る	1415 フスの火刑
	1453 カレーを除く仏領から英を駆逐(仏の勝利で終結)／百年戦争終結		1417 教会大分裂の終焉
			1419 フス戦争(～36)
ランカスター朝／ヨーク朝	1455 バラ戦争(～85)		1438 ハプスブルク家による神聖ローマ皇帝位の世襲開始
	1485 ヘンリ7世即位(～1509)／テューダー朝創始	1494 イタリア戦争(～1559)……神聖ローマ帝国(ハプスブルク家)との覇権争い　✕	1494 イタリア戦争(～1559)……フランス(ヴァロワ家)との覇権争い
			1499 スイスが神聖ローマ帝国から事実上の独立を達成

❶ 西ヨーロッパの封建社会とその展開

教皇グレゴリウス7世は叙任権闘争によって皇帝権を制限することに成功し、教皇インノケンティウス3世のもとで教皇権は絶頂期をむかえた。しかし、十字軍の失敗で教皇権は揺らぎ、逆に遠征を指揮した国王の権威は高まった。また、十字軍を機に遠隔地貿易が発展すると、商業活動の中心として中世都市が栄え、貨幣経済が広がった。

■ 教会の権威

★★★★★★★ **1** □□□	教会の行政区画である司教区を統轄する聖職者を何と呼ぶか。	司教
★★★★★★★ **2** □□□	司教区を複数統轄する、諸司教の上に立つ聖職者を何と呼ぶか。	大司教
★★★★★★★ **3** □□□	司教のもと、直接一般信者にミサや洗礼などをおこなう聖職者を何と呼ぶか。	司祭
★★★★★★★ **4** □□□	ローマ教皇を頂点とするカトリック聖職者の序列体系を何と呼ぶか。	階層制組織
★★★★★★★ **5** □□□	農民が教会におさめた税を何と呼ぶか。	十分の一税
★★★★★★★ **6** □□□	村落や都市の各教区におかれた教会を何と呼ぶか。	教区教会
★★★★★★★ **7** □□□	キリスト教会の組織や規律を扱う法を何と総称したか。	教会法
★★★★★★★ **8** □□□	10世紀初めフランス中東部に設立され、11世紀以降、教会改革運動の中心となった修道院は何か。	クリュニー修道院
★★★★★★★ **9** □□□	高位聖職者を任命する権限のことを何と呼ぶか。	聖職叙任権
★★★★★★★ **10** □□□	聖職叙任権をめぐる、教皇と神聖ローマ皇帝(ドイツ国王)との争いを何と呼ぶか。	叙任権闘争
★★★★★★★ **11** □□□	11世紀後半の叙任権闘争で、ドイツ国王を破門して屈服させた教皇は誰か。	グレゴリウス7世
★★★★★★★ **12** □□□	教皇グレゴリウス7世から破門されたドイツ国王は誰か。	ハインリヒ4世
★★★★★★★ **13** □□□	1077年、ハインリヒ4世が北イタリアで教皇グレゴリウス7世に謝罪し、破門を許された事件を何と呼ぶか。	カノッサの屈辱(カノッサ事件

★★★★★★☆ 14 □□□	1122年、時の教皇と皇帝とのあいだで結ばれ、<u>叙任権闘争</u>を両者の妥協のもと終結させた協約は何か。	ヴォルムス協約
★★★★★★☆ 15 □□□	12世紀末〜13世紀初めにかけて、教皇権の絶頂期を現出した教皇は誰か。	インノケンティウス3世

■十字軍とその影響

★★★★★★★ 1 □□□	10〜11世紀頃から始まった、秋耕地・春耕地・休耕地に3分して、3年で一巡させる農法は何か。	三圃制 (さんぽせい)
★★★★★★☆ 2 □□□	アルプス以北の肥沃で重い土壌を耕す目的で開発された、牛馬につけて用い深耕を可能にした<u>鉄製農具</u>は何か。	重量有輪犂 (じゅうりょうゆうりんすき)
★★★★★☆☆ 3 □□□	中世ヨーロッパで普及した、粉ひき用などに河川の水力を利用するために開発された用具は何か。	水車
★★★☆☆☆☆ 4 □□□	中世ヨーロッパの荘園で一般的であった、共同作業用に個人の仕切りが取り払われた耕地の形態を何と呼ぶか。	開放耕地制
★★★☆☆☆☆ 5 □□□	15世紀にフランスで制作された、修道院の礼拝儀礼を一般信者向けに編纂した装飾写本は何か。	『ベリー公の豪華時禱書』 (ごうか じ とうしょ)
★★☆☆☆☆☆ 6 □□□	12世紀頃より、<u>風車</u>を用いて海水をくみ出す<u>干拓</u>によって、耕地の拡大をおこなった地域(国)はどこか。	オランダ
★★★★★★★ 7 □□□	12〜14世紀におこなわれた、ドイツ諸侯・騎士・修道院などによる、<u>エルベ川以東</u>への植民活動を何と呼ぶか。	東方植民
★★★★★☆☆ 8 □□□	封建社会の安定化を背景に、11〜12世紀に西ヨーロッパの民衆に広まった宗教的行動は何か。	巡礼 (じゅんれい)
★★★★☆☆☆ 9 □□□	十二使徒の1人聖ヤコブの墓が発見されたという伝承から多くの巡礼者を集めた、イベリア半島西北部の町はどこか。	サンティアゴ゠デ゠コンポステーラ
★★★★★☆☆ 10 □□□	キリスト教徒の聖地として信仰の対象となった<u>パレスチナ地方</u>の都市はどこか。	イェルサレム
★★★★★★★ 11 □□□	西欧キリスト教勢力が<u>イェルサレム</u>の奪回のため、11世紀末から開始した軍事遠征を何と総称するか。	十字軍

★★★★★☆ **12** ☐☐☐	ビザンツ帝国からアナトリアやイェルサレムを奪い、十字軍遠征の原因をつくったイスラーム王朝は何か。	セルジューク朝
★★★★★☆ **13** ☐☐☐	ビザンツ皇帝から救援を求められ、十字軍を提唱した教皇は誰か。	ウルバヌス2世
★★★★★☆ **14** ☐☐☐	1095年、十字軍の派遣が提唱された、フランス中南部で開かれた会議は何か。	クレルモン宗教会議
★★★☆☆☆ **15** ☐☐☐	十字軍運動のなかでシリア・パレスチナ地域に建てられたキリスト教国家を何と総称するか。	十字軍国家
★★★★★☆ **16** ☐☐☐	第1回十字軍が聖地回復に成功したのち、残留した諸侯に封土を与えて成立したパレスチナ地域の十字軍国家を何と呼ぶか。	イェルサレム王国
★★★★★☆ **17** ☐☐☐	1187年に聖地イェルサレムを奪回した、イスラーム勢力側の指導者は誰か。	サラーフ゠アッディーン（サラディン）
★★★★★☆ **18** ☐☐☐	1169年、サラーフ゠アッディーンが建てたイスラーム王朝の名前は何か。	アイユーブ朝
★★★★★☆ **19** ☐☐☐	神聖ローマ帝国・フランス・イギリスの君主が参加した最大規模の十字軍は、第何回十字軍か。	第3回十字軍
★★★☆☆☆ **20** ☐☐☐	サラーフ゠アッディーンと戦った、「獅子心王」の名で呼ばれたイギリス国王は誰か。	リチャード1世
★★★☆☆☆ **21** ☐☐☐	「バルバロッサ」のあだ名をもち、第3回十字軍に参加した神聖ローマ皇帝は誰か。	フリードリヒ1世
★★★★★☆ **22** ☐☐☐	第3回十字軍に参加したフランス国王は誰か。	フィリップ2世
★★★★★☆ **23** ☐☐☐	教皇権の絶頂期を現出した教皇の提唱でおこなわれた遠征は、第何回十字軍か。	第4回十字軍
★★★★★☆ **24** ☐☐☐	第4回十字軍を提唱したローマ教皇は誰か。	インノケンティウス3世
★★★★★☆ **25** ☐☐☐	第4回十字軍がビザンツ帝国の首都コンスタンティノープルを占領したのは、どこの都市の商人の要求か。	ヴェネツィア

★★★★★☆☆ 26 □□□	第4回十字軍がコンスタンティノープルを占領して建てた国は何か。	ラテン帝国
★★★★★☆☆ 27 □□□	第5回十字軍の際、外交交渉でイェルサレムを一時回復した神聖ローマ皇帝は誰か。	フリードリヒ2世
★★☆☆☆☆☆ 28 □□□	第6回・第7回の十字軍を指揮したがチュニスで病死した、聖王と称されたフランス王は誰か。	ルイ9世
★★★☆☆☆☆ 29 □□□	1291年、イェルサレム王国の最後の拠点であった都市が陥落し、十字軍時代が終了した。その都市はどこか。	アッコン
★★★★☆☆☆ 30 □□□	巡礼の護衛など、十字軍運動を支えた教皇直属の修道会を何というか。	宗教騎士団
★★★☆☆☆☆ 31 □□□	第1回十字軍後に結成された三大宗教騎士団の1つで、拠点をロードス島、さらにはマルタ島へと移した騎士団は何か。	ヨハネ騎士団
★★★☆☆☆☆ 32 □□□	第1回十字軍後に設立された三大宗教騎士団の1つで、莫大な富を蓄えたが、フランス国王フィリップ4世に財産を没収されたのち壊滅した騎士団は何か。	テンプル騎士団
★★★★☆☆☆ 33 □□□	第3回十字軍の際に設立された三大宗教騎士団の1つで、帰国後にエルベ川以東の東方植民を推進した騎士団は何か。	ドイツ騎士団

■商業の発展

★★★★★☆☆ 1 □□□	11世紀以降の西欧での農業生産力の上昇は余剰生産物を生み、その結果、定期市などの交換手段を通して普及していった経済の形態は何か。	貨幣経済
★★★★★☆☆ 2 □□□	中世ヨーロッパの地中海商業圏や北ヨーロッパ商業圏に代表される、遠方の他の経済圏や地域との商業活動を何と呼ぶか。	遠隔地貿易
★★★★★☆☆ 3 □□□	北イタリア諸都市が地中海東岸（レヴァント）地域とおこなった貿易を何と呼ぶか。	東方貿易（レヴァント貿易）
★★★★★★☆ 4 □□□	東方貿易を柱とする商業圏を何と呼ぶか。	地中海商業圏

★★★★★★ **5** □□□	東方貿易で繁栄して「アドリア海の女王」と呼ばれ、第4回十字軍をコンスタンティノープルへ誘導した、イタリア北東部の港市はどこか。	ヴェネツィア
★★★★★★☆ **6** □□□	東方貿易でヴェネツィアのライバルだった、地中海に面したイタリア北西部の港市はどこか。	ジェノヴァ
★★★★★★☆ **7** □□□	ロマネスク様式の聖堂でも有名な、東方貿易で繁栄したイタリア中西部の港市はどこか。	ピサ
★★★★★☆☆ **8** □□□	イタリアにおける都市同盟の中心都市ともなった、ロンバルディア地方の都市はどこか。	ミラノ
★★★★★★☆ **9** □□□	トスカナ平野にあって毛織物業と金融業で繁栄し、一時メディチ家が市政を独裁した都市はどこか。	フィレンツェ
★★★★★★☆ **10** □□□	北海・バルト海を中心として北ヨーロッパに形成された商業圏を何と呼ぶか。	北ヨーロッパ商業圏（北海・バルト海交易圏）
★★★★★★☆ **11** □□□	バルト海沿岸に位置し、ハンザ同盟の盟主だった都市はどこか。	リューベック
★★★★★★☆ **12** □□□	エルベ川河口に位置し、北海貿易とハンザ同盟の中心だった都市はどこか。	ハンブルク
★★★★☆☆☆ **13** □□□	1358年にハンザ同盟に参加した、ドイツ北西部の港市はどこか。	ブレーメン
★★★★★★★ **14** □□□	現在のベルギーにあたり、毛織物業が盛んであったネーデルラント南西部の地域名は何か。	フランドル地方
★★★★★★☆ **15** □□□	フランドル地方において、毛織物業で繁栄した都市はどこか。	ガン（ヘント）
★★★★★★★ **16** □□□	フランドル地方において毛織物業で繁栄し、またハンザ同盟の在外商館もおかれた北海沿岸の都市はどこか。	ブリュージュ（ブルッヘ）
★★★★★★☆ **17** □□□	農業生産力の上昇から余剰生産物が生まれるが、その交換のために各地に成立した商品取引の場は何か。	定期市
★★★★★★★ **18** □□□	フランス東北部の地方で、地中海・北海の両商業圏の中間に位置し、大きな定期市が開かれた地方の名称は何か。	シャンパーニュ地方

★☆☆☆☆☆☆ **19** ☐☐☐	1219年に特許状を得て帝国都市となった、ドイツ南部の交通の要衝に位置する都市はどこか。	ニュルンベルク
★★★★★☆☆ **20** ☐☐☐	15～16世紀に銀山経営で<u>フッガー家</u>が台頭した、南ドイツの都市はどこか。	アウクスブルク

■中世都市の成立

★★★★★☆☆ **1** ☐☐☐	11～12世紀を中心に、遠隔地貿易を背景として経済的要地に成立した都市を何と呼ぶか。	中世都市
★★★★☆☆☆ **2** ☐☐☐	カトリックの高位聖職者である司教の管轄する教会がおかれている都市を何と呼ぶか。	司教座都市
★★★★★☆☆ **3** ☐☐☐	皇帝や国王などが都市に対して与えた、権力の委譲・放棄を認める文書を何と呼ぶか。	特許状
★★★★★☆☆ **4** ☐☐☐	<u>中世都市</u>が自力で領主権力を排除したり、皇帝・国王から<u>特許状</u>を得たりして獲得した、封建領主からの法的・政治的自立の権利を何と呼ぶか。	自治権
★★★☆☆☆☆ **5** ☐☐☐	封建領主から<u>自治権</u>を獲得した都市を一般に何と呼ぶか。	自治都市
★★★★☆☆☆ **6** ☐☐☐	北・中部イタリアで成立した、市民自身が市政を運営する<u>自治都市</u>は、何と呼ばれたか。	コムーネ
★★★★★☆☆ **7** ☐☐☐	13世紀以降<u>ドイツ</u>で成立した、自治権を獲得して<u>皇帝</u>に直属する都市をとくに何と呼ぶか。	帝国都市（自由都市）
★★★★★★☆ **8** ☐☐☐	<u>ミラノ</u>を中心に、<u>神聖ローマ皇帝</u>の南下に対抗した、北イタリア諸都市が結成した都市同盟は何か。	ロンバルディア同盟
★★★★★★★ **9** ☐☐☐	<u>リューベック</u>を盟主とする北ドイツ諸都市の連合体で、在外四大商館（<u>ロンドン・ブリュージュ・ノヴゴロド・ベルゲン</u>）をもち、最盛期には100以上の都市が加盟した都市同盟は何か。	ハンザ同盟

■都市の自治と市民たち

★★★★☆☆☆ **1** ☐☐☐	中世ドイツで生まれた、農奴が都市に逃れ、住み続けると農奴身分から自由になれることを指す諺は何か。	「都市の空気は（人を）自由にする」

★★★★☆☆☆ **2** □□□	中世都市でつくられた、商人や手工業者の排他的な<u>同業組合</u>を何と呼ぶか。	ギルド
★★★★★★☆ **3** □□□	13世紀以降、自治都市で市政運営の中心となった<u>大商人</u>を中心に構成された同業組合は何か。	商人ギルド
★★★★★★★ **4** □□□	徒弟制度などの厳格な規約をもつ、<u>手工業者</u>の代表たちによる組合を何と呼ぶか。	同職ギルド(ツンフト)
★★★★★★★ **5** □□□	<u>同職ギルド</u>の正規の組合員を構成した人は、どのような人々か。	親方
★★★★★★★ **6** □□□	技術を身につけるため<u>親方</u>の作業場で働く雇い人を何と呼ぶか。	職人
★★★★★★★ **7** □□□	<u>親方</u>のもとにいた、年限3〜7年の、住み込みの無給の見習いは何と呼ばれたか。	徒弟
★★★★☆☆☆ **8** □□□	13世紀中頃以降、商人ギルドに対して、<u>同職ギルド</u>が市政参加を求めておこした闘争は何か。	ツンフト闘争
★★★★★☆☆ **9** □□□	<u>アウクスブルク</u>近郊の<u>銀山経営</u>を独占した、15〜16世紀のヨーロッパ最大の金融業者は何家か。	フッガー家
★★★★☆☆☆ **10** □□□	ルネサンスの時に文芸を保護したことでも知られる、<u>フィレンツェ</u>の大富豪は何家か。	メディチ家

● ハンザ同盟主要加盟都市
◉ ハンザ同盟の在外四大商館所在地
▨ 北ヨーロッパ商業圏
▨ 地中海商業圏

❷ 東ヨーロッパ世界の展開

ローマ帝国の後継者として君臨した**ビザンツ帝国**は、**イスラーム勢力**などの侵入による危機に対し、**テマ制**の導入などで国家体制を立て直したが、結果として地方の自立化を招いた。**スラヴ人**は、ゲルマン人の移動後に、**東欧・南欧**の各地に拡大し、**東スラヴ**を代表する**ロシア人**は、**キエフ公国**のもとで**ギリシア正教**を受容した。

■ ビザンツ帝国の統治とその衰退

★★★★★★★
1
その治世下で公用語が<u>ラテン語</u>から<u>ギリシア語</u>にかわった、7世紀前半のビザンツ皇帝は誰か。 | ヘラクレイオス1世

★★★★★★★
2
9世紀後半〜11世紀半ばに、ブルガリア帝国を征服するなど、ビザンツ帝国の最盛期を現出した王朝は何か。 | マケドニア朝

★★★★★★★
3
7世紀前半から開始された、帝国内をいくつかの<u>軍管区</u>に分け、その司令官に軍事・行政の権限を与える地方統治制度を何と呼ぶか。 | 軍管区制(テマ制)

★★★★★★★
4
<u>軍管区制(テマ制)</u>のもとで、兵士や農民に土地を与え、かわりに兵役義務を課した。これは何と呼ばれるか。 | 屯田兵制

★★★★★★★
5
11世紀以後ビザンツ帝国で実施された、地方の有力者に一代限りで国有地・住民の管理を認め、代償に軍役奉仕を課した土地制度を何と呼ぶか。 | プロノイア制

★★★★★★★
6
13世紀初め、教皇<u>インノケンティウス3世</u>の提唱でおこなわれた遠征は、第何回十字軍か。 | 第4回十字軍

★★★★★★★
7
<u>第4回十字軍</u>が<u>コンスタンティノープル</u>占領後、その周辺に建てた国は何か。 | ラテン帝国

★★★★★★★
8
13世紀後半に再興された<u>ビザンツ帝国</u>を、1453年に<u>コンスタンティノープル</u>を陥落させて最終的に滅ぼした国はどこか。 | オスマン帝国

■ ビザンツ文化

★★★★★★★
1
8〜9世紀におこなわれた、聖像崇拝の是非をめぐる宗教的・政治的対立を何と呼ぶか。 | 聖像崇拝論争

★★★★☆☆☆☆		
2 □□□	ギリシア古典文化を継承・保存し、周辺諸民族に影響を与えた、ビザンツ帝国の文化を何と呼ぶか。	ビザンツ文化
★★★★★★★★		
3 □□□	7世紀以後、ビザンツ帝国で公用語化した言語は何か。	ギリシア語
★★★★★★★☆		
4 □□□	石・貝殻・ガラス破片などを漆喰の壁にはめこんだ、<u>ビザンツ様式</u>の教会内部の絵画を何と呼ぶか。	モザイク壁画
★★★★★☆☆☆		
5 □□□	東方教会で多く用いられた、キリスト・聖者・宗教的情景が描かれた<u>聖像画</u>を何と呼ぶか。	イコン
★★★★★☆☆☆		
6 □□□	ユスティニアヌス大帝が首都<u>コンスタンティノープル</u>に建立させた、<u>ビザンツ様式</u>を代表する大聖堂は何か。	ハギア＝ソフィア聖堂
★★★★☆☆☆☆		
7 □□□	北イタリアの<u>ラヴェンナ</u>に建設された、<u>ビザンツ様式</u>を代表する聖堂は何か。	サン＝ヴィターレ聖堂

■スラヴ人と周辺諸民族の自立

★★★★★★★☆		
1 □□□	<u>東</u>ヨーロッパを中心に居住する、インド＝ヨーロッパ語系民族は何か。	スラヴ人
★★★★★☆☆☆		
2 □□□	<u>ギリシア正教</u>の受容、ビザンツ的専制、農奴制などを特色とする社会を築いた、<u>東スラヴ人</u>を代表する民族は何か。	ロシア人
★★★☆☆☆☆☆		
3 □□□	リトアニアやポーランドの支配を受けるなかロシア人から分化した、<u>東スラヴ人</u>の一派は何か。	ウクライナ人
★★★★★☆☆☆		
4 □□□	<u>リューリク</u>に率いられたノルマン人（ルーシ）が9世紀半ばに建てた国家は何か。	ノヴゴロド国
★★★★★★☆☆		
5 □□□	9世紀後半、リューリクの一族が<u>ノヴゴロド</u>から南下して建てた公国は何か。	キエフ公国
★★★★★★☆☆		
6 □□□	10世紀後半、ビザンツ皇帝の妹との結婚を機に、<u>ギリシア正教</u>に改宗したキエフ公国の大公は誰か。	ウラディミル1世
★★★★★☆☆☆		
7 □□□	13世紀前半に<u>キエフ公国</u>を滅ぼしたモンゴルの<u>バトゥ</u>が南ロシアに建て、スラヴ人諸侯を支配した国はどこか。	キプチャク＝ハン国（ジョチ＝ウルス）
★★★★☆☆☆☆		
8 □□□	<u>キプチャク＝ハン国</u>によるロシア諸侯の支配をたとえた	「タタール（モンゴル

★★★★★★☆		
	言葉は何か。	人)のくびき」
★★★★★★★☆ 9 □□□	1480年、**キプチャク゠ハン国**から自立した国は何か。	モスクワ大公国
★★★☆☆☆☆ 10 □□□	14世紀に主教座が<u>モスクワ</u>に移ったあと、ギリシア正教会の本山となった教会の呼称は何か。	ロシア正教会
★★★★★★☆ 11 □□□	<u>ビザンツ帝国</u>最後の皇帝の姪ソフィアと結婚し、その皇帝号と紋章(双頭の鷲)を継承した<u>モスクワ大公</u>は誰か。	イヴァン3世
★★★★★☆☆ 12 □□□	ロシアにおける<u>皇帝</u>を意味する称号は何か。	ツァーリ
★☆☆☆☆☆☆ 13 □□□	<u>イヴァン3世</u>が<u>ツァーリ</u>をはじめて<u>自称</u>したことから、モスクワ大公国でとなえられはじめた政治理論は何か。	「第3のローマ」
★★★☆☆☆☆ 14 □□□	モスクワ大公として<u>正式</u>に全ロシアの<u>ツァーリ</u>を称し、諸侯をおさえ、<u>農奴制</u>を強化し、「<u>雷帝</u>」と呼ばれた君主は誰か。	イヴァン4世
★★★★★☆☆ 15 □□□	7世紀頃バルカン半島南西部に入り、9世紀頃までに<u>ギリシア正教</u>を受け入れ、東方教会に属し、12世紀に王国を建てた<u>南スラヴ人</u>は何か。	セルビア人
★★★★★☆☆ 16 □□□	8世紀末からフランク王国(カール大帝)に服属して<u>カトリック</u>に改宗し、その後独立したが、12世紀初めからハンガリーに支配された<u>南スラヴ人</u>は何か。	クロアティア人
★★☆☆☆☆☆ 17 □□□	<u>南スラヴ人</u>でもっとも西に進んだが、<u>クロアティア人</u>と同じ頃フランク王国(カール大帝)に服属して<u>カトリック</u>に改宗した民族は何か。	スロヴェニア人
★★★★★☆☆ 18 □□□	10世紀に王国を建て、まもなく<u>カトリック</u>を受容し、13世紀にモンゴル人の侵入で打撃を受けた、<u>西スラヴ人</u>は何か。	ポーランド人
★★☆☆☆☆☆ 19 □□□	<u>ユダヤ人</u>を保護して経済を発展させ、<u>クラクフ大学</u>設立などの事業をおこない、14世紀半ばにピアスト朝の全盛期を現出した<u>ポーランド国王</u>は誰か。	カジミェシュ(カシミール)大王
★★★★★★☆ 20 □□□	13世紀、<u>ドイツ騎士団</u>の侵入に対抗して国家を統一した、インド゠ヨーロッパ語系のバルト語派の民族は何か。	リトアニア人
★★★★★☆☆ 21 □□□	14世紀後半、<u>ドイツ騎士団</u>の進出に対抗するため、東ヨ	リトアニア゠ポーラ

	ーロッパで成立した同君連合国家は何か。	ンド王国
★★★★★★☆ **22** □□□	<u>クラクフ</u>を首都とした、<u>リトアニア＝ポーランド王国</u>の王朝名は何か。	ヤゲウォ（ヤゲロー）朝
★★★★★☆☆ **23** □□□	10世紀に<u>ベーメン王国</u>を形成した、<u>西スラヴ人</u>は何か。	チェック人
★★☆☆☆☆☆ **24** □□□	<u>チェック人</u>が9世紀にスラヴ人王国として建てたが、マジャール人の進出で10世紀に衰退した国は何か。	モラヴィア王国
★★★★★☆☆ **25** □□□	現在の<u>プラハ</u>を中心とする地域の名称は何か。	ベーメン（ボヘミア）
★☆☆☆☆☆☆ **26** □□□	チェック人と同じ起源をもつ<u>西スラヴ人</u>だが、モラヴィア王国衰退後、マジャール人に支配された民族は何か。	スロヴァキア人
★★★★★☆☆ **27** □□□	バルカン半島東南部に入り7世紀末に建国し、その後先住のスラヴ人と同化したトルコ系遊牧民は何か。	ブルガール人
★★★★☆☆☆ **28** □□□	9世紀末から第1次帝国、12世紀末から第2次帝国として最盛期をむかえた、<u>ブルガール人</u>の国は何か。	ブルガリア帝国（ブルガリア王国）
★★★★★★☆ **29** □□□	9世紀末<u>パンノニア</u>に定住したウラル語系民族は何か。	マジャール人
★★★★★★☆ **30** □□□	10世紀末に<u>マジャール人</u>がパンノニアに建て、11世紀にカトリックを受容した国は何か。	ハンガリー王国
★★☆☆☆☆☆ **31** □□□	古ダキアの先住民とローマ帝国からの植民者、およびスラヴ人との混血によって形成された民族は何か。	ルーマニア人
★★☆☆☆☆☆ **32** □□□	のちの<u>ルーマニア人</u>にあたるラテン系の人々が、14世紀初めに建てた国は何か。	ワラキア公国
★★☆☆☆☆☆ **33** □□□	<u>ワラキア公国</u>と同じく、14世紀中頃にラテン系の人々が建てた国は何か。	モルダヴィア公国
★★☆☆☆☆☆ **34** □□□	9世紀後半<u>モラヴィア王国</u>で、スラヴ人への布教のため、グラゴール文字を用い、布教活動をおこなったギリシア人宣教師は誰か。	キュリロス
★★★☆☆☆☆ **35** □□□	グラゴール文字から発展し、今日の<u>ロシア</u>などで使用されている文字の原型となった文字は何か。	キリル文字

❸ 西ヨーロッパ世界の変容

用語集 p.102〜108

十字軍以降、商業と都市の発達により<u>貨幣経済</u>が浸透し、**自給自足**を基本とする<u>封建社会</u>は崩れていった。また、**中世西ヨーロッパ**では、**教皇権**と**皇帝権**の二大権力(普遍的秩序)が並立していたが、**十字軍**以降、各国の**王権**が強化されはじめ、**アナーニ事件**や「<u>教皇のバビロン捕囚</u>」がおこなわれたのち、<u>教会大分裂</u>となって**教皇権**は失墜した。

■封建社会の衰退

★★★★★★★☆ **1** ☐☐☐	<u>貨幣経済</u>の普及にともない、領主は<u>賦役</u>をやめて直営地を農民に貸し与え、地代の形態は労働地代から生産物地代を経て、何に移行したか。	貨幣地代
★★★★☆☆☆ **2** ☐☐☐	地代が労働地代から生産物地代・<u>貨幣地代</u>に移るなかで、農奴が封建的束縛から解放されたことを何と呼ぶか。	農奴解放
★★★★★★★☆ **3** ☐☐☐	1348年頃(14世紀半ば)を中心に西欧で大流行し、人口の約3分の1を減少させた疫病は何か。	黒死病(ペスト)
★★★★★☆☆ **4** ☐☐☐	荘園を離れ、みずから保有する土地で農業を営む農民を何と呼ぶか。	独立自営農民
★★★★☆☆☆ **5** ☐☐☐	14世紀以降誕生した、農奴身分から解放された<u>独立自営農民</u>をイギリスでは何と呼ぶか。	ヨーマン
★★☆☆☆☆☆ **6** ☐☐☐	<u>貨幣経済</u>の進展で窮乏する領主層が、農民への支配と搾取を再強化しようとしたことを何と呼ぶか。	封建反動
★★★★★★☆ **7** ☐☐☐	<u>封建反動</u>に対し、1358年に<u>北フランス</u>の農民がおこした反乱は何か。	ジャックリーの乱
★★★★★★★☆ **8** ☐☐☐	1381年に<u>イギリス</u>東南部でおこった農民の反乱は何か。	ワット゠タイラーの乱
★★★★★★★★ **9** ☐☐☐	<u>ワット゠タイラーの乱</u>の際、「<u>アダムが耕しイヴが紡いだ時、誰が貴族であったか</u>」の言葉を述べた人物は誰か。	ジョン゠ボール
★★☆☆☆☆☆ **10** ☐☐☐	荘園経営のゆきづまりや戦術の変化で没落した中小貴族や騎士がなった、宮廷で働く官僚を何と呼んだか。	廷臣
★★★★☆☆☆ **11** ☐☐☐	戦術を変化させ、騎士階級の没落を早めた兵器は何か。	火砲

第7章 ヨーロッパ世界の変容と展開

★★☆☆☆☆☆ **12** ☐☐☐	騎士にかわってその使用が広まった、金銭で雇用された兵士を何と呼ぶか。	<ruby>傭兵<rt>ようへい</rt></ruby>
★★★☆☆☆☆ **13** ☐☐☐	とくに十字軍以降、キリスト教徒により<u>ゲットー</u>に強制隔離されるなど迫害された人々は誰か。	ユダヤ人

■教皇権の衰退

★★★★★☆☆ **1** ☐☐☐	聖職者への課税問題で<u>全国三部会</u>を招集し、さらに教皇と争ったフランス国王は誰か。	フィリップ4世
★★★★★★☆ **2** ☐☐☐	聖職者課税問題で、フランス国王<u>フィリップ4世</u>と争った教皇は誰か。	ボニファティウス8世
★★★★★★★ **3** ☐☐☐	1303年、フランス国王<u>フィリップ4世</u>が教皇<u>ボニファティウス8世</u>をローマ近郊で捕囚したできごとは何と呼ばれるか。	アナーニ事件
★★★★★★★ **4** ☐☐☐	フランス国王<u>フィリップ4世</u>の後援を受けて、1309年から教皇と教皇庁が移転した<u>南フランス</u>の都市はどこか。	アヴィニョン
★★★★★☆☆ **5** ☐☐☐	1309〜77年のあいだ教皇と教皇庁がローマから南フランスの<u>アヴィニョン</u>に移った事態を、古代ユダヤ教徒の故事になぞらえて何と呼ぶか。	「教皇のバビロン捕囚」
★★★★★★★ **6** ☐☐☐	1378〜1417年のあいだ、教皇が南フランスの都市とローマに並立し、ローマ教会が分裂した状態を何と呼ぶか。	教会大分裂(大シスマ)
★★★★★★★ **7** ☐☐☐	1414〜18年に神聖ローマ皇帝<u>ジギスムント</u>の提唱で開かれ、<u>教会大分裂</u>を終わらせた公会議は何か。	コンスタンツ公会議
★★★☆☆☆☆ **8** ☐☐☐	教会の教理に反する異端を処罰する裁判制度は何か。	<ruby>異端審問<rt>いたんしんもん</rt></ruby>
★★☆☆☆☆☆ **9** ☐☐☐	キリスト教世界で、悪魔の手先とみなされた者におこなわれた裁判を何と呼ぶか。	<ruby>魔女裁判<rt>まじょ</rt></ruby>
★★★★★★☆ **10** ☐☐☐	<u>イギリス</u>の神学者で、<u>オクスフォード大学</u>神学教授をつとめ、教会大分裂をみて教皇や教会制度を批判し、聖書を英訳するなど<u>宗教改革</u>の先駆者とされる人物は誰か。	ウィクリフ
★★★★★★☆ **11** ☐☐☐	<u>ベーメン</u>の神学者で、<u>プラハ大学</u>の総長をつとめ、<u>ウィクリフ</u>の説に共鳴してカトリックを批判した結果、<u>コン</u>	フス

	スタンツ公会議で異端として火刑となった人物は誰か。	
12 □□□	1419年から、処刑された<u>フス</u>の説を支持する<u>ベーメン</u>の住民が抗議しておこした戦争は何か。	フス戦争

■イギリスとフランス

1 □□□	中世末期にヨーロッパ諸国で成立した、身分別の代表が国政を審議する議会を何と呼ぶか。	身分制議会
2 □□□	フランス王の家臣<u>ノルマンディー公ウィリアム</u>がイングランド王になったことで成立したイギリスの王朝は何か。	ノルマン朝
3 □□□	<u>ノルマン朝</u>の初代国王は誰か。	ウィリアム 1 世
4 □□□	ノルマン朝の断絶後イギリスに進出した、フランス南西部に大領土を保有した大貴族は何伯か。	アンジュー伯
5 □□□	1154年に、<u>アンジュー伯</u>が開いたイギリスの王朝は何か。	プランタジネット朝
6 □□□	<u>プランタジネット朝</u>の創始者(初代国王)は誰か。	ヘンリ 2 世
7 □□□	<u>プランタジネット朝</u>第 2 代の王で、<u>第 3 回十字軍</u>に参加するも、アイユーブ朝サラーフ＝アッディーンに敗れ、聖地奪回に失敗した人物は誰か。	リチャード 1 世
8 □□□	<u>プランタジネット朝</u>第 3 代の王で、「欠地王」と呼ばれた人物は誰か。	ジョン王
9 □□□	1215年、失政を続ける<u>ジョン王</u>に対して貴族が団結して認めさせた、<u>イギリス立憲政治</u>の基礎となった規定は、何と呼ばれるか。	大憲章(マグナ＝カルタ)
10 □□□	重税を課すなどして<u>大憲章</u>を無視したため、貴族の反乱をまねいたイギリス国王は誰か。	ヘンリ 3 世
11 □□□	ヘンリ 3 世に対する反乱を指導し、1265年に<u>イギリス議会の起源</u>とされる議会を王に認めさせた貴族は誰か。	シモン＝ド＝モンフォール
12 □□□	1295年に招集された、高位聖職者・大貴族のほか、各州 2 名の騎士・各都市 2 名の市民で構成された議会は何か。	模範議会
13 □□□	<u>模範議会</u>を招集したイギリス国王は誰か。	エドワード 1 世

★★★★★☆☆ 14 □□□	イギリスで大貴族と高位聖職者の代表から構成された議院は何と呼ばれるか。	上院(貴族院)
★★★★★☆☆ 15 □□□	イギリスで各州の騎士と各都市の代表から構成された議院は何と呼ばれるか。	下院(庶民院)
★★★★★☆☆ 16 □□□	中世末期から近世初頭のイギリスで、騎士や富裕な平民が地主化した階層を、何と呼ぶか。	ジェントリ(郷紳)
★★★★★☆☆ 17 □□□	パリ伯ユーグ゠カペーに始まるフランスの王朝は何か。	カペー朝
★★★★★★☆ 18 □□□	12～13世紀に南欧に広がった、マニ教の影響を受けたキリスト教の異端は、何と総称されるか。	カタリ派
★★★★★★☆ 19 □□□	南フランスで広まり、国王による十字軍によって征服された、カタリ派の南フランスにおける地方的呼称は何か。	アルビジョワ派
★★★★★★☆ 20 □□□	12世紀末に即位し、第3回十字軍に参加した後、イギリス国王のジョン王と戦ってフランス国内のイギリス王領の大半を奪った、カペー朝の国王は誰か。	フィリップ2世
★★★★★★☆ 21 □□□	アルビジョワ十字軍の成功で南フランスに王権を広め、第6回・第7回十字軍をおこなった王は誰か。	ルイ9世
★★★★★★★ 22 □□□	1302年に招集された、聖職者・貴族・平民の代表からなるフランスの身分制議会の名称は何か。	全国三部会(三部会)
★★★★★★★ 23 □□□	聖職者への課税問題で全国三部会を招集し、さらに教皇と争ったフランス国王は誰か。	フィリップ4世

■百年戦争とバラ戦争

★★★★★★☆ 1 □□□	カペー朝の断絶で、1328年に成立したフランスの新王朝は何か。	ヴァロワ朝
★★★★★★★ 2 □□□	カペー朝の断絶に際し、母方の血統からフランス王位継承権を主張したイギリス国王は誰か。	エドワード3世
★★★★★☆☆ 3 □□□	中世ヨーロッパにおいて毛織物業が盛んであった、現在のベルギーを中心とした地方名は何か。	フランドル地方
★★★★★★★ 4 □□□	1339～1453年におこなわれたイギリス・フランス間の戦	百年戦争

争を何と呼ぶか。

5 □□□	**百年戦争**の勃発の原因の1つとなった、フランス領内にあったイギリス王領の地方(公国)はどこか。	ギエンヌ(ギュイエンヌ)

★★☆☆☆☆☆

6 □□□	**百年戦争**においてはイギリスと組んでフランス王家と対峙した、フランス東部の大封建諸侯は何か。	ブルゴーニュ公

★★★☆☆☆☆

7 □□□	**百年戦争**のなか、1346年にイギリス王**エドワード3世**の率いた軍がフランス軍を破った戦いは何か。	クレシーの戦い

★★☆☆☆☆☆

8 □□□	1356年、ポワティエの戦いで、フランス軍を破ったイギリス王**エドワード3世**の長子は誰か。	エドワード黒太子

★★★☆☆☆☆

9 □□□	イギリス軍が駆使し、百年戦争初期にはフランス軍を圧倒した戦闘部隊は何か。	長弓兵

★★★★★★★

10 □□□	百年戦争中、1429年にイギリス軍に包囲された、フランス中部の小都市はどこか。	オルレアン

★★★★★★☆

11 □□□	神のお告げを受けたとして、包囲された**オルレアン**に入り、その解放に成功した農民の娘は誰か。	ジャンヌ＝ダルク

★★★★★★☆

12 □□□	**オルレアン**の解放後、滞在地からランスに行き、正式に戴冠したフランス王は誰か。	シャルル7世

★★★★★☆☆

13 □□□	百年戦争で敗れたイギリスが、唯一確保したフランス北海岸の港市はどこか。	カレー

★★★★★★☆

14 □□□	1455年に勃発した、イギリスの王位継承をめぐる内乱を何と呼ぶか。	バラ戦争

★★★★★☆☆

15 □□□	王位継承を争った2つの家のうち、1399年に**プランタジネット朝**から王位を継承した家はどこか。	ランカスター家

★★★★★☆☆

16 □□□	**ランカスター家**とイギリス王位を争った王族家は何か。	ヨーク家

★★★★★☆☆

17 □□□	1485年に**バラ戦争**をおさめて、新国王となったのは誰か。	ヘンリ7世

★★★★★★☆

18 □□□	1485年に**ヘンリ7世**が開いたイギリスの新王朝は何か。	テューダー朝

★★☆☆☆☆☆

19 □□□	**エドワード1世**の侵攻などイングランドの圧力を受け続け、1536年に**ヘンリ8世**により併合された、大ブリテン島の地域はどこか。	ウェールズ

■スペインとポルトガル

★★★★★★☆		
1 □□□	イベリア半島で8世紀から始まった、イスラーム教徒を駆逐しようとしたキリスト教徒の運動を何と呼ぶか。	国土回復運動(レコンキスタ)
★★★★★★★		
2 □□□	11世紀にイベリア半島の地中海北東沿岸に成立し、国土回復運動の中心の1つとなったキリスト教国はどこか。	アラゴン王国
★★★★★★★		
3 □□□	11世紀にイベリア半島北東部に成立し、国土回復運動の中心の1つとして南部に領域を広げたキリスト教国はどこか。	カスティリャ王国
★★★★★★★		
4 □□□	カスティリャ王女とアラゴン王子の結婚で統合され、1479年に成立した国は何か。	スペイン(イスパニア)王国
★★★★★★☆		
5 □□□	成立したスペイン王国の共同統治者となったカスティリャの王女は誰か。	イサベル
★★★★★★☆		
6 □□□	成立したスペイン王国の共同統治者となったアラゴンの王子は誰か。	フェルナンド
★★★☆☆☆☆		
7 □□□	1492年に滅亡した、イベリア半島最後のイスラーム王朝は何か。	ナスル朝
★★★★★★☆		
8 □□□	1492年、スペイン王国が陥落させた、ナスル朝の最後の都はどこか。	グラナダ
★★★★★★★		
9 □□□	12世紀中頃、カスティリャ王国から分離・独立したキリスト教国はどこか。	ポルトガル王国
★★★☆☆☆☆		
10 □□□	15世紀後半に貴族の反乱を鎮めて王権を強化する一方、バルトロメウ=ディアスの航海を援助するなどインド航路の開拓を進めたポルトガル国王は誰か。	ジョアン2世

■ドイツ・スイス・イタリア・北欧

★★★★★★★		
1 □□□	13〜14世紀に、ドイツ地域に約300もあった地方主権国家は何と呼ばれるか。	領邦
★★★★☆☆☆		
2 □□□	歴代の神聖ローマ皇帝がおこなったイタリア介入政策を何と呼ぶか。	イタリア政策
★★★★☆☆☆		
3 □□□	フリードリヒ1世・フリードリヒ2世時代が最盛期で、	シュタウフェン朝

	13世紀半ばに断絶した神聖ローマ皇帝家の王朝名は何か。	
★★★★★★☆ **4** ☐☐☐	**シュタウフェン朝**の断絶後、1256〜73年まで続いた実質的な皇帝不在の時代を何と呼ぶか。	「大空位時代」 <small>だいくうい</small>
★★★★★★☆ **5** ☐☐☐	1356年、皇帝選出権を聖俗の7人の選帝侯(**七選帝侯**)がもつことを認める帝国法が出された。これを何と呼ぶか。	金印勅書 <small>きんいんちょくしょ</small>
★★★★★★☆ **6** ☐☐☐	**金印勅書**を発布した、神聖ローマ皇帝兼ベーメン王は誰か。	カール4世
★★★★★★☆ **7** ☐☐☐	12〜14世紀におこなわれた、ドイツ人のエルベ川以東への入植運動を何と呼ぶか。	東方植民
★★★☆☆☆☆ **8** ☐☐☐	**東方植民**を進めるなか12世紀に成立し、15世紀から**ホーエンツォレルン家**領となった小国家はどこか。	ブランデンブルク辺 境伯領 <small>へん</small> <small>きょうはく</small>
★★★★★★☆ **9** ☐☐☐	ドイツ出身者による騎士団が、バルト海沿岸を開拓して形成した領域を何と呼ぶか。	ドイツ騎士団領
★★★★★☆☆ **10** ☐☐☐	1438年から神聖ローマ皇帝位をほぼ独占することになる、**オーストリア**を支配した名家は何か。	ハプスブルク家
★★★★★☆☆ **11** ☐☐☐	13世紀以降、**ハプスブルク家**の支配に対して独立闘争をおこない、15世紀末に13州の独立を事実上達成した国はどこか。	スイス
★★★★★☆☆ **12** ☐☐☐	12世紀のノルマン人の征服以降、**パレルモ**を都にシチリア島と南イタリアを支配したが、13世紀後半にアラゴン家の支配下に入り、半島部と分裂した国は何か。	シチリア王国
★★★★★☆☆ **13** ☐☐☐	13世紀後半の「シチリアの晩鐘」と呼ばれる反乱でシチリア島を追われたアンジュー家が、**ナポリ**を都に成立させた国の通称は何か。 <small>ばんしょう</small>	ナポリ王国
★★★★★★☆ **14** ☐☐☐	「**アドリア海の女王**」と呼ばれる港市と、その周辺領域からなる都市共和国はどこか。	ヴェネツィア共和国
★★★★★★☆ **15** ☐☐☐	14〜15世紀にもっとも繁栄し、ルネサンスの中心ともなった**トスカナ地方**の都市共和国はどこか。	フィレンツェ共和国
★★★★★☆☆ **16** ☐☐☐	13〜14世紀に**ヴェネツィア共和国**と海上の覇権をめぐって争い敗北した、北イタリアの都市共和国はどこか。	ジェノヴァ共和国

★★★★☆☆☆ **17** □□□	13〜15世紀までヴィスコンティ家が専制支配をおこなっていた、北イタリアの公国はどこか。	ミラノ公国
★★★★★★☆ **18** □□□	都市の大商人が多かった、<u>ゲルフ</u>とも呼ばれるイタリアでの<u>教皇</u>支持派を何と呼ぶか。	教皇党
★★★★★★☆ **19** □□□	貴族や領主が多かった、<u>ギベリン</u>とも呼ばれるイタリアでの<u>皇帝</u>支持派を何と呼ぶか。	皇帝党
★★★★☆☆☆ **20** □□□	複数の国家が同一人物を君主として結んだ連合国家の形態を何と呼ぶか。	同君連合
★★★★★★☆ **21** □□□	1397年、<u>デンマーク</u>王家の支配下で北欧3国が結成した<u>同君連合</u>を何と呼ぶか。	カルマル同盟
★★★★★☆☆ **22** □□□	<u>カルマル同盟</u>を成立させ、その実権を握ったデンマークの摂政(事実上の女王)は誰か。	マルグレーテ
★★☆☆☆☆☆ **23** □□□	1523年、<u>カルマル同盟</u>から離脱・独立した国はどこか。	スウェーデン

④ 西ヨーロッパの中世文化　　　　　　　用語集 p.109〜111

中世西ヨーロッパ文化は、<u>キリスト教</u>を軸に、<u>神学</u>が最高学問とされ、<u>ラテン語</u>を公用語とした。**十字軍**や**国土回復運動**を機にイスラーム世界との交流が盛んになると、**ギリシア語文献**や**アラビア語の学術書**が<u>ラテン語に翻訳</u>され、それに刺激されて学問や文芸が大いに発展した。また、**商業の発達**とともに教育と学問の中心は、人びとの集まる都市の<u>大学</u>へと移った。

■教会と修道院

★★★★★★★ **1** □□□	東方に起源をもつ、修道士や修道女の修養機関は何か。	修道院
★★★★★★☆ **2** □□□	6世紀前半、西方での修道院運動を開始した、イタリア人の修道者は誰か。	ベネディクトゥス
★★★★★★☆ **3** □□□	<u>ベネディクトゥス</u>が修道院を創設した、中部イタリアの山はどこか。	モンテ゠カシノ
★★★★★☆☆ **4** □□□	<u>ベネディクトゥス</u>の修道院が「清貧・純潔・服従」の戒律とともに掲げた、信仰と労働を重視するモットーは何か。	「祈り、働け」
★★★★★★☆ **5** □□□	西ヨーロッパの<u>人口増加</u>などを背景に、オランダの干拓	大開墾時代

やドイツおよび東方地域などで開墾・植民運動が展開されたことから、12〜13世紀頃を何時代と呼称するか。

★★★★★★☆ 6 □□□	11世紀末にフランス中部ブルゴーニュ地方に創設され、12世紀以降、開墾運動の中心となった修道会は何か。	シトー修道会
★★★★★☆☆ 7 □□□	13世紀に修道院の封建領主化と富裕化を批判して誕生し、財産をもたず信者からの施しをよりどころとして清貧をつらぬいた修道会を何と総称するか。	托鉢修道会
★★★★★★☆ 8 □□□	中部イタリア、アッシジの富裕な織物商家に生まれたが、回心して清貧に徹し、托鉢修道会を創設した人物は誰か。	フランチェスコ
★★★★☆☆☆ 9 □□□	イタリアのフランチェスコが、13世紀初めに中部イタリアのアッシジに創設した托鉢修道会は何か。	フランチェスコ修道会
★★★★★☆☆ 10 □□□	南フランスでアルビジョワ派(カタリ派)の改宗に尽力したのち、托鉢修道会を創設したスペイン人聖職者は誰か。	ドミニコ
★★★★★★☆ 11 □□□	スペインのドミニコが、13世紀前半フランス南部のトゥールーズに創設した托鉢修道会は何か。	ドミニコ修道会
★★★★★★☆ 12 □□□	中世でカトリック教会を中心に、共通の学術語として使用された言語は何か。	ラテン語
★★★★★★☆ 13 □□□	中世の学問の中心とされた、キリスト教の教理・信仰・倫理を研究するものは何か。	神学

■学問と大学

★★★★★★☆ 1 □□□	キリスト教教理とアリストテレス哲学が結びついて体系化された、中世の神学・哲学を何と呼ぶか。	スコラ学
★★★★☆☆☆ 2 □□□	神や普遍という観念が存在すると考える、信仰を優先するスコラ学の立場は何か。	実在論
★★★★☆☆☆ 3 □□□	実在論をとなえ、「スコラ学の父」と呼ばれたカンタベリ大司教は誰か。	アンセルムス
★★★★☆☆☆ 4 □□□	神や普遍という観念は抽象的(名ばかり)にすぎず、実在するものは個々の事物だけとするスコラ学の立場は何か。	唯名論
★★★★★☆☆ 5 □□□	唯名論を主張したフランスの学者は誰か。	アベラール

★★★☆☆☆☆ 6 □□□	スコラ学で、実在論と唯名論の争いを何と呼ぶか。	普遍論争
★★★★★★★ 7 □□□	普遍論争をいちおう解決したとされ、スコラ学の大成者と呼ばれる、13世紀に活躍したパリ大学教授は誰か。	トマス゠アクィナス
★★★★★★☆ 8 □□□	スコラ学を体系的に解説したトマス゠アクィナスの著作は何か。	『神学大全』
★★★★★★☆ 9 □□□	イスラーム科学の影響を受け、経験と観察を重視し、近代自然科学への道を開いた13世紀のイギリスのスコラ学者は誰か。	ロジャー゠ベーコン
★★★★☆☆☆ 10 □□□	唯名論に立ち、信仰と理性、神学と哲学を区別した、14世紀前半のイギリスのスコラ学者は誰か。	ウィリアム゠オブ゠オッカム
★★★★★★★ 11 □□□	ギリシアの古典がアラビア語訳を通してラテン語に翻訳されたことで、スコラ学の隆盛・大学の誕生・ゴシック様式の創出など一連の知が開花したが、この12世紀におこった西欧の文化復興運動を何と呼ぶか。	12世紀ルネサンス
★★★★★☆☆ 12 □□□	12世紀以降、多くのアラビア語文献のラテン語への翻訳活動の中心となったイベリア半島の都市はどこか。	トレド
★★☆☆☆☆☆ 13 □□□	トレドとならび、ギリシアの古典やアラビアの学術書のラテン語翻訳が盛んにおこなわれたシチリア島の都市はどこか。	パレルモ
★★★★★★☆ 14 □□□	中世の主要な大学には3学部(神学・法学・医学)があり、それらの各学部の基礎的な教養課程におかれた、文法から音楽までの7つの一般教養料目を何と呼ぶか。	自由七科
★★★★☆☆☆ 15 □□□	11世紀末、北イタリアに設立された世界最古の大学で、法学の研究で有名であったのはどこか。	ボローニャ大学
★★★☆☆☆☆ 16 □□□	世界最古の大学の1つで、医学で有名であった南イタリアの大学はどこか。	サレルノ大学
★★★★★★☆ 17 □□□	12世紀半ば、パリ大司教を長として、私塾の教師や学生によって結成され、神学の最高権威となった大学はどこか。	パリ大学
★★★★★★☆ 18 □□□	12世紀後半、パリ大学を範に設立され、イギリスでの神	オクスフォード大学

★★★★★★☆☆ 19 ☐☐☐	13世紀初め、<u>パリ大学</u>と<u>オクスフォード大学</u>から教師や学生が移って設立された、イギリスの大学はどこか。	ケンブリッジ大学
★★★★★★☆☆ 20 ☐☐☐	<u>コレッジ</u>とも呼ばれる、<u>オクスフォード大学</u>、<u>ケンブリッジ大学</u>で発展した、独立した自治組織をもつ教育機関は何か。	学寮（がくりょう）

■ 美術と文学

★★★★★★☆ 1 ☐☐☐	11～12世紀に西欧で発達した、「ローマ風」を意味する、<u>厚い石壁</u>に<u>小さな窓</u>をもつ重厚な建築様式は何か。	ロマネスク様式
★★★★☆☆☆ 2 ☐☐☐	イタリアにおける、<u>ロマネスク様式</u>の代表的聖堂は何か。	ピサ大聖堂
★★☆☆☆☆☆ 3 ☐☐☐	11世紀に着工され、12世紀半ばに完成した、ドイツ中南部にある<u>ロマネスク様式</u>の代表的聖堂は何か。	シュパイアー大聖堂
★★★★★★★ 4 ☐☐☐	12世紀に<u>北フランス</u>からおこった、<u>尖頭アーチ</u>に薄い壁と<u>広い窓</u>をもち、大規模な教会建築の主流となった様式は何か。	ゴシック様式
★★★★★★☆ 5 ☐☐☐	<u>ゴシック様式</u>の教会の窓に使われた、彩色ガラスを何と呼ぶか。	ステンドグラス
★★★★★★☆ 6 ☐☐☐	12世紀に着工され、13世紀にほぼ完成した、パリにある<u>ゴシック様式</u>の代表的聖堂は何か。	ノートルダム大聖堂
★★★★★☆☆ 7 ☐☐☐	12世紀末～13世紀初めに建立された、フランスの<u>ゴシック様式</u>の代表的聖堂は何か。	シャルトル大聖堂
★☆☆☆☆☆☆ 8 ☐☐☐	13世紀に建立された、北フランスにある<u>ゴシック様式</u>の代表的聖堂は何か。	アミアン大聖堂
★★★★★☆☆ 9 ☐☐☐	13世紀半ばに建築が始まり、19世紀に完成した、ドイツ最大の<u>ゴシック様式</u>の聖堂は何か。	ケルン大聖堂
★★★★★☆☆ 10 ☐☐☐	中世騎士の理想像や冒険を主題とした、口語の宮廷文学を何と呼ぶか。	騎士道物語（きしどう）
★★★★★★☆ 11 ☐☐☐	フランスで成立した、<u>カール大帝</u>の対イスラーム戦を舞台に、騎士の武勲や恋をうたった作品は何か。	『ローランの歌』

★★★★★★☆

12 □□□ ゲルマン人の大移動期の史実や伝説を題材とした、<u>ブルグンド人</u>の大英雄叙事詩は何か。

『ニーベルンゲンの歌』

★★★★★★☆

13 □□□ ウェールズ地方で生まれた、<u>ケルト人(ブリトン人)</u>の伝説的英雄を題材とした作品は何か。

『アーサー王物語』

★★★★★☆☆

14 □□□ 西ヨーロッパ各地の宮廷において、騎士道を背景として、騎士の恋愛をテーマとする詩を吟じた人々を何と呼ぶか。

吟遊詩人(トゥルバドゥール)

8世紀半ばの<u>安史の乱</u>以降、<u>唐</u>を中心とした**東アジア文化圏**の統合がゆるみ、近接諸地域では自立化が進んだ。10世紀以降、中国の北方には**モンゴル系**の**キタイ**、**チベット系**の**西夏**、**ツングース系**の**金**などの勢力がおこり、中国本土の**宋**を圧迫した。**宋**は**金**の攻撃を受けて**南宋**へとかわるが、宋代を通じて**海上交易**が栄え、経済と文化は発展した。13世紀には**モンゴル部族**が台頭し、**チンギス＝カン**のもとで**中央ユーラシア**が制圧され、**東西交易路**が確保された。**クビライ**の時代には、<u>元</u>の**大都**を中心に**陸と海で結ばれた巨大な交流圏**が形成され、「**世界の一体化**」を準備した。

【北宋・南宋・モンゴルの皇帝のおもな業績】

	皇帝	業績
北宋	<u>趙匡胤(太祖)</u>	○文治主義採用　○科挙の改革(殿試の創設)
	<u>太宗</u>	○中国統一を達成(燕雲十六州を除く)
		北方民族による圧迫……<u>澶淵の盟</u>をキタイ(遼)と締結(1004)、慶暦の和約を西夏と締結(1044)→財政難へ
	神宗	○宰相に**王安石**を登用し新法を断行→旧法党の司馬光らと対立
	徽宗	○院体画の祖(「桃鳩図」)　○金と同盟し遼を挟撃(1125)
	欽宗	○<u>靖康の変</u>……金に開封を占領され、徽宗・欽宗が捕えられ<u>北宋滅亡</u>(1127)
南宋	高宗	○主戦派(岳飛)と和平派(秦檜)が対立、和平派勝利→<u>金</u>と和議(淮河を国境とする)
		<u>元のクビライが臨安を占領し南宋滅亡(1276)</u>
大モンゴル国	チンギス＝カン(太祖)	○テムジンがクリルタイで推載されチンギス＝カンとして即位(1206) ○征服事業……**ナイマン**(1218)→**ホラズム＝シャー朝**(1220)→**西夏**(1227)を征服
	オゴデイ(太宗)	○**金征服**(1234)　○都カラコルム建設 ○バトゥの西征……**ワールシュタットの戦い**(1241)に勝利→**キプチャク＝ハン国建国**(1243)
	グユク(定宗)	○フランチェスコ会修道士**プラノ＝カルピニ**がカラコルムに到着(1246)
	モンケ(憲宗)	○フランチェスコ会修道士ルブルックがカラコルムに到着(1254) ○フレグの遠征……アッバース朝征服(1258)→**イル＝ハン国建国**(1258) ○クビライの遠征……大理征服(1254)　○高麗服属化(1259)
元	<u>クビライ</u>(世祖)	○大都に遷都(1264)　○国号を<u>元</u>に改称(1271) ○2度の**日本遠征**(1274、81)に失敗　○**南宋**を征服(1276) ○ビルマ遠征→**パガン朝**滅ぼす　○**ベトナム遠征**→3度の侵攻を陳朝が撃退 ○ジャワ遠征→ジャワ勢力が排除→**マジャパヒト王国**成立

【モンゴル・元への来訪者】

使節	<u>プラノ＝カルピニ(伊)</u>	教皇の使節として<u>カラコルム</u>を訪問
	<u>ルブルック(仏)</u>	仏王ルイ9世の使節として<u>カラコルム</u>を訪問
	<u>モンテ＝コルヴィノ(伊)</u>	元末(クビライ没後)の大都へ、<u>中国初のカトリック布教</u>
旅行家	<u>マルコ＝ポーロ(伊)</u>	<u>ヴェネツィア</u>の商人、大都でクビライに仕える、<u>『世界の記述』</u>(『東方見聞録』)
	<u>イブン＝バットゥータ</u>(モロッコ)	モロッコ出身の旅行家、元末(クビライ没後)の<u>大都</u>へ、<u>『大旅行記』</u>(『三大陸周遊記』)

① アジア諸地域の自立化と宋

用語集 p.112〜118

宋(北宋)は唐末五代の混乱を収拾し、科挙の整備による**官僚制**の強化により、皇帝独裁体制を確立した。対外的には<u>文治主義</u>を採用したため、**キタイ**や**西夏**の侵入に苦しみ、**富国強兵**のため**新法**を実施したが、**金**の攻撃によって**開封**を追われ、**江南**に南宋を再建した。<u>南宋</u>では**江南開発**が進展し、**海上交易**がさらに活発化した。

■東アジアの勢力交替

★★★★☆☆☆☆ **1** □□□	唐の衰退などを理由に、894年に菅原道真の建議によって派遣が停止された、日本の中国への使節団は何か。	遣唐使
★★★★★★★★ **2** □□□	遼河上流域で遊牧生活を営み、中国名で契丹と呼ばれていたモンゴル系の遊牧狩猟民は何か。	キタイ
★★★★★★★☆ **3** □□□	916年に東モンゴルにキタイが建てた国家が、947年から用いた中国王朝風の国号は何か。	遼
★★★★★★★☆ **4** □□□	キタイの建国者で、その後、926年には渤海を滅ぼした人物は誰か。	耶律阿保機(太祖)
★★★★★★★☆ **5** □□□	936年、五代の後晋の建国を援助した代償としてキタイが獲得した、現在の北京・大同を中心とする地域は何か。	燕雲十六州
★★★★★★☆☆ **6** □□□	北方民族と中国農耕民とを分けて統治した、キタイの統治体制を何と呼ぶか。	二重統治体制
★☆☆☆☆☆☆☆ **7** □□□	二重統治体制で、遊牧民を部族制で統治した官庁は何か。	北面官
★☆☆☆☆☆☆☆ **8** □□□	二重統治体制で、農耕民を州県制で統治した官庁は何か。	南面官
★★★★★★★☆ **9** □□□	漢字とウイグル文字を母体に契丹人がつくった民族文字は何か。	契丹文字
★★★★★★★☆ **10** □□□	918年に建てられ、936年に朝鮮半島を統一した国は何か。	高麗
★★★★★☆☆☆ **11** □□□	高麗の建国者は誰か。	王建
★★★★☆☆☆☆ **12** □□□	高麗の都はどこか。	開城
★★☆☆☆☆☆☆ **13** □□□	高麗で成立した、特権身分の官僚たちを何と呼んだか。	両班

★★★★★★☆		
14 ☐☐☐	高麗で刊行された木版印刷の仏教経典は何か。	高麗版大蔵経
★★★☆☆☆☆		
15 ☐☐☐	世界で最初につくられたとされる高麗の印刷活字は何か。	金属活字
★★★★☆☆☆		
16 ☐☐☐	高麗でつくられた、象眼技法にすぐれた陶磁器は何か。	高麗青磁
★★★★★★☆		
17 ☐☐☐	平安中期からの藤原氏の摂関時代に発達した、漢字を基にした仮名文字や日本的風物を主題とした大和絵、浄土教の流行を特徴とする日本風の貴族文化を何と呼ぶか。	国風文化
★★★★★★☆		
18 ☐☐☐	宋代に、雲南地方に存在した国は何か。	大理
★★★★★★★		
19 ☐☐☐	ベトナム初の長期王朝である李朝が1054年に定め、それ以降用いられたベトナムの国号は何か。	大越(ダイベト)
★★☆☆☆☆☆		
20 ☐☐☐	唐代の安南都護府を前身とし、大越(ダイベト)の李朝の時から都となった都市はどこか。	昇竜(ハノイ)
★☆☆☆☆☆☆		
21 ☐☐☐	1225年に建国され、元軍の侵攻を撃退する一方、中国の制度や科挙を導入した北部ベトナムの大越の王朝は何か。	陳朝
★★★★★★☆		
22 ☐☐☐	河西地方に進出し、1038年に国を建てたチベット系民族は何か。	タングート
★★☆☆☆☆☆		
23 ☐☐☐	1038年に建国されたタングート人国家の国号は何か。	大夏
★★★★★★☆		
24 ☐☐☐	タングート人国家を宋は何と呼んだか。	西夏
★★★☆☆☆☆		
25 ☐☐☐	西夏の建国者は誰か。	李元昊
★★★★★★☆		
26 ☐☐☐	漢字を母体につくられた、西夏の民族文字は何か。	西夏文字

■宋と金

★★★★★★☆		
1 ☐☐☐	後周の有力武将が、960年に建てた王朝は何か。	宋(北宋)
★★★★★★☆		
2 ☐☐☐	宋の建国者は誰か。	趙匡胤(太祖)
★★★★★★☆		
3 ☐☐☐	979年に中国統一を完成した、北宋の第2代皇帝は誰か。	太宗
★★★★★★☆		
4 ☐☐☐	君主独裁制を確立するため、宋が採用した、文人官僚優位の統治政策を何と呼ぶか。	文治主義

★★★★★★★ **5** □□□	<u>文治主義</u>をめざす<u>趙匡胤</u>が創設した、皇帝みずからおこなう<u>科挙</u>の最終試験は何か。	殿試
★★★★☆☆☆ **6** □□□	唐末から台頭してきた新興地主層は、宋代になると何と呼ばれるようになったか。	形勢戸
★★☆☆☆☆☆ **7** □□□	宋代以降、科挙に合格して官僚を出した特権階層は何と呼ばれたか。	官戸
★★★★★★★ **8** □□□	1004年に結ばれた、宋を兄、キタイを弟とし、毎年銀と絹を宋がキタイにおくることを内容とした、<u>宋とキタイ</u>の和議は何か。	澶淵の盟
★★★★☆☆☆ **9** □□□	11世紀後半、財政破綻を克服するための改革をめざした北宋の第6代皇帝は誰か。	神宗
★★★★★★★ **10** □□□	<u>神宗</u>に登用され、宰相として改革を実施した、政治家にして唐宋八大家の1人でもある人物は誰か。	王安石
★★☆☆☆☆☆ **11** □□□	中国では、中央政府の最高責任者で皇帝を補佐する者を、何と総称したか。	宰相
★★★★★★★ **12** □□□	<u>王安石</u>が断行した、<u>財政再建</u>と<u>富国強兵</u>をめざした改革諸法を何と呼ぶか。	新法
★★★★★☆☆ **13** □□□	<u>新法</u>の一つで、小農民救済のため、植え付け時に穀物や資金を低利で貸し付けた法は何か。	青苗法
★★★★★☆☆ **14** □□□	<u>新法</u>の一つで、中小商人の保護を目的とした低利融資法は何か。	市易法
★★★★☆☆☆ **15** □□□	<u>新法</u>の一つで、物価安定と物資の流通円滑化を目的に、政府が各地の特産物を買い上げ、不足地に転売した法は何か。	均輸法
★★★★☆☆☆ **16** □□□	<u>新法</u>の一つで、免役銭を徴収し、これを財源に、労役を望む者を募集した法は何か。	募役法
★★★★☆☆☆ **17** □□□	<u>新法</u>の一つで、農閑期に軍事訓練をおこない、民兵の養成をはかった法は何か。	保甲法
★★★☆☆☆☆ **18** □□□	<u>新法</u>の一つで、農民に馬を貸与してやしなわせ、戦時に軍馬として徴発した法は何か。	保馬法

★★★★★★ 19 □□□	王安石の改革を<u>支持</u>した、政治勢力の名称は何か。	新法党
★★★★★★ 20 □□□	新法に<u>反対</u>した、保守的な政治勢力の名称は何か。	旧法党
★★★★☆ 21 □□□	<u>旧法党</u>の中心的人物で、歴史家としては<u>編年体</u>の史書『<u>資治通鑑</u>』を著した人物は誰か。	司馬光
★★★★★★★ 22 □□□	中国東北地方の東部を原住地とし、10世紀以来、遼の支配下にあった、<u>ツングース</u>系の狩猟・農耕民は何か。	女真(ジュシェン、ジュルチン)
★★★★★★★ 23 □□□	<u>ツングース</u>系の<u>女真</u>が遼から独立して、1115年に建てた国は何か。	金
★★★★★★ 24 □□□	完顔部の首長で、<u>金</u>の初代皇帝となったのは誰か。	完顔阿骨打(太祖)
★★★★★★ 25 □□□	宋と連携して<u>遼</u>を滅ぼした<u>金</u>が、宋の違約を理由に<u>開封</u>を占領し、1127年に<u>宋(北宋)</u>を滅ぼした事件は何か。	靖康の変
★★★★★ 26 □□□	靖康の変で北に連れ去られた、「風流天子」と呼ばれた北宋の上皇(前皇帝)は誰か。	徽宗
★★★★☆ 27 □□□	<u>靖康の変</u>で北に連れ去られた、北宋最後の皇帝は誰か。	欽宗
★★★★★★ 28 □□□	高宗によって再建された<u>宋(南宋)</u>の都の名は何か。	臨安(杭州)
★★★☆ 29 □□□	金への抗戦をとなえた、南宋の<u>主戦派</u>の武将は誰か。	岳飛
★★★★☆ 30 □□□	金との和平をとなえた、南宋の<u>和平</u>派の中心的政治家は誰か。	秦檜
★★★★★★ 31 □□□	金と南宋の国境線となった河川は何か。	淮河
★★★★☆ 32 □□□	自民族の部族組織をもとに、300戸から100人を徴兵することを基礎とした金の軍事・行政組織は何か。	猛安・謀克
★★★★★★ 33 □□□	契丹文字と漢字を母体につくられた<u>金</u>の民族文字は何か。	女真文字

■唐末から宋代の社会と経済

★★★★★★ 1 □□□	<u>北宋</u>の都となった、大運河と黄河の合流点の都市はどこか。	開封(汴州)

★★★★★★ 2 □□□	開封のにぎわう様子を描いた、張択端の作となる絵巻物は何か。	「清明上河図」
★★★★★☆ 3 □□□	宋代に数多くあらわれた、都市の城壁の外などで自然発生的に生まれた定期市は何と呼ばれたか。	草市
★★★★★★ 4 □□□	草市から発展したものが多い、地方の小都市は何と呼ばれたか。	鎮
★★★★★★ 5 □□□	営業の独占や相互扶助を目的につくられた、宋代の商人の同業組合は何か。	行
★★★★★☆ 6 □□□	宋代の手工業者の同業組合は何か。	作
★★★★☆☆ 7 □□□	宋が流通政策の要として専売にした、代表的な二つの商品は何か。	塩・茶
★★★★★★ 8 □□□	大量に鋳造され、隣接諸地域でも流通した宋銭とも呼ばれた貨幣は何か。	銅銭
★☆☆☆☆☆ 9 □□□	唐代後半から宋代にかけての送銭手形は何と呼ばれたか。	飛銭
★★★★★☆ 10 □□□	手形から発展した、北宋で発行された世界最古の紙幣は何か。	交子
★★★★★★ 11 □□□	南宋で発行された紙幣は何か。	会子
★★★★★★ 12 □□□	平氏政権がとくに推進した、10世紀後半から13世紀半ばの日本と中国との民間貿易を何と呼ぶか。	日宋貿易
★★★★★★ 13 □□□	日宋貿易を介してもちこまれ、平安時代末期から日本でも大量に国内通貨として用いられた中国の貨幣を何と呼ぶか。	宋銭
★★★★★★ 14 □□□	唐代に設置され、宋代になると整備された海上交易全般を管理した官庁は何か。	市舶司
★★★★★★ 15 □□□	唐代にはじめて市舶司がおかれた広東省の港市はどこか。	広州
★★★★★★ 16 □□□	福建省の港市で、のちマルコ゠ポーロによってザイトンの名で西方に紹介されたのはどこか。	泉州
★★★★★★ 17 □□□	南海交易で栄え、明代以降は寧波と呼ばれた、浙江省東	明州

部の港市はどこか。

★★★★★★★ **18** □□□	法的には自由民であったが、経済的に地主に圧迫された中国の<u>小作農</u>を何と呼ぶか。	佃戸
★★★★★★★ **19** □□□	北宋時代にベトナム(**チャンパー**)から取り寄せられ、<u>長江下流域</u>で栽培された、日照りに強く成長の早い稲は何か。	占城稲
★★★★★★★ **20** □□□	低湿地の多かった<u>長江下流域</u>でも、干拓により<u>囲田</u>などが造成されて稲田の面積が増大し、<u>宋代</u>中期から、中国の<u>穀倉地帯</u>の中心となったことを示す言葉は何か。	「蘇湖(江浙)熟すれば天下足る」
★★★★☆☆☆ **21** □□□	<u>江西省</u>にある、<u>陶磁器</u>業で有名な都市はどこか。	景徳鎮
★★★★★★★ **22** □□□	唐代中期には一般民衆にも広まり、宋代になると国内のみならず、周辺民族にも普及した飲み物は何か。	茶
★★★★★★★ **23** □□□	宋代以降、儒学的教養をもつ社会的支配層を指した名称は何か。	士大夫

■宋代の文化

★★★★★★★ **1** □□□	宋代に発達した、緑色または青色をおびた磁器は何か。	青磁
★★★★★★★ **2** □□□	宋代に発達した、白色の素地に透明な釉をかけた磁器は何か。	白磁
★★☆☆☆☆☆ **3** □□□	宋代に厚く保護された、宮廷内で絵画を制作した機関の呼び名は何か。	画院
★★★★★★☆ **4** □□□	<u>画院</u>に属する画家が描いた、写実的で装飾的な宮廷様式の画風を何と呼ぶか。	院体画
★★★★★★★ **5** □□□	代表作に「<u>桃鳩図</u>」がある、「風流天子」とも呼ばれた北宋の皇帝は誰か。	徽宗
★★★★★★★ **6** □□□	絵画の専門家でない文人が、山水・人物などを水墨や細い線で趣深く描いた画風を何と呼ぶか。	文人画
★★★★★★☆ **7** □□□	『新唐書』『新五代史』を編纂した北宋の学者は誰か。	欧陽脩
★★★★★★★ **8** □□□	「<u>赤壁の賦</u>」で知られる唐宋八大家の1人でもある、北宋	蘇軾

の文人・政治家は誰か。

★★★★★★☆
9
□□□ 宋代を代表する文学として発達した、楽曲にあわせて歌う歌詞を何と呼ぶか。

詞（し）

★★★★★★☆
10
□□□ 北宋で成立し、元代に元曲として完成された、歌・せりふ・しぐさをともなう歌劇を何と呼ぶか。

雑劇（ざつげき）

★★★★★★☆
11
□□□ 宋代に成立した、朱子学とも呼ばれる、哲学的な新しい儒学を何と呼んだか。

宋学

★★★★★★☆
12
□□□ 道家思想や仏教哲学を導入しながら『太極図説（たいきょくずせつ）』を著し、宋学の先駆者となった北宋の儒学者は誰か。

周敦頤（しゅうとんい）

★★★★★★☆
13
□□□ 周敦頤に始まる学問を大成し、「格物致知（かくぶつちち）」「理気二元論（りんきにげんろん）」「性即理（せいそくり）」などを説いた、南宋の儒学者は誰か。

朱熹（しゅき）（朱子）

★★★★★★☆
14
□□□ 宋学の大成者に由来する、新しい儒学の呼び名は何か。

朱子学

★★★★★★☆
15
□□□ 朱熹が重視した、『大学』『中庸（ちゅうよう）』『論語（ろんご）』『孟子（もうし）』を何と総称したか。

四書（ししょ）

★★★★☆☆☆
16
□□□ 『春秋』にもとづき朱熹が強調した、君臣関係を正そうとした儒家の政治理論を日本では何と呼ぶか。

大義名分論（たいぎめいぶんろん）

★★★☆☆☆☆
17
□□□ 中華思想とも呼ばれ、周辺民族の文化を低いものとみなして区別する考え方を何と呼ぶか。

華夷の区別（かい）

★★★☆☆☆☆
18
□□□ 「心即理（しんそくり）」をとなえ、のちの陽明学の源流をなした南宋の儒学者は誰か。

陸九淵（りくきゅうえん）（陸象山（りくしょうざん））

★★★★★★☆
19
□□□ 旧法党の中心人物でもある司馬光が、戦国時代から五代末までを編年体で著した史書は何か。

『資治通鑑（しじつがん）』

★★★★★★☆
20
□□□ 宋代以降、士大夫層（したいふ）を中心に広まった仏教は何か。

禅宗

★★★☆☆☆☆
21
□□□ 宋代に、民衆のあいだに広まった仏教は何か。

浄土宗（じょうどしゅう）

★★★★★★☆
22
□□□ 金の時代、華北で成立した、儒学・仏教・道教を調和させた道教の一派の名称は何か。

全真教（ぜんしんきょう）

★★☆☆☆☆☆
23
□□□ 全真教を創始した道士は誰か。

王重陽（おうじゅうよう）

★★★★★★☆
24
□□□ 唐初に発明され、宋代に広く普及した印刷技術は何か。

木版印刷

★★★★★★★ **25** □□□ 磁石の指極性を利用し、南宋では航海にも使用されたと されるものは何か。	羅針盤
★★★★★★★ **26** □□□ 南宋では点火・威嚇用に使われ、金・元で軍事的に実用 化されるなど、兵器の発達をうながしたものは何か。	火薬

② モンゴルの大帝国

用語集 p.118〜124

13世紀に**モンゴル高原**の遊牧勢力を統一した**チンギス＝カン**は**大 モンゴル国**を建て、遠征により領土を拡大した。**クビライ**は**南宋** を滅ぼすと、国号を**元**と称して**中国全土**を支配した。13世紀後半 に**モンゴル帝国**は、**元**を中心とする一族諸ウルスの緩やかな連合 体となり、**ユーラシアの陸と海**が統合され、都の**大都**を中心とし た**大交流圏**が形成された。

■モンゴル帝国の形成

★★★★★★★ **1** □□□ **キタイ**の滅亡時、皇族の**耶律大石**が中央アジアに西走し、 イスラーム王朝を倒して建てた国は何か。	カラキタイ（西遼）
★★★★★☆☆ **2** □□□ 13世紀初めに諸部族を統一し、史上最大の大帝国を形成 した騎馬遊牧民は何か。	モンゴル民族
★★★★★★★ **3** □□□ モンゴル語で「集会」を意味する、最高議決機関は何か。	クリルタイ
★★★★★★★ **4** □□□ 1206年の**クリルタイ**でカンに即位した、モンゴル全部族 の統一者は誰か。	チンギス＝カン（ハ ン）
★★★★★★★ **5** □□□ **チンギス＝カン**の本名は何か。	テムジン
★★★★★☆☆ **6** □□□ 鮮卑から用いられた**カガン（可汗）**に由来し、大モンゴル 国でも使用された遊牧国家の君主の称号は何か。	カン（ハン）
★★★★★★★ **7** □□□ **チンギス＝カン**が創建した世界帝国の国名は何か。	大モンゴル国（モン ゴル帝国）
★★★★★★☆ **8** □□□ モンゴル語で「人間の集団」を指し、これが転じて国を意 味した語は何か。	ウルス
★★★★★★★ **9** □□□ チンギス＝カンが組織した大モンゴル国の政治・軍事制 度の名称は何か。	千戸制
★★★☆☆☆☆ **10** □□□ 一時**カラキタイ**を乗っ取ったが、**チンギス＝カン**の派遣	ナイマン

	軍に滅ぼされた遊牧トルコ系部族の名称は何か。	
★★★★★★★ **11** ☐☐☐	1220年、チンギス＝カンの侵攻を受けて敗れ、のちに滅亡した、西トルキスタンからイランを支配していたトルコ系イスラーム国家は何か。	ホラズム＝シャー朝
★★★★★★★ **12** ☐☐☐	1227年、チンギス＝カンの遠征軍によって滅ぼされた、中国西北部の国家は何か。	西夏^{せいか}
★★★★★★★ **13** ☐☐☐	チンギス＝カンの第3子で、大モンゴル国の第2代皇帝は誰か。	オゴデイ（オゴタイ）
★★★☆☆☆☆ **14** ☐☐☐	<u>オゴデイ</u>以降使用された、カンにまさる「皇帝」の称号は何か。	カアン（ハーン）
★★★★★★☆ **15** ☐☐☐	1234年に<u>オゴデイ</u>の親征で滅ぼされた、中国東北地方を本拠地とした国はどこか。	金
★★★★★★☆ **16** ☐☐☐	<u>オゴデイ</u>の時に定められたモンゴル帝国の都はどこか。	カラコルム
★★★★★★★ **17** ☐☐☐	オゴデイの命で<u>ヨーロッパ遠征（西征）</u>軍の総司令官となったのは誰か。	バトゥ
★★★☆☆☆☆ **18** ☐☐☐	1241年、モンゴルの遠征軍が、ポーランドの<u>レグニツァ</u>（リーグニッツ）近郊でドイツ・ポーランド連合軍を破った戦いは何か。	ワールシュタットの戦い
★★★★★★★ **19** ☐☐☐	ヨーロッパに遠征した<u>バトゥ</u>が帰途、チンギス＝カンの長子ジョチの所領をもとに、サライを都として南ロシアに建てた国は何か。	キプチャク＝ハン国（ジョチ＝ウルス）
★★★★★★☆ **20** ☐☐☐	1480年、<u>キプチャク＝ハン国</u>から自立した国は何か。	モスクワ大公国
★★★★★★★ **21** ☐☐☐	チンギス＝カンの次子チャガタイの子孫が、アルマリクを都に、中央アジアに建てた国は何か。	チャガタイ＝ハン国（チャガタイ＝ウルス）
★★★★☆☆☆ **22** ☐☐☐	大モンゴル国の第3代皇帝は誰か。	グユク（定宗^{ていそう}）
★★★★★☆☆ **23** ☐☐☐	大モンゴル国の第4代皇帝は誰か。	モンケ（憲宗^{けんそう}）
★★★★★★★ **24** ☐☐☐	<u>モンケ</u>の命で西アジアに遠征し、<u>アッバース朝</u>を滅ぼしたのは誰か。	フレグ（フラグ）

★★★★★★★		
25 □□□	<u>アッバース朝</u>を滅ぼしたのち、<u>フレグ</u>がタブリーズを都にイラン地方に建てた国は何か。	イル＝ハン国（フレグ＝ウルス）
★★★★★★★		
27 □□□	大モンゴル国の第5代皇帝は誰か。	クビライ（フビライ）
★★★★★★★		
27 □□□	チンギス＝カンの末子トゥルイの家系である<u>クビライ</u>が即位したことに対し、オゴデイ家が反対しておこした反乱は何か。	カイドゥ（ハイドゥ）の乱

■元の東アジア支配

★★★★★★★		
1 □□□	<u>クビライ</u>が1264年に遷都した都市はどこか。	大都（だいと）
★★★★★★★		
2 □□□	<u>大都</u>への遷都後、1271年に定めた中国風の国号は何か。	元（げん）
★★★★★★★		
3 □□□	モンゴル帝国で創設され、元朝の時代に完備された、主要道路に約10里ごとに駅をおく交通制度は何か。	駅伝制
★★★★★★★		
4 □□□	<u>駅伝制</u>をモンゴル語で何と呼ぶか。	ジャムチ
★★★★★★★		
5 □□□	クビライは、長江下流から<u>大都</u>に至る沿岸航路を盛んにしたが、この沿岸航路による輸送を何と呼ぶか。	海運
★★★★☆☆☆		
6 □□□	<u>南詔</u>（なんしょう）の滅亡後、雲南地方に成立したが、13世紀半ばに<u>クビライ</u>の率いるモンゴル軍に滅ぼされた国は何か。	大理（だいり）
★★★★★☆☆		
7 □□□	13世紀にモンゴル軍の侵入を受け、属国とされた<u>朝鮮</u>の王朝は何か。	高麗（こうらい）
★★★★★☆☆		
8 □□□	クビライの命で、1274年と1281年におこなわれた遠征は何か。	日本遠征（元寇）（げんこう）
★★★★★★★		
9 □□□	1276年にクビライの治下の元軍の攻撃で滅んだ中国の王朝は何か。	南宋
★★★☆☆☆☆		
10 □□□	元軍の侵攻を3度撃退した、ベトナムの王朝は何か。	陳朝（ちんちょう）
★★★☆☆☆☆		
11 □□□	11世紀半ばに成立したが、元軍の侵入を受けて13世紀末に滅亡した、ビルマ最初の統一王朝は何か。	パガン朝
★☆☆☆☆☆☆		
12 □□□	<u>シンガサリ朝</u>の滅亡直後、侵攻してきた元軍の干渉を排して成立した、<u>マジャパヒト王国</u>が本拠としたインドネ	ジャワ島

シアの島は何か。

★★★☆☆☆☆☆ 13 □□□	元の財政政策の柱として専売化された物品は何か。	塩
★★★★★★★★ 14 □□□	元の時代は銀をおもな通貨とした銀経済であったが、その補助として発行された紙幣は何か。	交鈔 （こうしょう）
★★★☆☆☆☆☆ 15 □□□	元寇後も九州の博多と江南の明州を中心に展開された、鎌倉・南北朝期の日本と中国のあいだでおこなわれた民間貿易を何と呼ぶか。	日元貿易
★★★★★★☆☆ 16 □□□	元でモンゴル人のつぎに重用され、財政・文化面で活躍した中央アジア・西アジア出身の人々を何と呼んだか。	色目人 （しきもくじん）
★★★★★☆☆☆ 17 □□□	元の時代、旧金朝支配下の住民を何と総称したか。	漢人 （かんじん）
★★★★★☆☆☆ 18 □□□	元の時代、旧南宋支配下の住民は最下位におかれた。彼らのことを何と総称したか。	南人 （なんじん）
★★★★★★☆☆ 19 □□□	マルコ゠ポーロが、キンザイの名でヨーロッパに紹介した、大運河の南の出発点の都市はどこか。	杭州 （こうしゅう）
★★★★★★★☆ 20 □□□	マルコ゠ポーロが、ザイトンと呼び、世界第一の港市として紹介した福建省の都市はどこか。	泉州 （せんしゅう）
★★★★★★★☆ 21 □□□	クビライに仕えて、初め水利工事に活躍し、のちに暦法の改定をおこなった科学者・官僚は誰か。	郭守敬 （かくしゅけい）
★★★★★★★★ 22 □□□	イスラームの暦法や天文学の影響を受けて、郭守敬が作成した暦は何か。	授時暦 （じゅじれき）
★★★★★★☆☆ 23 □□□	授時暦をもとに、江戸時代の日本で作成された暦は何か。	貞享暦 （じょうきょうれき）
★★★★★★★☆ 24 □□□	宋で始まった雑劇（古典演劇）は、元で完成されて一般に何と呼ばれたか。	元曲
★★★★★★☆☆ 25 □□□	上流社会の封建的圧力に抗した男女の悲恋物語を雑劇化した元曲の作品は何か。	『西廂記』 （せいそうき）
★★★★☆☆☆☆ 26 □□□	元末の江南地域の作品（南曲）で、出世した夫と故郷に残された妻の苦労を題材とした雑劇は何か。	『琵琶記』 （びわき）
★★☆☆☆☆☆☆ 27 □□□	前漢の宮女、王昭君の悲劇を題材とした雑劇は何か。	『漢宮秋』 （かんきゅうしゅう）

■モンゴル帝国時代の東西交流／モンゴル帝国の解体

★☆☆☆☆☆☆

1 モンゴルの皇族らと手を組み、交易特権や銀などの出資を受けて活動し利益を分け合った、モンゴル時代に活躍したウイグル商人やムスリム商人を何と呼ぶか。 | オルトク商人

★★★★★★★

2 13世紀半ば、ローマ教皇の命でモンゴル帝国を訪れ、第3代皇帝<u>グユク</u>に会見したイタリア出身の<u>フランチェスコ会</u>修道士は誰か。 | プラノ゠カルピニ

★★★★★★★

3 13世紀半ば、フランス王<u>ルイ9世</u>の命でカラコルムを訪れ、<u>モンケ</u>に会見した<u>フランチェスコ会</u>修道士は誰か。 | ルブルック

★★★★★★★★

4 13世紀後半に陸路で<u>大都（カンバリク）</u>を訪れ、以後17年間クビライに仕えた、<u>ヴェネツィア</u>出身の商人・旅行家は誰か。 | マルコ゠ポーロ

★★★★★★★

5 帰国後、戦争に参加した<u>マルコ゠ポーロ</u>が囚われた際にジェノヴァの獄中で口述し、のちに出版された旅行記の名称は何か。 | 『世界の記述』（『東方見聞録』）

★★★★★★☆

6 13世紀末、教皇の使節として<u>大都</u>を訪れ、中国で最初に<u>カトリック</u>を布教した<u>フランチェスコ会</u>修道士は誰か。 | モンテ゠コルヴィノ

★★★★★★★

7 元末の中国を訪れ、その旅行談を口述した、モロッコ出身のイスラーム教徒の旅行家は誰か。 | イブン゠バットゥータ

★★★★★★★

8 イル゠ハン国の成立により、中国画の影響を受けてイスラーム世界で発展した絵画は何か。 | 写本絵画（ミニアチュール、細密画）

★★★★★★☆

9 元代に景徳鎮でつくられ、明代でさらに盛んとなった、白色の素地にイスラームから伝わった<u>コバルト顔料</u>で絵付けをした装飾技法・陶磁器は何か。 | 染付

★★★★☆☆☆

10 大モンゴル国と元朝の公用語は何か。 | モンゴル語

★★★★☆☆☆

11 モンゴル文字の母体であり、西ウイグル国で用いられた、<u>ソグド文字</u>に由来する文字は何か。 | ウイグル文字

★★★★★★★

12 元朝のもとで保護され栄えたが、その財政難の一因ともなった宗教は何か。 | チベット仏教

★★★★★☆☆

13 クビライに国師として厚遇されたチベット仏教の高僧は誰か。 | パクパ

★★★★★★☆		
14 □□□	パクパが作成した、モンゴル語を写すための文字は何か。	パクパ文字
★★★★★★☆		
15 □□□	元末、韓山童・韓林児親子を指導者に、白蓮教を中心に江南で始まった農民反乱は何か。	紅巾の乱
★★★★☆☆☆		
16 □□□	1368年に明軍に大都を奪われ、モンゴル高原に本拠を移して以後の元の残存勢力に対する明側の呼称は何か。	北元

■ティムール朝の興亡

★★★★★★★		
1 □□□	西チャガタイ゠ハン国の混乱に乗じて台頭し、1370年にイスラーム王朝を建てた人物は誰か。	ティムール
★★★★★★★		
2 □□□	ティムールが建てたイスラーム王朝は何か。	ティムール朝
★★★★★★★		
3 □□□	ティムール朝が都としたソグディアナの都市はどこか。	サマルカンド
★★★★★★☆		
4 □□□	1402年、ティムール朝の軍がオスマン帝国のスルタンを捕らえた戦いは何か。	アンカラの戦い
★★★★★★☆		
5 □□□	アンカラの戦いでティムールに敗れ捕虜となった、オスマン帝国の第4代スルタンは誰か。	バヤジット1世
★★★★★★☆		
6 □□□	サマルカンドに天文台を建設するなど、学芸を愛好したティムール朝の第4代君主は誰か。	ウルグ゠ベク
★★★★☆☆☆		
7 □□□	ティムール朝のもとで発達したイスラーム文化を何と呼ぶか。	トルコ゠イスラーム文化
★★★★★★☆		
8 □□□	ティムール朝を滅ぼした、中央アジアのシル川一帯に住んでいたトルコ系遊牧民は何か。	遊牧ウズベク(ウズベク人)
★★★★★☆☆		
9 □□□	シャイバーン朝をはじめとする、ブハラに都をおいたウズベク人の王朝の総称は何か。	ブハラ(ボハラ)゠ハン国
★★★★★☆☆		
10 □□□	16世紀初め、アム川下流のホラズム地方を中心に建てられ、ヒヴァを都としたウズベク人の国は何か。	ヒヴァ゠ハン国
★★★★★☆☆		
11 □□□	18世紀初め、ブハラ゠ハン国から自立し、都をコーカンドとしたウズベク人の国は何か。	コーカンド゠ハン国

大交易・大交流の時代

　14世紀に**モンゴル帝国**が解体すると、ユーラシア各地に広域支配をおこなう新たな国家が成立した。東アジアでは、**明**が鄭和の**南海遠征**を通じて広域的な朝貢体制をつくりあげ、**琉球**や**マラッカ**が**中継貿易**の拠点として繁栄した。15世紀末に**ヨーロッパ人**が海路にて**既存のアジア交易圏**や、**アメリカ大陸**へ進出すると、世界の諸地域が交易を通じて結びつけられ、地球規模での**「世界の一体化」**が始まった。また、**中南米**や**日本**で採掘された**銀**の国際的な流通は、貿易量を大幅に増大させ、商業活動が地球規模に拡大したことで、世界的な**分業体制**が進んだ。

【明・清の皇帝のおもな業績】

	皇帝	業績
明	洪武帝(太祖・朱元璋)	○中書省・丞相を廃止し、六部を皇帝直属に→君主独裁体制強化 ○農村：里甲制、賦役黄冊(租税台帳)・魚鱗図冊(土地台帳) ○軍制：衛所制　○海禁(民間の海上交易禁止)　○朱子学官学化
	建文帝	○諸王勢力削減→靖難の役(1399〜1402)により永楽帝即位
	永楽帝(成祖)	○鄭和の南海遠征(1405〜33)　○北京に遷都(1421)　○紫禁城造営(北京)
	正統帝	○土木の変(1449)……オイラトのエセンに土木堡で捕虜となる
	北虜南倭……北方からのモンゴル勢力の侵入、沿岸部での倭寇の活動(→16世紀に海禁緩和へ)	
	万暦帝(神宗)	○宰相張居正の財政再建　○一条鞭法(税法)の全国拡大 ○豊臣秀吉の朝鮮侵攻に対して援軍派遣(16世紀末)
	崇禎帝	○李自成の乱により明滅亡(1644)
清	ヌルハチ(太祖)	○女真(満洲)を統一し、金(後金・アイシン)建国(1616)　○八旗の編制
	ホンタイジ(太宗)	○内モンゴルのチャハル平定→理藩院設置 ○国号を清に改称(1636)
	順治帝	○明の武将呉三桂の先導で北京入城→李自成を討伐
	康熙帝	○三藩の乱鎮圧(1673〜81)→中国支配確立　○鄭氏台湾の平定(1683) ○ネルチンスク条約(1689)……露(ピョートル1世)と国境画定 ○典礼問題からイエズス会以外の宣教師の布教禁止(1706)
	雍正帝	○キリスト教布教全面禁止(1724)　○キャフタ条約(1727)　○軍機処設置
	乾隆帝	○対ヨーロッパ貿易を広州に限定(1757)　○ジュンガル滅ぼし新疆設置

【イエズス会宣教師の活動】

	宣教師	活動
明	伊マテオ=リッチ(利瑪竇)	『幾何原本』(徐光啓と共訳)、「坤輿万国全図」(中国初漢訳世界地図)
	独アダム=シャール(湯若望)	『崇禎暦書』(徐光啓と共著)、欽天監(天文台)の長官として活躍
清	白フェルビースト(南懐仁)	三藩の乱では多くの大砲を鋳造
	仏ブーヴェ(白進)	「皇輿全覧図」(中国初の実測地図)
	仏レジス(雷孝思)	
	伊カスティリオーネ(郎世寧)	西洋画法紹介、「円明園」(バロック式)設計

① アジア交易世界の興隆

用語集 p.125〜134

モンゴル帝国解体後、東アジアでは**漢人王朝**の**明**が建国され、**君主独裁体制**が強化される一方、周辺地域とは**朝貢貿易**を復活させて、国家が貿易を管理した。しかし、「**北虜南倭**」による国力の衰退と、**ヨーロッパ人**のアジア進出による国際貿易の活発化によって**朝貢体制**は崩壊に向かい、17世紀には**満洲人**の**清**が**中国本土**を征服した。

■モンゴル帝国解体後のアジア

★★★★★★★ 1 □□□	1392年、高麗にかわり成立した朝鮮半島の王朝は何か。	朝鮮王朝
★★★★★★★ 2 □□□	倭寇撃退で名声をあげ、1392年に高麗を倒して朝鮮王朝を開いたのは誰か。	李成桂(太祖)
★★★★☆☆☆ 3 □□□	1394年に定められた、朝鮮王朝の都はどこか。	漢城
★★★★★★★ 4 □□□	12世紀末に源頼朝が鎌倉に建てた武家政権の名称は何か。	鎌倉幕府
★★★★☆☆☆ 5 □□□	室町幕府成立期に、朝廷や武士などの勢力が2つに分かれて対立した内乱を何と呼ぶか。	南北朝の争乱

■明初の政治

★★★★★★★ 1 □□□	1368年に成立した、江南から発展して中国統一に成功した王朝は何か。	明
★★★★☆☆☆ 2 □□□	南宋で始まったといわれる、弥勒下生信仰と結びついた民間の仏教系宗教結社は何か。	白蓮教
★★★★★★★ 3 □□□	明の建国者が台頭するきっかけとなった、元末におこった白蓮教徒を中心とした農民反乱は何か。	紅巾の乱
★★★★★★★ 4 □□□	明を建国し、洪武帝として即位したのは誰か。	朱元璋
★★★★★★★ 5 □□□	明の初期の首都はどこか。	南京(金陵)
★★★★☆☆☆ 6 □□□	明に大都を奪われモンゴル高原に退いた元の王朝を、明は何と呼んだか。	北元
★★★★★★★ 7 □□□	倭寇(前期倭寇)と呼ばれる海賊・私貿易の集団を取り締まるため、洪武帝がおこなった民間の海上交易禁止の政策を何と呼ぶか。	海禁

★★★★★★☆ **8** □□□	洪武帝の時から始まった、皇帝一代につき1つの元号とする制度を何と呼ぶか。	一世一元の制
★★★★★★★ **9** □□□	洪武帝時代の1380年に廃止された、それまで中央で六部を統括していた省は何か。	中書省
★★★☆☆☆☆ **10** □□□	洪武帝時代の1380年に廃止された、中書省の長官を何と呼ぶか。	丞相
★★★★★☆☆ **11** □□□	洪武帝による中書省の廃止以降は皇帝に直属した、行政執行機関の総称は何か。	六部
★★★★★★★ **12** □□□	洪武帝が制定し、農村統治と徴税などの連帯責任のために実施された村落行政制度の名称は何か。	里甲制
★★★★★★☆ **13** □□□	明代の戸籍・租税台帳の名称は何か。	賦役黄冊
★★★★★★☆ **14** □□□	明代に整備・拡充された土地台帳の名称は何か。	魚鱗図冊
★★★★★★☆ **15** □□□	洪武帝が発布した、民衆教化のための教訓を何と呼ぶか。	六諭
★★★☆☆☆☆ **16** □□□	六諭を村々で広めた役職は、何と呼ばれたか。	里老人
★★★★★☆☆ **17** □□□	洪武帝が、唐のものを基本とし、宋・元代の内容を参考にして1368年に公布した刑法典を何と呼ぶか。	明律
★★★★★☆☆ **18** □□□	洪武帝が1368年に公布した明の行政法典は何か。	明令
★★★★★★☆ **19** □□□	明で租税台帳に記載され、税や労役を課せられた農民・商人・手工業者の家を何と呼ぶか。	民戸
★★★★★★☆ **20** □□□	明代に兵役を負担した家を何と呼ぶか。	軍戸
★★★★★★☆ **21** □□□	洪武帝が、唐の府兵制を範として設立した兵制は何か。	衛所制
★☆☆☆☆☆☆ **22** □□□	1375年に洪武帝が発行した紙幣は何か。	宝鈔
★★★★★★☆ **23** □□□	洪武帝の孫で、明の第2代の皇帝は誰か。	建文帝
★★★★★☆☆ **24** □□□	建文帝による諸王抑圧策に対し、叔父の燕王がおこした内乱(クーデタ)は何と呼ばれるか。	靖難の役
★★★★★★★ **25** □□□	燕王が即位したのちの、皇帝名は何か。	永楽帝

★★☆☆☆☆☆☆		
26 □□□	永楽帝が創設し、明から清初期の最高政治機関となった内閣において、皇帝を補佐した大臣を何と呼ぶか。	内閣大学士
★★★★★★★★		
27 □□□	1421年、永楽帝はどこに遷都したか。	北京(北平)
★★★★★★★★		
28 □□□	永楽帝が、5回の親征をおこなった地域はどこか。	モンゴル
★★★★★★★★		
29 □□□	全7回(内6回が永楽帝の治世)にわたり南海諸国遠征をおこなった、イスラーム教徒の宦官は誰か。	鄭和
★★★★☆☆☆☆		
30 □□□	永楽帝が編纂させた中国最大の類書(百科事典)は何か。	『永楽大典』
★★★☆☆☆☆☆		
31 □□□	永楽帝が編纂させた四書の注釈書は何か。	『四書大全』
★★★☆☆☆☆☆		
32 □□□	永楽帝が編纂させた五経の注釈書は何か。	『五経大全』

■明朝の朝貢世界

★★★★★★★★		
1 □□□	明・清両朝がとった、外国船の往来、中国人の海外渡航や外国との交易の制限策を何と呼ぶか。	海禁
★★★★★★★★		
2 □□□	漢代よりおこなわれ、明もうながした、政府管理下での周辺諸国との恩恵的な形態の貿易を何と呼ぶか。	朝貢貿易
★★★☆☆☆☆☆		
3 □□□	中国皇帝が周辺諸国の支配者に位階を与え、君臣関係を結ぶことによって形成された国際秩序を何と呼ぶか。	冊封体制
★★★★★★★★		
4 □□□	15世紀以降の沖縄諸島の別称は何か。	琉球
★★★★★★☆☆		
5 □□□	15世紀初め、尚氏が北山国と南山国を征服して琉球王国を建国して以後、琉球全体の国王の呼称となった名称は何か。	中山王
★★★★★★★☆		
6 □□□	15世紀前半、明軍を退けてハノイを首都に建てられた、ベトナム王朝は何か。	黎朝
★★★★★★★★		
7 □□□	14世紀半ばに成立し、17世紀には中国・日本・ヨーロッパ諸国との商業活動で繁栄したタイの王朝は何か。	アユタヤ朝
★★★★★★★★		
8 □□□	鄭和が南海遠征の拠点とし、マジャパヒト王国にかわる東南アジア最大の交易拠点として栄えた、14世紀末〜1511年にマレー半島南西岸に存在したマレー人のイスラ	マラッカ(ムラカ)王国

★★★★★★☆☆☆ 9 □□□	<u>朝鮮</u>は何を官学としたか。	朱子学
★★★★★☆☆☆ 10 □□□	朝鮮の第3代国王太宗の時、1403年に官立の鋳字所が建てられて広く実用化された印刷活字は何か。	金属活字
★★★★★★★☆ 11 □□□	15世紀半ばの朝鮮で制定され、20世紀初頭になって「ハングル」(偉大な文字)と改称された朝鮮文字は何か。	訓民正音
★★★★★★★☆ 12 □□□	<u>訓民正音</u>を制定した、朝鮮第4代の国王は誰か。	世宗
★★★★★★★★ 13 □□□	日本で14世紀前半、<u>足利氏</u>が開いた武家政権は何か。	室町幕府
★★★★★★★☆ 14 □□□	南北朝の合一に成功し、将軍職を退いたのちの1401年に<u>明</u>と国交を開き、<u>明</u>から日本国王に封じられた室町幕府の第3代将軍は誰か。	足利義満
★★★★★★★☆ 15 □□□	<u>足利義満</u>が開始した、日明間の<u>朝貢貿易</u>(日明貿易)は、割符文書を使ったことから何と呼ばれるか。	勘合貿易
★★★★★★☆☆ 16 □□□	15世紀中頃全モンゴルを統一した、西北モンゴルを拠点としたモンゴル系の部族連合は何か。	オイラト(瓦剌)
★★★★★☆☆☆ 17 □□□	<u>オイラト</u>の部族連合の指導者で、1449年、<u>土木堡</u>で明の第6代皇帝を捕らえた人物は誰か。	エセン
★★★☆☆☆☆☆ 18 □□□	<u>土木堡</u>で捕らえられた明の第6代皇帝は誰か。	正統帝
★★★★★★★☆ 19 □□□	<u>正統帝</u>が捕らえられたできごとを何と呼ぶか。	土木の変
★★★★★★★☆ 20 □□□	モンゴル人の侵入が激化した16世紀に修築された建造物は何か。	万里の長城

■交易の活発化

★★★★★★☆☆ 1 □□□	モンゴル高原東部を拠点に、オイラトが勢力を失ったのち15世紀末から強勢となり、16世紀半ばに最盛期をむかえたモンゴル系諸族の明側の呼称は何か。	韃靼(タタール)
★★★★★★☆☆ 2 □□□	16世紀半ば以降、たびたび明に侵攻して一時は<u>北京</u>を包囲した、<u>モンゴル</u>の族長は誰か。	アルタン=ハーン

★★★★★★☆		
3 □□□	<u>日本人</u>を主体に朝鮮半島から遼東半島にかけて略奪行為をおこなった、14世紀の<u>倭寇</u>を何と呼ぶか。	前期倭寇
★★★★★★☆		
4 □□□	おもに<u>中国人</u>集団が中国沿岸で活動した、16世紀の<u>倭寇</u>を何と呼ぶか。	後期倭寇
★★★★★☆☆		
5 □□□	<u>五島列島</u>や<u>平戸</u>を拠点に倭寇の頭目として活動した、明の密貿易商人は誰か。	王直
★★★★★★☆		
6 □□□	明を苦しめた、北方と南(東)方からの外敵の侵入を何と総称するか。	北虜南倭
★★★★★★☆		
7 □□□	明代後半、<u>石見銀山</u>などで産出され、日本から中国に輸出された日本産の銀を何と呼ぶか。	日本銀
★★★★★☆☆		
8 □□□	16世紀以降、<u>スペイン</u>が対アジア貿易に使用したラテンアメリカ産の銀貨を何と呼ぶか。	メキシコ銀
★★★★★☆☆		
9 □□□	1543年、倭寇の頭目の一人<u>王直</u>が所有したとされる船で<u>ポルトガル人</u>が漂着し、日本に<u>鉄砲</u>が伝来した、九州南方の島はどこか。	種子島

■明代後期の社会と文化

★★★★★★☆		
1 □□□	長江下流域の水田の一部が綿花や桑などの商品作物の栽培に転換され、生糸や綿織物などの<u>家内制手工業</u>が発達した結果、<u>長江中流域</u>が<u>穀倉地帯</u>の中心となったことを示す言葉は何か。	「湖広熟すれば天下足る」
★★☆☆☆☆☆		
2 □□□	<u>絹織物業</u>で繁栄した、江蘇省の商工業都市はどこか。	蘇州
★★☆☆☆☆☆		
3 □□□	大運河南端の要地として<u>絹織物業</u>で繁栄した、浙江省の商工業都市はどこか。	杭州
★★★★★★☆		
4 □□□	絹織物に用いるため、加工を施す前の、蚕の繭からとった糸を何と呼ぶか。	生糸
★★★★★☆☆		
5 □□□	明代に政府直営の窯場がつくられ、中国随一の陶磁器生産地として栄えた<u>江西省</u>の都市はどこか。	景徳鎮
★★★☆☆☆☆		
6 □□□	明代に発達した、白磁に赤・緑・黄・黒・青などの釉で文様を描いた装飾技法・陶磁器を何と呼ぶか。	赤絵

★★★★★★★☆		
7 ☐☐☐	明初より、モンゴル勢力と対峙した北辺への軍糧補給と専売塩を扱う政商として活躍し、金融業を中心に全国的に活動した商人たちは、出身地の名から何と呼ばれたか。	山西商人
★★★★★★★☆		
8 ☐☐☐	塩の売買で大きな利益をあげ、その後、金融業でも活躍した、安徽省出身の商人を何と呼んだか。	徽州(新安)商人
★★★☆☆☆☆☆		
9 ☐☐☐	徽州(新安)商人や山西商人を代表とする、政府など政治権力と結びついて勢力を築いた商人を何と呼ぶか。	特権商人
★★★★★★★☆		
10 ☐☐☐	商工業関係の同業・同郷者などが、親睦・互助のために都市に建てた施設を何と呼ぶか。	会館・公所
★★★★★★★☆		
11 ☐☐☐	銀の流通増大を背景に、明代後半から清初にかけて実施された、租税と労役をまとめて銀に一本化して納入する新税制は何か。	一条鞭法
★★★★☆☆☆☆		
12 ☐☐☐	科挙を通じて得た資格や官僚経験をもつ地方社会の有力者を何と呼ぶか。	郷紳
★★★★★★★☆		
13 ☐☐☐	元代の原作を明代に編纂した、北宋末の108人の豪傑の武勇を描いた口語小説は何か。	『水滸伝』
★★★★★★★☆		
14 ☐☐☐	元代に歴史物語として発展したものに、元末〜明初に羅貫中が加筆して完成させた、三国時代の抗争を英雄豪傑を通して描いた口語の歴史小説は何か。	『三国志演義』
★★★★★★★☆		
15 ☐☐☐	元代に原型が成立し、明代後期に呉承恩が完成させた、玄奘のインド旅行を舞台に、妖怪説話が混入された口語小説は何か。	『西遊記』
★★★★☆☆☆☆		
16 ☐☐☐	『水滸伝』の一部を発展させて、豪商の欲望に満ちた生活を描いた、明末の口語風俗小説は何か。	『金瓶梅』
★☆☆☆☆☆☆☆		
17 ☐☐☐	明末の画家董其昌がとなえた中国絵画の分類で、職業画家による北宗画に対するものとして、文人画系の様式を何と呼んだか。	南宗画
★★★☆☆☆☆☆		
18 ☐☐☐	芝居とともに庶民に親しまれた、軍記物語や武勇伝などを、抑揚をつけて語り聞かせる演芸は何か。	講談
★★★☆☆☆☆☆		
19 ☐☐☐	明で官学とされた、南宋の朱熹によって体系化された儒	朱子学

教哲学は何か。

★★★★★★☆		
20 ☐☐☐	南宋の陸九淵の「心即理」をとなえる儒学を完成させた、明代の学者・政治家は誰か。	王守仁(王陽明)
★★★★★★☆		
21 ☐☐☐	陸九淵に始まる儒学は、完成者の名から何と呼ばれるか。	陽明学
★☆☆☆☆☆☆		
22 ☐☐☐	本来もっている心そのものが人間の本質に合致すると考える、陽明学の代表的概念を示す言葉は何か。	心即理
★★★★☆☆☆		
23 ☐☐☐	陽明学の代表的概念の1つで、朱子学の知識重視に反対する立場から、無学な庶民にも本来そなわっている良知を重視し、良知と行動は一体であるとする考え方は何か。	知行合一
★☆☆☆☆☆☆		
24 ☐☐☐	生まれながらの心を「童心」と呼んで欲望を積極的に肯定した、明末の陽明学の急進派を代表する思想家は誰か。	李贄(李卓吾)
★★☆☆☆☆☆		
25 ☐☐☐	明末に生まれた、「経世致用の学」とも呼ばれる、社会に役立つ学問を何と呼ぶか。	実学
★★★★★☆☆		
26 ☐☐☐	明代(1596年)に刊行された、薬物に関する解説書は何か。	『本草綱目』
★★★★★☆☆		
27 ☐☐☐	『本草綱目』の著者は誰か。	李時珍
★★★★★☆☆		
28 ☐☐☐	明代(1639年)に刊行された、農業関係の総合書は何か。	『農政全書』
★★★★★☆☆		
29 ☐☐☐	『農政全書』を編纂し、またキリスト教に入信した明末の政治家・学者は誰か。	徐光啓
★★★★★☆☆		
30 ☐☐☐	明代(1637年)に刊行された、図入りの産業技術書は何か。	『天工開物』
★★★★★☆☆		
31 ☐☐☐	『天工開物』の著者は誰か。	宋応星
★★★★★★☆		
32 ☐☐☐	1534年、イグナティウス゠ロヨラらによって創設され、積極的な海外布教を展開したカトリック修道会は何か。	イエズス会(ジェズイット教団)
★★★★★☆☆		
33 ☐☐☐	イグナティウス゠ロヨラとともにイエズス会を創立し、初めインド・東南アジアで布教し、のち日本で伝道した宣教師は誰か。	フランシスコ゠ザビエル
★★★★★★★		
34 ☐☐☐	利瑪竇の中国名をもち、明の万暦帝時代にイエズス会最初の伝道をおこなった、イタリア出身の宣教師は誰か。	マテオ゠リッチ
★★★★★★☆		
35 ☐☐☐	マテオ゠リッチの指導のもと作成された、中国最初の漢	「坤輿万国全図」

訳版世界地図は何か。

★★★★★★☆
36 徐光啓の指導下で事業が開始され、アダム＝シャールが完成させた、明末に編纂された暦法書は何か。 — 『崇禎暦書』

★★★★★★☆
37 徐光啓の協力を得てマテオ＝リッチが漢訳した、エウクレイデスの数学書の前半部分の漢訳本は何か。 — 『幾何原本』

■東南アジアの動向

★★★★★★★
1 マレー半島南西岸のイスラーム王国として繁栄したが、1511年にポルトガルに占領された国はどこか。 — マラッカ(ムラカ)王国

★★★☆☆☆☆
2 1511年のポルトガルによるマラッカ王国の占領後、逃れたマレー人が南下して建設した、マレー半島南部のイスラーム港市国家は何か。 — ジョホール王国

★★★★★★☆
3 15世紀末からスマトラ島北部に建てられ、海洋交易で繁栄したイスラーム国家は何か。 — アチェ王国

★★★☆☆☆☆
4 16世紀前半にジャワ島西部に建てられ、コショウ交易で繁栄したイスラームの港市国家は何か。 — バンテン王国

★★★★★★☆
5 16世紀後半、ジャワ島中・東部に建てられ、稲作と交易で栄えたイスラーム国家は何か。 — マタラム王国

★★★★★★☆
6 コショウ・シナモン・クローヴといった東南アジアやインド産の香辛料を取引する貿易を何と呼ぶか。 — 香辛料貿易

★★★★★★☆
7 パガン朝滅亡以来の混乱を終わらせ、16世紀前半〜18世紀半ばに存在した、ビルマ人の統一王朝は何か。 — タウングー(トゥングー)朝

★★★★★★☆
8 14世紀半ばに建てられ、カンボジアのアンコール朝やタイ北部のスコータイ朝を支配下に入れ、中国・日本やヨーロッパとの貿易で繁栄したタイの王朝は何か。 — アユタヤ朝

★☆☆☆☆☆☆
9 タイ語系ラオ人が14世紀に建てたラーンサーン王国に始まる、インドシナ半島内陸山岳地帯の国は何か — ラオス

■東アジアの新興勢力

★★★★☆☆☆
1 16〜17世紀前半に、ポルトガルとスペインの船によって — 南蛮貿易

おこなわれた対日貿易は、何と呼ばれるか。	
★★★★★★☆ **2** □□□ 1543年、ポルトガル人が<u>種子島</u>に漂着した際に日本に伝え、戦術や城の構造を一変させた武器は何か。	鉄砲
★★★★★★☆ **3** □□□ <u>室町</u>幕府を滅ぼし、全国統一をめざした、尾張出身の戦国大名は誰か。	<ruby>織<rt>お</rt></ruby><ruby>田<rt>だ</rt></ruby><ruby>信<rt>のぶ</rt></ruby><ruby>長<rt>なが</rt></ruby>織田信長
★★★★★★★ **4** □□□ 16世紀末、2度の<u>朝鮮侵攻</u>を命じた日本の武将は誰か。	<ruby>豊<rt>とよ</rt></ruby><ruby>臣<rt>とみ</rt></ruby><ruby>秀<rt>ひで</rt></ruby><ruby>吉<rt>よし</rt></ruby>豊臣秀吉
★★★☆☆☆☆ **5** □□□ <u>豊臣秀吉</u>の2度にわたる<u>朝鮮侵攻</u>に対する、日本側の呼称は何か。	<ruby>文<rt>ぶん</rt></ruby><ruby>禄<rt>ろく</rt></ruby>・<ruby>慶<rt>けい</rt></ruby><ruby>長<rt>ちょう</rt></ruby>の役
★★★★★☆☆ **6** □□□ <u>豊臣秀吉</u>の2度にわたる<u>朝鮮侵攻</u>に対する、朝鮮側の呼称は何か。	<ruby>壬<rt>じん</rt></ruby><ruby>辰<rt>しん</rt></ruby>・<ruby>丁<rt>てい</rt></ruby><ruby>酉<rt>ゆう</rt></ruby><ruby>倭<rt>わ</rt></ruby><ruby>乱<rt>らん</rt></ruby>壬辰・丁酉倭乱
★★★★★★☆ **7** □□□ 朝鮮侵攻の際、日本水軍を撃破した<u>朝鮮</u>の武将は誰か。	<ruby>李<rt>り</rt></ruby><ruby>舜<rt>しゅん</rt></ruby><ruby>臣<rt>しん</rt></ruby>李舜臣
★★☆☆☆☆☆ **8** □□□ <u>李舜臣</u>が改良した、<ruby>甲<rt>かん</rt></ruby><ruby>板<rt>ばん</rt></ruby>を厚板で覆った軍船は何か。	<ruby>亀<rt>き</rt></ruby><ruby>船<rt>せん</rt></ruby>(亀甲船)
★★★★★★☆ **9** □□□ 17世紀初め、<u>江戸幕府</u>を開いた人物は誰か。	<ruby>徳<rt>とく</rt></ruby><ruby>川<rt>がわ</rt></ruby><ruby>家<rt>いえ</rt></ruby><ruby>康<rt>やす</rt></ruby>徳川家康
★★★★★★☆ **10** □□□ 江戸時代初期、幕府から渡航許可証を与えられて東南アジアとの交易をおこなった船を何と呼ぶか。	<ruby>朱<rt>しゅ</rt></ruby><ruby>印<rt>いん</rt></ruby><ruby>船<rt>せん</rt></ruby>朱印船
★★★★★★☆ **11** □□□ 17世紀初め、<u>東南アジア</u>各地に進出した日本人がつくった集団的居住地を何と呼ぶか。	日本町
★★★☆☆☆☆ **12** □□□ 1624年に<u>オランダ</u>が拠点を築いた、中国南部の福建省対岸の島はどこか。	台湾
★★★★★★☆ **13** □□□ 1641年に江戸幕府が実施した、キリスト教禁止と貿易統制を目的に、対外通交を極端に制限する政策は何と呼ばれるか。	「<ruby>鎖<rt>さ</rt></ruby><ruby>国<rt>こく</rt></ruby>」
★★★★★★★ **14** □□□ 中国東北地方に居住し、12世紀初めに金朝を建てたこともある<u>ツングース</u>系民族は何か。	<ruby>女<rt>じょ</rt></ruby><ruby>真<rt>しん</rt></ruby>(<ruby>女<rt>じょ</rt></ruby><ruby>直<rt>ちょく</rt></ruby>、<ruby>満<rt>まん</rt></ruby><ruby>洲<rt>しゅう</rt></ruby>人)
★★☆☆☆☆☆ **15** □□□ 遼東半島の北側に居住した<u>女真</u>の一派は何か。	<ruby>建<rt>けん</rt></ruby><ruby>州<rt>しゅう</rt></ruby><ruby>部<rt>ぶ</rt></ruby>建州部
★★★★★★☆ **16** □□□ 遼東半島の北側に居住した<u>建州部</u>出身で、<u>女真</u>の統一に成功した人物は誰か。	ヌルハチ
★★★★★★☆ **17** □□□ <u>ヌルハチ</u>が建州部を統一して名づけた国の名称であり、	満洲

のちに女真にかわる民族名としても称するようになった、文殊菩薩に由来するともされる名称は何か。

★★★★★★★ 18 □□□	中国東北地方全域に支配を拡大した<u>ヌルハチ</u>が、1616年に建てた国は何か。	金(後金、アイシン)
★★★★★★★ 19 □□□	<u>ヌルハチ</u>が編制した、独自の軍事・行政組織は何か。	八旗
★★☆☆☆☆☆ 20 □□□	<u>八旗</u>に属した武人階級を何と呼ぶか。	旗人
★☆☆☆☆☆☆ 21 □□□	<u>旗人</u>に支給された土地を何と呼ぶか。	旗地
★★★★★★★ 22 □□□	満洲語を表記するため、モンゴル文字をもとに<u>ヌルハチ</u>の命でつくられた民族文字は何か。	満洲文字
★★★★★★★ 23 □□□	1626年に即位した、金(後金、<u>清</u>)の第2代皇帝は誰か。	ホンタイジ(太宗)
★★☆☆☆☆☆ 24 □□□	1625年に<u>ヌルハチ</u>が都とし、<u>ホンタイジ</u>が改称した中国東北地方の都市はどこか。	盛京(瀋陽)
★★★★☆☆☆ 25 □□□	1635年、<u>ホンタイジ</u>の時に服属した、<u>内モンゴル</u>を支配していたモンゴル系部族は何か。	チャハル
★★★★★★★ 26 □□□	<u>ホンタイジ</u>が、1636年に改めた国号は何か。	清
★★★☆☆☆☆ 27 □□□	北虜南倭による軍事費増大のため財政難となるなど明が衰退期に入るなか、16世紀後半に幼少で即位した明の第14代皇帝は誰か。	万暦帝
★★★★★★★ 28 □□□	<u>万暦帝</u>の幼少期、10年間にわたって首席内閣大学士として財政再建をはかった政治家は誰か。	張居正
★★☆☆☆☆☆ 29 □□□	<u>張居正</u>と対立して罷免され、帰郷後、学問所をつくり、激しい政治批判を展開した政治家は誰か。	顧憲成
★★★★☆☆☆ 30 □□□	<u>顧憲成</u>が、江蘇省無錫で再興した学問所の名称は何か。	東林書院
★★★★☆☆☆ 31 □□□	<u>東林書院</u>と密接な関係をもった政治的党派は何と呼ばれるか。	東林派
★★★★☆☆☆ 32 □□□	<u>東林派</u>と対立した、<u>宦官</u>と組んだ政治的党派は何と呼ばれるか。	非東林派
★☆☆☆☆☆☆ 33 □□□	反乱続発のなか、1644年<u>北京</u>を占領されて自殺した、<u>明</u>	崇禎帝

第9章

大交易・大交流の時代

最後の皇帝は誰か。

<div style="border:1px solid">34</div> □□□	1644年に明を滅ぼした、農民反乱軍の指導者は誰か。	李自成

❷ ヨーロッパの海洋進出とアメリカ大陸の変容　用語集 p.134〜138

香辛料の需要と、繁栄するアジアへの憧れなどから、西ヨーロッパは競って大航海に乗り出した。15世紀末、国土回復運動を終えたポルトガルは、アジア航路を開拓し利益をあげ、他方スペインは、アメリカ大陸に到達して現地の文明を滅ぼし、大量の銀を世界に供給するとともに、アフリカから黒人奴隷を運んで大農園を経営した。

■ヨーロッパの海洋進出／ヨーロッパのアジア参入

<div>★★★★★★☆☆</div> 1 □□□	マルコ゠ポーロがアジアでの経験や伝聞を口述した旅行記の名は何か。	『世界の記述』(『東方見聞録』)
<div>★★★★☆☆☆☆</div> 2 □□□	日本は『世界の記述』では何と呼ばれたか。	ジパング
<div>★★★★★★☆☆</div> 3 □□□	大航海時代にヨーロッパ諸国が東西交易で獲得しようとした、インドやマルク諸島原産のコショウやナツメグの総称は何か。	香辛料
<div>★★★★★★☆☆</div> 4 □□□	15世紀前半にアフリカ西岸の探検を援助し、アフリカ西北端のセウタを攻略するなど、ポルトガルの海外発展の基礎を築き、「航海王子」とも呼ばれた王子は誰か。	エンリケ
<div>★★☆☆☆☆☆☆</div> 5 □□□	アジア航路(インド航路)の開拓を支援した、15世紀後半のポルトガル王は誰か。	ジョアン2世
<div>★★★★★☆☆☆</div> 6 □□□	ジョアン2世の命で出港し、1488年にアフリカ南端を確認したポルトガルの航海者は誰か。	バルトロメウ゠ディアス
<div>★★★★★★☆☆</div> 7 □□□	アフリカ南端の地点を、ジョアン2世は何と命名したか。	喜望峰
<div>★★★★★★★☆</div> 8 □□□	1498年、イスラーム教徒の水先案内でアジア航路の開拓に成功したポルトガルの航海者は誰か。	ヴァスコ゠ダ゠ガマ
<div>★★★★★☆☆☆</div> 9 □□□	ヴァスコ゠ダ゠ガマが到達したインド西南岸の港市はどこか。	カリカット
<div>★★★☆☆☆☆☆</div> 10 □□□	香料諸島への中継地として、1505年にポルトガル人が来	セイロン島(スリラ

航し、しだいに支配を固めたインド南端の島はどこか。	ンカ)	

★★★★★★☆
11 □□□	1510年に<u>ポルトガル</u>の遠征軍が占領し、総督府をおき、以後アジア進出の本拠地とした港市はどこか。	ゴア

★★★★★★★
12 □□□	1511年に<u>ポルトガル</u>が占領した、マレー半島南西部の港市を拠点とした国家は何か。	マラッカ(ムラカ)王国

★★★★☆☆☆
13 □□□	1512年のポルトガル、1521年のスペイン勢力の来航後、各国の争奪の的となった<u>香辛料</u>の主産地はどこか。	マルク(モルッカ・香料)諸島

★☆☆☆☆☆☆
14 □□□	1517年より<u>ポルトガル</u>との取引が開始された、明の港湾都市はどこか。	広州 <small>こうしゅう</small>

★★★★★★★
15 □□□	1517年の来航後、1557年に<u>ポルトガル人</u>が明から居住権を獲得し、対明貿易の拠点となった広州南方の港市はどこか。	マカオ

★★★★☆☆☆
16 □□□	1550年に<u>ポルトガル</u>船が来航して<u>南蛮貿易</u>が開始された、長崎県北西部の島の港はどこか。	平戸 <small>ひらど</small>

★★☆☆☆☆☆
17 □□□	16世紀前半の<u>ポルトガル</u>のように、領域を支配せず、海洋ルートの支配で交易独占をはかった国を何と呼ぶか。	海上交易帝国

★★★★★★☆
18 □□□	16世紀を通じて<u>香辛料貿易</u>で繁栄した、<u>ポルトガル</u>の首都はどこか。	リスボン

■ヨーロッパのアメリカ「発見」と征服

★★★★★★★
1 □□□	1492年、<u>スペイン女王</u>の援助を受け、西まわりでのアジア航路開拓に出航した<u>ジェノヴァ</u>生まれの航海者は誰か。	コロンブス

★★★☆☆☆☆
2 □□□	<u>コロンブス</u>を援助したスペイン女王は誰か。	イサベル

★★★★★☆☆
3 □□□	<u>コロンブス</u>に大きな影響を与えた、<u>フィレンツェ</u>生まれの天文・地理学者は誰か。	トスカネリ

★★★★★★★
4 □□□	コロンブスに大きな影響を与えた、<u>トスカネリ</u>のとなえた説は何か。	地球球体説

★★★★★★☆
5 □□□	第1回西航時に<u>コロンブス</u>の一行が最初に上陸したとされる、バハマ諸島の島はどこか。	サンサルバドル島

★★☆☆☆☆☆ 6 □□□	大航海時代前に、ヨーロッパ人がインドから日本にかけてのアジア大陸東半分を指して呼んだ名称は何か。	インディアス
★★★☆☆☆☆ 7 □□□	コロンブスが<u>インディアス</u>と誤認したため、カリブ海東部の島々を総称するようになった名称は何か。	西インド諸島
★★★★☆☆☆ 8 □□□	コロンブスが<u>インディアス</u>に到達したと誤解したことから生まれた、アメリカ大陸<u>先住民</u>に対する呼称は何か。	インディオ(インディアン)
★☆☆☆☆☆☆ 9 □□□	コロンブスのアジア到達の報に接し、教皇<u>アレクサンデル6世</u>が1493年に設定した、ポルトガル・スペインの勢力分界線を何と呼ぶか。	教皇子午線
★★★☆☆☆☆ 10 □□□	ポルトガル・スペイン両国が協議して、1494年に<u>教皇子午線</u>を修正し、境界線を西方に移動した海外領土分割条約は何か。	トルデシリャス条約
★★★★☆☆☆ 11 □□□	イギリス王<u>ヘンリ7世</u>の後援で、ニューファンドランド・北アメリカ沿岸を探検したイタリアの航海者は誰か。	カボット(父子)
★★★☆☆☆☆ 12 □□□	フランス王フランソワ1世の命により、現在のカナダ北西部セントローレンス川周辺を探検し、1534年に<u>カナダ</u>の地を領有宣言した、<u>フランス</u>の航海者は誰か。	カルティエ
★★★★★☆☆ 13 □□□	1500年、アジアに向かう航海中に嵐にあい、現在の<u>ブラジル</u>に漂着したポルトガルの航海者は誰か。	カブラル
★★★★★★☆ 14 □□□	1499年からの数回にわたる探検で、コロンブス到達の地がアジアでないと判定したフィレンツェの航海者は誰か。	アメリゴ゠ヴェスプッチ
★★★★★★☆ 15 □□□	ドイツの地理学者が<u>アメリゴ゠ヴェスプッチ</u>の名前にちなんで命名した、「新大陸」の名称は何か。	「アメリカ」
★★★★★★★ 16 □□□	1513年に<u>パナマ地峡</u>を横断し、ヨーロッパ人としてはじめて太平洋に到達したスペインの探検家は誰か。	バルボア
★★★★★★☆ 17 □□□	1519年に<u>スペイン王</u>の援助を受けて西まわりで出発し、自身は<u>フィリピン</u>で戦死するも、部下が22年に帰港したことで初の<u>世界周航</u>が達成された、ポルトガルの航海者は誰か。	マゼラン(マガリャンイス)
★★★★★★☆ 18 □□□	<u>マゼラン</u>が命名した「おだやかな海」とは、何を指すか。	太平洋

★★★★★★★ 19 □□□	1571年に初代フィリピン総督の<u>レガスピ</u>がルソン島に建設し、その後<u>スペイン</u>の対アジア貿易の拠点となった港市はどこか。	マニラ
★★★★★☆☆ 20 □□□	スペイン語では「<u>コンキスタドール</u>」といい、アメリカ大陸到達後、中南米で征服活動や植民地経営をおこなった<u>スペイン人</u>を何と称するか。	「征服者」
★★★★★★★ 21 □□□	1521年に<u>アステカ王国</u>を滅ぼし、<u>メキシコ</u>を征服した<u>スペイン人</u>は誰か。	コルテス
★★★☆☆☆☆ 22 □□□	現在のメキシコシティに位置する、<u>アステカ王国</u>の首都はどこか。	テノチティトラン
★★★★★★★ 23 □□□	1533年に<u>インカ帝国</u>を滅ぼし、<u>ペルー</u>を征服したスペイン人は誰か。	ピサロ
★☆☆☆☆☆☆ 24 □□□	アンデス山脈の標高約3400m地帯に位置する、<u>インカ帝国</u>の首都はどこか。	クスコ
★★★★★★☆ 25 □□□	16世紀初めよりスペインが採用した、<u>先住民のキリスト教徒化</u>を条件に、植民者に先住民とその土地に対する支配を委託した制度を何と呼ぶか。	エンコミエンダ制
★★★★★★★ 26 □□□	<u>エンコミエンダ制</u>のもとでの<u>インディオ</u>の悲惨(ひさん)な状況をスペイン国王に訴えた、ドミニコ会修道士は誰か。	ラス゠カサス
★★☆☆☆☆☆ 27 □□□	<u>エンコミエンダ制</u>にかわり、17〜18世紀に広まった、債務奴隷をおもな労働力とする大農園制を何と呼ぶか。	アシエンダ制
★★★★★★★ 28 □□□	伝染病や酷使(こくし)によるインディオ人口の激減を補うため、アフリカから、どのような人が労働力として運ばれたか。	黒人奴隷
★★★☆☆☆☆ 29 □□□	スペイン政府が外国商人と結んだ、スペイン領アメリカに対する奴隷供給請負契約のことを何と呼ぶか。	アシエント
★★★★★★★ 30 □□□	カリブ海地域やアメリカ大陸で発展した、おもに植民地や半植民地で<u>輸出用商品作物</u>を生産する大農園制・経営を何と呼ぶか。	プランテーション
★★★★★★★ 31 □□□	1545年に現在の<u>ボリビア南部</u>で発見された、アメリカ大陸最大の銀山の名前は何か。	ポトシ銀山

★★★★☆☆☆ **32** □□□	大航海期にポルトガルやスペインが用いた大型帆船は何と呼ばれるか。	ガレオン船
★★★★★★★ **33** □□□	スペインがおもに<u>ガレオン船</u>を用いて太平洋でおこなった、<u>メキシコ</u>とフィリピンの<u>マニラ</u>を結ぶ貿易を何と呼ぶか。	アカプルコ貿易

■「世界の一体化」と大西洋世界の形成

★★★★☆☆☆ **1** □□□	ヨーロッパ人が海洋に進出したことで、世界各地に形成された地域的世界が、商業活動などを通して結びつきを強めていった状況を何と呼ぶか。	「世界の一体化」
★★★★★★★ **2** □□□	新航路の開拓やアメリカ大陸への到達で、ヨーロッパでの国際商業の中心が<u>地中海沿岸</u>から<u>大西洋沿岸地域</u>に移った現象を何と呼ぶか。	商業革命
★★★☆☆☆☆ **3** □□□	16世紀の<u>商業革命</u>によりヨーロッパ経済の中心として繁栄したが、同世紀末の<u>オランダ独立戦争</u>で破壊された、現在のベルギー北部の港湾都市はどこか。	アントウェルペン（アントワープ）
★★★★★★★ **4** □□□	アメリカ大陸から大量の<u>銀</u>が流入し、ヨーロッパで銀価が下落し、物価が騰貴した現象を何と呼ぶか。	価格革命
★★★★★★☆ **5** □□□	プロイセンなど東欧で発展した、おもに西欧への<u>輸出用穀物</u>を生産するため、地主貴族が農民の賦役労働を利用しておこなった農業経営形態を何と呼ぶか。	農場領主制（グーツヘルシャフト）
★★★☆☆☆☆ **6** □□□	<u>農場領主制</u>拡大のなか、領主の農民に対する賦役労働や人格支配強化の状況を何と呼ぶか。	再版農奴制
★★★☆☆☆☆ **7** □□□	1960年代からアメリカの社会学者ウォーラーステインが主張した考え方において、商業活動が地球的規模に拡大するなかで成立したとする、「中核」と「周辺」からなる世界的分業体制を何と呼ぶか。	「近代世界システム」
★★★★☆☆☆ **8** □□□	ユーラシア大陸・アフリカ大陸とアメリカ大陸が交流したことで、食物や動植物、奴隷や疫病など様々な文化要素が交換されたことを、何と称するか。	「コロンブス交換」

第10章

アジアの諸帝国の繁栄

　「世界の一体化」にともなって国際交易が発展するなか、**アジア**では、アナトリアに**オスマン帝国**、イランに**サファヴィー朝**、インドに**ムガル帝国**というムスリム国家が台頭した。これらの国家は、強力な**常備軍**と整った**官僚制**により中央集権的な統治機構を築き、交易や商業の奨励によって栄え、ヨーロッパ諸国を圧倒する国力を有した。一方、中国では**満洲人**の**清**が明の官僚制や税制度を継承し、モンゴル・チベット・東トルキスタンを含む大帝国を築いた。明末以降、**キリスト教宣教師**が中国に来航して東西の文化交流も進んだが、<u>典礼問題</u>を機に行き詰った。

【アジアの諸帝国の動向】

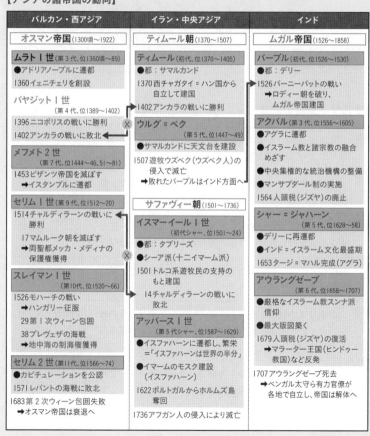

バルカン・西アジア	イラン・中央アジア	インド
オスマン帝国(1300頃～1922)	**ティムール朝**(1370～1507)	**ムガル帝国**(1526～1858)
ムラト1世(第3代、位1360頃～89) ●アドリアノープルに遷都 1360イェニチェリを創設	**ティムール**(初代、位1370～1405) ●都:サマルカンド 1370西チャガタイ=ハン国から自立して建国 1402アンカラの戦いに勝利	**バーブル**(初代、位1526～1530) ●都:デリー 1526パーニーパットの戦い ➡ロディー朝を破り、ムガル帝国建国
バヤジット1世(第4代、位1389～1402) 1396ニコポリスの戦いに勝利 1402アンカラの戦いに敗北	**ウルグ=ベク**(第5代、位1447～49) ●サマルカンドに天文台を建設 1507遊牧ウズベク(ウズベク人)の侵入で滅亡 ➡敗れたバーブルはインド方面へ	**アクバル**(第3代、位1556～1605) ●アグラに遷都 ●イスラーム教と諸宗教の融合めざす ●中央集権的な統治機構の整備 ●マンサブダール制の実施 1564人頭税(ジズヤ)の廃止
メフメト2世(第7代、位1444～46、51～81) 1453ビザンツ帝国を滅ぼす ➡イスタンブルに遷都	**サファヴィー朝**(1501～1736) **イスマーイール1世**(初代シャー、位1501～24) ●都:タブリーズ ●シーア派(十二イマーム派) 1501トルコ系遊牧民の支持のもと建国 14チャルディラーンの戦いに敗北	**シャー=ジャハーン**(第5代、位1628～58) ●デリーに再遷都 ●インド=イスラーム文化最盛期 1653タージ=マハル完成(アグラ)
セリム1世(第9代、位1512～20) 1514チャルディラーンの戦いに勝利 17マムルーク朝を滅ぼす ➡両聖都メッカ・メディナの保護権獲得		**アウラングゼーブ**(第6代、位1658～1707) ●厳格なイスラーム教スンナ派信仰 ●最大版図築く 1679人頭税(ジズヤ)の復活 ➡マラーター王国(ヒンドゥー教国)など反発
スレイマン1世(第10代、位1520～66) 1526モハーチの戦い ➡ハンガリー征服 29第1次ウィーン包囲 38プレヴェザの海戦 ➡地中海の制海権獲得	**アッバース1世**(第5代シャー、位1587～1629) ●イスファハーンに遷都し、繁栄=「イスファハーンは世界の半分」 ●イマームのモスク建設(イスファハーン) 1622ポルトガルからホルムズ島奪回	1707アウラングゼーブ死去 ➡ベンガル太守ら有力官僚が各地に自立し、帝国は解体へ
セリム2世(第11代、位1566～74) ●カピチュレーションを公認 1571レパントの海戦に敗北 1683第2次ウィーン包囲失敗 ➡オスマン帝国は衰退へ	1736アフガン人の侵入により滅亡	

❶ オスマン帝国とサファヴィー朝 用語集 p.139〜142

アナトリアに誕生した<u>オスマン帝国</u>は、**ティムール軍**に<u>アンカラの戦い</u>で敗れて一時滅亡の危機に瀕したが、再興後には<u>ビザンツ帝国</u>を滅ぼし、16世紀には3大陸にまたがる大帝国を築いた。一方、**ティムール朝**滅亡後の**イラン**では<u>サファヴィー朝</u>が建国され、17世紀には首都<u>イスファハーン</u>は国際商業都市として繁栄した。

■オスマン帝国の成立

★★★★★★★☆ **1** ☐☐☐	1300年頃、アナトリア西部に成立した<u>トルコ系</u>のスンナ派イスラーム帝国は何か。	オスマン帝国
★★★☆☆☆☆☆ **2** ☐☐☐	14世紀後半にブルサから遷都後、1453年まで<u>オスマン帝国</u>の首都であった、バルカン半島南東部の都市はどこか。	アドリアノープル （エディルネ）
★★☆☆☆☆☆☆ **3** ☐☐☐	1396年、<u>オスマン帝国</u>がドナウ川近くでハンガリー王ジギスムント率いるヨーロッパ連合軍を破った戦いは何か。	ニコポリスの戦い
★★★★★☆☆☆ **4** ☐☐☐	1402年にオスマン帝国が<u>ティムール軍</u>に大敗した会戦は何か。	アンカラの戦い
★★★★★★★☆ **5** ☐☐☐	<u>ニコポリスの戦い</u>に勝利したが、1402年の<u>アンカラの戦い</u>でティムール軍に敗れて捕らわれたオスマン帝国のスルタンは誰か。	バヤジット1世
★★★★★★☆☆ **6** ☐☐☐	1453年、オスマン軍により首都<u>コンスタンティノープル</u>を占領され、滅亡した国は何か。	ビザンツ帝国
★★★★★★★☆ **7** ☐☐☐	<u>ビザンツ帝国</u>を滅ぼした、オスマン帝国の第7代スルタンは誰か。	メフメト2世

★★★★★☆☆ **8** ☐☐☐	オスマン帝国が1453年以降に首都とした、<u>コンスタンティノープル</u>の別称は何か。	イスタンブル
★★★☆☆☆☆ **9** ☐☐☐	<u>イスタンブル</u>に建てられたオスマン帝国の宮殿の名称は何か。	トプカプ宮殿
★★★★☆☆☆ **10** ☐☐☐	オスマン帝国の初期、分与地での徴税権を与えられて軍隊の主力となった、トルコ系騎士を何と呼ぶか。	シパーヒー
★★★★★★☆ **11** ☐☐☐	オスマン帝国が騎士に対して、軍事奉仕の代償として分与地での徴税権を与えた制度を何と呼ぶか。	ティマール制
★★★★★★☆ **12** ☐☐☐	<u>デヴシルメ</u>と呼ばれる、キリスト教徒の優秀な男子をイスラーム教に改宗させて徴集する制度によって登用された、帝国の官僚・軍団兵士を何と呼ぶか。	「スルタンの奴隷」 (カプクル)
★★★★★★★ **13** ☐☐☐	「<u>スルタンの奴隷</u>」のうち、鉄炮や大砲などの火器で武装したスルタン直属の常備歩兵軍団を何と呼ぶか。	イェニチェリ

■オスマン帝国の拡大

★★★★★★☆ **1** ☐☐☐	1514年に<u>サファヴィー朝</u>を破り、17年には<u>エジプト</u>を征服したオスマン帝国のスルタンは誰か。	セリム1世
★★★★★★☆ **2** ☐☐☐	1517年、<u>セリム1世</u>に滅ぼされ、両聖都<u>メッカ</u>・<u>メディナ</u>の保護権を奪われたエジプトのイスラーム王朝は何か。	マムルーク朝
★★★★★★★ **3** ☐☐☐	オスマン帝国の全盛期を現出した、16世紀前半から後半にかけての第10代スルタンは誰か。	スレイマン1世
★★★★★☆☆ **4** ☐☐☐	1526年の<u>モハーチの戦い</u>のあと、大半がオスマン帝国の支配下に入った東ヨーロッパの国(地域)はどこか。	ハンガリー
★★★★★★☆ **5** ☐☐☐	1529年、オスマン帝国がハプスブルク家が支配するオーストリアの都を包囲したできごとを何と呼ぶか。	第1次ウィーン包囲 (戦)
★★★★★★☆ **6** ☐☐☐	1538年、オスマン海軍がギリシア西岸でスペイン・ヴェネツィア・教皇の連合艦隊を破った戦いは何か。	プレヴェザの海戦
★★★★★★☆ **7** ☐☐☐	<u>スレイマン1世</u>がイスタンブルに建立した、イスラーム建築の代表的モスクは何か。	スレイマン＝モスク

★★★★☆☆☆ **8** □□□ <u>スレイマン＝モスク</u>を建てたことで知られる建築家は誰か。	シナン（スィナン）
★★★★★☆☆ **9** □□□ 1571年、オスマン海軍がギリシア西岸の湾内で、スペイン・ヴェネツィア・教皇の連合艦隊に敗れた戦いは何か。	レパントの海戦

■拡大後のオスマン帝国下の社会

★★★★☆☆☆ **1** □□□ 17世紀以降、<u>ティマール制</u>にかわりオスマン帝国で普及・拡大した徴税制度は何か。	徴税請負制
★★★☆☆☆☆ **2** □□□ オスマン帝国で18世紀以降、<u>徴税請負権</u>を握り、地方社会の実質的な支配者となった人々を何と呼ぶか。	アーヤーン
★★★☆☆☆☆ **3** □□□ <u>シャリーア</u>（イスラーム法）に対して、オスマン帝国で行政・世俗法を指す言葉は何か。	カーヌーン
★☆☆☆☆☆☆ **4** □□□ オスマン帝国では地方行政も担当した、イスラーム世界の裁判官を何と呼ぶか。	カーディー
★★★★★★☆ **5** □□□ オスマン帝国から、貢納の代償に信仰や社会制度の維持を認められた<u>非ムスリムの宗教共同体</u>は何と呼ばれるか。	ミッレト
★★☆☆☆☆☆ **6** □□□ イスタンブルなど都市部の市場でまとまって店や工房を開き、キリスト教徒やユダヤ教徒が加わることもあった、オスマン帝国における<u>同業組合</u>を何と呼ぶか。	エスナーフ
★★★★☆☆☆ **7** □□□ スレイマン1世時代に一般化した慣習にもとづき、1569年にセリム2世が<u>フランス</u>にはじめて公認した、オスマン帝国領内での通商上の恩恵的特権を何と呼ぶか。	カピチュレーション
★★★★☆☆☆ **8** □□□ イスタンブルでは16世紀に専門店舗がつくられ、一般庶民から政府高官までが集い流行した店は何か。	コーヒーハウス（コーヒー店）
★★★☆☆☆☆ **9** □□□ イェニチェリとともに従軍し、合奏曲を演奏して軍団の士気を鼓舞した、オスマン帝国の音楽隊は何か。	軍楽隊（メフテル）

■サファヴィー朝とイラン社会

★★★★★★☆ **1** □□□ 16世紀初め、<u>神秘主義教団</u>の指導者によってイランに建てられた王朝は何か。	サファヴィー朝

★★★★★★☆☆
2
□□□ <u>神秘主義教団</u>の指導者で、トルコ系遊牧民<u>キジルバーシュ</u>の支持のもと<u>サファヴィー朝</u>を創始したのは誰か。 | イスマーイール（1世）

★★★★★★☆☆
3
□□□ <u>サファヴィー朝</u>の初期の首都はどこか。 | タブリーズ

★★★★★★☆☆
4
□□□ <u>サファヴィー朝</u>が採用した、「王」を意味するイランの伝統的な王号は何か。 | シャー

★★★★★★☆☆
5
□□□ サファヴィー朝は<u>シーア派</u>のなかの主流を占める穏健派を国教としたが、この穏健派の呼称は何か。 | 十二イマーム派

★★★☆☆☆☆☆
6
□□□ 1514年にアナトリア東部でおこなわれた、<u>サファヴィー朝</u>の騎馬軍団が<u>オスマン帝国</u>のイェニチェリの鉄砲隊に破れた戦いは何か。 | チャルディラーンの戦い

★★★★★★★☆
7
□□□ <u>サファヴィー朝</u>の第5代の王で、<u>軍制改革</u>を実施し、オスマン帝国からイラクを奪回するなど、16世紀後半〜17世紀前半にかけて王朝の最盛期を現出したのは誰か。 | アッバース1世

★★★★★★★☆
8
□□□ <u>アッバース1世</u>の時に遷都した、イラン中部の都市はどこか。 | イスファハーン

★★★★★★★☆
9
□□□ <u>イスファハーン</u>が大いに繁栄した様子を表現する言葉は何か。 | 「イスファハーンは世界の半分」

★★★★★★☆☆
10
□□□ <u>アッバース1世</u>の命で<u>イスファハーン</u>に建築された、美しい幾何学文様のタイルが表面をおおったモスクは何か。 | イマームのモスク（王のモスク）

★★★★☆☆☆☆
11
□□□ サファヴィー朝の貿易拠点として繁栄した港市<u>バンダレ＝アッバース</u>の対岸に位置し、<u>アッバース1世</u>が<u>ポルトガル</u>から奪回した、ペルシア湾口の要衝の島はどこか。 | ホルムズ島

❷ ムガル帝国の興隆   用語集 p.142〜144

インドでは、**ティムール**の子孫**バーブル**が**ムガル帝国**を建国し、第3代皇帝<u>アクバル</u>は**中央集権化**を進める一方、非ムスリムに対する<u>人頭税</u>を<u>廃止</u>して諸宗教勢力との融和をはかった。しかし、第6代皇帝<u>アウラングゼーブ</u>が厳格なイスラーム信仰のもと<u>人頭税</u>を<u>復活</u>させると異教徒は反発し、地方勢力の自立化とともに、帝国は解体へと向かった。

■ムガル帝国の成立とインド＝イスラーム文化

*******		
1 ☐☐☐	1526年に成立した、インド史上最大のイスラーム国家は何か。	ムガル帝国
*******		
2 ☐☐☐	ティムールの子孫で、デリーを都にムガル帝国を建国し、回想録『バーブル＝ナーマ』がトルコ文学の傑作と評されたのは誰か。	バーブル
★★*******		
3 ☐☐☐	1526年にバーブルがデリー＝スルタン朝最後のロディー朝を破り、帝国創始のきっかけとなった戦いは何か。	パーニーパットの戦い
★★*******		
4 ☐☐☐	バーブルがインド侵攻の拠点とした、アフガニスタン東部の都市はどこか。	カーブル
*******		
5 ☐☐☐	バーブル死後の混乱から、16世紀後半にムガル帝国を再興した第3代皇帝は誰か。	アクバル
*******		
6 ☐☐☐	アクバルがデリーから遷都した都市はどこか。	アグラ
*******		
7 ☐☐☐	アクバルが定めた、すべての官僚に序列をつけ、その位階に応じて給与と保持すべき騎馬の数を決定するという官僚制度は何か。	マンサブダール制
*******		
8 ☐☐☐	ヒンドゥー教徒との和解やラージプート諸王国との融和を進めるため、アクバルが実施した政策は何か。	人頭税（ジズヤ）の廃止
★★★******		
9 ☐☐☐	インド社会で4つのヴァルナの外におかれた下層民を何と呼ぶか。	不可触民
★★★******		
10 ☐☐☐	イスラーム神秘主義の影響を受けてヒンドゥー教との融合をはかり、神ラーマへの絶対的帰依（バクティ）を説いた、15世紀後半の宗教改革者は誰か。	カビール
*******		
11 ☐☐☐	カビールの影響を受けて16世紀初めにヒンドゥー教を改革し、カースト制を否定する新宗教を開いたのは誰か。	ナーナク
*******		
12 ☐☐☐	ナーナクが開祖の一神教は何か。	シク教
★★★******		
13 ☐☐☐	パンジャーブ地方のアムリットサール市にあるシク教の総本山ハリマンディル＝サーヒブは、教典の章句を刻んだ金箔で覆われたことから通称何と呼ばれるか。	黄金寺院

★★★★★★★☆		
14 ☐☐☐	イスラーム地域で発達した、書物の装飾や挿絵に描かれた彩色絵画は何か。	写本絵画(ミニアチュール、細密画)

★★☆☆☆☆☆☆		
15 ☐☐☐	写本絵画をもとに、ムガル帝国で発展した宮廷絵画を何と呼ぶか。	ムガル絵画

★★☆☆☆☆☆☆		
16 ☐☐☐	16世紀以降西北インドで栄えた、ヒンドゥー教の神々や庶民的な題材を扱った絵画を何と呼ぶか。	ラージプート絵画

★★★★★★★☆		
17 ☐☐☐	17世紀前半のムガル帝国第5代皇帝で、<u>インド=イスラーム文化</u>の最盛期を現出した人物は誰か。	シャー=ジャハーン

★★★★★★★☆		
18 ☐☐☐	<u>シャー=ジャハーン</u>が、愛妃の死を悲しんで<u>アグラ</u>に造営した、インド=イスラーム建築の廟は何か。	タージ=マハル

★★★★★★★☆		
19 ☐☐☐	<u>ムガル帝国</u>の公用語は何か。	ペルシア語

★★★★☆☆☆☆		
20 ☐☐☐	インド=ヨーロッパ語族の言語で、現在のインド共和国のうち北インドの主要な公用語は何か。	ヒンディー語

★★★★★☆☆☆		
21 ☐☐☐	イスラーム勢力の北インド支配を契機に成立し、アラビア文字で表記する、現在の<u>パキスタン</u>の公用語は何か。	ウルドゥー語

★★★★★★★☆		
22 ☐☐☐	1336～1649年のあいだ、西アジアとの交易や綿花・サトウキビなどの商品作物の栽培などで繁栄し、南インドを支配したヒンドゥー4王朝の総称は何か。	ヴィジャヤナガル王国

■インド地方勢力の台頭

★★★★★★★★		
1 ☐☐☐	17世紀後半、外征に専念して帝国最大の領土を獲得した、<u>ムガル帝国</u>の第6代皇帝は誰か。	アウラングゼーブ

★★★★★★★☆		
2 ☐☐☐	厳格なスンナ派イスラーム教徒の<u>アウラングゼーブ</u>が非イスラーム教徒に対して復活させた迫害策は何か。	人頭税(ジズヤ)の復活

★★★★☆☆☆☆		
3 ☐☐☐	アクバル時代、ムガル帝国と平和的関係にあったが、<u>アウラングゼーブ</u>の時代に激しく抵抗した、インド西部の古代クシャトリヤの子孫を自称するカースト集団は何か。	ラージプート

★★★★☆☆☆☆		
4 ☐☐☐	17世紀以降、アウラングゼーブの迫害を受けて武装化が進み、<u>パンジャーブ地方</u>でムガル帝国と軍事的に対立するようになったのは、何教の勢力か。	シク教

5 ☐☐☐	アウラングゼーブと戦ったマラーター（デカン高原西部のカースト集団）の指導者<u>シヴァージー</u>が、17世紀後半に建てたヒンドゥー教国家は何か。	マラーター王国

6 ☐☐☐	18世紀半ば、<u>マラーター王国</u>の実権を握った宰相を頂点に形成された、マラーター諸侯の緩やかな同盟は何か。	マラーター同盟

7 ☐☐☐	ヴィジャヤナガル王国の衰退に乗じて、17世紀初め南インドに成立したヒンドゥー王国（18世紀後半に一時イスラーム教国となる）は何か。	マイソール王国

❸ 清代の中国と隣接諸地域　　　　　用語集 p.145〜149

<u>清</u>は、17〜18世紀の<u>康熙帝・雍正帝・乾隆帝</u>の 3 皇帝の時代に全盛期を迎え、ほぼ現在の中国にあたる版図を築いた。清の皇帝は、<u>満洲人・漢人・チベット人・モンゴル人・ウイグル人</u>という多民族国家の統治者として君臨し、中国支配では、<u>儒教</u>にもとづく中国伝統文化の継承者として、<u>朝鮮・琉球・東南アジア諸国</u>などとの<u>朝貢</u>関係を引き継いだ。

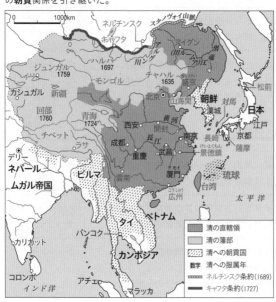

■多民族国家・清朝

★★☆☆☆☆☆ **1** □□□
渤海湾にのぞみ、万里の長城の東の起点となった要地の名称は何か。

山海関

★★★★★★★ **2** □□□
山海関で清と対峙していたが、李自成の乱で明が滅亡すると清に降り、清の北京入城を先導した明の武将は誰か。

呉三桂

★★★★★★☆ **3** □□□
清に帰順した漢人武将で、中国統一を助け、清朝により各地の王に封ぜられた者を何と呼ぶか。

藩王

★☆☆☆☆☆☆ **4** □□□
1644年の明滅亡を機に山海関をこえて長城内に入り、中国本土の支配を開始した清の第3代皇帝は誰か。

順治帝

★★★★★★★ **5** □□□
1644年の李自成軍追討後、順治帝が盛京(瀋陽)から遷都した都はどこか。

北京

★★★★★★★ **6** □□□
明の滅亡後、清朝と戦いその復活につとめ、1661年にはオランダ勢力を台湾から駆逐した人物は誰か。

鄭成功

★★★★☆☆☆ **7** □□□
鄭成功が南明(明の亡命政権)の王から朱姓を与えられたことから呼ばれた異名は何か。

国姓爺

★★★★☆☆☆ **8** □□□
鄭成功の父で、息子を清朝に降伏させようと説得したが失敗したのは誰か。

鄭芝竜

★★★★★★★ **9** □□□
1661〜83年の台湾を、その支配家の名称から何と呼ぶか。

鄭氏台湾

★★★★★★★ **10** □□□
清が台湾の鄭氏一族を孤立させるために強化した、中国沿海の住民に奥地への強制移住を命じた遷界令に代表される海上交易の制限政策は何か。

海禁政策

★★★☆☆☆☆ **11** □□□
海禁政策の解除にともない、民間交易を管理するため1685年に開港場に設置された税関を何と呼ぶか。

海関

★★★☆☆☆☆ **12** □□□
中国王朝が国境付近に設置した公認の交易場のことで、広義には明朝後期以降の朝貢によらない民間交易体制をさして何と呼ぶか。

互市

★★★★★★☆ **13** □□□
1673年から中国南部で呉三桂ら3人の漢人武将がおこした反乱は何か。

三藩の乱

★★★★★★★ **14** □□□
1681年に三藩の乱を、83年に台湾を平定して中国統一を

康熙帝

完成させた、清朝の第4代皇帝は誰か。	
★★★★★★★ **15** ☐☐☐ 君主独裁体制を強化した、清朝の第5代皇帝は誰か。	雍正帝
★★★★★★★ **16** ☐☐☐ 清朝の最大版図を実現し、康熙帝・雍正帝に続いて、18世紀末までの全盛期を現出した第6代皇帝は誰か。	乾隆帝
★★★★★★★ **17** ☐☐☐ 明の永楽帝が北京に建造し、清代に大改築がおこなわれた、明・清代の皇帝の宮殿は何か。	紫禁城
★★★★★★★ **18** ☐☐☐ 1689年、康熙帝の時代に南下してきたピョートル1世のロシアと対等な形式で結んだ条約は何か。	ネルチンスク条約
★★☆☆☆☆☆ **19** ☐☐☐ ネルチンスク条約で国境線の1つとされた、黒竜江の支流の名称は何か。	アルグン川
★★☆☆☆☆☆ **20** ☐☐☐ ネルチンスク条約で国境線の1つとされた、東シベリアを東西に走る山脈の名称は何か。	スタノヴォイ山脈 (外興安嶺)
★★★★★☆☆ **21** ☐☐☐ 1727年、雍正帝の時代にロシアと結んだ、モンゴル方面での国境・通商の条約は何か。	キャフタ条約
★★★★★★★ **22** ☐☐☐ 康熙帝・雍正帝の親征を受け、その後乾隆帝によって1758年に滅ぼされたオイラトの一部族は何か。	ジュンガル
★★★★★★★ **23** ☐☐☐ 清が支配した、モンゴル・青海・チベット・新疆を何と総称したか。	藩部
★★★★★★☆ **24** ☐☐☐ 藩部の地域を間接統治した事務機関は何か。	理藩院
★★★★★☆☆ **25** ☐☐☐ 雍正帝時代に藩部とされた、チベット高原北東部の山岳地域の名称は何か。	青海
★☆☆☆☆☆☆ **26** ☐☐☐ 18世紀半ば、乾隆帝時代に征服された、天山山脈以南のムスリム居住地域の名称は何か。	回部
★★★★★★★ **27** ☐☐☐ 18世紀半ばに征服したジュンガル盆地とタリム盆地を含む東トルキスタンを、清朝は何と命名したか。	新疆
★★★★☆☆☆ **28** ☐☐☐ 古くから使用されてきたトルコ系有力者の称号は何か。	ベグ
★★★★☆☆☆ **29** ☐☐☐ 14世紀末〜15世紀初め、チベット仏教を改革した人物は誰か。	ツォンカパ

★★★★★★★		こうぼうは
30 □□□	改革で生まれたきびしい戒律を守る一派で、17世紀以降<u>チベット仏教</u>の主流となったものの名称は何か。	黄帽派(ゲルク派)
★★★★★★★		
31 □□□	<u>アルタン゠ハーン</u>が与えた、黄帽派チベット仏教の教主・政治の最高権力者の尊称は何か。	ダライ゠ラマ
★★★★★★★		かつぶつ
32 □□□	チベット仏教で高僧の生まれ変わりとされる、転生ラマを何と呼ぶか。	活仏
★★★★★★★	とばん	
33 □□□	7世紀に<u>吐蕃</u>が都として以降発展した、<u>チベット</u>の政治と宗教の中心地の名称は何か。	ラサ
★★★★★★★		
34 □□□	17世紀に<u>ラサ</u>に建てられた、歴代<u>ダライ゠ラマ</u>の宮殿は何か。	ポタラ宮殿

■清と東アジア・東南アジア

★★★★★★★	こうらい	ヤンパン
1 □□□	<u>高麗</u>で形成され、<u>朝鮮</u>時代には党争を繰り返した政治・社会の特権的支配階層を何と呼ぶか。	両班
★★★★★★★		
2 □□□	清の中国征服により、朝鮮こそ明を継ぐ正統な中国文化の継承者だとする、朝鮮の思想を何と呼ぶか。	「小中華」
★★★★★★★	りゅうきゅう さつま	しまづ
3 □□□	17世紀初め、<u>琉球王国</u>を武力で服属させた、薩摩の大名は何氏か。	島津氏
★★★★★★★		
4 □□□	明・清に朝貢を続ける一方、17世紀初め<u>琉球王国</u>が<u>島津氏</u>に敗れて服属した体制を何と呼ぶか。	両属体制
★★★★★★★		しゅり
5 □□□	<u>琉球王国</u>の都はどこか。	首里
★★★★★★★		
6 □□□	<u>徳川家康</u>が江戸に開いた武家政権を何と呼ぶか。	江戸幕府
★★★★★★★		
7 □□□	1641年以後、<u>江戸幕府</u>のもとでオランダ船の来航が許された港市はどこか。	長崎
★★★★★★★		そうし
8 □□□	<u>江戸幕府</u>のもとで、朝鮮外交の実務と貿易の独占を許された<u>対馬</u>の大名は何氏か。	宗氏
★★★★★★★		
9 □□□	おもに将軍の代替わりを慶賀する名目で来日した、朝鮮から日本に派遣された使節は何と呼ばれるか。	朝鮮通信使

★★★★★★☆☆ 10 □□□	おもに北海道から樺太・千島にかけて居住する先住民は何か。	アイヌ
★★★★★★☆☆ 11 □□□	1604年に徳川家康から<u>アイヌ</u>との交易独占権を与えられたことにより形成された蝦夷地の藩は何か。	松前藩
★★★★☆☆☆☆ 12 □□□	「鎖国」体制下の日本で、海外に向けて開かれた4カ所の窓口（中国・オランダとの<u>長崎</u>、アイヌとの<u>松前</u>、朝鮮との<u>対馬</u>、琉球との<u>薩摩</u>）を何と呼ぶか。	「四つの口」
★★☆☆☆☆☆☆ 13 □□□	日本の古典を研究し、儒教・仏教の影響を受ける以前の日本民族固有の精神を明らかにしようとする学問は何か。	国学
★★★★★★☆☆ 14 □□□	オランダ東インド会社が<u>ジャワ島</u>進出後、1619年に商館を建てるなどアジア貿易の拠点とした都市はどこか。	バタヴィア
★★★★★★☆☆ 15 □□□	イギリスとの3次にわたるビルマ戦争に敗北し、インド帝国に併合された、<u>ビルマ</u>最後の王朝は何か。	コンバウン（アラウンパヤー）朝
★★★★★★☆☆ 16 □□□	<u>アユタヤ朝</u>を滅したビルマ人勢力を追い出して、18世紀後半に<u>バンコク</u>を都に建てられた現タイ王朝は何か。	ラタナコーシン（チャクリ）朝
★★★★★★★☆ 17 □□□	清代の人口増加にともない、東南アジアを中心に海外に移住した中国人を何と呼ぶか。	「華人」（「華僑」）
★★☆☆☆☆☆☆ 18 □□□	17世紀以降、<u>黎朝</u>が弱体化するとベトナムは二分され、ベトナム北部で実権を握った<u>鄭氏</u>に対して、ベトナム中・南部に広南王国を建てて争った一族は何か。	阮氏
★★☆☆☆☆☆☆ 19 □□□	広南王国および<u>阮朝</u>の都とされたベトナム中部の都市はどこか。	フエ（ユエ）

■清代中国の社会と文化

★★★★★★☆☆ 1 □□□	<u>ヌルハチ</u>が自民族の兵で編制した軍事組織は何か。	満洲八旗
★★★★★★☆☆ 2 □□□	<u>ホンタイジ</u>が、モンゴル兵で組織した軍事組織は何か。	モンゴル（蒙古）八旗
★★★★★★☆☆ 3 □□□	<u>ホンタイジ</u>が、漢人で組織した軍事組織は何か。	漢軍八旗
★★★★☆☆☆☆ 4 □□□	清の北京入城後、明軍を再編して八旗を補完する役割を担った、漢人による清の正規軍は何か。	緑営

★★★★★★★		
5 ☐☐☐	雍正帝時代に設けられた軍事行政上の最高機関で、のちに実質的な行政上の最高機関となったのは何か。	軍機処
★★★★★★★		
6 ☐☐☐	清朝がとった、重要な役職の定員を偶数とし、満洲人と漢人を同数任命した制度を何と呼ぶか。	満漢併用制
★★★★★★★		
7 ☐☐☐	清朝がとった弾圧策の1つで、漢人男性に強制した、満洲人の風習であった髪型を何と呼ぶか。	辮髪
★★★★★★★		
8 ☐☐☐	反満・反清的な内容の文章や文字を書いた者を取り締まった、思想弾圧を何と呼ぶか。	文字の獄
★★★★★★★		
9 ☐☐☐	反政府的書物の焼き捨てや刊行の禁止などのほか、清朝が統制の対象とした書物を何と呼ぶか。	禁書
★★★★★★		
10 ☐☐☐	康熙帝の命でつくられ完成した漢字字書は何か。	『康熙字典』
★★★☆☆☆		
11 ☐☐☐	康熙帝の命で編纂され、雍正帝の時に完成した、1万巻の類書(百科事典)は何か。	『古今図書集成』
★★★★★☆		
12 ☐☐☐	乾隆帝の命で編纂され完成した、古今の書物を集め4部に分類した一大叢書は何か。	『四庫全書』
★★★☆☆☆		
13 ☐☐☐	科挙の合格者、官僚経験者で郷里に隠退した者など、地方社会における実力者は何と呼ばれたか。	郷紳
★★★★★★★		
14 ☐☐☐	1757年、清の乾隆帝がヨーロッパ船の来航を1港に制限したが、このとき唯一認められた港はどこか。	広州
★★★★★★☆		
15 ☐☐☐	清代、広州での対外貿易を認められ独占した、特権商人組合を何と呼ぶか。	行商(公行)
★★★★☆☆		
16 ☐☐☐	18世紀に激増した人口に対応するため、山間部や荒れ地で栽培されたトウモロコシやサツマイモなどの輸入作物はどこから伝来したか。	アメリカ大陸
★★★★★★★		
17 ☐☐☐	一条鞭法にかわり、康熙帝時代に始まり雍正帝時代にほぼ全国で実施された、人頭税を廃止し土地税に一本化した、清代の新税制を何と呼ぶか。	地丁銀制
★★★★★★☆		
18 ☐☐☐	明末におこった、儒学の経書を研究する際、確実な文献に典拠を求める実証的な学問を何と呼ぶか。	考証学

★★★★★★☆ 19 □□□	明の遺臣として清には仕えず、経世実用の学を尊び、『日知録』を著した、考証学の創始者の一人とされる明末清初の思想家は誰か。	顧炎武
★★★☆☆☆☆ 20 □□□	反清復明運動につとめたのち、『明夷待訪録』を著すなど学問に没頭した、考証学の先駆者とされる明末清初の思想家は誰か。	黄宗羲
★★★★☆☆☆ 21 □□□	『二十二史考異』などで考証学的な史学研究法を確立した、清代考証学の大家は誰か。	銭大昕
★★★★★★☆ 22 □□□	貴族の家庭の栄枯盛衰を描き、全体の3分の2を曹雪芹が著した傑作長編小説は何か。	『紅楼夢』
★★★★☆☆☆ 23 □□□	科挙を風刺し、官吏の腐敗を描いた長編小説は何か。	『儒林外史』
★★★☆☆☆☆ 24 □□□	蒲松齢が著した、民間の説話などからとった妖怪の物語などからなる、文語の短編怪異小説集は何か。	『聊斎志異』
★★★★★★☆ 25 □□□	湯若望の中国名をもち、明末に徐光啓とともに『崇禎暦書』を作成した、ドイツ出身のイエズス会宣教師は誰か。	アダム゠シャール
★★★★★★☆ 26 □□□	南懐仁の中国名をもち、アダム゠シャールを助けて布教や暦法作成・大砲鋳造などにつとめた、ベルギー出身のイエズス会宣教師は誰か。	フェルビースト
★★★★★★☆ 27 □□□	白進の中国名をもち、康熙帝に仕えて実測の中国地図を完成させた、フランス出身のイエズス会宣教師は誰か。	ブーヴェ
★★★★☆☆☆ 28 □□□	康熙帝の命により、ブーヴェやレジスらが10年かけて作成した、中国最初の実測地図は何か。	「皇輿全覧図」
★★★★★★☆ 29 □□□	郎世寧の中国名をもち、康熙・雍正・乾隆の3帝に仕えて西洋画法を紹介した、イタリア出身のイエズス会宣教師は誰か。	カスティリオーネ
★★★★★★☆ 30 □□□	カスティリオーネも設計に加わり北京郊外に造営された、バロック式と中国様式を融合した清朝の離宮は何か。	円明園
★★★★★★☆ 31 □□□	イエズス会の布教活動に端を発した、中国での布教方法に関するカトリック諸会派間の論争は何と呼ばれたか。	典礼問題
★★★★★★☆ 32 □□□	典礼問題に対して1724年に雍正帝が実施した方策は何か。	キリスト教布教禁止

★★★★★☆☆

₃₃ □□□ 17〜18世紀のヨーロッパで流行した、<u>中国趣味</u>を意味する美術を何と呼ぶか。　シノワズリ

★☆☆☆☆☆☆

₃₄ □□□ 明末清初から河南や江南で頻発した、小作料をめぐる佃戸の地主に対する抵抗運動を何と呼ぶか。　抗租

★☆☆☆☆☆☆

₃₅ □□□ 清末に<u>抗租</u>とともに激化した、政府の税徴収に対する土地所有者の拒否運動を何と呼ぶか。　抗糧

第11章　近世ヨーロッパ世界の動向

　ヨーロッパでは、14世紀に<u>ルネサンス</u>が始まり、<u>人文主義</u>にもとづく文芸・思想・芸術が発展した。新たな価値観や技術は、**ヨーロッパ人の海洋進出・軍事革命・宗教改革**といった大きな社会変動につながった。

　神聖ローマ帝国では、<u>ルター</u>が「<u>九十五カ条の論題</u>」で**カトリック教会を批判**すると、ルター派とカトリックのあいだで内乱が始まった。スイスでも<u>カルヴァン</u>らが宗教改革を始め、イギリスでは<u>ヘンリ8世</u>が<u>イギリス国教会</u>を設立した。神聖ローマ帝国での宗教対立は、<u>三十年戦争</u>を引きおこし、諸国家の参戦で拡大した。戦争は<u>ウェストファリア条約</u>によって終結し、**領邦国家の主権拡大**が認められてヨーロッパの<u>主権国家体制</u>はここに確立された。

　様々な主権国家のなかで、オランダ・フランスと争い、18世紀に覇権を獲得したのはイギリスであった。<u>科学革命</u>が進展すると、伝統や偏見を批判する**啓蒙思想**が広まり、**プロイセン・オーストリア・ロシア**では、<u>啓蒙専制主義</u>をとる君主が富国強兵をめざして改革を実施した。

【17世紀のヨーロッパ】

❶ ルネサンス

用語集 p.150〜154

14〜16世紀の西ヨーロッパでは、**古代に学び**、**理性や感性を重視**する<u>人文主義</u>にもとづく**ルネサンス**が広まった。**豊かな人間性**の追求や、**観察や実験**による自然への探究が進むなど、人々の価値観・世界観は変容し、建築・科学技術・文芸・美術など様々な分野に成果をもたらした。

■ルネサンス運動

★★★★☆☆☆☆
1
□□□ 15世紀後半〜18世紀後半の、中世と近代のあいだを表すヨーロッパ史の時代区分名は何か。　　　　　　　　　　　　近世

★★★★★★★★
2
□□□ 14世紀に<u>イタリア</u>で始まり、西欧各地に広まった、芸術・科学・思想上の新しい動きを何と呼ぶか。　　　　　　ルネサンス

★★★★★★★★
3
□□□ ビザンツ帝国やイスラーム圏からもたらされたギリシアの古典がギリシア語・アラビア語から<u>ラテン語</u>に翻訳され、西欧の文化が発展した動きを何と呼ぶか。　　12世紀ルネサンス

★★☆☆☆☆☆☆
4
□□□ アルプス以北の<u>ルネサンス</u>を何と総称するか。　　北方ルネサンス

★★★☆☆☆☆☆
5
□□□ 1453年に滅亡し、イタリアに古典文献がもたらされる要因をつくった地図中の(A)の帝国は何か。　　　　ビザンツ帝国

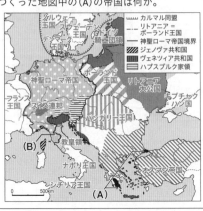

★★★★★★★★
6
□□□ <u>イタリア゠ルネサンス</u>の最大の中心となった、地図中の(B)のトスカナ地方の都市共和国はどこか。　　フィレンツェ

★★★★★★★☆
7
□□□ イタリア゠ルネサンス最大の庇護者(パトロン)となった、<u>フィレンツェ</u>の富豪一族は何家か。　　　　　　メディチ家

★★★☆☆☆☆

8
□□□ ルネサンスの理想とされた、絵画のほか自然諸科学や技術にもすぐれた人を何と呼ぶか。　「万能人」

★★★☆☆☆☆

9
□□□ <u>レオナルド=ダ=ヴィンチ</u>の庇護者となるなど、「フランス=ルネサンスの父」と呼ばれた国王は誰か。　フランソワ1世

★★★☆☆☆☆

10
□□□ <u>メディチ家</u>出身の教皇で、ローマにおけるルネサンスの最大の庇護者となった人物は誰か。　レオ10世

■ルネサンスの精神

★★★★★★☆

1
□□□ 中世キリスト教的な禁欲主義を離れ、古代ギリシア・ローマのように豊かな人間性を追求する<u>ルネサンス</u>の基本的思想は何か。　人文主義（ヒューマニズム）

★★★☆☆☆☆

2
□□□ 近代化学成立以前のヨーロッパで流行した、鉛・銅などから金や銀をつくろうとする試みは何か。　錬金術

★★☆☆☆☆☆

3
□□□ <u>コロンブス</u>に大きな影響を与えた、フィレンツェ生まれの天文・地理学者は誰か。　トスカネリ

★★☆☆☆☆☆

4
□□□ <u>コロンブス</u>が西まわりでのインド到達をめざす根拠となった、<u>トスカネリ</u>の説は何か。　地球球体説

★★★★☆☆☆

5
□□□ 地球は宇宙の中心で静止し、そのまわりをほかの天体がまわっているとする説を何と呼ぶか。　天動説

★★★★★★★

6
□□□ 太陽を中心に、そのまわりを地球などの天体がまわっているとする説を何と呼ぶか。　地動説

★★★★★★★

7
□□□ 天体観測にもとづいて<u>地動説</u>を説き、『天球回転論』を著したポーランドの天文学者・聖職者は誰か。　コペルニクス

■ルネサンスの広がり

★★★★★★☆

1
□□□ ルネサンス期に改良が進んだ、中国からイスラーム圏を経てもたらされた<u>火薬</u>を使う、大砲や鉄砲などの武器を何と総称するか。　火器

★★★★★☆☆

2
□□□ <u>火器</u>の改良によって、近世ヨーロッパでおこった軍事上の変革を何と呼ぶか。　軍事革命

★★★★★★☆ 3 □□□	中国で実用化され、イスラーム圏を経て西欧に伝わり、大洋航海術を大きく前進させた技術は何か。	羅針盤（らしんばん）
★★★★★★★ 4 □□□	活字を組み合わせて原版をつくる印刷方法を何と呼ぶか。	活版印刷術
★★★★★★★ 5 □□□	1450年頃、活版印刷術を改良し、実用化したドイツ人は誰か。	グーテンベルク
★★☆☆☆☆☆ 6 □□□	教会建築においては大円蓋と列柱を特徴とした、この時期の様式を何と呼ぶか。	ルネサンス様式
★★★★★☆☆ 7 □□□	フィレンツェにあるルネサンス様式の大聖堂の大円蓋を完成させた、初期ルネサンスの建築家は誰か。	ブルネレスキ
★★★★☆☆☆ 8 □□□	「フィレンツェの誇り」と称され、ブルネレスキによる大円蓋で有名な初期ルネサンス様式の大聖堂は何か。	サンタ＝マリア大聖堂
★★★☆☆☆☆ 9 □□□	16世紀初め、教皇ユリウス2世の時に新築された、カトリックの総本山の大聖堂の名称は何か。	サン＝ピエトロ大聖堂
★★☆☆☆☆☆ 10 □□□	ローマにあるサン＝ピエトロ大聖堂新築に際して、最初の設計者となった建築家は誰か。	ブラマンテ
★★☆☆☆☆☆ 11 □□□	多くの壁画や祭壇画が描かれている、ヴァチカン宮殿内の主要礼拝堂の名称は何か。	システィナ礼拝堂
★★★★★☆☆ 12 □□□	代表作「聖フランチェスコの生涯」を描いたルネサンス様式絵画の先駆者は誰か。	ジョット
★★★☆☆☆☆ 13 □□□	彫刻におけるルネサンス様式を確立した、代表作「聖ジョルジオ像」で知られる人物は誰か。	ドナテルロ
★★★★★★★ 14 □□□	メディチ家の保護を受け、女性美を開放的に描いた作品「春」などで知られる画家は誰か。	ボッティチェリ
★★★★★★☆ 15 □□□	「春」とともにボッティチェリの代表作で、海の泡（あわ）のなかから生まれてくる女神を描いた作品は何か。	「ヴィーナスの誕生」
★★★★★★★ 16 □□□	「万能人」の典型とされ、「モナ＝リザ」などの絵画に加え、科学にもすぐれた功績を残した人物は誰か。	レオナルド＝ダ＝ヴィンチ
★★★★★★★ 17 □□□	レオナルド＝ダ＝ヴィンチがミラノの聖堂の壁画として、受難前夜のキリストと十二使徒との夕食の様子をたくみ	「最後の晩餐（ばんさん）」

な遠近法を用いて描いた作品は何か。

★★★★★★★
18 □□□ おもにフィレンツェとローマで活躍した、ルネサンスを代表する彫刻家・画家・建築家は誰か。 | ミケランジェロ

★★★★★★★
19 □□□ <u>ミケランジェロ</u>の代表的な彫刻作品で、『旧約聖書』の登場人物を力強い裸体の青年で表現し、自由・独立の精神を感じさせる作品は何か。 | 「ダヴィデ像」

★★★★☆☆☆
20 □□□ <u>ミケランジェロ</u>が描いた、システィナ礼拝堂正面の大祭壇画は何か。 | 「最後の審判」

★★★★★★★
21 □□□ 「<u>アテネの学堂</u>」や、多くの聖母子像を描いた画家は誰か。 | ラファエロ

★★★☆☆☆☆
22 □□□ 14世紀末からフランドル地方を中心に活躍した画家たちとその画風を、何と総称するか。 | フランドル派

★★★★★☆☆
23 □□□ <u>油絵の技法</u>を改良し、ガン(ヘント)の祭壇画などの宗教画や肖像画を多く描いた画家兄弟は誰か。 | ファン＝アイク兄弟

★★★★★★★
24 □□□ 「<u>農民の踊り</u>」など、農民の生き生きした姿や、自然を写実的に表現した作品を描いたネーデルラントの画家は誰か。 | ブリューゲル

★★★★★☆☆
25 □□□ 深い精神性を感じさせる多くの版画を残し、また作品「四人の使徒」を描いたドイツの画家は誰か。 | デューラー

★★★★☆☆☆
26 □□□ イギリスに渡りヘンリ8世の宮廷画家となり、またエラスムスらの肖像画を描いたドイツの画家は誰か。 | ホルバイン

★★☆☆☆☆☆
27 □□□ 汎神論と<u>地動説</u>を主張し、宗教裁判で火刑に処された16世紀のイタリアの哲学者は誰か。 | ジョルダーノ＝ブルーノ

★★★★★★☆
28 □□□ 14世紀前半に大叙事詩を著し、イタリア＝ルネサンスの先駆者と呼ばれるフィレンツェ人は誰か。 | ダンテ

★★★★★★☆
29 □□□ <u>ダンテ</u>がトスカナ語で書いた、地獄編・煉獄編・天国編の3部からなる大叙事詩は何か。 | 『神曲』

★★★★★☆☆
30 □□□ 14世紀の<u>フィレンツェ</u>の詩人・<u>人文主義者</u>で、ローマの古典の収集と復活につとめた人物は誰か。 | ペトラルカ

★★★★☆☆☆
31 □□□ <u>ラテン語</u>による詩『アフリカ』と並び、<u>ペトラルカ</u>の代表作とされるイタリア語の恋愛詩は何か。 | 『叙情詩集』

★★★★★☆☆☆ **32** ☐☐☐	ギリシア古典を研究し、はじめて<u>ホメロス</u>をギリシア語からラテン語に翻訳したことでも有名な人物は誰か。	ボッカチオ
★★★★★☆☆☆ **33** ☐☐☐	14世紀半ばの黒死病（こくしびょう）流行期のフィレンツェを題材とした、<u>ボッカチオ</u>の代表作は何か。	『デカメロン』
★★★★★★★☆ **34** ☐☐☐	ネーデルラント出身で、「16世紀最大の<u>人文主義者</u>」といわれる人物は誰か。	エラスムス
★★★★★★☆☆ **35** ☐☐☐	聖職者らの悪徳を痛烈に風刺した<u>エラスムス</u>の著作は何か。	『愚神礼賛（ぐしんらいさん）』
★★★★★★☆☆ **36** ☐☐☐	14世紀のイギリス＝ルネサンスの先駆的作家は誰か。	チョーサー
★★★★★☆☆☆ **37** ☐☐☐	イギリス版『デカメロン』といわれる、社会風刺に富んだ<u>チョーサー</u>の作品は何か。	『カンタベリ物語』
★★★★★★★☆ **38** ☐☐☐	<u>エラスムス</u>の友人で、<u>ヘンリ8世</u>の離婚に反対し処刑された、イギリスの人文主義者は誰か。	トマス＝モア
★★★★★★★☆ **39** ☐☐☐	架空の理想社会を描き、当時イギリスで展開されていた「第1次囲い込み」を批判した<u>トマス＝モア</u>の作品は何か。	『ユートピア』
★★★★★★★★ **40** ☐☐☐	<u>エリザベス1世</u>時代の、イギリス最大の詩人・劇作家は誰か。	シェークスピア
★★★★★☆☆☆ **41** ☐☐☐	父王を殺されたデンマーク王子の復讐（ふくしゅう）が内容の、<u>シェークスピア</u>の四大悲劇の1つとされる作品は何か。	『ハムレット』
★★★★★☆☆☆ **42** ☐☐☐	医師を本業とする、フランス＝ルネサンス期の代表的作家は誰か。	ラブレー
★★★★★☆☆☆ **43** ☐☐☐	架空の巨大な自然児とその子の正直で素朴な生き方を描いて、社会的因習を風刺した<u>ラブレー</u>の作品は何か。	『ガルガンチュアとパンタグリュエルの物語』
★★★★★☆☆☆ **44** ☐☐☐	合理主義と中庸（ちゅうよう）の思想をもち、<u>ユグノー戦争</u>の調停にも奔走（ほんそう）した、フランスの<u>人文主義者</u>は誰か。	モンテーニュ
★★★★★★☆☆ **45** ☐☐☐	<u>モンテーニュ</u>が公私にわたる生活をかえりみて著した随筆集は何か。	『エセー』（『随想録（ずいそうろく）』）
★★★★★★☆☆ **46** ☐☐☐	スペイン社会の矛盾を、ユーモアとペーソス（哀愁（あいしゅう））にあ	セルバンテス

ふれた作品に表現した作家は誰か。

<table>
<tr><td>★★★★★★★☆
47
□□□</td><td>正義感あふれる時代錯誤の騎士と現実的な従者の滑稽な冒険を描き、中世の騎士道を風刺した<u>セルバンテス</u>の作品は何か。</td><td>『ドン＝キホーテ』</td></tr>
</table>

❷ 宗教改革

用語集 p.154～158

聖職者の堕落や社会不安の高まりは、<u>カトリック教会</u>への信頼を揺るがせた。神聖ローマ帝国では<u>ルター</u>の、スイスでは<u>ツヴィングリ・カルヴァン</u>の宗教改革が始まり、イギリスでは<u>ヘンリ8世</u>が<u>イギリス国教会</u>を設立して教皇権から自立した。カトリックを批判した諸宗派は<u>プロテスタント</u>と呼ばれる。

■ 宗教改革とルター

<table>
<tr><td>★★★☆☆☆☆☆
1
□□□</td><td>メディチ家出身で、ドイツ<u>宗教改革</u>の直接の原因を生み出した教皇は誰か。</td><td>レオ10世</td></tr>
<tr><td>★★★★★★★☆
2
□□□</td><td><u>サン＝ピエトロ大聖堂</u>の新築費捻出のため、<u>レオ10世</u>が販売を許可した証明書(符)は何か。</td><td>贖宥状</td></tr>
<tr><td>★★★★★★★☆
3
□□□</td><td>1517年、<u>贖宥状</u>の販売を批判して、ドイツで<u>宗教改革</u>を開始、『キリスト者の自由』を著した人物は誰か。</td><td>ルター</td></tr>
<tr><td>★★★☆☆☆☆☆
4
□□□</td><td>当時、<u>ルター</u>が神学教授をしていた大学のあった、ドイツ中部の小都市はどこか。</td><td>ヴィッテンベルク</td></tr>
<tr><td>★★★★★★★☆
5
□□□</td><td><u>ルター</u>が1517年に発表した、<u>贖宥状</u>の販売を批判する文書は何か。</td><td>「九十五カ条の論題」</td></tr>
<tr><td>★★☆☆☆☆☆☆
6
□□□</td><td><u>ルター</u>がとなえた、聖職者は特別な人間ではなく、信徒すべてが聖職者たりうるという主張は何か。</td><td>万人司祭主義</td></tr>
<tr><td>★★☆☆☆☆☆☆
7
□□□</td><td>神聖ローマ帝国が分裂状態にあったため、ローマ教会から搾取されたことをさげすんだ言葉は何か。</td><td>「ローマの牝牛」</td></tr>
<tr><td>★★★☆☆☆☆☆
8
□□□</td><td>1521年、ルターが呼び出され、自説の撤回を求められた<u>帝国議会</u>が開かれた都市はどこか。</td><td>ヴォルムス</td></tr>
<tr><td>★★★★★☆☆☆
9
□□□</td><td><u>ヴォルムス</u>での議会を招集した、神聖ローマ皇帝は誰か。</td><td>カール5世</td></tr>
<tr><td>★★★☆☆☆☆☆
10
□□□</td><td><u>カール5世</u>から弾圧された<u>ルター</u>をヴァルトブルク城にかくまい保護した、反皇帝派の有力諸侯は誰か。</td><td>ザクセン選帝侯フリードリヒ</td></tr>
</table>

★★★★★★★ **11** ☐☐☐ 聖書中心主義をとる<u>ルター</u>が、保護された城内で<u>ドイツ</u>語訳を完成させたものは何か。	『新約聖書』
★★★★★★★ **12** ☐☐☐ 1524～25年、ドイツ南部・中部の農民が、農奴制や領主制の廃止をめざしておこした反乱は何と呼ばれるか。	ドイツ農民戦争
★★★★★★☆ **13** ☐☐☐ 信仰を社会改革への要求と結びつけ、貧農の側について<u>ドイツ農民戦争</u>を指導した人物は誰か。	ミュンツァー
★★★★☆☆☆ **14** ☐☐☐ <u>ドイツ農民戦争</u>の平定後に始まった、諸侯が最高の司教として領内教会の保護支配権を握った制度は何か。	領邦教会制
★★☆☆☆☆☆ **15** ☐☐☐ 1529年、ハプスブルク家と対立するオスマン帝国軍が、神聖ローマ帝国の都を包囲した事件は何か。	第1次ウィーン包囲（戦）
★★★☆☆☆☆ **16** ☐☐☐ 1530年に<u>ルター派</u>のドイツ諸侯・都市が結成し、皇帝側と戦った同盟は何か。	シュマルカルデン同盟
★★★★★★★ **17** ☐☐☐ 1555年、<u>ルター派</u>信仰の容認と諸侯の<u>カトリック派</u>か<u>ルター派</u>かの選択権を取り決めた、帝国議会の決議を何と呼ぶか。	アウクスブルクの和議

■カルヴァンと宗教改革の広がり

★★★★★★★ **1** ☐☐☐ 1529年、ルター派公認を取り消した皇帝に対して「抗議文」を提出したことが語源となって生まれた、改革派を総称する名称は何か。	プロテスタント
★★★★★☆☆ **2** ☐☐☐ 1523年にスイスで宗教改革を開始したが、保守派との戦いで戦死した人物は誰か。	ツヴィングリ
★★★★★☆☆ **3** ☐☐☐ <u>ツヴィングリ</u>が改革運動を開始した都市はどこか。	チューリヒ
★★★★★★★ **4** ☐☐☐ フランスで福音主義をとなえたが迫害され、<u>スイス</u>に亡命して改革運動をおこなった神学者は誰か。	カルヴァン
★★★☆☆☆☆ **5** ☐☐☐ 1536年、<u>カルヴァン</u>がスイスの都市バーゼルで出版した主著は何か。	『キリスト教綱要』
★★★★★★☆ **6** ☐☐☐ 『キリスト教綱要』の出版後にまねかれて、<u>カルヴァン</u>が神権政治をおこなった都市はどこか。	ジュネーヴ

★★★★★☆☆ 7 □□□	<u>カルヴァン</u>が主著で主張した、魂の救済はあらかじめ神によって決められているとする考えを何と呼ぶか。	予定説
★★★★★★★☆ 8 □□□	<u>カルヴァン派</u>の教会制度で、司教をおかず、牧師と信徒代表（長老）による教会運営を、何と呼ぶか。	長老主義
★★★★★★★☆ 9 □□□	自営農民やジェントリを支持層とする、<u>イングランド</u>のカルヴァン派の呼称は何か。	ピューリタン（清教徒）
★★★☆☆☆☆☆ 10 □□□	「<u>長老派</u>」を意味する、<u>スコットランド</u>のカルヴァン派の呼称は何か。	プレスビテリアン
★★★★★☆☆☆ 11 □□□	<u>フランス</u>のカルヴァン派の呼称は何か。	ユグノー
★★★☆☆☆☆☆ 12 □□□	<u>ネーデルラント</u>のカルヴァン派の呼称は何か。	ゴイセン
★★★★★★★☆ 13 □□□	<u>イギリス国教会</u>を設立し、国内の修道院を解散させるなどカトリック圏から離脱したイギリス国王は誰か。	ヘンリ8世
★★★★★★★☆ 14 □□□	<u>ヘンリ8世</u>が1534年に発布し、国教会制度とローマ教皇からの分離独立を確定した法は何か。	首長法（国王至上法）
★★★★★★★☆ 15 □□□	国王を国内教会の唯一最高の首長とする、イギリスの国定教会を何と呼ぶか。	イギリス国教会
★★★★☆☆☆☆ 16 □□□	スペイン皇太子と結婚した熱心なカトリック教徒で、プロテスタントを弾圧し、「血まみれのメアリ」と呼ばれた女王は誰か。	メアリ1世
★★★★★★★☆ 17 □□□	1558年に即位して宗教的混乱を収拾し、<u>イギリス国教会</u>を確立した女王は誰か。	エリザベス1世
★★★★★★★☆ 18 □□□	エドワード6世が1549年に最初に制定し、<u>エリザベス1世</u>が1559年に3回目の制定をおこなって、国教会の礼拝・祈禱の統一をはかった法は何か。	統一法

■カトリック改革とヨーロッパの宗教対立

★★★★★★☆☆ 1 □□□	台頭する<u>プロテスタント</u>に対抗しておこなわれた、カトリック側の自己革新運動を何と呼ぶか。	カトリック改革（対抗宗教改革）
★★★★★★★☆ 2 □□□	1534年に設立され、教皇への絶対服従と厳格な規律のも	イエズス会（ジェズ

とカトリック改革を展開した修道会は何か。		イット教団）
★★★★★★★☆ **3** □□□ とカトリック改革を展開した修道会は何か。 **イエズス会**を創設して初代総長となった、スペインの貴族出身の軍人は誰か。		イグナティウス＝ロヨラ
★★★★★★★☆ **4** □□□ **イグナティウス＝ロヨラ**とともに**イエズス会**を設立し、海外伝道で1549年に日本に来航した、スペイン人宣教師は誰か。		フランシスコ＝ザビエル
★★☆☆☆☆☆☆ **5** □□□ 16世紀後半の万暦帝時代に中国での布教を開始した、イタリア出身の**イエズス会**宣教師は誰か。		マテオ＝リッチ
★★★★★★☆☆ **6** □□□ 1545年から開催されたが、プロテスタント側が出席を拒否したため、カトリック側が教皇の至上権とその教義を再確認した公会議は何か。		トリエント公会議
★★★★★★★☆ **7** □□□ とくにスペインで盛んに開かれた、異端者を発見・処罰する教会の法廷を何と呼ぶか。		宗教裁判
★★★★★★★☆ **8** □□□ 反カトリックとみなされ、その所持や流布を禁じられた書物と著者のリストを何と呼ぶか。		禁書目録
★☆☆☆☆☆☆☆ **9** □□□ とくに宗教改革期以降に激化した、悪魔に魂を売った者とみなした人々に対しておこなわれた愚行は何か。		「魔女狩り」
★☆☆☆☆☆☆☆ **10** □□□ ユリウス暦を修正し、1582年に教皇グレゴリウス13世が導入した暦は何か。		グレゴリウス暦

❸ 主権国家体制の成立   用語集 p.158〜163

各地で宗教対立が続くなか、**神聖ローマ帝国**では**三十年戦争**が勃発した。**宗教対立から諸国家間の争いに拡大**したこの戦争は、**ウェストファリア条約**で終結したが、帝国内の**領邦国家の主権**が拡大されて神聖ローマ帝国は形骸化し、ヨーロッパの**主権国家体制**が確立した。

■イタリア戦争と主権国家体制

★★★★★★★☆ **1** □□□ 1494年から始まった、イタリア支配をめぐるフランス王と神聖ローマ皇帝との戦いは何か。		イタリア戦争
★★★★★★☆☆ **2** □□□ 15世紀前半から神聖ローマ皇帝位をほぼ独占し、1516年からはスペイン王位をも占めるようになった家柄は何か。		ハプスブルク家

★★★★★☆☆

3 □□□ 1516年にスペイン国王に即位した<u>カルロス1世</u>は、皇帝選挙で<u>神聖ローマ皇帝</u>となった。皇帝としての名称は何か。 | カール5世

★★★★☆☆☆

4 □□□ 1519年、神聖ローマ皇帝選挙で<u>カルロス1世</u>に敗れ、以後彼と激しく衝突したフランス国王は誰か。 | フランソワ1世

★★★★★☆☆

5 □□□ 宗教・道徳から切り離し、現実主義的な政治を進める必要性を説いた<u>フィレンツェ</u>の外交官は誰か。 | マキァヴェリ

★★★★★★☆

6 □□□ イタリア統一のためには「獅子の勇猛と狐の狡知を兼ねた人物こそが必要」と述べた、<u>マキァヴェリ</u>の著作は何か。 | 『君主論』

★★★★☆☆☆

7 □□□ <u>イタリア戦争</u>を終結させヨーロッパで主権国家体制が成立する契機となった、1559年の講和条約は何か。 | カトー゠カンブレジ条約

★★★★★★☆

8 □□□ 明確な国境で囲まれた領域と、確立した主権をもつ近代国家を何と呼ぶか。 | 主権国家

★★★★★★☆

9 □□□ 主権をもつ多くの国家が成立し、それらがたがいに並立・競合して国際政治を展開する体制を何と呼ぶか。 | 主権国家体制

★★★★★★☆

10 □□□ 16～18世紀のヨーロッパで展開された、国王への集権化が進んだ政治体制を、とくに何と呼ぶか。 | 絶対王政

★★★★★★☆

11 □□□ 王の権力は神から授けられた神聖不可侵なものとする思想を何と呼ぶか。 | 王権神授説

★★★★★★☆

12 □□□ 王に従い、行政事務を担う役人集団体制は何か。 | 官僚制

★★★★★★☆

13 □□□ <u>絶対王政</u>のもと、平時から常置された、傭兵からなる軍隊を何と呼ぶか。 | 常備軍

★★☆☆☆☆☆

14 □□□ 貴族・聖職者などの身分、<u>ギルド</u>・大学などの職能団体、都市や農村などの地域的団体といった、国王が国民を支配・統合する際の基本単位となった団体を何と呼ぶか。 | 中間団体(社団)

★★★★★★☆

15 □□□ <u>絶対王政</u>時代におこなわれた、国家が積極的に経済活動に介入する経済政策は何か。 | 重商主義

■ヨーロッパ諸国の動向

★★★★★★☆		
1 ☐☐☐	16世紀後半、<u>カルロス1世</u>からスペイン王位を継承し、スペイン絶対王政の最盛期を現出した国王は誰か。	フェリペ2世
★★★★★★☆		
2 ☐☐☐	<u>フェリペ2世</u>が1571年、ヴェネツィアなどとの連合でオスマン帝国海軍を破った戦いは何か。	レパントの海戦
★★★★★★☆		
3 ☐☐☐	1580年にスペインが併合した、広大な海外領土をもつ隣国はどこか。	ポルトガル
★★★★★★☆		
4 ☐☐☐	世界最大の植民地帝国を形成したスペインを形容した呼称は何か。	「太陽の沈まぬ帝国」
★★★★★★☆		
5 ☐☐☐	中世以来、中継貿易や<u>毛織物</u>生産で繁栄したが、15世紀後半に<u>ハプスブルク家</u>領、1556年にはスペイン領となった地域はどこか。	ネーデルラント
★★★★★★☆		
6 ☐☐☐	<u>ネーデルラントのカルヴァン派</u>が中心となり、スペインの圧政に対して1568年からおこした戦争は何か。	オランダ独立戦争
★★★☆☆☆☆		
7 ☐☐☐	カトリック教徒が多く、スペインとアラス同盟を結んで独立戦争から離脱した地域(州)はどこか。	南部10州
★★★★☆☆☆		
8 ☐☐☐	1579年、<u>北部7州</u>が信仰の自由を獲得するまで戦うことを誓って結成した同盟は何か。	ユトレヒト同盟
★★★☆☆☆☆		
9 ☐☐☐	<u>北部7州</u>のなかでもっとも有力で、「オランダ」の語源となった州はどこか。	ホラント州
★★★★★★☆		
10 ☐☐☐	<u>ユトレヒト同盟</u>結成の際の中心的指導者で、初代オランダ総督として1581年に独立宣言を出した人物は誰か。	オラニエ公ウィレム
★★★★★☆☆		
11 ☐☐☐	1581年に独立を宣言し、1648年の<u>ウェストファリア条約</u>で国際的に独立が承認された国の正式名は何か。	ネーデルラント連邦共和国
★★★★★★☆		
12 ☐☐☐	オランダの独立を支持して介入するイギリスと戦うため、1588年にスペインが派遣した艦隊は何と呼ばれていたか。	無敵艦隊(アルマダ)
★★★★★★☆		
13 ☐☐☐	イギリスの対外進出を進めた、16世紀後半のイギリス女王は誰か。	エリザベス1世
★★★☆☆☆☆		
14 ☐☐☐	国家から外国船略奪の許可を受け、活動したイギリスの	私拿捕船(私掠船)

民間武装船を何と呼ぶか。

★★★★☆☆☆ 15 □□□	イギリス人として初の世界周航に成功し、無敵艦隊との戦いでも副司令官として活躍した人物は誰か。	ドレーク
★★★★☆☆☆ 16 □□□	テューダー朝時代、地方の名望家として要職について地方行政を担った地主層は何と呼ばれるか。	ジェントリ(郷紳)
★★★★☆☆☆ 17 □□□	15世紀末〜17世紀半ばに展開された、牧羊のために領主や地主が開放農地を小作人から取り上げて、生垣や塀で囲んだ動きを何と呼ぶか。	第1次囲い込み(エンクロージャー)
★★★★★☆☆ 18 □□□	14世紀以降に発展した、イギリスの代表的産業は何か。	毛織物工業
★★★★★☆☆ 19 □□□	1600年、エリザベス1世によって設立され、アジア全域での貿易独占権を与えられた会社は何か。	東インド会社
★★☆☆☆☆☆ 20 □□□	1607年に北米に建設された、イギリス最初の永続的な植民地はどこか。	ジェームズタウン
★★☆☆☆☆☆ 21 □□□	幼い国王の母として政治に介入し、フランスを大混乱におとしいれた、メディチ家出身の女性は誰か。	カトリーヌ゠ド゠メディシス
★★★★★★★ 22 □□□	1562年から始まった、フランスの宗教戦争は何か。	ユグノー戦争
★★★★★★☆ 23 □□□	1572年、王の妹とナヴァル王との結婚を祝ってパリに集まったユグノーが大量虐殺された事件は何か。	サンバルテルミの虐殺
★☆☆☆☆☆☆ 24 □□□	ユグノー戦争中のフランスで、絶対権力をもつ王が平和と秩序を維持すべきととなえた思想家は誰か。	ボダン
★★★★★☆☆ 25 □□□	1589年、ヴァロワ朝の断絶で国王に即位し、その後、プロテスタントからカトリックに改宗した人物は誰か。	アンリ4世
★★★★★☆☆ 26 □□□	アンリ4世の即位によって始まった、フランスの新王朝は何か。	ブルボン朝
★★★★★★☆ 27 □□□	1598年にアンリ4世が発布し、ユグノーに信仰の自由を認めて戦争を終結させた王令は何か。	ナントの王令

■三十年戦争

★★★★★★☆ 1 □□□	1618年にドイツで始まり、宗教対立からヨーロッパ諸国	三十年戦争

間の争いへと拡大した戦争は何か。

★★★★★★☆ 2 三十年戦争のきっかけとなった、プロテスタント貴族の反乱はどこで発生したか。	ベーメン(ボヘミア)
★★★☆☆☆☆ 3 皇帝軍に雇われ、デンマーク・スウェーデン軍を撃退した傭兵隊長は誰か。	ヴァレンシュタイン
★★★★★☆☆ 4 フランスと同盟し、プロテスタント保護を名目として、三十年戦争に介入したスウェーデン王は誰か。	グスタフ゠アドルフ
★★★★★★★ 5 1648年に締結され、ヨーロッパの主権国家体制を確立したといわれる講和条約は何か。	ウェストファリア条約
★★★★★★☆ 6 ウェストファリア条約が「神聖ローマ帝国の死亡診断書」ともいわれるのはどのような現象によるものか。	神聖ローマ帝国の形骸化
★★★☆☆☆☆ 7 ウェストファリア条約で、ロレーヌ地方の一部とともに、フランスが神聖ローマ帝国から獲得した地域はどこか。	アルザス
★★★☆☆☆☆ 8 ウェストファリア条約で、スウェーデンが神聖ローマ帝国から獲得した、バルト海沿岸のドイツ東北部の地域名は何か。	西ポンメルン
★★★★★★☆ 9 ウェストファリア条約で、独立を国際的に承認された2国はどこか。	スイス・オランダ
★★★★★☆☆ 10 ウェストファリア条約で、ドイツ地域で新たに公認された宗派は何派か。	カルヴァン派

④ オランダ・イギリス・フランスの台頭　　用語集 p.163〜171

17世紀、オランダ・イギリス・フランスは、ヨーロッパ内外で覇権をめぐり争った。ピューリタン革命・名誉革命を経て政治的に安定したイギリスは、イングランド銀行を設立して戦費調達を容易にした。絶対王政下のフランスは、重商主義政策を展開しオランダ・イギリスに対抗した。オランダの国力が衰えるなか、**フランスとの争いに勝利したイギリスが覇権を握った**。

■オランダの繁栄と英仏の挑戦

★★★★☆☆☆ 1 15世紀後半からオランダ独立戦争で破壊されるまで、中継貿易と金融業でヨーロッパ経済の中心として繁栄した、現在のベルギー北部の都市はどこか。	アントウェルペン(アントワープ)

★★★★☆☆☆ 2 □□□	オランダが、穀物や材木などを輸入してヨーロッパの産品を輸出する中継貿易で利益を得た海域はどこか。	バルト海
★★★★★★★ 3 □□□	1602年、多くの貿易会社を統合して設立され、おもにアジア貿易を独占したオランダの会社は何か。	東インド会社
★★★★★★★ 4 □□□	<u>アントウェルペン</u>にかわって、17世紀前半、ヨーロッパ経済の中心となったオランダの首都はどこか。	アムステルダム
★★☆☆☆☆☆ 5 □□□	インドの南東に位置し、1505年にポルトガルが支配下におき、その後17世紀半ばにオランダが支配権を握った島はどこか。	セイロン島(スリランカ)
★★☆☆☆☆☆ 6 □□□	1511年にポルトガルが、1641年にオランダが占領した、マレー半島南西岸の港市はどこか。	マラッカ
★★☆☆☆☆☆ 7 □□□	16世紀にポルトガルが、17世紀前半にオランダが勢力下においた、<u>香辛料</u>の大産地であった島々はどこか。	マルク(モルッカ・香料)諸島
★★★★★★★ 8 □□□	オランダは、17世紀初頭に<u>ジャワ島</u>西部の都市に商館を建設してアジアにおける拠点としたが、この地は1619年に何と改名されたか。	バタヴィア
★★★★★☆☆ 9 □□□	1623年、<u>マルク諸島</u>の領有をめぐって、オランダがイギリス勢力をここから追い出した事件は何か。	アンボイナ事件
★★★☆☆☆☆ 10 □□□	1624年、東アジア貿易の中継地としてオランダが占領した、中国福建省対岸の島はどこか。	台湾
★★★★★☆☆ 11 □□□	1652年、オランダがアジア地域と本国との中継地として、アフリカ南端に建設した植民地はどこか。	ケープ植民地
★★★☆☆☆☆ 12 □□□	17世紀前半ハドソン川下流域に形成された、オランダの北米植民地の名は何か。	ニューネーデルラント植民地
★★★★★★☆ 13 □□□	<u>イギリス＝オランダ</u>(英蘭)戦争で、イギリスがオランダから獲得して<u>ニューヨーク</u>と改称した都市はどこか。	ニューアムステルダム

■イギリスの2つの革命

★★★★★★☆ 1 □□□	1603年、スコットランド王が、テューダー家の血を引くことから、イングランド王に即位したことで成立した新	ステュアート朝

	王朝は何か。	
★★★★★☆ **2** □□□	イングランド王に即位し、<u>王権神授説</u>を信奉し、またピューリタン弾圧策をとった人物は誰か。	ジェームズ1世
★★★★★★☆ **3** □□□	<u>ジェームズ1世</u>の子かつつぎのイングランド王で、王権神授の姿勢を強め、専制的な政策をとった人物は誰か。	チャールズ1世
★★★★☆☆☆ **4** □□□	1628年、<u>議会</u>がその同意のない課税や不当逮捕などに反対して、<u>チャールズ1世</u>に提出した請願書を何と呼ぶか。	権利の請願 <small>せいがん</small>
★★★★☆☆ **5** □□□	<u>チャールズ1世</u>による国教会制度の強制に対して、反乱をおこした地域はどこか。	スコットランド
★★☆☆☆☆☆ **6** □□□	戦費調達をもくろむ<u>チャールズ1世</u>が1640年4月に招集し、国王への強い反発のため3週間で解散した議会を何と呼ぶか。	短期議会
★★☆☆☆☆☆ **7** □□□	チャールズ1世が、賠償金支払いのために1640年秋に招集し、1653年まで続いた議会を何と呼ぶか。	長期議会
★★★★★★☆ **8** □□□	1642〜49年にかけてのイギリスの政治上の変革を、議会の多数を占めた宗派にちなんで何と呼ぶか。	ピューリタン革命
★★★★★★☆ **9** □□□	<u>ピューリタン革命</u>のなかで、おもに貴族・保守的<u>ジェントリ</u>・大商人から構成された、国王支持派は何か。	王党(宮廷)派
★★☆☆☆☆☆ **10** □□□	<u>ピューリタン革命</u>のなかで、ヨーマン・商工業者が中心となり、共和政を主張した議会(地方)派の一派は何か。	独立派
★★★☆☆☆☆ **11** □□□	立憲王政とカルヴァン派の長老派教会を支持する議会派の派閥は何か。	長老派
★★★★★★☆ **12** □□□	<u>ジェントリ</u>出身の熱心なピューリタンで、<u>独立派</u>の指導者として<u>王党派</u>を破った軍人・政治家は誰か。	クロムウェル
★★☆☆☆☆☆ **13** □□□	<u>クロムウェル</u>が創設した、ジェントリとヨーマンを中心に編制した騎兵隊の通称は何か。	鉄騎隊 <small>てっきたい</small>
★★★★★★☆ **14** □□□	1649年のチャールズ1世の処刑後、<u>コモンウェルス</u>と呼ばれる政体が実現した。この政体は何か。	共和政
★★★★★★☆ **15** □□□	1649年、王党派の追討を口実に、<u>クロムウェル</u>が征服した地域はどこか。	アイルランド

★★★★☆☆☆ 16 □□□	チャールズ1世の息子を王と認めたために<u>クロムウェル</u>によって征服された地域はどこか。	スコットランド
★★★★★★☆ 17 □□□	共和政期の1651年、オランダ船の締め出しを目的として発布された<u>重商主義</u>にもとづく法は何か。	航海法
★★★★★★★ 18 □□□	<u>航海法</u>が原因で発生した、1650年代の第1次、60年代の第2次、70年代の第3次におよぶ戦争は何か。	イギリス゠オランダ（英蘭）戦争
★★★★☆☆☆ 19 □□□	1664年、イギリスはオランダ植民地の中心都市<u>ニューアムステルダム</u>を占領、改名した。改名後の都市名は何か。	ニューヨーク
★★★★☆☆☆ 20 □□□	1653年、議会を解散したのち、<u>クロムウェル</u>が就任した政治・軍事の最高官職は何か。	護国卿
★★★★★★☆ 21 □□□	クロムウェルの死後、1660年におこった政体の変化を何と呼ぶか。	王政復古
★★★★★★☆ 22 □□□	<u>王政復古</u>により、亡命先から帰国して国王に即位した、<u>チャールズ1世</u>の息子は誰か。	チャールズ2世
★★★★☆☆☆ 23 □□□	1673年、<u>チャールズ2世</u>のカトリック容認政策に反対する議会が制定した、公職就任者を国教徒に限るとした法は何か。	審査法
★★★★★☆☆ 24 □□□	1679年、議会が国王の専制政治に対抗して制定した、不法な逮捕・投獄を禁じた法は何か。	人身保護法
★★★★★★☆ 25 □□□	<u>チャールズ2世</u>の弟の王位継承権を認めた議会内のグループ（党名）は何か。	トーリ党
★★★★★★☆ 26 □□□	<u>チャールズ2世</u>の弟の王位継承権を認めなかった議会内のグループ（党名）は何か。	ホイッグ党
★★★★★★☆ 27 □□□	1685年に即位した、<u>チャールズ2世</u>の弟で、専制政治の確立とカトリックの復活をはかった国王は誰か。	ジェームズ2世
★★★★★★★ 28 □□□	1688～89年に、議会が<u>ジェームズ2世</u>を廃位し王の娘とその夫のオランダ総督をまねいた政変を何と呼ぶか。	名誉革命
★★★☆☆☆☆ 29 □□□	1689年、議会は「国王は議会の意思に反した行動をとれない」とする宣言を可決した。この宣言は何か。	権利の宣言

★★★★★★★★ **30** □□□ <u>権利の宣言</u>を承認して夫とともにイギリス国王に即位した、<u>ジェームズ2世</u>の娘は誰か。	メアリ2世
★★★★★★★★ **31** □□□ <u>権利の宣言</u>を承認して共同君主として即位したオランダ総督オラニエ公ウィレム3世の、イギリス国王としての名前は何か。	ウィリアム3世
★★★★★★★★ **32** □□□ 1689年12月、カトリック教徒の国王即位を禁じ、王権に対する議会の優越を成文化した法令は何か。	権利の章典
★★☆☆☆☆☆☆ **33** □□□ 1689年、プロテスタント全般の信仰の自由を保障した議会制定法は何か。	寛容法 <small>かんよう</small>
★★★★★★☆☆ **34** □□□ <u>名誉革命</u>ののちにイギリスで確立された、君主が憲法などの法律にもとづいておこなう政治は何か。	立憲君主政
★★☆☆☆☆☆☆ **35** □□□ 1702年に即位した、<u>ステュアート朝</u>最後の王は誰か。	アン女王
★★★★★☆☆☆ **36** □□□ 1707年、同君連合だったイングランドとスコットランドが合併して成立した国名は何か。	グレートブリテン王国
★★★☆☆☆☆☆ **37** □□□ <u>ステュアート朝</u>の断絶でイギリス国王となった人物は、ドイツでどのような地位についていたか。	ハノーヴァー選帝侯
★★★★★★☆☆ **38** □□□ 「王は君臨すれども統治せず」といわれる政治的状況を促進した、1714年に成立したイギリスの新王朝は何か。	ハノーヴァー朝
★★★☆☆☆☆☆ **39** □□□ <u>ハノーヴァー朝</u>の初代国王は誰か。	ジョージ1世
★★★★★★☆☆ **40** □□□ イギリスの初代首相とみなされ、議会政治と内閣制度の基礎を固めた、<u>ホイッグ党</u>の政治家は誰か。	ウォルポール
★★★★★★☆☆ **41** □□□ <u>ハノーヴァー朝</u>のもとで成立した、議会の多数派が内閣を組織して議会に責任を負う制度を何と呼ぶか。	議院内閣制（責任内閣制）

■フランスの絶対王政

★★★★★☆☆☆ **1** □□□ 1610年に即位し、<u>絶対王政</u>を確立したフランス国王は誰か。	ルイ13世
★★★★☆☆☆☆ **2** □□□ <u>フィリップ4世</u>の時代に設立されたが、1614年の招集を最後に1789年まで停止されていた議会は何か。	全国三部会（三部会）

★★★★★☆☆ **3** □□□	<u>ルイ13世</u>期に宰相となり、大貴族や<u>ユグノー</u>の勢力をおさえて王権の絶対化につとめた人物は誰か。	リシュリュー
★★★☆☆☆☆ **4** □□□	1635年に<u>リシュリュー</u>がフランス語の統一と純化を目的に創設した学術団体は何か。	アカデミー＝フランセーズ
★★★★★☆☆ **5** □□□	1661年まで事実上の宰相として、幼い<u>ルイ14世</u>を助けて中央集権化を進めた人物は誰か。	マザラン
★★★★★★☆ **6** □□□	1648年から53年にかけて、王権の伸張に反対する貴族たちがおこした反乱は何か。	フロンドの乱
★★★☆☆☆☆ **7** □□□	王令を審査する権限をもち、<u>フロンドの乱</u>では貴族たちの拠点となった最高司法機関の名は何か。	高等法院
★★★★★★☆ **8** □□□	17世紀後半に親政を開始して、たびかさなる対外戦争をおこしたフランス王は誰か。	ルイ14世
★★★★★★☆ **9** □□□	<u>ルイ14世</u>が財務総監に登用した政治家は誰か。	コルベール
★★★☆☆☆☆ **10** □□□	<u>コルベール</u>が<u>重商主義</u>政策の一環として、17世紀後半に改革・国営化した貿易会社は何か。	東インド会社
★★★☆☆☆☆ **11** □□□	<u>コルベール</u>が<u>重商主義</u>政策の1つとして、毛織物業などで設立した王立の工場を何と呼ぶか。	王立（特権）マニュファクチュア
★★★★★★☆ **12** □□□	<u>ルイ14世</u>の異称は何か。	「太陽王」
★★★☆☆☆☆ **13** □□□	<u>ルイ14世</u>の王太子の教育係をつとめ、<u>王権神授説</u>を主張した、宮廷聖職者は誰か。	ボシュエ
★★★★★★☆ **14** □□□	<u>ルイ14世</u>の言葉と伝えられる、国王と国家の利害を同一視する彼の政治観を象徴する言葉は何か。	「朕は国家なり」
★★★★★★☆ **15** □□□	<u>絶対王政</u>下では、王宮が国王の権力を誇示する場であったが、ルイ14世がパリ西南の地に建築させた、<u>バロック様式</u>の宮殿は何か。	ヴェルサイユ宮殿
★★★★★★☆ **16** □□□	カトリックを重視するルイ14世は、1685年にどのような宗教政策を実施したか。	ナントの王令の廃止
★★★★★★☆ **17** □□□	隣国の王朝断絶を受け、ルイ14世が孫の継承権を主張して1701年におこした戦争は何か。	スペイン継承戦争

★★★★★★☆ 18 □□□ 1713年に締結された<u>スペイン継承戦争</u>の講和条約は何か。		ユトレヒト条約
★★★★★☆☆ 19 □□□ <u>ユトレヒト条約</u>でイギリスがスペインから獲得した、イベリア半島南端の半島はどこか。		ジブラルタル
★★★☆☆☆☆ 20 □□□ <u>ユトレヒト条約</u>でイギリスがフランスから獲得した北米の3つの地域は、ハドソン湾地方・アカディアともう1つどこか。		ニューファンドランド
★★☆☆☆☆☆ 21 □□□ <u>スペイン継承戦争</u>の終結を目的に、1714年に神聖ローマ皇帝とルイ14世が調印し、南ネーデルラントをハプスブルク家領とした条約は何か。		ラシュタット条約

■イギリスとフランスの覇権争い

★★★★★★★ 1 □□□ 16世紀以降、オランダ・イギリス・フランスなどの強国は互いに争い、軍事力などにより、地理的に離れた他民族を直接支配下に置くようになったが、支配された地域は何と呼ばれたか。		植民地
★★★☆☆☆☆ 2 □□□ 1621年に特許状を獲得して設立された、アメリカ大陸とアフリカでの貿易独占権をもつオランダの会社の名前は何か。		西インド会社
★★★★★★☆ 3 □□□ 北米の<u>ニューネーデルラント植民地</u>の中心市として、オランダが建設した町の名前は何か。		ニューアムステルダム
★★★★☆☆☆ 4 □□□ 1689〜1815年の、英仏の植民地や貿易をめぐる覇権争いを何と称するか。		第2次英仏百年戦争
★★★★★☆☆ 5 □□□ ヨーロッパでの<u>七年戦争</u>と並行しておこなわれた、北米でのイギリス・フランス間の植民地戦争は何か。		フレンチ゠インディアン戦争
★★★★★★☆ 6 □□□ 1763年にイギリス・フランス・スペインのあいだで締結された、<u>七年戦争</u>と北米およびインドでの植民地戦争の講和条約の名称は何か。		パリ条約
★★★★★★☆ 7 □□□ 1640年頃、<u>イギリス東インド会社</u>が商館を築いた、インド南東岸の海港はどこか。		マドラス
★★★★★☆☆ 8 □□□ 1660年代にポルトガルから譲り受け、<u>イギリス東インド会社</u>が商館を築いた、インド西岸の港市はどこか。		ボンベイ

★★★★★☆☆ 9 □□□	1690年に<u>イギリス東インド会社</u>が商館を築いた、<u>ベンガル</u>地方の要地の大河港市はどこか。	カルカッタ
★★★★★★☆ 10 □□□	1670年代にフランスが獲得して商館を築いた、インド南東岸の町はどこか。	ポンディシェリ
★★★☆☆☆☆ 11 □□□	1670年代にフランスが獲得して商館を築いた、<u>ベンガル</u>地方の町はどこか。	シャンデルナゴル
★★★★★★★ 12 □□□	17〜18世紀を中心に、ヨーロッパ・西アフリカ・アメリカ地域のあいだでおこなわれた貿易を何と呼ぶか。	(大西洋)三角貿易
★★★★★☆☆ 13 □□□	<u>大西洋三角貿易</u>の一環として西アフリカの住民を、アメリカ大陸での労働力として運んだ貿易を何と呼ぶか。	奴隷貿易
★★★★★☆☆ 14 □□□	スペイン政府が外国商人と結んだ、黒人奴隷の供給契約を何と呼ぶか。	アシエント
★★★★★☆☆ 15 □□□	カリブ海地域やアメリカ大陸で発展した、おもに植民地や半植民地でタバコ・砂糖などの輸出用商品作物を生産する大農園制を何と呼ぶか。	プランテーション
★★★☆☆☆☆ 16 □□□	17世紀初めに建国されて<u>黒人奴隷貿易</u>で栄え、19世紀末フランスの植民地となった<u>ギニア</u>湾岸の国はどこか。	ダホメ王国
★★★★☆☆☆ 17 □□□	13〜18世紀にかけて現在のナイジェリア地域に栄え、黒人を捕らえヨーロッパ商人に売った王国はどこか。	ベニン王国
★★★★★★☆ 18 □□□	16世紀からブラジルで、17世紀以降西インド諸島でも展開されたのは、おもに何の<u>プランテーション</u>か。	サトウキビ
★★★☆☆☆☆ 19 □□□	1780年代以降、アメリカ合衆国南部で展開され、<u>ホイットニー</u>による綿繰り機の発明で拡大したのは何のプランテーションか。	綿花
★★★★☆☆☆ 20 □□□	1694年に創設された、イギリス資本主義の発展を支えたイギリス中央銀行の名は何か。	イングランド銀行
★★★★★☆☆ 21 □□□	国家が民間から資金を調達するために発行する債権は何か。	国債
★★★★☆☆☆ 22 □□□	<u>イングランド銀行</u>の設立と、<u>国債制度</u>の確立によるイギリスの金融・財政構造の変化を何と呼ぶか。	財政革命

★★★☆☆☆☆		
23 ☐☐☐	<u>奴隷貿易</u>により17世紀末頃から発展しはじめた、イングランド北西部の海港都市はどこか。	リヴァプール

❺ 北欧・東欧の動向

用語集 p.172～176

王政から<u>選挙王政</u>に移行した**ポーランド**は、戦争の敗北と中央集権化の失敗で弱体化して18世紀後半に消滅した。**スウェーデン**は、一時**バルト海地域の覇権**を握ったが、**ロシア**との<u>北方戦争</u>に敗れ衰えた。**プロイセン・オーストリア・ロシア**では、君主が<u>啓蒙専制主義</u>をとって中央集権化と富国強兵をはかった。

■ポーランドとスウェーデン

★★★★★☆☆		
1 ☐☐☐	16世紀後半に断絶した、リトアニアとポーランドの連合王国の王朝名は何か。	ヤゲウォ（ヤゲロー）朝

★★★★★★☆		
2 ☐☐☐	<u>ヤゲウォ朝</u>の断絶後、ポーランドの政体はどのように変化したか。	選挙王政

★★★★★★★		
3 ☐☐☐	18世紀後半、<u>プロイセン・オーストリア・ロシア</u>がポーランドに対してとった行動を何と呼ぶか。	ポーランド分割

★★★★☆☆☆		
4 ☐☐☐	第2回の<u>ポーランド分割</u>がおこなわれる前年の1792年から、分割反対闘争を指導したポーランドの愛国者は誰か。	コシューシコ（コシチューシコ）

■ロシアの大国化

★★★★★★☆		
1 ☐☐☐	16世紀、<u>モスクワ大公国</u>の最盛期を現出し、「雷帝」と呼ばれた君主は誰か。	イヴァン4世

★★★★★★☆		
2 ☐☐☐	<u>イヴァン4世</u>から正式に<u>ツァーリ</u>の称号を使いはじめたが、ロシア皇帝が強力な専制君主として統治する政治体制は何と呼ばれるか。	ツァーリズム

★★★★★★☆		
3 ☐☐☐	南ロシアの辺境地帯に住み、自治的な集団を形成していた、騎馬に長じた戦士集団を何と呼ぶか。	コサック

★★★☆☆☆☆		
4 ☐☐☐	16世紀後半、シベリア西部の探検をおこない、占領地をイヴァン4世に献上した、<u>コサック</u>の族長は誰か。	イェルマーク

★★★☆☆☆☆		
5 ☐☐☐	1613年、貴族らの全国会議でロシア皇帝に選ばれた人物は誰か。	ミハイル＝ロマノフ

★★★★★★☆ 6 ☐☐☐	<u>ミハイル＝ロマノフ</u>を開祖に成立したロシアの王朝は何か。	ロマノフ朝
★★★★★☆☆ 7 ☐☐☐	1670年からの南ロシアでの農民反乱を指導した、<u>コサック</u>の首領は誰か。	ステンカ＝ラージン
★★★★★★★ 8 ☐☐☐	17世紀末〜18世紀前半、ロシアで<u>西欧化改革</u>をおこない、近代化・強化につとめた皇帝は誰か。	ピョートル1世(大帝)
★★★★★★☆ 9 ☐☐☐	1689年、アルグン川およびスタノヴォイ山脈(外興安嶺)を境に露清間で結ばれた国境画定条約は何か。	ネルチンスク条約
★★★☆☆☆☆ 10 ☐☐☐	<u>ピョートル1世</u>の治世の時にオスマン帝国から獲得した、黒海北東部の内海の名称は何か。	アゾフ海
★★★★★★☆ 11 ☐☐☐	バルト海の覇権をめぐって、ロシアが1700年から開始したスウェーデンとの戦争は何か。	北方戦争
★★★☆☆☆☆ 12 ☐☐☐	<u>北方戦争</u>の時のスウェーデン王は誰か。	カール12世
★★★★★★☆ 13 ☐☐☐	<u>北方戦争</u>中に建設が開始され、「西欧への窓」として1712年にロシアの首都とされた都市はどこか。	ペテルブルク
★★★☆☆☆☆ 14 ☐☐☐	<u>ピョートル1世</u>の命でシベリア探検をおこなった人物は誰か。	ベーリング
★★★☆☆☆☆ 15 ☐☐☐	<u>ベーリング</u>の北米大陸探検で、ロシア領となった地域はどこか。	アラスカ
★★★★★★☆ 16 ☐☐☐	18世紀後半、クーデタによって夫から帝位を奪ってロシア皇帝となり、啓蒙専制的な政治を一時おこなった女性は誰か。	エカチェリーナ2世
★★★★★★☆ 17 ☐☐☐	<u>エカチェリーナ2世</u>は、1773年からの農民反乱を鎮圧後、反動化した。この農民反乱は何と呼ばれるか。	プガチョフの農民反乱
★★★★★★☆ 18 ☐☐☐	<u>エカチェリーナ2世</u>の時代、ロシアが<u>オスマン帝国</u>から獲得した黒海北岸の半島はどこか。	クリミア半島
★☆☆☆☆☆☆ 19 ☐☐☐	<u>エカチェリーナ2世</u>の時代にロシアに滅ぼされた、オスマン帝国の宗主権下にあった<u>クリミア半島</u>のイスラーム教国は何か。	クリミア(クリム)＝ハン国

★★★★☆☆☆☆		
20 ☐☐☐	1792年、日本に漂流民を送還し、同時に通商を求めるため根室に派遣されたロシアの軍人は誰か。	ラクスマン

■プロイセンとオーストリアの動向

★★★★★★★★		
1 ☐☐☐	13世紀に<u>ドイツ騎士団領</u>をもとに形成された、バルト海沿岸の国は何か。	プロイセン
★★★★★★☆☆		
2 ☐☐☐	14世紀半ばの<u>金印勅書</u>で七選帝侯国の1つとされた、ドイツ東北部の国はどこか。	ブランデンブルク選帝侯国
★★★★☆☆☆☆		
3 ☐☐☐	15世紀に<u>ブランデンブルク選帝侯国</u>の支配者となった家門はどこか。	ホーエンツォレルン家
★★★★★★★★		
4 ☐☐☐	<u>ドイツ騎士団領</u>が世俗化して成立し、1618年には<u>ブランデンブルク選帝侯国</u>と合邦して、以後<u>ホーエンツォレルン家</u>が支配した国の名称は何か。	プロイセン公国
★★☆☆☆☆☆☆		
5 ☐☐☐	15世紀以降、<u>ブランデンブルク選帝侯国</u>の首都となった都市はどこか。	ベルリン
★★☆☆☆☆☆☆		
6 ☐☐☐	プロイセンの君主で、17世紀に中央集権体制を整備し、<u>ユグノー</u>を受け入れるなどの政策でプロイセンを強大化させた選帝侯は誰か。	フリードリヒ=ヴィルヘルム（大選帝侯）
★★★★★★☆☆		
7 ☐☐☐	プロイセン社会の支配階層の中心勢力である、地主貴族を何と呼ぶか。	ユンカー
★★★★★★☆☆		
8 ☐☐☐	<u>スペイン継承戦争</u>に際し、皇帝側に立って参戦することと引きかえに昇格し、<u>プロイセン公国</u>は何と称するようになったか。	プロイセン王国
★★★★☆☆☆☆		
9 ☐☐☐	<u>プロイセン王国</u>の第2代国王で、「兵隊王」の異名をとり、軍国主義的絶対王政の基礎を築いた人物は誰か。	フリードリヒ=ヴィルヘルム1世
★★★★★★★☆		
10 ☐☐☐	1740年に<u>プロイセン王国</u>の王となり、官僚制と軍隊の強化や学芸の振興にもつとめた<u>啓蒙専制君主</u>は誰か。	フリードリヒ2世（大王）
★★☆☆☆☆☆☆		
11 ☐☐☐	オーストリアがその典型である、複数の民族が住む地域から構成される国家を何と呼ぶか。	複合民族国家
★☆☆☆☆☆☆☆		
12 ☐☐☐	17世紀末〜18世紀半ば、オーストリアの<u>ウィーン</u>に建造	シェーンブルン宮殿

されたバロック様式の王宮は何か。

★★★★☆☆☆
13 □□□ 1683年にオスマン帝国がオーストリアの都を包囲した軍事行動は何か。 | 第2次ウィーン包囲（戦）

★★★★☆☆☆
14 □□□ 1699年にオーストリアなど3国がオスマン帝国と結び、オーストリアがハンガリーを獲得した条約は何か。 | カルロヴィッツ条約

★★★★★★☆
15 □□□ 1740年、ハプスブルク家領を継承した女性は誰か。 | マリア=テレジア

★★★★★★☆
16 □□□ マリア=テレジアの帝位継承にバイエルン選帝侯らが反発したことからおこった戦争は何か。 | オーストリア継承戦争

★★★★★★☆
17 □□□ オーストリア継承戦争の直前にプロイセン王が占領し、戦後も領有に成功したオーストリア領の地域はどこか。 | シュレジエン

★★★☆☆☆☆
18 □□□ オーストリア継承戦争の講和条約であるアーヘンの和約で神聖ローマ皇帝と認められた、マリア=テレジアの夫は誰か。 | フランツ1世

★★★★★★☆
19 □□□ シュレジエンの奪回をめざし、オーストリアが宿敵フランスと同盟を策した国際関係の変化は何と呼ばれるか。 | 「外交革命」

★★★★★★★
20 □□□ 「外交革命」に対し、イギリスの援助を受けたプロイセンの先制攻撃で始まった戦争は何か。 | 七年戦争

■啓蒙専制主義

★★★☆☆☆☆
1 □□□ 啓蒙思想の影響を受けた君主が、自国の近代化のために様々な改革を推進する体制を何と呼ぶか。 | 啓蒙専制主義

★★★★★★☆
2 □□□ プロイセンのフリードリヒ2世が文通・接触した、フランスの啓蒙思想家は誰か。 | ヴォルテール

★★★★★★☆
3 □□□ 啓蒙思想の影響を受けたフリードリヒ2世が述べたとされる言葉は何か。 | 「君主は国家第一の僕」

★★★★★★☆
4 □□□ マリア=テレジアの息子で、オーストリアの啓蒙専制君主とされる人物は誰か。 | ヨーゼフ2世

★★★★☆☆☆
5 □□□ ヨーゼフ2世が発布した、非カトリック教徒にも信仰の自由を認める法令は何か。 | 宗教寛容令

★★★★★☆☆ 6 □□□	ヨーゼフ2世が1781年に農民に人格的な自由を認めようとしたことを何と呼ぶか。	農奴解放 (のうど)
★★★☆☆☆☆ 7 □□□	ローマ帝国時代はウィンドボナと呼ばれ、ハプスブルク家の宮廷がおかれて発展した都市はどこか。	ウィーン
★★★★★★★ 8 □□□	フリードリヒ2世がポツダムに建てた、ロココ様式の代表的な建築は何か。	サンスーシ宮殿

⑥ 科学革命と啓蒙思想

用語集 p.176〜183

17〜18世紀のヨーロッパでは、**人間の理性を尊重**しながら、**観察と実験**から自然界の諸法則を解明・検証しようとする**科学革命**がおこった。有用な知識の集積が幸福を増大させると考える**啓蒙思想**も広まり、経済・法律・政治など諸分野の成果が人々に広がり、世論の形成につながった。

■ 宮廷文化・市民文化

★★★★☆☆☆ 1 □□□	国王が定住し、宮廷および首都が成立したことを背景に、国王や貴族などの上流階級が主導して栄えた文化は何か。	宮廷文化
★★★★★★☆ 2 □□□	17〜18世紀初めまで西欧で流行した、**豪壮・華麗**を特色とする美術様式は何か。 (ごうそう) (かれい)	バロック美術
★★★★☆☆☆ 3 □□□	宗教・歴史を題材として、バロック様式の大作を残したフランドル派の画家は誰か。	ルーベンス
★★★★☆☆☆ 4 □□□	クレタ島生まれで、16世紀後半からスペインのトレドに住み、宗教画や肖像画を多く残した画家は誰か。 (しょうぞうが)	エル=グレコ
★★★★☆☆☆ 5 □□□	宮廷画家として、光線の表現を工夫した作品を多く残した、17世紀スペインの代表的画家は誰か。	ベラスケス
★☆☆☆☆☆☆ 6 □□□	やわらかく明るい色彩で多くのバロック様式の宗教画を残した、17世紀スペインの画家は誰か。	ムリリョ
★★☆☆☆☆☆ 7 □□□	イギリスの宮廷画家となり、**チャールズ1世**などの肖像画を残したフランドル派の画家は誰か。	ファン=ダイク
★★★★★☆☆ 8 □□□	18世紀前半から半ばにかけてフランスを中心に流行した、**繊細・優美**を特色とする美術様式は何か。 (せんさい) (ゆうび)	ロココ様式

★★★★☆☆☆		
9 ☐☐☐	優雅な田園・宮廷画が多い、フランスのロココ様式の代表的な画家は誰か。	ワトー
★★★★★☆☆		
10 ☐☐☐	17世紀フランスを中心に展開した、形式美のもとで理性的な作品を追求した文芸潮流を何と呼ぶか。	古典主義
★★★☆☆☆☆		
11 ☐☐☐	フランス古典主義文学を創始した、悲劇作家は誰か。	コルネイユ
★★★☆☆☆☆		
12 ☐☐☐	一時ルイ14世に仕えたことがある、フランス古典主義悲劇を大成した作家は誰か。	ラシーヌ
★★★★★☆☆		
13 ☐☐☐	フランス古典主義文学において、鋭い人間観察にもとづく作品を残した喜劇作家は誰か。	モリエール
★★★★★★☆		
14 ☐☐☐	「音楽の父」と称される、バロック音楽を大成させたドイツの作曲家は誰か。	バッハ
★★★☆☆☆☆		
15 ☐☐☐	ドイツ生まれではあるが、後半生はイギリス宮廷音楽家として活躍したバロック音楽家は誰か。	ヘンデル
★★★☆☆☆☆		
16 ☐☐☐	オーストリアの古典派の作曲家で、交響曲「時計」などで知られ、「交響楽の父」と称されるのは誰か。	ハイドン
★★★★★★☆		
17 ☐☐☐	オーストリア出身で幼少時より各国宮廷で活躍した、歌劇「魔笛」などで知られる古典派の作曲家は誰か。	モーツァルト
★★★☆☆☆☆		
18 ☐☐☐	17世紀後半のイギリスで盛んであった、ピューリタンの生き方・心情を主張した文学を何と呼ぶか。	ピューリタン文学
★★★☆☆☆☆		
19 ☐☐☐	大叙事詩『失楽園』を完成させた詩人は誰か。	ミルトン
★★★☆☆☆☆		
20 ☐☐☐	寓意物語『天路歴程』の著者は誰か。	バンヤン

■科学革命

★★★★★★★		
1 ☐☐☐	17世紀に、近代自然科学が急速に発展したことを何と呼ぶか。	科学革命
★★★★★★★		
2 ☐☐☐	1633年、コペルニクスの地動説を擁護し宗教裁判にかけられた、イタリアの天文・物理学者は誰か。	ガリレイ（ガリレオ＝ガリレイ）
★★★★★★☆		
3 ☐☐☐	17世紀初め、惑星運行の法則を確認し、近代天文学の基	ケプラー

礎を築いたドイツの天文学者は誰か。

★★★★☆☆☆ 4 □□□	17世紀前半に、血液の循環を立証したイギリスの生理学者(医者)は誰か。	ハーヴェー
★★★★★★☆☆ 5 □□□	17世紀後半、気体力学の法則を発見し、「近代化学の父」と呼ばれたイギリスの物理・化学者は誰か。	ボイル
★★★★★★★☆ 6 □□□	万有引力の法則の発見などで、近代物理学の創始者となったイギリスの数学・物理学者は誰か。	ニュートン
★★★★★☆☆☆ 7 □□□	ニュートンの主著『自然哲学の数学的原理』の、一般的に知られる略称は何か。	『プリンキピア』
★★☆☆☆☆☆☆ 8 □□□	顕微鏡を改良し、観察した結果を『ミクログラフィア』にまとめたイギリスの科学者は誰か。	フック
★★★★☆☆☆☆ 9 □□□	18世紀に、植物の分類学を確立したスウェーデンの学者は誰か。	リンネ
★★★★★☆☆☆ 10 □□□	18世紀後半、燃焼理論を確立し、質量保存の法則を打ち立てたフランスの化学者は誰か。	ラヴォワジェ
★★★★☆☆☆☆ 11 □□□	18世紀末、種痘法を開発し、予防接種という方法を始めたイギリスの医師は誰か。	ジェンナー
★★★★☆☆☆☆ 12 □□□	宇宙進化論を説いた、フランスの天文・数学者は誰か。	ラプラース
★★★★★★☆☆ 13 □□□	経験によらなくても、明らかな原理があれば理性を通じて確実な認識に至ることができるという考え方は何か。	合理主義
★★★★★★☆☆ 14 □□□	イギリスで発展した、観察や実験などの経験を重ねることで正しい認識が得られるという考え方は何か。	経験主義(経験論)
★★★★★☆☆☆ 15 □□□	16〜17世紀にかけて、経験主義の基礎を確立し、『新オルガヌム』を著した哲学者は誰か。	フランシス゠ベーコン
★☆☆☆☆☆☆☆ 16 □□□	経験主義から懐疑主義に至った18世紀の哲学者は誰か。	ヒューム
★★★★★★☆☆ 17 □□□	主著『方法序説』で合理主義の方法論を説いた、17世紀前半のフランスの数学者・哲学者は誰か。	デカルト
★★★☆☆☆☆☆ 18 □□□	デカルトがその主著で述べた、合理主義哲学の方法を示す有名な言葉は何か。	「われ思う、ゆえにわれあり」

★★★★★★☆ 19 □□□	主著『パンセ』『瞑想録（めいそうろく）』の「人間は考える葦（あし）である」という言葉で知られる、フランスの数学者・物理学者・哲学者は誰か。	パスカル
★★★★★☆☆ 20 □□□	神と万物とは同一と考え、汎神論（はんしんろん）をとなえたオランダの哲学者は誰か。	スピノザ
★★★★★☆☆ 21 □□□	微分・積分学を創始し、哲学では単子(モナド)論を説いたドイツの哲学者・数学者は誰か。	ライプニッツ
★★★★★☆☆ 22 □□□	イギリスと大陸の哲学を統合して、認識能力の限界を究明する批判哲学をとなえたドイツの哲学者は誰か。	カント
★★★☆☆☆☆ 23 □□□	1781年に刊行された、カントの主著は何か。	『純粋理性批判』
★★★★☆☆☆ 24 □□□	カントに始まる、合理主義と経験主義の2つの立場を統合して展開された哲学思想は何か。	ドイツ観念論哲学（かんねんろん）
★★★★★★★ 25 □□□	社会の基盤を構成する、人間の本性にもとづく倫理的・普遍的な法則は何か。	自然法
★★★★★★☆ 26 □□□	たがいに敵対する混乱を避けるため、国家に統治の全権をゆだねたと考えたイギリスの思想家は誰か。	ホッブズ
★★★★★☆☆ 27 □□□	「国家に統治の全権をゆだねる」考えを提唱した、ホッブズの主著は何か。	『リヴァイアサン』
★★★☆☆☆☆ 28 □□□	『リヴァイアサン』のなかで、ホッブズが、人間の自然権の行使によっておこるであろう状態を説いた言葉は何か。	「万人の万人に対する闘い」
★★★★★★☆ 29 □□□	人民主権の立場から抵抗権(革命権)を認めて、名誉革命を正当化したイギリスの思想家は誰か。	ロック
★★★★★★☆ 30 □□□	政府への支配権の委任は人民の財産権や幸福の追求を大前提とすると述べた、ロックの主著は何か。	『統治二論』(『市民政府二論』)
★★★★★★★ 31 □□□	自然法を国家間の関係に適応させ、「国際法の祖」と呼ばれたオランダの法学者は誰か。	グロティウス
★★★★☆☆☆ 32 □□□	グロティウスが国際法の考え方を、貿易・航海の自由に適用させた著作は何か。	『海洋自由論』
★★★★★☆☆ 33 □□□	グロティウスが三十年戦争（さんか）の惨禍をみて、戦時でも守る	『戦争と平和の法』

べき国際法規の確立を主張した著作は何か。

★★★☆☆☆☆ 34 □□□	近世ヨーロッパに広がった、社会の矛盾を変革することでよりよい時代へと進歩していこうとする思想は何か。	進歩主義

■啓蒙思想

★★★★★★★ 1 □□□	理性絶対の立場から社会の諸矛盾を合理的に批判し、民衆を無知から解放しようとする考え方を何と呼ぶか。	啓蒙思想
★★★★★★☆ 2 □□□	重商主義を批判し、個人の経済活動の自由を認め、富の源泉は農業生産にあると考えた経済思想を何と呼ぶか。	重農主義
★★★★★★☆ 3 □□□	重農主義のフランス人指導者は誰か。	ケネー
★★★☆☆☆☆ 4 □□□	富の源泉は農業生産にあるとした、ケネーの主著は何か。	『経済表』
★★★★★★★ 5 □□□	ケネーの弟子で、フランス革命前に財務総監となり、財政再建を試みた人物は誰か。	テュルゴ
★★★★★★★ 6 □□□	経済活動における自由放任主義を受け継ぎ、自由主義経済学を完成させたイギリスの経済学者は誰か。	アダム=スミス
★★★★★★★ 7 □□□	1776年に刊行され、はじめて資本主義社会を体系的に分析したアダム=スミスの主著は何か。	『諸国民の富』(『国富論』)
★★★★★★☆ 8 □□□	経済活動における国家の干渉や統制の排除をとなえる、自由放任主義の標語は何か。	「なすに任せよ」(レッセ=フェール)
★★★★★☆☆ 9 □□□	アダム=スミスによって創始された自由主義経済学を、「資本主義分析の古典」といった意味から、何と別称するか。	古典派経済学
★★★★★☆☆ 10 □□□	自然法思想を基礎として、社会も国家も人民相互の契約によって成立すると考える政治学説は何か。	社会契約説
★★★★★★★ 11 □□□	イギリスの議会政治を手本に、権力の分立と王権の制限をとなえたフランスの法律家・思想家は誰か。	モンテスキュー
★★★★★★★ 12 □□□	モンテスキューが1748年に出版した、諸国の社会を考察し政治における権力分立を説いた著書は何か。	『法の精神』
★★★★☆☆☆ 13 □□□	イギリスの文物を賛美するとともに、フランスの後進性	『哲学書簡』

を批判した<u>ヴォルテール</u>の著書は何か。

★★★★★★★		
14 □□□	きびしい社会批判をおこない、のちの<u>フランス革命</u>にもっとも影響を与えた思想家は誰か。	ルソー
★★★★☆☆☆		
15 □□□	私有財産制が人間の不平等の原因であると考え、絶対王政下のフランス社会を批判した<u>ルソー</u>の著書は何か。	『人間不平等起源論』
★★★★★★☆		
16 □□□	自然状態を理想化し、<u>人民主権論</u>を強く主張し、フランス社会の現状打破を説いた<u>ルソー</u>の著書は何か。	『社会契約論』
★★★★★★☆		
17 □□□	フランス啓蒙思想の集大成とされる百科事典は何か。	『百科全書』
★★★★★★☆		
18 □□□	『<u>百科全書</u>』の編集の中心になった哲学者は誰か。	ディドロ
★★★★★★☆		
19 □□□	<u>ディドロ</u>に協力して『<u>百科全書</u>』の編集にたずさわった、フランスの数学者・哲学者は誰か。	ダランベール
★★★★★★★		
20 □□□	17世紀中頃から流行し、ロンドンで世論形成の場となった社交場(飲食店)を何と呼ぶか。	コーヒーハウス
★★★☆☆☆☆		
21 □□□	政治・学芸など特定分野に関心をもつ人々が集まって形成した、イギリスの社交・交流組織を何と呼ぶか。	クラブ
★★★★☆☆☆		
22 □□□	17世紀頃から学者・文人・商人などが集まり、世論形成の場となったパリの軽飲食店を何と呼ぶか。	カフェ
★★★★★★☆		
23 □□□	17〜18世紀にフランスで流行した、上流階級の文化上の社交場を何と呼ぶか。	サロン
★★★★★★★		
24 □□□	17世紀に、おもにニュース報道を定期的に刊行するようになった印刷物を何と呼ぶか。	新聞
★★★★☆☆☆		
25 □□□	<u>新聞</u>や雑誌が盛んに読まれるようになって形成された、多くの人々の共通の考え方を何と呼ぶか。	世論
★★★☆☆☆☆		
26 □□□	中世末期には都市の住民を意味したが、近世では有産市民を意味するようになった言葉は何か。	ブルジョワ
★★☆☆☆☆☆		
27 □□□	17〜18世紀のヨーロッパで、アメリカ大陸・アフリカ・アジアなどから新たな商品が流入して、生活様式が大きくかわったことを何と呼ぶか。	生活革命
★★★★☆☆☆		
28 □□□	孤島で1人生きぬく人間の姿と信仰を描いた小説『<u>ロビ</u>	デフォー

ンソン゠クルーソー』を著したのは誰か。

| 29 □□□ | 『ガリヴァー旅行記』で、イギリスの現状を鋭く批判・風刺した、アイルランド生まれの小説家は誰か。 | スウィフト |

| 30 □□□ | 光と影の描写にすぐれ、近代油絵画法を完成し、「夜警」に代表されるオランダ全盛期の市民生活を描いた画家は誰か。 | レンブラント |

| 31 □□□ | 「地理学者」「真珠の耳飾りの少女」など光や色彩、明暗を繊細に描いた作品で知られるオランダの画家は誰か。 | フェルメール |

第12章

産業革命と環大西洋革命

　世界初の産業革命は、**技術力**にすぐれ、**資源・資本**などに恵まれていた**イギリス**で始まった。「**世界の工場**」と呼ばれたイギリスをはじめ、産業革命を経て強い工業生産力をもつ国々が現れる一方で、農産物・原料の供給地、工業製品の市場に特化する地域がでて世界経済の再編成が進んだ。

　北米のイギリス領植民地では、**独立戦争**を経て共和政体のアメリカ合衆国が成立した。**フランス革命**では、「**人権宣言**」で**自由・平等**や**人民主権**といった革命の**理念**が示され、それはナポレオンの大陸支配を通じてヨーロッパに広がった。ラテンアメリカでは、黒人共和国**ハイチ**の**フランス**からの独立以後、白人入植者の子孫**クリオーリョ**を中心とする**独立運動**が高揚し、19世紀前半にはほとんどの植民地で新たな国家が生まれた。

　18世紀後半から19世紀前半にかけて、**大西洋**を囲む地域で発生した、**産業革命・アメリカ独立革命・フランス革命・中南米諸国の独立**などの一連の社会変動を環大西洋革命とよぶ。

【環大西洋革命に関連するおもなできごと】

アメリカ独立革命

七年戦争・フレンチ゠インディアン戦争でイギリスは財政危機におちいる

↓

アメリカ13植民地への課税を強化
：印紙法の導入・撤回、茶法制定

↓

植民地側はボストン茶会事件(1773)で抵抗→イギリスの強硬策に対して第1回大陸会議を開く(1774)

↓

レキシントン・コンコードの戦いからアメリカ独立戦争始まる(1775)

↓

アメリカ独立宣言発表(1776)

↓

イギリス、パリ条約で独立を承認、アメリカ合衆国の成立(1783)

ラテンアメリカ諸国の独立運動

ハイチ革命開始(1791)
→ハイチ、フランスから独立(1804)
・アルゼンチン独立(1816)、大コロンビア独立(1819)など、1810〜20年代に大半の国家が独立

アメリカ独立宣言

われわれは次のことが自明の真理であると信ずる。すべての人は平等に造られ、造化の神によって、一定の譲ることのできない権利を与えられていること。その中には生命、自由、そして幸福の追求がふくまれていること。
（江上波夫監修『新訳　世界史史料・名言集』）

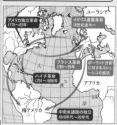

アメリカ独立革命
1775〜83年

イギリス産業革命
18世紀半ば〜

ユーラシア

北アメリカ

フランス革命
1789〜99年

ポーランド分割に対するコシューシコの蜂起

ハイチ革命
1791〜1806年

アフリカ

大西洋

中南米諸国の独立
1810年代〜20年代

南アメリカ

人権宣言

（「人間および市民の権利の宣言」）

第1条　人間は自由かつ権利において平等なものとして生まれ、また、存在する。……

第2条　あらゆる政治的結合（国家）の目的は、人間の自然で時効により消滅することのない権利の保全である。それらの権利とは、自由・所有権・安全および圧制への抵抗である。
（江上波夫監修『新訳　世界史史料・名言集』）

イギリス産業革命における技術革新（発明・改良・実用者：発明品）

ニューコメン：蒸気機関
ダービー：コークス製鉄法
ジョン゠ケイ：飛び杼
ハーグリーヴズ：多軸紡績機
ワット：蒸気機関
アークライト：水力紡績機
クロンプトン：ミュール紡績機
カートライト：力織機
フルトン：蒸気船
スティーヴンソン：蒸気機関車

フランス革命期の政治体制

王政：ルイ16世、財政難の解決のため、特権身分への課税をはかり全国三部会を開催

国民議会
── バスティーユ牢獄の襲撃 ──
　革命勃発(1789年7月14日)
　・人権宣言を発表
　・封建的特権を廃止

立法議会：立憲君主政開始

国民公会：第一共和政開始
　・国王夫妻を処刑
　→恐怖政治の時代

総裁政府：穏健な共和政
　・ナポレオンがブリュメール18日のクーデタで打倒

統領政府：ナポレオンの独裁

❶ 産業革命

用語集 p.184〜188

イギリスでは、18世紀後半に<u>綿工業分野の技術革新から産業革命</u>が始まった。産業革命を経た諸国家が、**資本主義体制**を確立して**工業生産力**を向上させたのに対して、工業製品の**市場**や、**原料・農産物の供給地**の役割に特化する地域が現れて、<u>世界経済の再編成</u>が進んだ。

■ 近世ヨーロッパ経済の動向

★★★★★★★ 1 □□□	<u>商業革命</u>で新たに国際商業の中心地となり、バルト海沿岸諸国から穀物を輸入するようになったのはどのような地域の国々か。	大西洋岸諸国
★★★★★☆☆ 2 □□□	「<u>世界の一体化</u>」にともない東ヨーロッパで広まった、領主が大農場を経営して輸出向け穀物を生産する制度で、農奴制が強化されたことから再版農奴制とも呼ばれるしくみは何か。	農場領主制
★★★★★★★ 3 □□□	アメリカ大陸からの**銀**の流入によって、ヨーロッパで急激に物価が上昇した現象を何と呼ぶか。	価格革命
★★★★★★★ 4 □□□	17世紀のヨーロッパが、<u>ペスト</u>の流行による人口の減少、経済活動の停滞、戦争・革命などの社会不安に襲われていたことを示す表現は何か。	「17世紀の危機」
★★★★★★☆ 5 □□□	18世紀にイギリスの農業生産を拡大させた、農業技術や農業経営の変化を何と呼ぶか。	農業革命
★★★☆☆☆☆ 6 □□□	イギリスで始まった、農地を4分し、1年ごとに大麦・クローヴァー・小麦・カブを順に植えていく農法は何か。	ノーフォーク農法
★★★★★★★ 7 □□□	<u>農業革命</u>を推進した、村の共有地を私有地に転換して集約的な農業を可能にした制度改革は何か。	第2次囲い込み

■ イギリス産業革命と資本主義

★★★☆☆☆☆ 1 □□□	商人が、生産者に原料・道具を前貸しして注文生産をおこない、製品を独占的に買い上げた制度は何か。	問屋制
★★★☆☆☆☆ 2 □□□	資本家が工場に労働者を集めて、分業による手工業生産をおこなわせる生産様式は何か。	マニュファクチュア（工場制手工業）

★★★★★☆
3
□□□ 17世紀に人気商品となり、イギリスの主要産業である<u>毛織物業</u>に打撃を与え、18世紀の初めに輸入が禁止された<u>インド産物品</u>は何か。 綿織物(キャラコ)

★★★★★☆
4
□□□ ヨーロッパ、アフリカ、アメリカを結ぶ大西洋地域でおこなわれ、イギリスに富をもたらした貿易は何か。 (大西洋)三角貿易

★★★★★★
5
□□□ 18世紀後半のイギリスで始まった、<u>科学革命</u>を背景とする機械生産の開始とそれにともなう産業・経済・社会の変化を何と呼ぶか。 産業革命

★★★★★☆
6
□□□ <u>ニューコメン</u>が開発し、<u>ワット</u>が改良して製造業や鉄道に導入されるようになった動力機関は何か。 蒸気機関

★★★★☆☆
7
□□□ イギリスからも産出され、家庭用、製鉄、<u>蒸気機関</u>などの燃料として需要が増大した資源は何か。 石炭

★★★★★☆
8
□□□ <u>石炭</u>から不純物を取り除いてつくる<u>コークス</u>を用いる製鉄法を発明した製鉄業者の名は何か。 ダービー

★★★★☆☆
9
□□□ 新技術の導入で技術革新が始まり、<u>輸入代替工業化</u>が進んだ産業分野は何か。 綿工業

★★★★★☆
10
□□□ 1733年に、織布工程で横糸を巻いた<u>飛び杼(梭)</u>を発明した職工は誰か。 ジョン゠ケイ

★★★★★☆
11
□□□ 1764年頃、1人で8本の糸を紡ぐことができる<u>多軸(ジェニー)紡績機</u>を発明した職工は誰か。 ハーグリーヴズ

★★★★★☆
12
□□□ 1769年に、<u>多軸紡績機</u>を改良して、<u>水力紡績機</u>を発明した人物は誰か。 アークライト

★★★★★☆
13
□□□ 1779年に、<u>多軸紡績機</u>と<u>水力紡績機</u>の長所を取り入れて、 クロンプトン

ミュール紡績機を発明した紡績工は誰か。	
★★★★★★ 14 □□□ 1785年に力織機(りきしょっき)を発明して織布工程を機械化した、牧師でもある発明家は誰か。	カートライト
★★★★★☆☆ 15 □□□ 18世紀初めに、蒸気機関を炭坑の排水ポンプの動力として実用化した、技師で発明家は誰か。	ニューコメン
★★★★★★★ 16 □□□ ニューコメンの蒸気機関を改良し、1781年には動力を回転運動にかえることに成功した人物は誰か。	ワット
★★★★★★★ 17 □□□ 1814年に蒸気機関車を開発し、1825年にロコモーション号で蒸気機関車の実用化に成功した技師は誰か。	スティーヴンソン
★★★★★★★ 18 □□□ 1830年に世界ではじめての旅客鉄道の営業運転が結んだ2つの都市はどこか。	リヴァプール・マンチェスター
★★★★★☆☆ 19 □□□ 1807年に、世界最初の外輪式(がいりんしき)蒸気船クラーモント号をつくったアメリカ人は誰か。	フルトン
★★★★★☆☆ 20 □□□ 賃金労働者を工場で雇用し、利益の拡大を目的に他者と競争しながら経営をおこなう人を何と呼ぶか。	産業資本家
★★★★★★★ 21 □□□ 機械制工場が拡大するなか、工賃の下落や失業を恐れた手工業者や労働者が1810年代に展開した運動は何と呼ばれるか。	ラダイト運動(機械打ちこわし運動)
★★☆☆☆☆☆ 22 □□□ 中世以来、職人たちが飲酒を理由に月曜日の仕事を休んだ一種の慣習で、産業革命期以降、工場労働者が資本家に抵抗するための理由に用いたものは何か。	「聖月曜日」
★★★★★★★ 23 □□□ 産業革命によってイギリスで確立した、生産手段を所有する資本家が労働者を雇って商品を生産し、利潤を追求する体制は何か。	資本主義体制
★★★★★★★ 24 □□□ 産業革命の結果、綿工業の最大の中心地となり、人口が急増したランカシャー地方の都市はどこか。	マンチェスター
★★☆☆☆☆☆ 25 □□□ 鉄・石炭の産地に近く、製鉄業・機械工業の中心となったイングランド中部の工業都市はどこか。	バーミンガム
★★★★☆☆☆ 26 □□□ 18世紀に奴隷貿易で発展し、産業革命以降は綿花の輸入や製品の輸出で栄えた海港都市はどこか。	リヴァプール

■イギリスによる世界経済の再編成

★★★☆☆☆☆
1
□□□ 19世紀にイギリスが中心となって展開した社会的・政治的変化で、植民地の獲得や自国に有利な貿易体制の強制を通じて、工業生産国がほかの地域を市場や原料供給地に組み込んでいった動きを何というか。 | 世界経済の再編成

★★★★★☆☆
2
□□□ イギリスについで19世紀初頭に産業革命が始まった、1830年に独立し、のちに立憲王国となった国はどこか。 | ベルギー

★★★☆☆☆☆
3
□□□ インドでの貿易および統治にたずさわり、植民地化を進めたイギリスの会社は何か。 | 東インド会社

★★★★★★★
4
□□□ 圧倒的な工業力をもって国際市場で他国を圧した、19世紀半ばのイギリスを何と呼称するか。 | 「世界の工場」

❷ アメリカ合衆国の独立と発展　　　　　　用語集 p.188〜192

七年戦争後、財政難に陥ったイギリスが北米植民地への課税を強化すると、これに植民地側が反発して<u>アメリカ独立戦争</u>が始まった。**アメリカ合衆国の独立**は、広大な<u>共和政</u>国家の誕生であり、すべての人間に<u>平等</u>な権利の実現を理想として掲げた点で革命的な性格をもつものであった。

■イギリスの北アメリカ植民地

★★★★★★☆
1
□□□ <u>ジェームズタウン</u>を起源とし、「処女王」エリザベス1世にちなんで名づけられたイギリスの北米植民地で、最初に植民地議会がおかれたのはどこか。 | ヴァージニア

★★★★★★★
2
□□□ 17〜18世紀前半に、大西洋岸に成立したイギリス植民地を何と総称するか。 | 13植民地

★★★☆☆☆☆
3
□□□ 17世紀初め、フランスが北米植民地経営の拠点として建設した、セントローレンス川河口の町はどこか。 | ケベック

★★★★☆☆☆
4
□□□ <u>ニューファンドランド</u>や<u>ハドソン湾</u>などを含む、フランスが植民地とした北米の地域はどこか。 | カナダ

★★★★★☆☆
5
□□□ 17世紀後半、ラ＝サールの探検によってフランス領となった、<u>ミシシッピ川流域</u>の地域名は何か。 | ルイジアナ

★★★☆☆☆☆
6
□□□ <u>パリ条約</u>で、北米においていったんスペインからイギリ | フロリダ

スに割譲されたのはどこか。

7 □□□ 1620年、宗教的自由を求めて北アメリカに移住した<u>ピューリタン</u>の一団を何と呼ぶか。	ピルグリム＝ファーザーズ（巡礼始祖）

★★★★☆☆☆

8 □□□ <u>ピルグリム＝ファーザーズ</u>が大西洋航路で使用した船の名前は何か。	メイフラワー号

★★☆☆☆☆☆

9 □□□ 1620年、<u>メイフラワー号</u>が上陸した、北米大西洋岸の場所はどこか。	プリマス

★★★★★☆☆

10 □□□ <u>ピルグリム＝ファーザーズ</u>以降、多くのピューリタンが入植して形成された、東北海岸一帯の植民地は何と呼ばれたか。	ニューイングランド植民地

★☆☆☆☆☆☆

11 □□□ プロテスタントの一派のクウェーカー教徒がウィリアム＝ペンの指導のもとに建てた植民地（州）はどこか。	ペンシルヴェニア

★★☆☆☆☆☆

12 □□□ 13植民地のうち、1732年、最後に成立した最南部の州はどこか。	ジョージア

★★★★★☆☆

13 □□□ 各植民地に成立した、住民代表からなる議会は何か。	植民地議会

★★★★★★☆

14 □□□ 南部植民地で発達した、タバコ・米・藍などの商品作物を生産する大農園を何と呼ぶか。	プランテーション

★★★★☆☆☆

15 □□□ <u>プランテーション</u>の労働力としてアフリカから輸入・酷使された人々を何と呼ぶか。	黒人奴隷

★★★★★☆☆

16 □□□ イギリスが植民地を<u>重商主義</u>体制に組み込み、規制を強化したのは、ヨーロッパでおこなわれた何という戦争のあとか。	七年戦争

★★★★★☆☆

17 □□□ <u>七年戦争</u>の時、イギリス・フランスが北米でおこなった植民地獲得戦争は何か。	フレンチ＝インディアン戦争

■アメリカ合衆国の独立

★★★★★★☆

1 □□□ 書類・刊行物すべてを対象として1765年に出され、植民地側の激しい反対運動を引きおこした法は何か。	印紙法

★★★★★★☆

2 □□□ <u>印紙法</u>に反対した、植民地側の論理を示す言葉は何か。	「代表なくして課税なし」

★★★★★☆ **3** □□□	1773年、ある物産の独占販売権を<u>イギリス東インド会社</u>に与え、独立戦争勃発の引き金となった法は何か。	茶法
★★★★★★ **4** □□□	<u>茶法</u>に反対する急進派<u>ボストン</u>市民が引きおこした事件を何と呼ぶか。	ボストン茶会事件
★★★★★★ **5** □□□	第1回が1774年に開かれた、<u>13植民地</u>(州)の代表者からなる連絡会議を何と呼ぶか。	大陸会議
★★★★★★ **6** □□□	イギリスの北米<u>13植民地</u>が、イギリス本国から独立を勝ちとった戦争を何と呼ぶか。	アメリカ独立戦争（革命）
★★★★☆☆ **7** □□□	第1回<u>大陸会議</u>が開かれた、「友愛の町」を意味する、ペンシルヴェニア植民地の中心都市はどこか。	フィラデルフィア
★★★☆☆☆ **8** □□□	1775年、植民地側民兵軍が本国正規軍と衝突した、独立戦争最初の戦いは、ボストン西北郊外のどこで始まったか。	レキシントン
★★★☆☆☆ **9** □□□	1775年、イギリス本国軍が武器を接収しようとして武力衝突がおきた、ボストン西北郊外の村はどこか。	コンコード
★★★★★★ **10** □□□	独立戦争勃発後、第2回<u>大陸会議</u>で植民地軍総司令官に任命された人物は誰か。	ワシントン
★★★★★★ **11** □□□	イギリス生まれの文筆家で、1776年にパンフレットを出版して独立への気運を高めた人物は誰か。	トマス＝ペイン
★★★★★★ **12** □□□	独立の正当性と共和国樹立の必要性を平易な文章で訴えた、<u>トマス＝ペイン</u>のパンフレットの書名は何か。	『コモン＝センス』（『常識』）
★★★★★★ **13** □□□	1776年7月4日、フィラデルフィアでの大陸会議で採択された、<u>ロック</u>の<u>自然法</u>思想を基礎にする宣言は何か。	独立宣言
★★★★★★ **14** □□□	<u>独立宣言</u>の宣言文起草の中心となった、ヴァージニア出身の政治家は誰か。	トマス＝ジェファソン
★★★☆☆☆ **15** □□□	1777年11月、<u>大陸会議</u>で承認された、各州の大幅な主権と自由を認めた最初の憲法は何か。	アメリカ連合規約
★★★★★★ **16** □□□	<u>アメリカ連合規約</u>によって発足した、北米13植民地による正式国名は何か。	アメリカ合衆国

★★☆☆☆☆☆ **17** ☐☐☐	アメリカ独立戦争期に、イギリス本国側を支持した植民地人を何と呼ぶか。	国王派(忠誠派)
★★☆☆☆☆☆ **18** ☐☐☐	独立戦争を支持・推進した植民地人を何と呼ぶか。	愛国派
★★★★★☆☆ **19** ☐☐☐	1778年のフランス参戦に大きく貢献した、文筆家・科学者でもあった人物は誰か。	フランクリン
★★★★★★☆ **20** ☐☐☐	アメリカ独立戦争中の1779年、フランス側について対イギリス戦に参加したブルボン朝の国はどこか。	スペイン
★★★★★★☆ **21** ☐☐☐	1780年、ロシアのエカチェリーナ2世の提唱で結成され、イギリスの海上封鎖に対抗した同盟は何か。	武装中立同盟
★★★★★★☆ **22** ☐☐☐	1777〜81年に義勇兵としてアメリカ独立軍に参加した、フランスの自由主義貴族は誰か。	ラ゠ファイエット
★★★★★★☆ **23** ☐☐☐	1776〜84年に義勇兵としてアメリカ独立軍に参加した、ポーランドの愛国者・軍人は誰か。	コシューシコ(コシチューシコ)
★★★★★★★ **24** ☐☐☐	1781年、アメリカ・フランス連合軍がイギリス軍に大勝し、独立戦争の事実上の勝利を確定した戦いはどこでおこったか。	ヨークタウン
★★★★★☆☆ **25** ☐☐☐	1783年に成立した、アメリカ独立戦争の講和条約は何か。	パリ条約
★★★★★☆☆ **26** ☐☐☐	1783年のパリ条約で、アメリカがイギリスから獲得した地域はどこか。	ミシシッピ川以東のルイジアナ
★★★★★★☆ **27** ☐☐☐	1787年にワシントンを議長にフィラデルフィアで開催された会議で制定され、翌88年に発効した、世界最初の近代的成文憲法は何か。	アメリカ合衆国憲法
★★★★★★☆ **28** ☐☐☐	合衆国憲法で定められた、大統領・連邦議会・最高裁判所が、それぞれ行政・立法・司法の権限をもつ体制を何と呼ぶか。	三権分立
★★★★☆☆☆ **29** ☐☐☐	合衆国で中央政府の権力強化をめざす考えを何と呼ぶか。	連邦主義
★★★★★☆☆ **30** ☐☐☐	1789年、アメリカ合衆国憲法にもとづいて発足した行政機関の名称は何か。	アメリカ連邦(中央)政府
★★★★★★☆ **31** ☐☐☐	連邦政府の権限強化を主張し、アメリカ合衆国憲法草案	連邦派

を支持したハミルトンらのグループを何と呼ぶか。

★★★★★★★☆ 32 ☐☐☐	州権の尊重を主張し、アメリカ合衆国憲法草案に反対したジェファソンらのグループを何と呼ぶか。	反連邦派(州権派)

❸ フランス革命とナポレオンの支配 用語集 p.192〜200

フランス革命は、旧体制の身分制・領主制を打ち崩した。革命の混乱が続くなか、軍人**ナポレオン゠ボナパルト**はクーデタで政権を掌握して第一帝政を開始した。ナポレオンの大陸支配によって**革命の理念**が広まり、各地でナショナリズムが高揚すると、反ナポレオンの解放戦争が始まってフランスは敗北、ナポレオンは退位した。

■ フランス革命

★★★★★★★☆ 1 ☐☐☐	1789〜99年に展開された、フランス社会を根底から変革することとなった動きを何と呼ぶか。	フランス革命
★★★★★★★☆ 2 ☐☐☐	封建的身分制度が維持されていた、革命前のフランスの社会・政治体制を何と呼ぶか。	旧体制(アンシャン゠レジーム)
★★★★★★★☆ 3 ☐☐☐	革命前のフランスで、聖職者は何という身分に所属していたか。	第一身分
★★★★★★★☆ 4 ☐☐☐	革命前のフランスで、貴族は何という身分に所属していたか。	第二身分
★★★★★★★☆ 5 ☐☐☐	革命前のフランスで、農民と市民階層は何という身分に所属していたか。	第三身分
★★★★☆☆☆☆ 6 ☐☐☐	第三身分出身の聖職者で、1789年にパンフレットを著し、特権身分を激しく攻撃した人物は誰か。	シェイエス
★★★★☆☆☆☆ 7 ☐☐☐	シェイエスが「第三身分とはすべてである」と主張した、パンフレットの書名は何か。	『第三身分とは何か』
★★★★★★★☆ 8 ☐☐☐	ルイ15世の孫で、フランス革命勃発時のフランス王は誰か。	ルイ16世
★★☆☆☆☆☆☆ 9 ☐☐☐	オーストリアのマリア゠テレジアの娘で、ルイ16世の妃であった女性は誰か。	マリ゠アントワネット
★★★★★★★☆ 10 ☐☐☐	1774年に財務総監となり、穀物取引の自由化などの改革	テュルゴ

	で財政再建を試みた<u>重農主義</u>経済学者は誰か。	
11 □□□	1788年に2度目の財務総監となり、特権身分への課税を主張したスイス生まれの<u>銀行家</u>は誰か。	ネッケル
12 □□□	1789年5月、175年ぶりに招集された身分制議会は何か。	全国三部会(三部会)
13 □□□	<u>全国三部会</u>で、免税特権廃止に反対する聖職者・貴族が主張した、伝統的な議決方法は何か。	身分別議決
14 □□□	1789年6月、第三身分代表が<u>全国三部会</u>から分離して結成し、特権身分の一部も合流した議会名は何か。	国民議会
15 □□□	<u>国民議会</u>の議員が、憲法制定まで解散しないことを誓ったことを何と呼ぶか。	球戯場(テニスコート)の誓い
16 □□□	<u>全国三部会</u>に第三身分代表として選出されて以来、<u>国民議会</u>の中心となった貴族出身の政治家は誰か。	ミラボー
17 □□□	1789年7月14日、パリ市民がどこを襲撃して、<u>フランス革命</u>が開始されたか。	バスティーユ牢獄
18 □□□	1789年8月4日、農民の蜂起(「大恐怖」)に脅威を感じた<u>国民議会</u>が、貴族の提案で決定・発布した宣言は何か。	封建的特権の廃止
19 □□□	1789年8月26日に<u>国民議会</u>で採択された、フランス革命の理念を示した宣言の一般的な名称は何か。	人権宣言
20 □□□	一貫して立憲君主政の立場をとったが、<u>人権宣言</u>の起草者の1人となった自由主義貴族は誰か。	ラ=ファイエット
21 □□□	1789年10月、食料の高騰に苦しむパリの<u>女性</u>らが、<u>ヴェルサイユ宮殿</u>に乱入した事件を何と呼ぶか。	ヴェルサイユ行進
22 □□□	フランス革命中の1790年、<u>聖職者</u>を政府から俸給を受け取る役人としたことを何と呼ぶか。	聖職者の公務員化(聖職者市民法)
23 □□□	主権国家の成立後に出てきた、「1つの国民(民族)」という観念のもとに形成される国家を、一般に何と呼ぶか。	国民国家
24 □□□	フランス革命期から始まる、みずからの民族的な価値を強く意識し強化しようとする考えを何と呼ぶか。	ナショナリズム
25 □□□	1790年に<u>国民議会</u>が度量衡単位として宣言し、99年に正	メートル法

式に採用された、長さの単位を定めた法は何か。

★★★★★★☆		
26 □□□	1791年6月、国王一家がオーストリアへの逃亡を企て、失敗に終わった事件を何と呼ぶか。	ヴァレンヌ逃亡事件
★★★★★★★		
27 □□□	1791年9月、<u>立憲君主政</u>・<u>制限選挙</u>・一院制などを内容とする、国民議会が採択した憲法を何と呼ぶか。	1791年憲法
★★★★★★☆		
28 □□□	「半ズボンをはかない者」という意味で、<u>都市の下層民</u>を指し、革命の急進化をうながした人々は何と呼ばれたか。	サンキュロット
★★★☆☆☆☆		
29 □□□	1791年に『<u>女性の権利宣言</u>』を刊行したが、のちに恐怖政治のなかで処刑された、<u>フェミニズム</u>の先駆者は誰か。	オランプ゠ド゠グージュ
★★★★★★☆		
30 □□□	<u>制限選挙</u>の結果、1791年10月に成立した議会は何か。	立法議会
★★★★☆☆☆		
31 □□□	<u>立法議会</u>で保守派を構成した、立憲君主主義者たちのグループを何と呼ぶか。	フイヤン派
★★★★★☆☆		
32 □□□	<u>立法議会</u>では多数派で左派を構成した、穏健な共和主義者のグループ名は何か。	ジロンド派
★☆☆☆☆☆☆		
33 □□□	<u>ジロンド派</u>の指導者で、国王退位を求める請願書を起草した人物は誰か。	ブリッソ
★★★★★★☆		
34 □□□	1792年4月、<u>ジロンド派</u>の内閣はどこの国に対して宣戦したか。	オーストリア
★★★☆☆☆☆		
35 □□□	パリに入ったマルセイユ義勇軍団が歌ったことに由来し、のちにフランス国歌とされた革命歌の名称は何か。	「ラ゠マルセイエーズ」
★★★★★☆☆		
36 □□□	1792年8月、サンキュロットと国民衛兵(義勇兵)がテュイルリー宮殿を襲撃した事件を何と呼ぶか。	8月10日事件
★★★★☆☆☆		
37 □□□	<u>8月10日事件</u>によって何が宣言されたか。	王権の停止
★★★★★★☆		
38 □□□	<u>ヴァルミーの戦い</u>に勝利した翌9月21日、最初の<u>男性普通選挙</u>によって成立した一院制の議会を何と呼ぶか。	国民公会
★★★★★★☆		
39 □□□	<u>国民公会</u>で宣言されて1804年5月まで続いた、フランス最初の共和政体を何と呼ぶか。	第一共和政
★★★★★★☆		
40 □□□	1792年秋以降、<u>山岳派</u>が中心となった、<u>国民公会</u>を主導した急進的共和主義者のグループは何か。	ジャコバン派

★★★★★★☆ **41** ☐☐☐	フランス軍のベルギー占領と<u>ルイ16世</u>の処刑を機に、1793年2月に結成された対フランス軍事同盟は何か。	対仏大同盟
★★★★☆☆☆ **42** ☐☐☐	<u>対仏大同盟</u>の結成を提唱した、イギリス首相は誰か。	ピット
★★★★☆☆☆ **43** ☐☐☐	国民公会による大規模な募兵に反発し、1793年3月、フランス西部の貧しい農村地帯でおこった農民反乱は何か。	ヴァンデーの反乱
★★★★★★☆ **44** ☐☐☐	1793年4月、<u>国民公会</u>内に設置された政治・軍事の最高指導機関で、事実上の政府だった委員会を何と呼ぶか。	公安委員会
★★★★★★☆ **45** ☐☐☐	1793年6月に国民公会から<u>ジロンド派</u>を追放し、<u>山岳派</u>が開始した独裁政治は何と呼ばれるか。	恐怖政治
★★★★★★☆ **46** ☐☐☐	ルソーの思想的影響を強く受け、1794年5月から事実上の個人独裁をおこなった<u>山岳派</u>のリーダーは誰か。	ロベスピエール
★★☆☆☆☆☆ **47** ☐☐☐	<u>山岳派</u>右派の指導者で、<u>恐怖政治</u>の強化に反対し、1794年4月に処刑された人物は誰か。	ダントン
★☆☆☆☆☆☆ **48** ☐☐☐	<u>理性の崇拝</u>を推進したが<u>ロベスピエール</u>と対立し、1794年3月に処刑された山岳派の人物は誰か。	エベール
★★★★☆☆☆ **49** ☐☐☐	1793年5月に公布され、9月に対象を拡大した物価統制法は何と呼ばれるか。	最高価格令
★★★★☆☆☆ **50** ☐☐☐	1793年6月に国民公会で採択され、<u>男性普通選挙制</u>などを認めたが、結局、実施に至らなかった憲法は何か。	1793年憲法
★★★★☆☆☆ **51** ☐☐☐	1793年7月、山岳派政権がおこなった、農民解放を一応完了させたといわれる施策は何か。	封建地代の無償廃止
★★★★☆☆☆ **52** ☐☐☐	対外戦争に処するため、山岳派政権下で決定・実施された兵制上の改革は何か。	徴兵制の実施
★★☆☆☆☆☆ **53** ☐☐☐	1793年秋から、<u>エベール</u>派が非キリスト教化運動の一環として実施した宗教祭典を何と呼ぶか。	理性の崇拝
★★★★★★☆ **54** ☐☐☐	1793年10月に採用された、グレゴリウス暦を廃止して、共和政開始の1792年9月22日を起点とした暦は何か。	革命暦
★☆☆☆☆☆☆ **55** ☐☐☐	フランス革命の影響からカリブ海の<u>ハイチ</u>で黒人奴隷の反乱が発生したことなどを受けて、1794年国民公会が出	黒人奴隷解放宣言

した宣言は何か。

★★★★★★☆		
56 □□□	1794年7月、国民公会の反ロベスピエール派によるクーデタで山岳派の独裁が打倒され、革命の急進化が終結したことを何というか。	テルミドールの反動
★★★★☆☆☆		
57 □□□	1795年8月に制定され、財産資格による制限選挙制が復活したブルジョワジー中心の憲法を何と呼ぶか。	1795年憲法(共和国第3年憲法)
★★★★★★☆		
58 □□□	1795年憲法にもとづく選挙で1795年10月に成立した、ブルジョワ共和派による政府を何と呼ぶか。	総裁政府
★★★★☆☆☆		
59 □□□	私有財産制の廃止をとなえ、民衆による蜂起計画が発覚して、1796年5月に逮捕された革命家は誰か。	バブーフ
★★★★★★☆		
60 □□□	1795年10月の王党派の反乱を鎮圧し、総裁政府のもとで名声を高めていったコルシカ島出身の軍人は誰か。	ナポレオン=ボナパルト
★★★★★★☆		
61 □□□	1796～97年の、ナポレオン=ボナパルトが遠征軍司令官に起用され、オーストリア軍を撃破して一躍名声を高めた遠征先はどこか。	イタリア
★★★★★★☆		
62 □□□	1798～99年、地中海を支配してイギリスとインドとの連絡を断つ目的でナポレオン=ボナパルトがおこなった軍事遠征先はどこか。	エジプト
★★☆☆☆☆☆		
63 □□□	ナポレオン=ボナパルトのエジプト遠征を機に、イギリスがロシア・オーストリアなどと結んだ軍事同盟は何か。	第2回対仏大同盟
★★★★★★☆		
64 □□□	1799年11月、エジプトから帰国したナポレオン=ボナパルトがフランス革命を終了させた軍事クーデタを何と呼ぶか。	ブリュメール18日のクーデタ
★★★★★★☆		
65 □□□	ブリュメール18日のクーデタのあとに成立した、名目上は共和政、事実上はナポレオンの軍事独裁である政府は何か。	統領政府
★★★★☆☆☆		
66 □□□	統領政府でナポレオンが就任した役職は何か。	第一統領
★★★★☆☆☆		
67 □□□	1800年、国家財政を担うため、ナポレオンによって設立された中央銀行は何か。	フランス銀行
★★★★★★☆		
68 □□□	1801年、ナポレオンが、革命によって断絶していたロー	宗教(政教)協約(コ

	マ教皇との関係を修復した和約を何と呼ぶか。	ンコルダート)

★★★★☆☆☆
69
□□□ 第2回対仏大同盟を解消させた、1802年にイギリスとフランスのあいだで結ばれた和約は何か。　／　アミアンの和約

★★★★★★☆
70
□□□ アミアンの和約の締結成功を背景に、ナポレオンが国民投票で就任した地位は何か。　／　終身統領

■ナポレオンのヨーロッパ支配

★★★★★★★
1
□□□ 革命で確立された法原理を盛り込んで、1804年3月に制定されたフランス民法典は、一般に何と呼ばれるか。　／　ナポレオン法典

★★★★★★☆
2
□□□ 1804年5月からの、ナポレオン1世の皇帝即位に始まる軍事独裁の政体を何と呼ぶか。　／　第一帝政

★★★★★★★
3
□□□ ナポレオンのイギリス上陸作戦を断念させた、地中海出入口の西北沖で戦われた海戦は何か。　／　トラファルガーの海戦

★★★☆☆☆☆
4
□□□ トラファルガーの海戦で戦死したが、イギリスを勝利させた提督は誰か。　／　ネルソン

★★★★☆☆☆
5
□□□ 1805年12月、ナポレオンがロシア・オーストリア両軍を撃破し、三帝会戦とも呼ばれた戦いは何か。　／　アウステルリッツの戦い

★★★★★☆☆
6
□□□ 1806年、ナポレオンを盟主として成立した、西南ドイツ諸邦の同盟は何か。　／　ライン同盟

★★★★★★☆
7
□□□ ライン同盟が脱退を宣言したため名実ともに消滅した、962年から続いてきた帝国は何か。　／　神聖ローマ帝国

★★★★★★★
8
□□□ 1806年11月、イギリスに経済的打撃を与える目的でナポレオンが出したベルリン勅令は、内容から何と呼ばれるか。　／　大陸封鎖令

★★★☆☆☆☆
9
□□□ 1807年7月、ナポレオンがプロイセン・ロシアと結んだ講和条約は何か。　／　ティルジット条約

★★★★☆☆☆
10
□□□ ティルジット条約により旧ポーランド領に設立された、ナポレオンの傀儡国家は何か。　／　ワルシャワ大公国

★★★★☆☆☆
11
□□□ ナポレオンの兄ジョゼフの国王即位に抗議して、1808年から各地でゲリラ戦を展開した国はどこか。　／　スペイン

★★★★★★☆ **12** ☐☐☐	ナポレオン軍に抵抗するマドリード市民が銃殺される様子を描いた、<u>ゴヤ</u>の絵画の題名は何か。	「1808年 5 月 3 日」
★★★☆☆☆☆ **13** ☐☐☐	ナポレオン軍占領下のベルリンで、ドイツの民族意識を高揚させる連続講演をおこなった哲学者は誰か。	フィヒテ
★★★☆☆☆☆ **14** ☐☐☐	<u>フィヒテ</u>によるこの連続講演の題名は何か。	「ドイツ国民に告ぐ」
★★★★☆☆☆ **15** ☐☐☐	<u>ティルジット条約</u>によって広大な領土を失い、高額な賠償金を課されながら、「<u>上からの近代化</u>」を実施した国はどこか。	プロイセン
★★★★★☆☆ **16** ☐☐☐	<u>ティルジット条約</u>締結後、ともに首相となり、農民解放や行政機構の改革、営業の自由化など、<u>プロイセンの近代化</u>を推進した 2 人の政治家は誰か。	シュタイン・ハルデンベルク
★★★★★★★ **17** ☐☐☐	1812年、イギリスへの穀物輸出再開に対する制裁として、ナポレオンが大遠征をおこない失敗した国はどこか。	ロシア
★★★★★★☆ **18** ☐☐☐	1813～14年、ヨーロッパ諸国が参加しておこなわれた、ナポレオン体制打倒の戦争の総称は何か。	解放戦争(諸国民戦争)
★★★☆☆☆☆ **19** ☐☐☐	1814年に退位したナポレオンが移った小島はどこか。	エルバ島
★★★★★☆☆ **20** ☐☐☐	ナポレオンの退位を受けて帰国し、国王に即位した<u>ルイ16世</u>の弟は誰か。	ルイ18世
★★★★★★★ **21** ☐☐☐	<u>ルイ18世</u>の即位によりブルボン朝が復活したことを何というか。	復古王政
★★★★★★☆ **22** ☐☐☐	1815年 6 月、皇帝に復位したナポレオンが連合軍に完敗した最後の戦いは何か。	ワーテルローの戦い
★★★★☆☆☆ **23** ☐☐☐	1815年 3 ～ 6 月の、<u>エルバ島</u>を脱して復位したナポレオンの一時的支配を何と呼ぶか。	百日天下
★★★★☆☆☆ **24** ☐☐☐	再退位後にナポレオンが流された、南大西洋上のイギリス領の孤島はどこか。	セントヘレナ

❹ 中南米諸国の独立

用語集 p.201～202

中南米での独立運動は、<u>クリオーリョ</u>を主な担い手として進行し、19世紀前半の数十年にほとんどの植民地で新国家が独立した。ア

メリカ合衆国は、モンロー宣言を発表して南北アメリカ大陸とヨーロッパの相互不干渉を唱え、ヨーロッパ諸国の**中南米への干渉を牽制**した。

■環大西洋革命とハイチ革命

★★★★★★★ 1 □□□	18世紀後半〜19世紀前半に環大西洋地域でおこった、アメリカ独立革命・フランス革命・ラテンアメリカの独立・産業革命などの一連の変革を何と呼ぶか。	環大西洋革命
★★★★★★☆ 2 □□□	フランス領サン゠ドマングでは、黒人奴隷の反乱が独立運動に発展し、1804年にハイチとして独立した(06年に共和国)。この一連の運動を何と呼ぶか。	ハイチ革命
★★★★★★☆ 3 □□□	ハイチ革命を指導し、「黒いジャコバン」と呼ばれた黒人指導者は誰か。	トゥサン゠ルヴェルチュール
★☆☆☆☆☆☆ 4 □□□	ハイチ革命をうけて、1794年に、フランス本国は世界ではじめて何の廃止を決定したか。	奴隷制

■スペイン・ポルトガル植民地での独立運動

★★★★★★★ 1 □□□	ラテンアメリカ地域で独立運動の中心となった、おもに地主階級の、植民地生まれの白人を何と呼ぶか。	クリオーリョ
★★★★★☆☆ 2 □□□	コロンブスが「インド」と誤解したことに由来する、アメリカ大陸先住民の呼称は何か。	インディオ(インディアン)
★★★★☆☆☆ 3 □□□	独立運動に協力した、ラテンアメリカにおける白人とインディオの混血者を何と呼ぶか。	メスティーソ
★★★☆☆☆☆ 4 □□□	ラテンアメリカにおける白人と黒人の混血者を何と呼ぶか。	ムラート
★★★★★★☆ 5 □□□	「ラテンアメリカ独立の父」と称される、大コロンビア(ベネズエラ・コロンビア・エクアドル)・ボリビアなどの独立の指導者は誰か。	シモン゠ボリバル
★★★★★☆☆ 6 □□□	アルゼンチン・チリ・ペルーなど、ラテンアメリカ南部の諸国を独立させた指導者は誰か。	サン゠マルティン
★★★☆☆☆☆ 7 □□□	1810年、メキシコで最初の独立蜂起を指導した、クリオーリョ出身の司祭は誰か。	イダルゴ

★★★★★★☆
8
□□□ 1822年、<u>ポルトガル王子</u>が皇帝に即位して独立した国はどこか。

ブラジル

★★★★★☆☆
9
□□□ 独立後のラテンアメリカ諸国で広くおこなわれた、単一の商品作物をつくる農業経営は何と呼ばれたか。

モノカルチャー

★★★★★★☆
10
□□□ アメリカ合衆国第5代大統領が、<u>ヨーロッパ諸国とアメリカ大陸諸国との相互不干渉</u>を主張した、1823年の教書は何と呼ばれるか。

モンロー宣言

★★★★☆☆☆
11
□□□ ラテンアメリカ諸国の独立を援助したのち、1825年からギリシア独立を支援したイギリス外相は誰か。

カニング

第13章

イギリスの優位と欧米国民国家の形成

19世紀に<u>自由主義的改革</u>が進んだ**イギリス**は、**世界各地との貿易の富と海軍力**で繁栄し、「**パクス゠ブリタニカ**」と呼ばれる安定期を西欧にもたらした。

<u>自由主義</u>や<u>ナショナリズム</u>の高まりは、**民族の独立**や**国民国家**の形成をうながし、分裂状態であった<u>イタリア・ドイツの統一</u>が実現した。19世紀後半には、列強体制の統制力が弱まり、**クリミア戦争**をはじめとする戦乱や内戦が多発、<u>列強</u>は自国の勢力拡大をめざして**帝国主義**政策に転換していった。

アメリカ合衆国は、<u>奴隷制</u>を争点とする**南北戦争**の終結後、**北部**を中心に産業を発展させて、19世紀末には<u>世界最大の工業国</u>となった。

【19世紀のヨーロッパ】

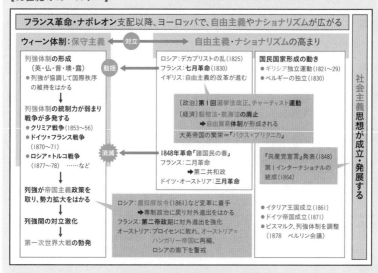

【19世紀ヨーロッパのナショナリズムの動き】

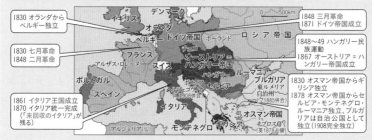

ナポレオン敗退後のヨーロッパでは、<u>ウィーン体制</u>が形成された。この体制下、<u>自由主義</u>や<u>ナショナリズム</u>は抑圧されたが、王政を打倒したフランスの<u>二月革命</u>をきっかけに、各地で**自由主義的改革**を求める運動や**ナショナリズム**が高揚した結果（<u>1848年革命</u>）、<u>ウィーン体制</u>は消滅した。

■ ウィーン会議

★★★★★★★ **1** □□□	1814年9月〜15年6月、<u>フランス革命</u>と<u>ナポレオン</u>による戦争の処理のために開かれた国際会議は何か。	ウィーン会議
★★★★★★★ **2** □□□	<u>ウィーン会議</u>を主催し、議長として戦後秩序の形成につとめた、当時の<u>オーストリア外相</u>は誰か。	メッテルニヒ
★★★★★★★ **3** □□□	フランス革命前の王朝と体制を正統とみなすとした、<u>ウィーン会議</u>の基本原則は何か。	正統主義
★★★★★☆☆ **4** □□□	<u>正統主義</u>を提唱した<u>フランス外相</u>は誰か。	タレーラン
★★★★★☆☆ **5** □□□	ウィーン会議のもう1つの原則となった、一国の強大化を防ぎ、各国の力の均衡をはかる外交思想は何か。	勢力均衡
★★★★★★☆ **6** □□□	<u>正統主義</u>・**勢力均衡**の考えを原則として調印された、ウィーン会議の最終条約の名称は何か。	ウィーン議定書
★★★★★★★ **7** □□□	<u>ウィーン議定書</u>でイギリスがオランダから獲得した、アフリカ南端の地域はどこか。	ケープ植民地
★★★★★★☆ **8** □□□	<u>ウィーン議定書</u>でイギリスがオランダから獲得した、インド南端の島はどこか。	セイロン島（スリランカ）
★★☆☆☆☆☆ **9** □□□	ナポレオンによる征服後、1801年にイギリスが占領しウィーン会議で承認された、シチリア島南方の島はどこか。	マルタ島
★★☆☆☆☆☆ **10** □□□	ウィーン議定書で独立を回復し、南ネーデルラントを併合して成立した、オランダの国名は何か。	オランダ王国
★★★★★☆☆ **11** □□□	ウィーン議定書でオーストリアが獲得した、北イタリアの2つの地域はどこか。	ロンバルディア・ヴェネツィア
★★★★★★☆ **12** □□□	ウィーン会議で認められた、オーストリアを議長に、35君主国と4自由市から構成されたドイツ地域の国家連合	ドイツ連邦

名は何か。

★★★☆☆☆☆		
13 □□□	ウィーン議定書でプロイセンが獲得した、工業地帯のあるライン中流域の地域名は何か。	ラインラント
★★★★☆☆☆		
14 □□□	旧ワルシャワ大公国地域に形成され、ロシア皇帝が国王を兼ね、事実上ロシア領となった王国はどこか。	ポーランド王国
★★★☆☆☆☆		
15 □□□	ウィーン議定書でロシアがスウェーデンから獲得した地域はどこか。	フィンランド
★★☆☆☆☆☆		
16 □□□	1812年にロシアがオスマン帝国から獲得し、ウィーン議定書で領有が確認された地域はどこか。	ベッサラビア
★★★★★★☆		
17 □□□	ウィーン議定書で永世中立国として承認された国はどこか。	スイス
★★★★★★★		
18 □□□	ウィーン会議によって成立した、19世紀前半のヨーロッパの国際的反動体制を何と呼ぶか。	ウィーン体制
★★★★★★☆		
19 □□□	ウィーン体制を補強するために成立した、キリスト教的友愛精神にもとづく君主間の精神的盟約は何か。	神聖同盟
★★★★☆☆☆		
20 □□□	神聖同盟の結成を提唱したロシア皇帝は誰か。	アレクサンドル1世
★★★★★★☆		
21 □□□	1815年11月、イギリス・ロシア・オーストリア・プロイセンのあいだに成立した軍事的・政治的同盟は何か。	四国同盟
★★☆☆☆☆☆		
22 □□□	国際政治において力をふるう強国の協議によって、勢力均衡と平和を維持するしくみを何と呼ぶか。	列強体制

■立憲改革の進展とウィーン体制の動揺

★★☆☆☆☆☆		
1 □□□	現行の政治・社会体制を維持するために、これに対する批判や改革を否定する考え方や運動は何か。	保守主義
★★★★★☆☆		
2 □□□	1815年、ドイツの自由と統一を求めて結成された、大学生の組合（ドイツ学生同盟）は何と呼ばれるか。	ブルシェンシャフト
★★★★★☆☆		
3 □□□	19世紀初め、イタリアの独立・統一や自由主義改革を目的に、南イタリアで結成された秘密結社は何か。	カルボナリ
★★★★★☆☆		
4 □□□	1812年のカディス憲法を復活させたが、1823年にフラン	スペイン

ス軍の干渉で立憲革命が挫折した国はどこか。

★★★★★★★☆ 5 ☐☐☐	1825年、十二月党員のロシアの青年貴族士官が、自由主義的改革を要求しておこした反乱は何か。	デカブリストの乱
★★★★★★☆☆ 6 ☐☐☐	1821～29年、バルカン地域でオスマン帝国からの独立を求めて戦われた戦争は何か。	ギリシア独立戦争
★☆☆☆☆☆☆☆ 7 ☐☐☐	1829年、ギリシア独立を支援したロシアと、オスマン帝国とのあいだで結ばれた講和条約は何か。	アドリアノープル条約
★★★☆☆☆☆☆ 8 ☐☐☐	1830年に開かれ、イギリス・フランスなどがギリシアの独立を承認した会議は何か。	ロンドン会議
★★★★★★★☆ 9 ☐☐☐	ルイ18世の弟で、1824年に即位し、亡命貴族に賠償金を与えるなど、反動政治を推し進めた国王は誰か。	シャルル10世
★★★★★☆☆☆ 10 ☐☐☐	1830年5～7月、国民の不満を外にそらすため、シャルル10世が出兵を強行した北アフリカの地域はどこか。	アルジェリア
★★★★★★★☆ 11 ☐☐☐	1830年7月、パリ市民が蜂起して復古王政を打倒したできごとは何か。	七月革命
★★★★★★☆☆ 12 ☐☐☐	七月革命のあと、自由主義的貴族として推され、国王に即位した人物(公爵)は誰か。	ルイ＝フィリップ
★★★★★★☆☆ 13 ☐☐☐	七月革命で成立した、制限選挙にもとづく立憲君主政を何と呼ぶか。	七月王政
★★★★☆☆☆☆ 14 ☐☐☐	ルイ14世の弟が祖である、ルイ＝フィリップの家系は何か。	オルレアン家
★★★★★★★☆ 15 ☐☐☐	七月革命を題材として描いたドラクロワの作品名は何か。	「民衆を導く自由の女神」
★★★★★★☆☆ 16 ☐☐☐	七月革命の影響下、1830年にオランダから独立を宣言し、翌年に立憲王政が成立した国はどこか。	ベルギー
★★★★★★☆☆ 17 ☐☐☐	七月革命の影響下、ロシアによる支配からの離脱を求めて蜂起したが、鎮圧されて失敗に終わった国はどこか。	ポーランド
★★★★★★☆☆ 18 ☐☐☐	1818年からプロイセンを中心に結成され、1834年には3つの組織を統合して発足した同盟は何か。	ドイツ関税同盟

■イギリスの自由主義的改革

★★★★★★★

1
個人の自由な活動を重視し、参政権の拡大や経済活動の
自由などをめざす思想は何か。

自由主義

★★★★★★★

2
1824年に廃止されたことで、イギリスでの<u>労働組合</u>の結
成の公認が実現した法律は何か。

団結禁止法

★★★★★★★

3
1828年に廃止されたことで、<u>プロテスタント非国教徒</u>の
公職就任が保証されることになった法律は何か。

審査法

★★★★★★★

4
1829年に成立した、<u>カトリック教徒</u>の公職就任を可能に
してイギリスでの<u>宗教的差別</u>を撤廃した法律は何か。

カトリック教徒解放
法

★★★★★★★

5
<u>カトリック教徒解放法</u>の制定に尽力（じんりょく）した<u>アイルランド人</u>
は誰か。

オコネル(オコンネ
ル)

★★★★★★★

6
1807年、植民地地主が猛反対するなか、ウィルバーフォ
ースらの努力によってイギリスで実現された法令の内容
は何か。

奴隷貿易の廃止

★★★★★★★

7
1832年に<u>ホイッグ党</u>内閣のもとで実施され、産業資本家
の参政権獲得が実現した自由主義的改革は何か。

第1回選挙法改正

★★★★★★★

8
<u>第1回選挙法改正</u>で廃止された人口の都市集中で有権者
が激減したにもかかわらず、地域有力者の支配下におか
れたままの選挙区を何と呼ぶか。

腐敗（ふはい）選挙区

★★★★★★★

9
<u>第1回選挙法改正</u>ののち、1837年頃より<u>都市労働者</u>が開
始した、選挙権獲得運動を何と呼ぶか。

チャーティスト運動

★★★★★★★

10
<u>チャーティスト運動</u>で、都市労働者たちが掲げた6カ条
からなる請願書（たんがんしょ）を何と呼ぶか。

人民憲章

★★★★★★★

11
産業革命後、<u>産業資本家</u>が強く求めた、対外取引に関し
て国家の管理や統制を排除する方針は何か。

自由貿易主義

★★★★★★★

12
<u>自由貿易主義</u>の実現に向けて、1833年に<u>東インド会社</u>の
何の廃止が定められたか。

中国貿易独占権

★★★★★★★

13
1812年に制定され、安価な大陸産穀物の流入による国産
穀物の値下がりを阻止して<u>地主</u>の利益を守ろうとした法
律は何か。

穀物法（こくもつほう）

★★★★★★☆☆		
14 ☐☐☐	<u>穀物法</u>の廃止に向けた運動の中心として活躍した、2人の政治家・経営者は誰か。	コブデン、ブライト

★★★★☆☆☆☆		
15 ☐☐☐	<u>穀物法</u>の廃止運動のため、1839年に<u>コブデン・ブライト</u>らが結成して、<u>マンチェスター</u>に本部がおかれた全国的組織は何か。	反穀物法同盟

★★★★★★★		
16 ☐☐☐	<u>自由貿易主義</u>の実現に向けて1849年に廃止された、貿易に関する法律は何か。	航海法

■ 社会主義思想の成立

★★★☆☆☆☆		
1 ☐☐☐	産業革命期の工場で大量に雇用され、長時間労働や劣悪な勤務環境などを強いられたのは、どのような人々か。	女性・子ども

★★★★★★★		
2 ☐☐☐	生産手段の公有（国有）化によって、社会全体の経済的平等を実現しようとする思想は何か。	社会主義（思想）

★★★★★★★		
3 ☐☐☐	<u>ニューラナーク</u>の紡績工場などを経営し、労働者の福祉向上につとめたイギリスの<u>初期社会主義者</u>は誰か。	オーウェン

★★★★★★☆		
4 ☐☐☐	<u>賃金労働者</u>が、労働条件や生活の維持・向上のために結成する組織は何か。	労働組合

★★★☆☆☆☆		
5 ☐☐☐	<u>オーウェン</u>らの指導で発展した、労働者らが生活の向上をはかるために結成し、経済活動を協同でおこなう相互扶助組織は何か。	協同組合

★★★★★★★		
6 ☐☐☐	<u>オーウェン</u>の提言も反映された、数次にわたって出された労働者保護のための法を何と総称するか。	工場法

★★★★★★★		
7 ☐☐☐	人の能力が自由に発揮できる産業社会の実現を求めた、フランスの初期<u>社会主義者</u>は誰か。	サン＝シモン

★★★★☆☆☆		
8 ☐☐☐	<u>協同組合</u>的理想社会の実現のための団体設立を主張した、フランスの初期<u>社会主義者</u>は誰か。	フーリエ

★★★★★★★		
9 ☐☐☐	<u>二月革命</u>ののち、労働者を代表する形で臨時政府に入閣した<u>社会主義者</u>は誰か。	ルイ＝ブラン

★★★★★☆☆		
10 ☐☐☐	私有財産を否定し、さらに<u>無政府主義</u>の思想を広めたフランスの<u>社会主義者</u>は誰か。	プルードン

★★★★★★★ 11 □□□	資本主義社会の分析を通じて、社会主義への移行の必然性を説いたドイツの<u>社会主義者</u>は誰か。	マルクス
★★★★★★★ 12 □□□	<u>マルクス</u>の協力者として、社会主義の確立と普及や実践活動をおこなったドイツの<u>社会主義者</u>は誰か。	エンゲルス
★★★★★★★ 13 □□□	1848年2月、<u>マルクス・エンゲルス</u>がロンドンで出版し、「<u>万国の労働者よ、団結せよ</u>」の言葉で有名な著書は何か。	『共産党宣言』
★★★☆☆☆☆ 14 □□□	<u>マルクス</u>に始まる、資本主義社会には矛盾があるため、労働者階級が立ち上がって社会主義社会を実現すべきであるという主張は何か。	マルクス主義
★★★★★★★ 15 □□□	<u>マルクス</u>が資本主義のしくみを詳細に分析・批判し、彼の死後は<u>エンゲルス</u>によって編集・刊行された著作は何か。	『資本論』

■1848年革命

★★★★★★☆ 1 □□□	<u>産業革命</u>の進展を背景に、<u>七月王政</u>下のフランスでは、中小資本家や労働者が、何の拡大を求める運動を展開したか。	選挙権
★★★★★★★ 2 □□□	1848年2月、パリの市民・労働者・学生らが蜂起して<u>七月王政</u>を打倒した革命を何と呼ぶか。	二月革命
★★★★★★☆ 3 □□□	<u>二月革命</u>によって樹立された政体は何と呼ばれるか。	第二共和政
★★★☆☆☆☆ 4 □□□	<u>二月革命</u>後に実施され、社会主義者が大敗した<u>男性普通選挙</u>を何と呼ぶか。	四月普通選挙
★★★★★★☆ 5 □□□	1848年6月、<u>国立作業場</u>の廃止などに反発した、社会主義者や労働者のおこした事件を何と呼ぶか。	六月蜂起
★★★★★★☆ 6 □□□	<u>第二共和政</u>期の1848年12月に実施された大統領選挙で、当選した人物は誰か。	ルイ=ナポレオン
★★★★★★★ 7 □□□	<u>1851年クーデタ</u>後、国民投票での圧倒的支持を背景に皇帝となった<u>ルイ=ナポレオン</u>は何と称したか。	ナポレオン3世
★★★★★★☆ 8 □□□	1852〜70年のフランスの政体は何か。	第二帝政

❶ ウィーン体制とヨーロッパの政治・社会の変動 **241**

★★★★★★★★		
9 □□□	二月革命の影響で、<u>ウィーン・ベルリン</u>などドイツ各地でおこった革命を何と呼ぶか。	三月革命
★★★★★★★★		
10 □□□	1848年3月にオーストリアに憲法改正を認めさせ、49年4月に独立宣言を出したが鎮圧された、<u>マジャール人</u>の国(地域)はどこか。	ハンガリー
★★★★★★☆☆		
11 □□□	<u>ハンガリー</u>民族運動のなかで、1849年4月に独立宣言を出したが、敗れて亡命した政治家は誰か。	コシュート
★★★★★★★☆		
12 □□□	プラハを中心に、1848年6月に<u>チェック人</u>がオーストリアからの独立を求めて蜂起した地域はどこか。	ベーメン(ボヘミア)
★★☆☆☆☆☆☆		
13 □□□	1848年6月に、オーストリア帝国内の<u>スラヴ人</u>の結束(けっそく)と自立を目的にプラハで開催された会議は何か。	スラヴ民族会議
★★★★★★★★		
14 □□□	1848年5月、ドイツ統一と憲法制定を話し合うために、ドイツ最初の<u>国民議会</u>が招集された都市はどこか。	フランクフルト
★★★★★★★★		
15 □□□	二月革命に始まり<u>自由主義・国民主義</u>の運動がヨーロッパ各地で高揚(こうよう)した、1848年革命の別称は何か。	「諸国民の春」
★★★★★☆☆☆		
16 □□□	1850年にプロイセン国王によって一方的に発布された、王政原理を強調した憲法は何か。	プロイセン欽定(きんてい)憲法
★☆☆☆☆☆☆☆		
17 □□□	1850年代にオーストリアでとられた、王朝的正統主義の回復をめざした反動的体制は何と呼ばれるか。	新絶対主義

❷ 列強体制の動揺とヨーロッパの再編成 用語集 p.210～218

<u>クリミア戦争</u>敗北後のロシアは、<u>農奴解放令(のうど)</u>の発布など国内の改革に着手したが、**専制政治**は続いた。イギリスは**覇権**を確立し、**イタリア・ドイツは統一**を達成した。ドイツに敗北したフランスでは<u>第二帝政</u>が倒れて<u>第三共和政</u>が始まった。ドイツのビスマルクは、領土拡大を図る**列強の利害**を調停して、<u>ビスマルク体制</u>と呼ばれる新たな国際体制を形成した。

■クリミア戦争

★★★☆☆☆☆☆		
1 □□□	<u>デカブリストの乱</u>を鎮圧して専制政治を強行し、1853年からオスマン帝国と戦争を開始したロシア皇帝は誰か。	ニコライ1世
★★★★★★★★		
2 □□□	<u>南下政策</u>をとるロシアが、<u>聖地イェルサレム</u>の管理権問	クリミア戦争

題を背景に、オスマン帝国内の正教徒保護を口実として1853年に始めた国際戦争は何か。

★★★★☆☆☆

| **3** ☐☐☐ | <u>クリミア戦争</u>で最大の激戦が展開された、ロシアの要塞かつ軍港であった場所はどこか。 | セヴァストーポリ |

★★★★★★☆

| **4** ☐☐☐ | 1856年に締結された、<u>クリミア戦争</u>の講和条約は何か。 | パリ条約 |

★★★★★★☆

| **5** ☐☐☐ | <u>パリ条約</u>で中立化が決められた海域はどこか。 | 黒海 |

★☆☆☆☆☆☆

| **6** ☐☐☐ | <u>クリミア戦争</u>ののち、事実上の独立が認められ、のちに<u>ルーマニア</u>となった連合公国はどこか。 | モルダヴィア・ワラキア |

■列強の新体制──ロシア・イギリス・フランスの対応

★★★★★★☆

| **1** ☐☐☐ | <u>クリミア戦争</u>での惨敗（ざんぱい）を機に、1861年より自由主義的改革を開始したロシアの皇帝は誰か。 | アレクサンドル2世 |

★★★★★★★

| **2** ☐☐☐ | 1861年、改革のため<u>アレクサンドル2世</u>が発布した勅令（ちょくれい）は何か。 | 農奴解放令（のうど） |

★★★★☆☆☆

| **3** ☐☐☐ | <u>農奴解放令</u>でも「買い戻し金」を完納するまで農民が縛られ続けた、ロシアの<u>農村共同体</u>を何と呼ぶか。 | ミール |

★★★★☆☆☆

| **4** ☐☐☐ | 1863年、<u>アレクサンドル2世</u>の自由主義的改革に乗じて反乱をおこしたが、鎮圧された国はどこか。 | ポーランド |

★★★★★★☆

| **5** ☐☐☐ | ロシア社会の後進性を痛感（つうかん）し、体制への批判や変革の先頭に立った<u>知識人階級</u>を何と呼ぶか。 | インテリゲンツィア |

★★★★★☆☆

| **6** ☐☐☐ | 1870年代に学生や青年に広がった、農民の啓蒙（けいもう）とその決起によって、<u>農村共同体</u>をもとに平等な社会の実現をめざした人々を何と呼ぶか。 | ナロードニキ（人民主義者） |

★★★★★★☆

| **7** ☐☐☐ | <u>ナロードニキ</u>の呼称の起源ともなったスローガンは何か。 | 「ヴ゠ナロード（人民のなかへ）」 |

★★★★★★☆

| **8** ☐☐☐ | <u>ナロードニキ</u>の運動が失敗したのち、彼らの一部が、暗殺や暴力で自己の主張の実現をめざした考え方を何と呼ぶか。 | テロリズム（暴力主義） |

★★★★★★☆

| **9** ☐☐☐ | <u>産業革命</u>にともない、交通環境が飛躍的に進歩したことを何と呼ぶか。 | 交通革命 |

★★★★★★★		
10 ☐☐☐	19世紀半ば頃の、イギリスが圧倒的な経済力と軍事力をもつ国際情勢を表した言葉は何か。	パクス=ブリタニカ
★★★★★★★☆		
11 ☐☐☐	「パクス=ブリタニカ」と呼ばれる大英帝国の黄金時代に在位した女王（位1837〜1901）は誰か。	ヴィクトリア女王
★★☆☆☆☆☆		
12 ☐☐☐	海底電信ケーブルの設置など、電信技術の発達によっておこった通信上の変化を何というか。	通信革命
★★☆☆☆☆☆		
13 ☐☐☐	19世紀初頭から世界の基軸通貨となった、イギリスの通貨単位は何か。	ポンド
★★★☆☆☆☆		
14 ☐☐☐	ロンドン郊外の天文台の所在地で、19世紀後半からそこを基準に世界標準時が定められた場所はどこか。	グリニッジ
★★★★★★★		
15 ☐☐☐	産業・技術・製品を展示する国際的な博覧会として1851年にロンドンで始まり、その後も各国の国威発揚の場となった催しは何か。	万国博覧会
★★★★★★☆		
16 ☐☐☐	トーリ党の後身で、第1回選挙法改正以降に使われはじめた名称は何か。	保守党
★★★★★★☆		
17 ☐☐☐	ホイッグ党の後身で、第1回選挙法改正以降に使われはじめた名称は何か。	自由党
★★★★★★☆		
18 ☐☐☐	ヴィクトリア時代の保守党を代表する政治家で、帝国主義的外交を推進した人物は誰か。	ディズレーリ
★★★★★★☆		
19 ☐☐☐	ヴィクトリア時代の自由党を代表する政治家で、内政改革を重視した人物は誰か。	グラッドストン
★★★★★★☆		
20 ☐☐☐	1867年、保守党ダービー内閣のもとで成立し、都市部の労働者に選挙権を与えた改革は何か。	第2回選挙法改正
★★☆☆☆☆☆		
21 ☐☐☐	1870年、グラッドストン内閣が、初等教育をおこなう公立学校の増設を決定した法は何か。	教育法
★★☆☆☆☆☆		
22 ☐☐☐	1871年、グラッドストン内閣が、労働組合に法的な地位を認めた法は何か。	労働組合法
★★★★★★☆		
23 ☐☐☐	1884年、グラッドストン内閣のもとで成立し、農村部の労働者と鉱業労働者に選挙権を与えた改革は何か。	第3回選挙法改正

★★★☆☆☆☆
24
□□□ 1801年の併合以降、イギリス統治下のアイルランドで生じた土地・宗教・政治問題などを何と総称するか。 | アイルランド問題

★★★☆☆☆☆
25
□□□ 1801年のアイルランドの併合にともなう、イギリス地域の国名は何か。 | グレートブリテン＝アイルランド連合王国

★★★★★☆☆
26
□□□ 1840年代半ばの凶作により、アイルランドで多数の餓死者や移民を出したできごとは何と呼ばれるか。 | ジャガイモ飢饉

★★★★☆☆☆
27
□□□ アイルランド国民党が自由党内閣に提出させたが、19世紀末、2度にわたって否決された法案は何か。 | アイルランド自治法案

★★★☆☆☆☆
28
□□□ 19世紀のイギリス自由貿易主義が、広大な周辺部世界に植民地としての従属を強要する帝国主義を並存させていたことを定義した用語は何か。 | 自由貿易帝国主義

★★★☆☆☆☆
29
□□□ 自由貿易主義にもとづき、1860年にイギリスとフランスが結んだ条約を何と呼ぶか。 | 英仏通商条約

★★★★★★★
30
□□□ フランスがオスマン帝国側について参戦して勝利し、ナポレオン3世の名声が高まった戦争は何か。 | クリミア戦争

★★★★★★★
31
□□□ 第二帝政下の1856〜60年、フランスがイギリスとともに中国に対しておこなった侵略戦争は何か。 | 第2次アヘン戦争（アロー戦争）

★★★★☆☆☆
32
□□□ ナショナリズムの擁護者を自称するナポレオン3世が、密約を結んだサルデーニャを支援して1859年に参戦した戦争は何か。 | イタリア統一戦争

★★★★★★★
33
□□□ 第二帝政下の1858〜67年、フランスの東南アジア植民地化の基礎を築いた出兵先の地域はどこか。 | インドシナ

★★★★★☆☆
34
□□□ 1861〜67年に出兵し、失敗してナポレオン3世の人気衰退のきっかけとなった地域はどこか。 | メキシコ

★★★☆☆☆☆
35
□□□ 国威発揚の目的で、ナポレオン3世が1855年に開催した展覧会は何か。 | パリ万国博覧会

★★★★★★★
36
□□□ 1854年にエジプト政府から運河建設の特許を獲得したフランス人は誰か。 | レセップス

★★★★☆☆☆
37
□□□ 1869年に完成した、地中海と紅海を結ぶ運河は何か。 | スエズ運河

★★★★★☆☆ 38 □□□	1870～71年におこった、プロイセン主導のドイツ諸邦とフランスとの戦争は何か。	ドイツ＝フランス（独仏）戦争（プロイセン＝フランス戦争）
★★☆☆☆☆☆ 39 □□□	1871年2月に成立した<u>臨時政府</u>で行政長官、その後、<u>第三共和政</u>下で大統領となった政治家は誰か。	ティエール
★★★★★★★ 40 □□□	1871年3月、<u>臨時政府</u>の対独講和に反対するパリ民衆と労働者が樹立した、史上初の自治政府を何と呼ぶか。	パリ＝コミューン
★★★★★★★ 41 □□□	<u>第二帝政</u>崩壊後から<u>第二次世界大戦</u>での対独降伏（1940年）までのフランスの政体を何と呼ぶか。	第三共和政
★★★★★☆☆ 42 □□□	1875年に議会で可決された、三権分立・二院制・任期7年の大統領制などを内容とする憲法は何か。	第三共和国憲法

■新国民国家の成立

★★★★★☆☆ 1 □□□	1831年、<u>カルボナリ</u>衰退後にその活動を受け継ぐ形で結成された、共和主義にもとづく政治結社は何か。	青年イタリア
★★★★★☆☆ 2 □□□	<u>カルボナリ</u>に参加し、その衰退後、マルセイユで「<u>青年イタリア</u>」を結成した、イタリアの共和主義者は誰か。	マッツィーニ
★★★★★☆☆ 3 □□□	1849年、教皇のローマ脱出後に樹立され<u>マッツィーニ</u>も参加したが、フランス軍の介入で倒された国家は何か。	ローマ共和国
★★★★★☆☆ 4 □□□	1720年、サヴォイア家が地中海の島を領有して成立した、北イタリアの小王国は何か。	サルデーニャ王国
★★★★★☆☆ 5 □□□	1849年に<u>サルデーニャ王国</u>の国王に即位し、のちにイタリア統一に成功して初代イタリア国王になった人物は誰か。	ヴィットーリオ＝エマヌエーレ2世
★★★★★★☆ 6 □□□	<u>ヴィットーリオ＝エマヌエーレ2世</u>によって首相に登用された政治家は誰か。	カヴール
★★★★☆☆☆ 7 □□□	1858年、<u>ナポレオン3世</u>と<u>ヴィットーリオ＝エマヌエーレ2世</u>とのあいだで締結された密約は何か。	プロンビエール密約
★★★★☆☆☆ 8 □□□	<u>プロンビエール密約</u>締結の翌1859年、フランスの援助を	イタリア統一戦争

受けたサルデーニャ王国とオーストリアが始めた戦争は何か。

★★★★★★☆ **9** □□□	サルデーニャ王国が、<u>イタリア統一戦争</u>の講和条約でオーストリアから獲得した北イタリアの領土はどこか。	ロンバルディア
★★★★★☆☆ **10** □□□	1860年、サルデーニャ王国がトスカナなど3地域を併合したことを何と呼ぶか。	中部イタリア併合
★★★★★☆☆ **11** □□□	プロンビエール密約にもとづいて、<u>中部イタリア併合</u>の代償としてフランスに割譲された、2つの地域はどこか。	サヴォイア・ニース
★★★★★★☆ **12** □□□	「青年イタリア」に加入し、その後、1860年にシチリア・南イタリアの征服に成功した革命家は誰か。	ガリバルディ
★★★★★☆☆ **13** □□□	<u>ガリバルディ</u>が1860年に組織した義勇軍は何と呼ばれるか。	千人隊(赤シャツ隊)
★★★★★★☆ **14** □□□	12世紀からイタリア南部とシチリア島を支配した王国で、1815年のウィーン会議でスペイン゠ブルボン家が統一を回復した国の名称は何か。	両シチリア王国
★★★★★★☆ **15** □□□	1861年、サルデーニャ王国と<u>ガリバルディ</u>の獲得地が合体し、トリノを首都に成立した王国は何か。	イタリア王国
★★★★★★☆ **16** □□□	1866年、<u>プロイセン゠オーストリア戦争</u>に参戦し、講和条約で<u>イタリア王国</u>はどの地域を併合したか。	ヴェネツィア
★★★★★★☆ **17** □□□	1870年、<u>ドイツ゠フランス戦争</u>の混乱に乗じて、<u>イタリア王国</u>はどこを占領したか。	ローマ教皇領
★★★★★★☆ **18** □□□	1870年の統一後、<u>イタリア王国</u>では<u>トリエステ・南チロル</u>などオーストリア領に残った地域を何と呼んだか。	「未回収のイタリア」
★★★★★★☆ **19** □□□	ドイツ統一に関して、オーストリア内のドイツ人地域とベーメンを含めようとする考え方を何と呼ぶか。	大ドイツ主義
★★★★★★☆ **20** □□□	ドイツ統一に関して、オーストリアを排除して、プロイセン中心に進めようとする考え方を何と呼ぶか。	小ドイツ主義
★★★★★★☆ **21** □□□	プロイセンの高級官僚・軍人を独占した保守的な<u>地主貴族層</u>を何と称したか。	ユンカー
★★★★★★☆ **22** □□□	1861年プロイセン王となり兵制改革をおこなって軍備拡	ヴィルヘルム1世

張を強行し、<u>ドイツ帝国</u>成立後に初代皇帝となった人物
は誰か。

★★★★★★★ 23 □□□	<u>ヴィルヘルム 1 世</u>から首相に登用され、ドイツ統一を進めた人物は誰か。	ビスマルク
★★★★★★★ 24 □□□	<u>ビスマルク</u>が演説した、「現在の大問題は議会の演説や多数決ではなく、鉄(兵器)と血(兵士)によって解決される」との<u>軍備拡張</u>のための政策を何と呼ぶか。	鉄血政策
★★★★★★☆☆ 25 □□□	1864年の<u>デンマーク戦争</u>の原因となった、 2 つの地域名をあげよ。	シュレスヴィヒ・ホルシュタイン
★★★★★★★ 26 □□□	<u>デンマーク戦争</u>で獲得した 2 つの地域の所属・領有問題から、1866年におきた戦争は何か。	プロイセン＝オーストリア(普墺)戦争
★★★★★★★ 27 □□□	1867年、プロイセン王を首長として22カ国で成立した連邦国家は何か。	北ドイツ連邦
★★★★★★★ 28 □□□	<u>プロイセン＝オーストリア戦争</u>で敗れたオーストリアが、<u>マジャール人</u>の自立を認めて成立した同君連合国家は何か。	オーストリア＝ハンガリー帝国
★★☆☆☆☆☆ 29 □□□	1867年にオーストリアとハンガリーとのあいだで結ばれた協定は、「妥協」を意味して何と呼ばれるか。	アウスグライヒ
★★★★★★★ 30 □□□	1870年、ビスマルクの挑発にのった<u>ナポレオン 3 世</u>の宣戦布告で始まった戦争は何か。	ドイツ＝フランス(独仏)戦争(プロイセン＝フランス戦争)
★★★☆☆☆☆ 31 □□□	<u>ドイツ＝フランス戦争</u>勃発の背景となった、ヨーロッパの国際政治上の問題は何か。	スペイン王位継承問題
★★★☆☆☆☆ 32 □□□	<u>ドイツ＝フランス戦争</u>中の1870年 9 月、<u>ナポレオン 3 世</u>が包囲されて降伏した国境の町はどこか。	スダン(セダン)
★★★★★★☆ 33 □□□	1871年 5 月、<u>ドイツ＝フランス戦争</u>の講和条約でドイツがフランスから獲得した 2 つの地域はどこか。	アルザス・ロレーヌ
★★☆☆☆☆☆ 34 □□□	プロイセンの軍備拡張政策と結びつきドイツ最大の鉄鋼軍需コンツェルンとなった企業は何か。	クルップ社

■ドイツ帝国とビスマルク外交

★★★★★★★☆
1 □□□ 1871年1月、ヴィルヘルム1世がヴェルサイユ宮殿で皇帝に即位し成立した、統一ドイツ国家は何か。 | ドイツ帝国

★★☆☆☆☆☆☆
1 □□□ ドイツ帝国の憲法で規定された、22君主国と3自由市の代表で構成される議会は何か。 | 連邦参議院

★★★★☆☆☆☆
3 □□□ ドイツ帝国の憲法で規定された、全ドイツの25歳以上の男性普通選挙で選ばれた議員で構成される議会は何か。 | 帝国議会

★★★★★★★☆
4 □□□ ドイツ帝国宰相となったビスマルクが、国家統合のために進めた、反プロイセン的な南ドイツのカトリック勢力および政党との争いを何と呼ぶか。 | 文化闘争

★★★★☆☆☆☆
5 □□□ 1875年に成立してのちに社会民主党と改称した、世界最初の社会主義政党名は何か。 | ドイツ社会主義労働者党

★★★★★★☆☆
6 □□□ 1878年、皇帝狙撃事件を契機にビスマルクが制定した、社会主義運動を弾圧するための法は何か。 | 社会主義者鎮圧法

★★★★★★★☆
7 □□□ ビスマルクが、社会主義運動からの労働者の切り離しと国民国家の形成を目的に実施した、社会保険制度の導入などの政策は何か。 | 社会政策

★★★☆☆☆☆☆
8 □□□ 1879年に制定された、工業製品と農産物の輸入品に関税を課す法律は何か。 | 保護関税法

★★★★★★☆☆
9 □□□ 18〜19世紀にロシアが展開した、黒海の制海権を獲得し、さらに地中海進出をはかる政策は何か。 | 南下政策

★★★★★★☆☆
10 □□□ 1873年、ドイツ・オーストリア・ロシア3国の皇帝が締結した同盟は何か。 | 三帝同盟

★★★☆☆☆☆☆
11 □□□ スラヴ民族の連帯と統一をめざした思想・運動を、何と呼ぶか。 | パン=スラヴ主義

★★★★★★☆☆
12 □□□ 1875年のボスニア・ヘルツェゴヴィナの反乱以降、オスマン帝国がスラヴ民族を弾圧したことを理由に、1877年にロシアから宣戦した戦争は何か。 | ロシア=トルコ（露土）戦争

★★★★★★☆☆
13 □□□ 1878年、ロシアとオスマン帝国が結んだ講和条約は何か。 | サン=ステファノ条約

★★★★★★☆

14
☐☐☐ <u>サン＝ステファノ条約</u>で独立が承認され、つづく<u>ベルリン条約</u>でその独立が国際的に認められた地図中の(A)(B)(C)の国はどこか。

(A)ルーマニア
(B)セルビア
(C)モンテネグロ

★★★☆☆☆☆

15
☐☐☐ <u>サン＝ステファノ条約</u>で領土が拡大され、自治国としてロシアの保護下におかれた地図中の(D)の国はどこか。

ブルガリア

★★★★★★★

16
☐☐☐ <u>サン＝ステファノ条約</u>締結ののち、<u>ビスマルク</u>が調停に立って開かれた国際会議は何か。

ベルリン会議

★★★★☆☆☆

17
☐☐☐ <u>ベルリン会議</u>で<u>サン＝ステファノ条約</u>を破棄して結ばれた条約は何か。

ベルリン条約

★★★☆☆☆☆

18
☐☐☐ 1878年のベルリン会議と同時期に、イギリスが行政権を獲得した東地中海の島はどこか。

キプロス島

★★★★★☆☆

19
☐☐☐ 1878年の<u>ベルリン条約</u>で、オーストリアが管理権を認められた、スラヴ系住民の多く居住する地域はどこか。

ボスニア・ヘルツェゴヴィナ

★★★★★☆☆

20
☐☐☐ 1882年、<u>ドイツ・オーストリア・イタリア</u>が結んだ軍事的相互援助同盟は何か。

三国同盟

★★★★★☆☆

21
☐☐☐ <u>三帝同盟</u>の崩壊ののち、1887年に<u>ドイツ</u>と<u>ロシア</u>が結んだ秘密軍事条約は何か。

再保障条約

★★★★★☆☆

22
☐☐☐ フランスの孤立とヨーロッパの勢力均衡を目的に<u>ビスマ</u>

ビスマルク体制

ルクがつくりあげた1870年代〜90年までの国際体制を何
と呼ぶか。

■北欧地域の動向

★★★☆☆☆☆
1 □□□ 北ヨーロッパ地域において、ナポレオンによる一連の戦
争中にロシアが併合した国はどこか。

フィンランド

★★★☆☆☆☆
2 □□□ フィンランドをロシアに割譲した代償に、ウィーン会議
でデンマークからノルウェーを獲得した国はどこか。

スウェーデン

★★★☆☆☆☆
3 □□□ 同君連合のスウェーデン領となったが、以後、独立運動
を続け、1905年に平和的に独立を達成した国はどこか。

ノルウェー

★★★☆☆☆☆
4 □□□ 1864年の戦争でシュレスヴィヒ・ホルシュタインの2州
を失ったのち、農業改革と社会福祉につとめた国はどこ
か。

デンマーク

■国際運動の進展

★★★★★★☆
1 □□□ 1864年にロンドンでマルクスらを中心に結成されたが、
マルクスと無政府主義者バクーニンの対立などのため、
1876年に解散した世界初の国際的な労働者の大衆組織は
何か。

第1インターナショ
ナル

★★★★★☆☆
2 □□□ クリミア戦争の際、イスタンブルの病院におもむき、傷
病兵の看護に活躍したイギリスの女性は誰か。

ナイティンゲール

★★★★★★★
3 □□□ スイス人デュナンの提唱で、1863年に設立された団体は
何か。

国際赤十字

★★☆☆☆☆☆
4 □□□ スポーツを通じた国際親善の促進をめざして、1896年に
第1回大会がアテネで開かれたものは何か。

国際オリンピック大
会

★★★☆☆☆☆
5 □□□ 1875年に成立した国際郵便のための組織は何か。

万国郵便連合

★★★☆☆☆☆
6 □□□ 1865年にフランスで設立された、電信に関する国際機関
は何か。

万国電信連合(国際
電信連合)

★☆☆☆☆☆☆
7 □□□ ロシア皇帝ニコライ2世の呼びかけで、1899年と1907年
にオランダのハーグで開かれた国際会議は何か。

ハーグ万国平和会議

❸ アメリカ合衆国の発展

用語集 p.219〜222

領土の拡張が進むなか、**アメリカ合衆国**では、<u>奴隷制</u>を争点とする<u>北部・南部の対立</u>が激化し、1861年に<u>南北戦争</u>が始まった。戦争終結後は、<u>北部</u>を中心に産業が発展して、19世紀末には合衆国が<u>世界最大の工業国</u>となったが、急激な発展は、激しい競争と大きな<u>貧富の差</u>を生み出した。

■アメリカ合衆国の領土拡大

★★★★★★ 1 □□□	1801年に、第3代アメリカ大統領に就任した州権主義者は誰か。	トマス=ジェファソン
★★★★★★★ 2 □□□	<u>トマス=ジェファソン</u>大統領の任期中の1803年に、アメリカがフランスから買収した地域はどこか。	ミシシッピ川以西のルイジアナ
★★★★★★ 3 □□□	<u>ナポレオン</u>による戦争中の1812年に勃発し、結果として合衆国の<u>経済的自立</u>をうながすこととなった戦争は何か。	アメリカ=イギリス(米英)戦争
★★★★★★ 4 □□□	1819年、アメリカがスペインから買収した地域はどこか。	フロリダ
★★★★★★ 5 □□□	1829年、<u>西部</u>出身者としてはじめて大統領に就任した人物は誰か。	ジャクソン
★★★★★★★ 6 □□□	<u>ジャクソン</u>の支持派が1820年代に組織し、南部を基盤とした政党は何か。	民主党
★★★★★★ 7 □□□	<u>ジャクソン</u>大統領時代に進んだ、<u>白人男性普通選挙</u>の普及などの民主化と改革を総称して何と呼ぶか。	ジャクソニアン=デモクラシー
★★★★★★★ 8 □□□	1830年に<u>ジャクソン</u>が制定した、先住民をミシシッピ川以西に強制的に追放した法は何か。	先住民強制移住法
★★★★★★ 9 □□□	1838〜39年のチェロキー族の移動など、<u>先住民強制移住法</u>にともない先住民が受けた悲惨な移動を指した言葉は何か。	「涙の旅路」
★★★★★★ 10 □□□	<u>先住民強制移住法</u>によって先住民に与えられた、<u>ミシシッピ川</u>以西の荒地は何と呼ばれるか。	保留地
★★★★★★★ 11 □□□	19世紀を通じておこなわれた、西部開拓の運動を何と呼ぶか。	西漸運動
★★★★★★ 12 □□□	開拓期のアメリカで広がった、未知の困難に立ち向かう	フロンティア=スピ

	自主独立の精神を何と呼ぶか。	リット
★★★★★★		
13 □□□	1840年代に広まった、白人による領土拡張を、神から与えられた使命であるとして正当化する言葉は何か。	「明白なる運命」
★★★★★☆		
14 □□□	1836年アメリカ系入植者がメキシコからの独立を宣言したのち、45年合衆国が併合した地域はどこか。	テキサス
★★★★★★		
15 □□□	1846～48年、合衆国テキサス州とメキシコとの境界紛争から勃発した戦争は何か。	アメリカ＝メキシコ戦争
★★★★★★		
16 □□□	アメリカ＝メキシコ戦争に完勝した合衆国が1848年に獲得し、50年には早くも州に昇格した地域はどこか。	カリフォルニア
★★★★★★		
17 □□□	合衆国が獲得した直後にカリフォルニアで金鉱が発見され、移民が殺到したために人口が激増した現象を何と呼ぶか。	ゴールドラッシュ
★★★★★★		
18 □□□	奴隷制による綿花栽培が盛んで、自由貿易と州権主義を主張した、ヴァージニア以南の地域を何と呼ぶか。	南部
★★★★★★		
19 □□□	商工業が発展し、保護関税政策と連邦主義（中央集権主義）をとなえた、ニューイングランドと中部大西洋岸地域を何と呼ぶか。	北部
★★★☆☆☆☆		
20 □□□	1793年、綿の繊維を種子からはなす綿繰り機を発明したアメリカの発明家は誰か。	ホイットニー
★★★★★★		
21 □□□	奴隷がその所有者に労働を搾取される、アメリカでは憲法修正第13条で正式に廃止された制度は何か。	奴隷制
★★★☆☆☆☆		
22 □□□	アメリカ合衆国で奴隷制を禁止した州を何と呼ぶか。	自由州
★★★★★☆		
23 □□□	アメリカ合衆国で奴隷制を許可した州を何と呼ぶか。	奴隷州
★★☆☆☆☆☆		
24 □□□	南北戦争前、保護関税政策を主張する北部および共和党がとなえた政府のあり方を何と呼ぶか。	連邦主義
★★☆☆☆☆☆		
25 □□□	南北戦争前、南部の奴隷主が強くとなえた州政府の権限や州の自治を擁護する立場を何と呼ぶか。	州権主義
★★★★★★		
26 □□□	1820年のミズーリ州設置の際に南北が対立し、以後、北緯36度30分以北の新州に奴隷制を認めないとした協定は何か。	ミズーリ協定

★★★★★★☆ **27** ☐☐☐	1851〜52年に『<u>アンクル＝トムの小屋</u>』を著し、奴隷解放 運動を推進した女性作家は誰か。	ストウ
★★★★★★☆ **28** ☐☐☐	1854年に<u>ミズーリ協定</u>を否決し、<u>自由州</u>となるか<u>奴隷州</u> となるかは住民の決定にゆだねるとした法は何か。	カンザス・ネブラス カ法
★★★★★★★ **29** ☐☐☐	1854年、<u>奴隷制</u>反対をスローガンに、旧ホイッグ党のメ ンバーを中心に結成された政党は何か。	共和党

■南北戦争

★★★★★★★ **1** ☐☐☐	1860年の大統領選挙に<u>共和党</u>から出馬して当選し、翌年、 第16代大統領に就任した人物は誰か。	リンカン
★★★★★★☆ **2** ☐☐☐	<u>リンカン</u>の大統領当選後、1861年に南部11州がアメリカ 合衆国から脱退して結成した国家は何か。	アメリカ連合国（南 部連合）
★★★★★★★ **3** ☐☐☐	1861年4月から始まり、アメリカ史上最多の死者を出し た内戦は何か。	南北戦争
★★★★★★☆ **4** ☐☐☐	1862年、西部農民の北部支持を獲得しようと<u>リンカン</u>が 出した、公有地に5年間定住し開墾した者に、土地160 エーカーを無償で与えるとした法は何か。	ホームステッド法 （自営農地法）
★★★★★★★ **5** ☐☐☐	<u>南北戦争</u>中に<u>リンカン</u>が発表し北部の戦争目的を正当化 した、反乱地域の奴隷を自由にするという宣言は何か。	奴隷解放宣言
★★★★★★☆ **6** ☐☐☐	1863年、<u>南北戦争</u>における最大の激戦がおこなわれ、<u>北</u> <u>軍</u>が勝利をおさめた戦場はどこか。	ゲティスバーグ
★★★★★☆☆ **7** ☐☐☐	1863年11月、<u>ゲティスバーグ</u>での戦没者追悼集会でのリ ンカンの演説で、民主主義の本質を示す一節は何か。	「人民の、人民によ る、人民のための政 治」
★★☆☆☆☆☆ **8** ☐☐☐	1865年に陥落した、<u>アメリカ連合国</u>の首都はどこか。	リッチモンド

■アメリカ合衆国の大国化

★★★★☆☆☆ **1** ☐☐☐	奴隷制廃止後の南部に出現した、黒人の多くを小作人と し、収穫の約半分を地主がとった制度は何か。	シェアクロッパー

★★★★★☆☆ 2 □□□	南北戦争後の1860年代半ばにテネシー州で結成され、黒人を迫害した秘密結社の名称は何か。	クー゠クラックス゠クラン(KKK)
★★☆☆☆☆☆☆ 3 □□□	アメリカ南部で制定された、人種隔離などの<u>黒人差別法</u>を何と総称するか。	ジム゠クロウ法
★★★★★★☆☆ 4 □□□	1869年に開通した、アメリカ合衆国の東部と太平洋岸を結ぶ交通網は何か。	大陸横断鉄道
★★★★★★☆☆ 5 □□□	1890年に消失したとされる、アメリカ西部における開拓地と未開拓地との境界地域を何と呼ぶか。	フロンティア
★★★★★★☆☆ 6 □□□	19世紀末に合衆国は<u>世界最大の工業国</u>となったが、その工業発展を支えた、他国から到来した労働力は何か。	移民
★★★☆☆☆☆☆ 7 □□□	1886年に結成された、熟練労働者の職業別組織から構成される、アメリカ合衆国の全国的労働組合連合を何と呼ぶか。	アメリカ労働総同盟(AFL)
★★★★★☆☆☆ 8 □□□	1880年代以降に急増した、東欧・南欧からアメリカ合衆国への<u>移民</u>を何と呼ぶか。	新移民
★★★★☆☆☆☆ 9 □□□	1880年代以降に急増した<u>新移民</u>のうち、中国人・インド人を中心とするアジア系移民に対する蔑称は何か。	クーリー(苦力)
★★★★★★☆☆ 10 □□□	1853年に東インド艦隊を率いて浦賀(うらが)に来航したアメリカ海軍軍人<u>ペリー</u>は翌1854年に何を締結し、日本を開国させたか。	日米和親条約
★★★★☆☆☆☆ 11 □□□	1867年、アメリカ合衆国がロシアから買収した地域はどこか。	アラスカ

❹ 19世紀欧米文化の展開と市民文化の繁栄 用語集 p.223～230

フランス革命後、**宮廷文化が**後退して**市民層**を担い手とする<u>市民文化</u>が登場した。19世紀後半には<u>国民文化</u>が主流となり、<u>ロマン主義</u>や、<u>写実主義</u>、<u>自然主義</u>が生まれた。また、諸科学が発展して日常生活に直結する発明や**技術革新**が続いた。

■文化潮流の変遷と市民文化の成立

★★★☆☆☆☆☆ 1 □□□	<u>市民</u>層が担い手となって発展した文化を何と呼ぶか。	市民文化

2 □□□	国民性や民族性を表現し、国民に国家の一員としての自覚を与えて国家統合をうながす役割を果たした文化は何か。	国民文化

| 3 □□□ | 技術革新の成果や諸国家の<u>国民文化</u>が統合されて形成された、ヨーロッパ中心主義的見方をとって近代世界の基準とされた文明を何と呼ぶか。 | ヨーロッパ近代文明 |

■各国の国民文化の展開

| 1 □□□ | ドイツで疾風怒濤（しっぷうどとう）運動の先頭に立ち、『<u>ファウスト</u>』などの作品を残した文豪は誰か。 | ゲーテ |

| 2 □□□ | <u>ゲーテ</u>とともに疾風怒濤運動の先頭に立ち、『群盗（ぐんとう）』などの作品を残したドイツの詩人・劇作家は誰か。 | シラー |

| 3 □□□ | <u>個性や感情を重視し</u>、<u>歴史や民族文化の伝統を尊重した</u>、ウィーン体制期の中心的な文芸思潮は何か。 | ロマン主義 |

| 4 □□□ | 『グリム童話集』で有名な、ドイツの言語学者兄弟は誰か。 | グリム兄弟 |

| 5 □□□ | 代表作『<u>歌の本</u>』を書き、マルクスとも親交をもち、「革命詩人」とも呼ばれるユダヤ系ドイツ人は誰か。 | ハイネ |

| 6 □□□ | 代表作『レ＝ミゼラブル』で知られる、フランスのロマン派最大の作家・詩人は誰か。 | ヴィクトル＝ユゴー |

| 7 □□□ | <u>ギリシア独立戦争</u>に義勇兵として参加したが病没した、イギリスのロマン派詩人は誰か。 | バイロン |

| 8 □□□ | 「近代ロシア文学の父」とも呼ばれ、『オネーギン』などの作品で知られるロマン派の詩人・作家は誰か。 | プーシキン |

| 9 □□□ | 19世紀半ばのフランスで生まれた、社会や人間を<u>客観的</u>にありのままに描こうとする文芸思潮は何か。 | 写実主義（リアリズム） |

| 10 □□□ | 代表作『<u>赤と黒</u>』で知られ、心理描写にすぐれたフランス<u>写実主義</u>の先駆的作家は誰か。 | スタンダール |

| 11 □□□ | 「<u>人間喜劇</u>」で知られる、フランスの作家は誰か。 | バルザック |

| 12 □□□ | 『ボヴァリー夫人』を書いた、フランス<u>写実主義</u>文学の確 | フロベール |

立者は誰か。

★★★★☆☆☆☆ 13 □□□	『二都物語(にと)』などヒューマニズムにあふれた傑作を残した、イギリスの写実主義作家は誰か。	ディケンズ
★★★☆☆☆☆☆ 14 □□□	『猟人日記(りょうじん)』や『父と子』で、農奴制(のうど)の矛盾とインテリゲンツィアの姿を描いたロシアの作家は誰か。	トゥルゲーネフ
★★★★★☆☆ 15 □□□	『罪と罰』や『カラマーゾフの兄弟』などの大作で、人間の魂の救済をテーマに描いたロシアの作家は誰か。	ドストエフスキー
★★★★★☆☆ 16 □□□	ナポレオン戦争期を題材とした『戦争と平和』など、人道主義的な作品で知られるロシアの作家は誰か。	トルストイ
★★★★★★☆ 17 □□□	19世紀後半に生まれた、写実主義を進め、社会や人間の抱える問題を、科学的に分析し表現しようとした文芸思潮は何か。	自然主義
★★★★★☆☆ 18 □□□	代表作『居酒屋(いざかや)』のほか、ドレフュス事件での被告弁護でも活躍した、フランスの自然主義作家は誰か。	ゾラ
★★★★☆☆☆ 19 □□□	『女の一生』で知られる、フランスの自然主義作家は誰か。	モーパッサン
★★★★★☆☆ 20 □□□	『人形の家』で女性の目覚めと家庭からの解放を描いた、ノルウェーの自然主義劇作家は誰か。	イプセン
★★★☆☆☆☆ 21 □□□	自然主義に反発し、美の享受は人生に価値と意義を与えてくれると主張した19世紀末の文芸思潮は何か。	耽美主義(たんび)
★★★☆☆☆☆ 22 □□□	科学的実証主義への反感から、何か別のものを象徴として代行させ、事物の内面を表現しようとした思潮は何か。	象徴主義
★★★★★☆☆ 23 □□□	詩集『悪の華(あく)(はな)』があり、ひたすら美を追求する耽美主義を代表し、象徴主義の先駆ともされる、フランスの詩人・文学者は誰か。	ボードレール
★★★☆☆☆☆ 24 □□□	ナポレオン軍の侵入に抵抗する市民を「1808年5月3日」で描いた、スペインの画家は誰か。	ゴヤ
★★★★★★☆ 25 □□□	ナポレオン1世の宮廷画家をつとめた、フランスの古典主義画家は誰か。	ダヴィド
★★★★★☆☆ 26 □□□	七月革命を題材とした「民衆を導く自由の女神」や、「キオス島の虐殺」で知られるロマン主義の画家は誰か。	ドラクロワ

★★★★★★ 27 □□□	「晩鐘」など農民生活をテーマとした風景画を描いた、フランスの自然主義画家は誰か。	ミレー
★★★★★★ 28 □□□	代表作「石割り」で知られ、パリ＝コミューンに参加して投獄された経歴をもつフランスの写実主義画家は誰か。	クールベ
★★★ 29 □□□	「草上の昼食」などの作品で知られ、印象派を支援したことから「印象派の父」とも呼ばれるフランスの画家は誰か。	マネ
★★★★★★ 30 □□□	19世紀後半に生まれた、光と色彩を重視して、対象から受ける直接的な印象を表現しようとした流派は何か。	印象派
★★★★★★ 31 □□□	「印象・日の出」が印象派の語源となり、連作「睡蓮」が有名な、フランスの印象派を代表する画家は誰か。	モネ
★★★★★★ 32 □□□	印象派から出発し、その後、情感豊かな色彩美を追求する画風で女性を多く描いた、フランスの画家は誰か。	ルノワール
★★★ 33 □□□	19世紀末に印象派の影響を受けつつ、さらに自己の感覚や感受性を重視しようとした画家たちは、何と総称されるか。	ポスト印象派
★★★★ 34 □□□	代表作「サント＝ヴィクトワール山」で知られる、ポスト印象派の指導的な画家は誰か。	セザンヌ
★★★★★★ 35 □□□	晩年はタヒチで暮らし、未開社会を描くことで文明社会を批判したフランスのポスト印象派の画家は誰か。	ゴーガン
★★★★★★ 36 □□□	「ひまわり」など、強烈な色彩とタッチを特徴とする画風を確立した、オランダ生まれのポスト印象派の画家は誰か。	ゴッホ
★★★★★ 37 □□□	「考える人」で有名な、フランスの彫刻家は誰か。	ロダン
★ 38 □□□	19世紀末に始まった、波状の曲線や動植物をモチーフとした装飾が特徴的な、新芸術様式を何と呼ぶか。	アール＝ヌーヴォー
★★★★★★ 39 □□□	古典派音楽を集大成し、ロマン主義音楽への道を開いた、交響曲「運命」「第九番」などで有名な作曲家は誰か。	ベートーヴェン
★★★★★★ 40 □□□	「冬の旅」などで近代歌曲の創始者とも呼ばれる、オーストリアのロマン派作曲家は誰か。	シューベルト

★★★★★★★		
41 □□□	「ピアノの詩人」と呼ばれる、ポーランドの<u>ロマン派</u>作曲家は誰か。	ショパン

★★★★★★★		
42 □□□	代表作「ニーベルングの指環」で知られる、楽劇を創始したドイツの<u>ロマン派</u>作曲家は誰か。	ヴァーグナー

★☆☆☆☆☆☆		
43 □□□	「椿姫」「アイーダ」などを残した、イタリアの<u>ロマン派</u>オペラの作曲家は誰か。	ヴェルディ

★★★☆☆☆☆		
44 □□□	代表作「わが祖国」で知られる、1848年のプラハ蜂起にも加わった<u>チェコ国民楽派</u>の創始者は誰か。	スメタナ

★★★☆☆☆☆		
45 □□□	「白鳥の湖」「くるみ割り人形」などを残し、ロシア音楽を普遍的芸術にまで高めた作曲家は誰か。	チャイコフスキー

★★★★☆☆☆		
46 □□□	音そのものがもつ情感を豊かに表現する<u>印象派音楽</u>を創始した、フランスの作曲家は誰か。	ドビュッシー

■近代諸科学の発展

★★★★★★☆		
1 □□□	<u>ドイツ観念論哲学</u>の創始者ともいわれる人物は誰か。	カント

★★★☆☆☆☆		
2 □□□	<u>ナポレオン</u>占領下のベルリンで「<u>ドイツ国民に告ぐ</u>」の講演をおこなった哲学者は誰か。	フィヒテ

★★★★★☆☆		
3 □□□	<u>ヘーゲル</u>が提唱した、<u>観念論</u>を体系化した哲学は何か。	弁証法哲学

★★★★★★☆		
4 □□□	弁証法的唯物論の立場から歴史の発展法則を解明しようとした、<u>マルクス</u>の歴史観を何と呼ぶか。	史的唯物論

★★★★★★☆		
5 □□□	「<u>最大多数の最大幸福</u>」を実現することが社会の発展につながるとした、イギリスの哲学を何と呼ぶか。	功利主義

★★★★★☆☆		
6 □□□	「<u>最大多数の最大幸福</u>」の標語で有名な、イギリスの哲学者は誰か。	ベンサム

★★★★☆☆☆		
7 □□□	<u>第2回選挙法改正</u>の実現に努力し、<u>功利主義</u>を発展させて社会改良主義を説いたイギリスの哲学者は誰か。	ジョン゠ステュアート゠ミル

★★★★☆☆☆		
8 □□□	<u>功利主義</u>と進化論を結合して<u>社会進化論</u>を提唱した、イギリスの哲学者は誰か。	スペンサー

★★☆☆☆☆☆		
9 □□□	実証主義哲学を創始し、「社会学の祖」とされるフランスの哲学者は誰か。	コント
★★★★★★★		
10 □□□	『人口論』で人口の増加が貧困化をまねくと説いた、イギリスの古典派経済学者は誰か。	マルサス
★★★★★☆☆		
11 □□□	労働価値説や分配論・地代論などを大成し、古典派経済学を確立したイギリスの学者は誰か。	リカード
★★★☆☆☆☆		
12 □□□	19世紀のドイツを中心に発展した、経済発展を歴史的に考察しようとする経済学を何と呼ぶか。	歴史学派経済学
★★★★★★☆		
13 □□□	歴史学派経済学を確立し、保護貿易主義を主張して、ドイツ関税同盟の結成にも尽力した経済学者は誰か。	リスト
★★★★★★★		
14 □□□	資本主義経済を分析した、マルクスの主著は何か。	『資本論』
★★★★★★☆		
15 □□□	厳密な史料批判により、実証的・科学的叙述をおこなう近代歴史学を確立したドイツの歴史家は誰か。	ランケ
★★★★★☆☆		
16 □□□	電磁気学の基礎を築いた、イギリスの学者は誰か。	ファラデー
★★★★★★★		
17 □□□	エネルギー保存の法則を発見した、2人のドイツ人学者は誰か。	マイヤー、ヘルムホルツ
★★★★★★☆		
18 □□□	X線を発見した、ドイツの物理学者は誰か。	レントゲン
★★★★★★★		
19 □□□	ラジウムを発見した、フランスの科学者夫妻は誰か。	キュリー夫妻
★★★★★★☆		
20 □□□	進化論をとなえ、諸科学に影響を与えた人物は誰か。	ダーウィン
★★★★★★★		
21 □□□	1859年刊行の、生物進化に関するダーウィンの主著は何か。	『種の起源』
★★★★☆☆☆		
22 □□□	遺伝の法則を発見した、オーストリアの学者は誰か。	メンデル
★★★★★★☆		
23 □□□	狂犬病の予防接種に成功するなど、伝染病の予防・治療に貢献したフランスの学者は誰か。	パストゥール
★★★★★★☆		
24 □□□	結核菌やコレラ菌を発見した、ドイツの細菌学者は誰か。	コッホ
★★★★★★☆		
25 □□□	ダイナマイトを発明した、スウェーデン人技術者は誰か。	ノーベル
★★★★★★☆		
26 □□□	電信機を発明した、アメリカの発明家は誰か。	モース(モールス)

★★★★★★	27 □□□	電話機を発明した、アメリカの発明家は誰か。	ベル
★★★★★☆	28 □□□	白熱電灯や映画を発明した、アメリカ人「発明王」は誰か。	エディソン
★★★★☆☆	29 □□□	無線電信を発明した、イタリア人電気技術者は誰か。	マルコーニ
★★★☆☆☆	30 □□□	1851年に英仏間、その後大西洋やインド洋にも敷設され、情報による「世界の一体化」を進めた技術は何か。	海底電信ケーブル
★★★☆☆☆	31 □□□	1883年に自動車エンジンの原型となる内燃機関を発明し、86年にガソリン自動車を完成させたドイツ人は誰か。	ダイムラー
★★★☆☆☆	32 □□□	19世紀末に燃料消費の少ないエンジンを発明したドイツ人は誰か。	ディーゼル
★★★★★☆	33 □□□	20世紀初め、動力飛行機の初飛行に成功した兄弟は誰か。	ライト兄弟
★★☆☆☆☆	34 □□□	17世紀中頃、オーストラリア・ニュージーランドに到達したオランダ人航海者は誰か。	タスマン
★★★★☆☆	35 □□□	18世紀に太平洋のほぼ全域を探検したイギリスの探検家は誰か。	クック
★★★★☆☆	36 □□□	北極点の初到達に成功した、アメリカ人探検家は誰か。	ピアリ
★★★★★★	37 □□□	南極点の初到達に成功した、ノルウェー人探検家は誰か。	アムンゼン
★★★☆☆☆	38 □□□	アムンゼンと南極点の初到達を競った、イギリス人探検家は誰か。	スコット
★★★☆☆☆	39 □□□	19世紀末から中央アジアを探検したスウェーデンの探検家は誰か。	ヘディン

■近代大都市文化の誕生

★★★★★★	1 □□□	劣悪な都市環境がコレラの流行をうながすことから、公衆衛生のための上下水道の建設や、治安対策のためのスラム街の一掃など、第二帝政下のフランスで、オスマンが推進した、首都の全面的な都市改造を何と呼ぶか。	パリ改造
★☆☆☆☆☆	2 □□□	1863年にロンドン市内ではじめて開通してから、都市交通網として各地に普及していった運輸機関は何か。	地下鉄

★★★☆☆☆☆
3 □□□ <u>エディソン</u>の発明を経て、1895年、フランスの<u>リュミエール兄弟</u>による上映で誕生したものは何か。 | 映画

★★★☆☆☆☆
4 □□□ 1852年にパリで開店した「<u>ボン゠マルシェ</u>」や58年にニューヨークで開店した「メイシーズ」のような店舗は何と呼ばれるか。 | デパート

第14章　アジア諸地域の動揺

　アジア諸地域は、**西欧列強への経済的な従属**が進み、従来の支配体制の見直しを迫られた。西アジアでは、オスマン帝国やイラン・アフガニスタンをめぐり列強が対立した。インドでは、<u>インド大反乱</u>を契機に**イギリスが直接統治を開始**して、1877年に<u>インド帝国</u>が成立した。東南アジアでは**タイ**以外の大半の地域が欧米諸国の植民地となった。

中国の**清朝**は、<u>アヘン戦争</u>や<u>第2次アヘン（アロー）戦争</u>、<u>太平天国の乱</u>の対応に苦しみ、<u>洋務運動</u>と呼ばれる近代化事業に乗り出した。

　<u>明治維新</u>後の日本は、<u>日清戦争</u>に勝利したが、**朝鮮**への南下をはかる**ロシア**との対立が深まった。

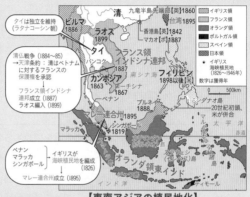

【東南アジアの植民地化】

【アヘン戦争〜義和団戦争までの清朝内外の動き】

	清（国内）の動きと外交		清をめぐる列強の動き
道光帝	・洪秀全が上帝会を結成	敗北	**アヘン戦争**（英×清 1840〜42）
	・5港開港		対英：南京条約、五港通商章程、虎門寨追加条約
	・英米仏に領事裁判権、最恵国待遇を与え、関税自主権を失う。		対米：望厦条約　対仏：黄埔条約
	朝貢貿易体制の危機		・英、上海に租界を設置
咸豊帝	・太平天国の乱がおこる。	敗北	**第2次アヘン（アロー）戦争**（英・仏×清 1856〜60）
	・太平天国が南京を陥落させ、天京と改称		対英仏露：天津条約　対露：アイグン条約
	・11港開港		対英仏：北京条約　対露：北京条約
	・外国公使の北京駐在権承認		
	・外交担当として総理各国事務衙門を設置		
同治帝	・洋務運動開始		
	「同治中興」		
	西洋技術の摂取で近代化をはかる		
	（清仏・日清両戦争の敗北で限界を知る）		
	・太平天国鎮圧		・正規軍は反乱を鎮圧できず → ウォード（米）、ゴードン（英）が常勝軍を指揮
光緒帝			**イリ事件**（露×清 1871〜81）
	・ロシアに通商上の特権を与える。		対露：イリ条約
	・ベトナムの宗主権を失う。	敗北	**清仏戦争**（仏×清 1884〜85）　対仏：天津条約
	・朝鮮の宗主権を失う。	敗北	**日清戦争**（日×清 1894〜95）　対日：下関条約
	・康有為らが、「変法自強」の改革をめざす（戊戌の変法）。		*清を中心とする東アジアの国際体制は崩壊*
	→保守派のクーデタ（戊戌の政変）で挫折		*政治体制の近代化に失敗*
	・外国軍隊の北京駐兵権承認	敗北	**義和団戦争**（8カ国共同出兵×清 1900〜01）　北京議定書

❶ 西アジア地域の変容

用語集 p.231〜235

オスマン帝国の弱体化と**諸民族の自立の動き**は、勢力拡大をもく
ろむ列強のあいだで「東方問題」と呼ばれる外交問題をひきおこし、
イランやアフガニスタンでも、南下政策を進める**ロシア**とこれを
阻止しようとする**イギリス**などとの対立が鮮明となった。

■オスマン帝国の動揺と「東方問題」

★★★★★★★ 1 □□□	オーストリアとポーランドの連合軍に敗退し、オスマン帝国衰退のきっかけとなった1683年の遠征は何か。	第2次ウィーン包囲（戦）
★★★★★★★ 2 □□□	1699年に締結され、オスマン帝国が東欧における覇権を失った条約は何か。	カルロヴィッツ条約
★☆☆☆☆☆☆ 3 □□□	カルロヴィッツ条約で、ハンガリーとともにオーストリア領として割譲された地域はどこか。	トランシルヴァニア
★☆☆☆☆☆☆ 4 □□□	18世紀末〜19世紀初め、西欧式の新軍を創設するなど近代化政策を進めたオスマン帝国のスルタンは誰か。	セリム3世
★☆☆☆☆☆☆ 5 □□□	ムハンマド＝ブン＝アリー＝アッサヌーシーが19世紀半ば、メッカで創設したイスラーム神秘主義の教団は何か。	サヌーシー教団
★★★★★★☆ 6 □□□	「ムハンマドの教えに帰れ」と主張する**イブン＝アブドゥル＝ワッハーブ**が始めた、イスラーム改革運動は何か。	ワッハーブ運動
★★★★★☆☆ 7 □□□	ワッハーブと協力して、18世紀半ばにワッハーブ王国を建てた、アラビア半島中部の豪族は何家か。	サウード家
★★★★★☆☆ 8 □□□	帝国の衰退とともに自立していくことになる、オスマン帝国の州の長官を何と呼ぶか。	総督
★★★★★★★ 9 □□□	ナポレオンのエジプト遠征とその後の混乱をしずめ、オスマン帝国からエジプト総督の地位を与えられた人物は誰か。	ムハンマド＝アリー
★★★★☆☆☆ 10 □□□	近代化をめざすムハンマド＝アリーによって一掃された、エジプトの旧勢力は何と呼ばれていたか。	マムルーク
★★★☆☆☆☆ 11 □□□	シリアのアラブ系キリスト教徒の知識人は、どのような言語による文芸復興運動をおこしたか。	アラビア語
★★★★★★★ 12 □□□	ギリシア独立戦争後、ムハンマド＝アリーが支援の代償	エジプト＝トルコ戦

	としてシリアの領有と独立を求めて、2回おこした戦争は何か。	争
★★★★★★☆ 13 □□□	弱体化するオスマン帝国の領土・民族をめぐって生じた、列強間の外交問題を何と呼ぶか。	「東方問題」
★★★★☆☆☆ 14 □□□	1840年、<u>第2次エジプト＝トルコ戦争</u>の処理のために5カ国の代表によって開かれた会議は何か。	ロンドン会議
★★★★☆☆☆ 15 □□□	1841年にイギリス・ロシアなど5カ国が調印した条約で中立化された、黒海と地中海を結ぶ2つの海峡は何か。	ダーダネルス海峡・ボスフォラス海峡

■オスマン帝国の経済的な従属化

★★★★★★★ 1 □□□	1869年に開通した、<u>地中海</u>と<u>紅海</u>を結ぶ運河は何か。	スエズ運河
★★★★★★★ 2 □□□	1838年、オスマン帝国は、カピチュレーションで認めていた特権を確定するなど不利な条件でイギリスと通商条約を結んだ。エジプトにも影響を与えた、この条約は何か。	トルコ＝イギリス通商条約
★★★★★★☆ 3 □□□	1875年、<u>財政難</u>におちいったエジプトが、<u>スエズ運河会社株</u>の40％を売却した相手国はどこか。	イギリス

■オスマン帝国の改革

★★★☆☆☆☆ 1 □□□	1826年、経済的特権集団となっていた<u>イェニチェリ軍団</u>の解散を実行したスルタンは誰か。	マフムト2世
★★★★★★★ 2 □□□	1839〜76年にオスマン帝国が実施した、上からの近代化をめざす<u>西欧化改革</u>は何と呼ばれるか。	タンジマート
★★☆☆☆☆☆ 3 □□□	<u>タンジマート</u>開始時のオスマン帝国のスルタンは誰か。	アブデュルメジト1世
★★★★☆☆☆ 4 □□□	<u>タンジマート</u>の開始のために発布された勅令（ちょくれい）は何か。	ギュルハネ勅令
★★★★★★☆ 5 □□□	クリミア半島が主戦場となった、ロシアがオスマン帝国に対し開戦し、イギリス・フランス・サルデーニャがオスマン帝国を支援した戦争は何か。	クリミア戦争
★★★★★★★ 6 □□□	立憲制樹立要求の声を受け、近代憲法起草の中心となっ	ミドハト＝パシャ

	たオスマン帝国の宰相は誰か。	
★★★★★★★ **7** ☐☐☐	1876年に制定された、二院制議会と責任内閣制を採用したオスマン帝国の憲法の名称は何か。	ミドハト憲法(オスマン帝国憲法)
★★★★★★☆ **8** ☐☐☐	1877〜78年の<u>ロシア＝トルコ戦争</u>を口実に、<u>ミドハト憲法</u>を停止したスルタンは誰か。	アブデュルハミト2世
★★★★☆☆☆ **9** ☐☐☐	オスマン帝国の全住民に平等な権利を認め、ムスリムと非ムスリムの共存・協力を求める考え方を何と呼ぶか。	オスマン主義
★★☆☆☆☆☆ **10** ☐☐☐	<u>オスマン主義</u>の立場に立ち、自由主義的立憲運動を進めた人々を何と呼ぶか。	「新オスマン人」
★★☆☆☆☆☆ **11** ☐☐☐	<u>アブデュルハミト2世</u>が、アラビア半島の統治強化をもくろんで建設を計画した鉄道は何か。	ヒジャーズ鉄道
★★★☆☆☆☆ **12** ☐☐☐	<u>アブデュルハミト2世</u>により日本に派遣されたが、帰路、紀州沖で沈没したトルコの軍艦の名称は何か。	エルトゥールル号

■イラン・アフガニスタンの動向

★★★★★★★ **1** ☐☐☐	18世紀末、トルコ系軍人によって樹立されたイランのイスラーム王朝は何か。	ガージャール朝
★★☆☆☆☆☆ **2** ☐☐☐	<u>ガージャール朝</u>の首都はどこか。	テヘラン
★★★★★★☆ **3** ☐☐☐	1828年に講和条約として締結された、<u>ガージャール朝</u>がロシアに治外法権を認めた不平等条約の名称は何か。	トルコマンチャーイ条約
★★★☆☆☆☆ **4** ☐☐☐	<u>トルコマンチャーイ条約</u>でロシアが大半を獲得した、カスピ海とアナトリアとのあいだの高原地帯の名称は何か。	アルメニア
★★★★★☆☆ **5** ☐☐☐	1840年代にサイイド＝アリー＝ムハンマドが創始した、<u>シーア派</u>系の神秘主義的新宗派は何か。	バーブ教
★★★★☆☆☆ **6** ☐☐☐	1848〜50年におこった、封建的体制とロシア・イギリスなどへの屈従(くつじゅう)に反対した、イランの民衆反乱は何か。	バーブ教徒の乱
★☆☆☆☆☆☆ **7** ☐☐☐	<u>バーブ教</u>の弾圧後、国外に追放された指導者の1人が創始した新宗教は何か。	バハーイー教
★★★☆☆☆☆ **8** ☐☐☐	18世紀半ばにドゥッラーニー朝が民族的独立を達成し、	アフガニスタン王国

アフガニスタン高原に成立した王国は何か。

★★★★★★★ 9 □□□	19世紀前半〜20世紀前半のアフガニスタンとイギリスの3次にわたる戦争を何と呼ぶか。	アフガン戦争
★★★★★★★ 10 □□□	1878〜80年におこった<u>アフガン戦争</u>の2回目によって、イギリスが成功したことは何か。	アフガニスタン保護国化
★★★★☆☆☆ 11 □□□	19〜20世紀初頭に、イギリスとロシアが中央アジアで展開した覇権争いを何と呼ぶか。	グレートゲーム

❷ 南アジア・東南アジアの植民地化　　用語集 p.235〜240

　インドでは、<u>イギリス東インド会社</u>による植民地化が進行した。1857年に発生した<u>インド大反乱</u>を鎮圧すると、イギリス政府は**インドの直接統治**に乗り出し、1877年には<u>ヴィクトリア女王</u>を**皇帝**とする<u>インド帝国</u>が成立した。

　東南アジアでは、<u>タイ</u>をのぞく大半の地域が**欧米諸国の植民地**となった。

■西欧勢力の進出とインドの植民地化

★★★★★☆☆ 1 □□□	18世紀初めの<u>アウラングゼーブ帝</u>の死後、デリー周辺だけの小勢力となったインドの帝国は何か。	ムガル帝国
★★☆☆☆☆☆ 2 □□□	1744〜63年、南インドで3次にわたって戦われたイギリスとフランスの植民地争奪戦争は何か。	カーナティック戦争
★★★★★☆☆ 3 □□□	ムガル帝国のもっとも豊かな地域の1つといわれた、ガンジス川下流のデルタ地帯は何と呼ばれたか。	ベンガル
★★★★★★★ 4 □□□	ヨーロッパでの<u>七年戦争</u>時の1757年、イギリスが<u>ベンガル大守</u>・フランス連合軍に圧勝した戦いは何か。	プラッシーの戦い
★★☆☆☆☆☆ 5 □□□	<u>プラッシーの戦い</u>でイギリス<u>東インド会社</u>軍を勝利に導いた、<u>東インド会社</u>の書記・軍人は誰か。	クライヴ
★★★★★★★ 6 □□□	1765年、イギリス<u>東インド会社</u>はどのような権利を獲得して<u>ベンガル</u>地方の支配を開始したか。	ディーワーニー(徴税権)
★★★★☆☆☆ 7 □□□	18世紀後半、イギリスが4次にわたる戦いで南インドのヒンドゥー教国を破った戦争は何か。	マイソール戦争
★★★★☆☆☆ 8 □□□	18〜19世紀にかけて、イギリスが3次にわたる戦いでデ	マラーター戦争

カン西部のヒンドゥー勢力を破った戦争は何か。

★★★★☆☆☆☆ 9 □□□	19世紀半ば、2度にわたる戦いでイギリスがシク王国に勝利し、パンジャーブ地方を併合した戦争は何か。	シク戦争

■植民地統治下のインド社会

★★★★☆☆☆☆ 1 □□□	イギリスがベンガル地方などで実施した、地主の土地所有権を認めて彼らを納税責任者とした地税の徴収制度は何か。	ザミンダーリー制
★★★★☆☆☆☆ 2 □□□	イギリスが南インドで実施した、農民の土地所有権を認めて彼らから直接地税を徴収した税制は何か。	ライヤットワーリー制
★★★★★☆☆☆ 3 □□□	1813年のイギリス本国議会での特許状改定で、東インド会社に関する何が決まったか。	インド貿易独占権の廃止
★★★★★☆☆☆ 4 □□□	1833年のイギリス本国議会での特許状改定で、東インド会社に関する何が決まったか。	商業活動の停止(中国貿易・茶貿易独占権の廃止)
★★☆☆☆☆☆☆ 5 □□□	アジアでイギリスからの輸出品販売やインド産アヘンの密貿易をおこなっていた商人を、何と呼ぶか。	カントリー゠トレーダー

■インド大反乱とインド帝国の成立

★★★★★★☆☆ 1 □□□	東インド会社が雇用したインド人傭兵を何と呼ぶか。	シパーヒー
★★★★★★★☆ 2 □□□	1857〜59年に北インド全域に拡大した、シパーヒーの反乱から始まったインド初の民族的反乱を何と呼ぶか。	インド大反乱
★★★★★★★☆ 3 □□□	ヴィクトリア女王のインド皇帝への即位で1877年に成立した、インド植民地の呼び名は何か。	インド帝国
★★★★★☆☆☆ 4 □□□	インド帝国を直轄地とともに構成した、約600近く存在したインドの旧地方王権を何と呼ぶか。	藩王国
★★★★★☆☆☆ 5 □□□	イギリスがインドでとった統治方法の原則は何か。	分割統治

第14章

アジア諸地域の動揺

★★★★☆☆☆

| | 1 □□□ | オランダが18世紀末までに、ジャワ島の*バタヴィア*を中心に征服を進めて形成した植民地の名称は何か。 | オランダ領東インド |

★★★☆☆☆☆

| | 2 □□□ | 16世紀末～18世紀半ばまで中・東部ジャワ島を支配したが、オランダに滅ぼされたイスラーム王国は何か。 | マタラム王国 |

★☆☆☆☆☆☆

| | 3 □□□ | 1799年に<u>オランダ東インド会社</u>が<u>解散</u>されたあと、本国政府が東インド植民地統治のためにおいた役所は何か。 | オランダ政庁 |

★★★★☆☆☆

| | 4 □□□ | 1825年、<u>ジャワ島</u>の王族が指揮する反オランダ蜂起から始まった戦いは何か。 | ジャワ戦争 |

★★★★★★☆

| | 5 □□□ | 1830年から東インド総督**ファン゠デン゠ボス**がジャワ島を中心に導入した、コーヒー・サトウキビ・藍(あい)などを栽培させた経済政策は何か。 | 強制栽培制度（政府栽培制度） |

★★☆☆☆☆☆

| | 6 □□□ | 19世紀後半～20世紀初めにかけて、<u>スマトラ島北部</u>でのオランダとイスラーム王国との戦争は何か。 | アチェ戦争 |

★★★★★☆☆

| | 7 □□□ | 1824年、マレー半島・シンガポール・インドをイギリスの、スマトラ・ジャワなどの諸島部をオランダの勢力圏とした協定は何か。 | *イギリス゠オランダ協定* |

★★★★★★☆

| | 8 □□□ | 18世紀後半、東インド会社がイギリス領とした、地図中(A)の島の名称は何か。 | ペナン |

★★★★★★ 9 □□□	1511年にポルトガル、1641年にオランダ、1824年にイギリス領となった、前ページの地図中(B)の港市の名称は何か。	マラッカ
★★★★★★★ 10 □□□	1819年にイギリス人がジョホール王から買収した、前ページの地図中(C)の島の名称は何か。	シンガポール
★★★★★★★ 11 □□□	イギリスが1826年にペナン・マラッカ・シンガポールの3つをあわせて成立させた、植民地の名称は何か。	海峡植民地
★★★☆☆☆☆ 12 □□□	1819年、ジョホール王にシンガポールを自由港として開港させた、イギリス植民地行政官は誰か。	ラッフルズ
★★★★★☆☆ 13 □□□	1895年にイギリスがマレー半島の4カ国と協定を結び成立させ、翌年保護領とした地域は何か。	マレー連合州
★★★★★☆☆ 14 □□□	マレー連合州や周辺諸州、海峡植民地をあわせたマレー半島のイギリス領を何と呼ぶか。	英領マレー(マラヤ)
★★★★★★★ 15 □□□	20世紀にマレー半島で、インド人移民(印僑)を労働力として盛んになったプランテーション作物は何か。	ゴム
★★★★★★☆ 16 □□□	19世紀後半から、中国人移民をおもな労働力として、マレー半島などで開発された地下資源は何か。	錫
★★★★★★☆ 17 □□□	中国本土から海外へ移住した中国系住民を何というか。	華人(華僑)
★★★★★★★ 18 □□□	イギリスと、ビルマを支配していたコンバウン朝との3度におよぶ争いで、ビルマのインド帝国への併合につながった戦争は何か。	ビルマ戦争
★★★☆☆☆☆ 19 □□□	1834年、スペインが自由港としたフィリピンの港市はどこか。	マニラ
★★★★☆☆☆ 20 □□□	スペインが、フィリピンの住民にカトリックを強制し、教会の教区を利用して統治した政策は何か。	政教一致政策
★★★★★☆☆ 21 □□□	船舶用ロープや漁網などに用いられた、フィリピン原産の多年草は何か。	マニラ麻
★★★☆☆☆☆ 22 □□□	18世紀後半、ベトナムで阮氏3兄弟が鄭氏政権と広南王国を倒して新たな政権を建てた反乱は何か。	西山(タイソン)の乱

★★★★★★★
23 □□□ 1802年、西山政権を倒してベトナムを統一した人物は誰か。 — 阮福暎（げんふくえい）

★★★☆☆☆☆
24 □□□ 阮福暎を支援した、フランス人宣教師は誰か。 — ピニョー

★★★★★★☆
25 □□□ 阮福暎によって樹立された、ベトナムの王朝名は何か。 — 阮朝

★★★★☆☆☆
26 □□□ フエ(ユエ)を都に成立した、阮朝の国号は何か。 — 越南（えつなん）(ベトナム)

★★☆☆☆☆☆
27 □□□ 1862年に締結された、フランスがサイゴンを含むコーチシナ東部（ふつえつ）を獲得した、仏越戦争の講和条約は何か。 — サイゴン条約

★★★★☆☆☆
28 □□□ 太平天国滅亡後、ベトナムに逃れ、華人武装集団を組織し、対フランス抵抗戦争にも参加した人物は誰か。 — 劉永福（りゅうえいふく）

★★★★☆☆☆
29 □□□ 19世紀後半、劉永福がベトナムで組織し、阮朝の要請を受けて対フランス抵抗戦争に参加した華人武装集団の名称は何か。 — 黒旗軍（こっきぐん）

★★★★☆☆☆
30 □□□ 1883・84年に締結され、フランスがベトナム全土を保護国化した条約は何か。 — フエ(ユエ)条約

★★★★★★☆
31 □□□ 内容は時代と地域によって異なるが、宗主国が支配下の国(地域)に行使する権限を何と呼ぶか。 — 宗主権

★★★★★★☆
32 □□□ 1884～85年、ベトナムの宗主権を主張する清と、フランスとのあいだでおこった戦争は何か。 — 清仏戦争（しんふつ）

★★★★★★☆
33 □□□ 1885年に締結され、清がフランスのベトナム保護権を認めた条約は何か。 — 天津条約（てんしん）

★★★★★★☆
34 □□□ 1863年にフランスが保護国化した地域はどこか。 — カンボジア

★★★★★★☆
35 □□□ 1887年に総督府を設置し、保護領をあわせて形成したフランス植民地の名称は何か。 — フランス領インドシナ連邦

★★★★★★☆
36 □□□ 1893年に保護国とされ、99年にフランス領インドシナ連邦に編入された国はどこか。 — ラオス

■タイの情勢

★★★★★☆☆
1 □□□ 1782年に成立し、現在まで続くタイ(シャム)の王朝は何 — ラタナコーシン(チ

か。	ャクリ)朝

★★★★★★★

2 ☐☐☐ <u>ラタナコーシン朝</u>の首都はどこか。	バンコク

★★★★★★★

3 ☐☐☐ 1855年にタイがイギリスと結んだ不平等条約(修好通商条約)は何か。	バウリング条約

★★★★★★★

4 ☐☐☐ 独立を維持しながらも、1855年に不平等な<u>バウリング条約</u>をイギリスと結んだ国王は誰か。	ラーマ4世

★★★★★★★

5 ☐☐☐ 1868年に即位し、タイの近代化・独立維持につとめた国王は誰か。	チュラロンコン(ラーマ5世)

❸ 東アジアの激動

用語集 p.241~247

イギリスが<u>アヘン戦争</u>に勝利して<u>開港</u>と<u>不平等条約の締結</u>に成功すると、フランス・アメリカ・ロシアもこれに続いた。清朝は近代化のために<u>洋務運動</u>を開始したが、政治・社会体制は維持した。<u>明治維新</u>後の日本は、<u>朝鮮</u>での影響力の強化をはかり、清とのあいだに<u>日清戦争</u>が勃発した。日本はこれに勝利したが、<u>南下政策</u>を進める<u>ロシア</u>との対立を深めていった。

■内外からの清朝の危機

★★★★★★★

1 ☐☐☐ 18世紀末~19世紀初めにおこった、<u>弥勒下生信仰</u>の宗教結社を中心とする農民反乱を何と呼ぶか。	白蓮教徒の乱

★★★★★★★

2 ☐☐☐ 18世紀末、<u>自由貿易</u>を要求して清を訪れたイギリス使節は誰か。	マカートニー

★★★★★★★

3 ☐☐☐ 19世紀初め、<u>自由貿易</u>を要求して清を訪れたイギリス使節は誰か。	アマースト

★★★★★★★

4 ☐☐☐ 1757年、<u>乾隆帝</u>がヨーロッパ船の来航場所と定めた港市はどこか。	広州

★★★★★★★

5 ☐☐☐ 茶の需要の増加にともない、<u>茶</u>を輸入した代価としてイギリスから中国に大量に流出したものは何か。	銀

★★★★★★★

6 ☐☐☐ 対中貿易赤字の解消のため、19世紀初めからイギリスがインド・中国とのあいだで展開した貿易を何と呼ぶか。	三角貿易

★★★★★★★

7 ☐☐☐ イギリスが、中国で購入する茶の代価として、インドで生産を始めて中国に密輸出した商品は何か。	アヘン

272　第14章 アジア諸地域の動揺

★★★★★☆☆☆
8
□□□ 1839年、アヘン密輸取締りのため、欽差大臣として広州に派遣された清の政治家は誰か。 | 林則徐 _{りんそくじょ}

★★★★★★★☆
9
□□□ 1840年、イギリスが開始した中国侵略戦争は何か。 | アヘン戦争

■中国の開港と欧米諸国との条約

★★★★★★★☆
1
□□□ 1842年に調印された、アヘン戦争の講和条約は何か。 | 南京条約 _{ナンキン}

★★★★★★★☆
2
□□□ 南京条約でイギリスに割譲された地域はどこか。 | 香港島 _{ホンコン}

★★★★★★★☆
3
□□□ 南京条約にもとづき開港した5港のうち、1843年に開港した3港は広州・厦門と長江下流域のどこか。 | 上海 _{シャンハイ}

★★★★★★☆☆
4
□□□ 南京条約で廃止が定められた、広州貿易における特権商人とその団体を何というか。 | 行商(公行) _{こうしょう(コホン)}

★★★☆☆☆☆☆
5
□□□ 1843年に清とイギリスとのあいだで締結された、開港した5港に関して取り決めた南京条約の補足条約は何か。 | 五港(五口)通商章程 _{ごこう(ごこう)つうしょうしょうてい}

★★★★★★☆☆
6
□□□ 五港通商章程でイギリスが獲得した治外法権の別名は何か。 | 領事裁判権

★★★★☆☆☆☆
7
□□□ 1843年に締結された、不平等な内容の南京条約の追加条約は何か。 | 虎門寨追加条約 _{こもんさい}

★★★★★★☆☆
8
□□□ 虎門寨追加条約で清が失った関税に関する権利は何か。 | 関税自主権

★★★★★★☆☆
9
□□□ 締結国の一方が相手国に、もっとも有利な待遇の第三国と同等な待遇を与える取決めを、何というか。 | 最恵国待遇 _{さいけいこく}

★★★★☆☆☆☆
10
□□□ 1845年、イギリスがはじめて上海に設けた、開港場における外国人居留地を何と呼ぶか。 | 租界 _{そかい}

★★★★☆☆☆☆
11
□□□ 1844年、清がアメリカと締結した条約は何か。 | 望厦条約 _{ぼうか}

★★★★☆☆☆☆
12
□□□ 1844年、清がフランスと締結した条約は何か。 | 黄埔条約 _{こうほ}

★★★★★★☆☆
13
□□□ 1856年にイギリス・フランス連合軍がおこした、中国侵略戦争は何か。 | 第2次アヘン戦争(アロー戦争)

★★★★★☆☆☆
14
□□□ イギリスが第2次アヘン戦争開始の口実とした事件は何か。 | アロー号事件

★★★★★★ 15 □□□	1858年に4カ国と結ばれたが、清が批准しなかった条約は何か。	天津条約
★★★☆☆☆ 16 □□□	第2次アヘン戦争再開後、イギリス・フランス軍が北京で破壊した清の離宮は何か。	円明園
★★★★★☆ 17 □□□	1860年に締結された第2次アヘン戦争の講和条約は何か。	北京条約
★★★★★☆ 18 □□□	1724年に禁止されていたが、天津条約・北京条約で認められたものは何か。	キリスト教布教
★★★★★★ 19 □□□	北京条約で清がイギリスに割譲した地域はどこか。	九竜半島先端部 (クーロン)
★★★★★☆ 20 □□□	1858年の天津条約で輸入が公認された貿易は何か。	アヘン貿易
★★★★★☆ 21 □□□	北京条約で承認した外国公使の北京駐在に対処するため、1861年に清が設置した外交事務官庁は何か。	総理各国事務衙門 (総理衙門)
★★★☆☆☆ 22 □□□	1847年、新設された東シベリア総督に任命されたロシアの人物は誰か。	ムラヴィヨフ
★★★★★☆ 23 □□□	1858年、第2次アヘン戦争を利用して、ロシアが黒竜江以北の地域を領有した国境条約は何か。	アイグン条約
★★★★★☆ 24 □□□	1860年、北京条約でロシアが領有した地域はどこか。	沿海州
★★★★★★ 25 □□□	ロシアが沿海州の南端に建設した港市はどこか。	ウラジヴォストーク
★★★☆☆☆ 26 □□□	東トルキスタンで自立し、1865年に一時カシュガル=ハン国を樹立した、イスラーム教徒の将軍は誰か。	ヤークーブ=ベク
★★★☆☆☆ 27 □□□	イスラーム教徒の反乱に乗じて、1870年代にロシアが新疆西北部の一地域を占領した事件は何か。	イリ事件
★★★★★☆ 28 □□□	1881年、清がイリ地区の大半を取り戻し、ロシアが通商上の特権を得た条約は何か。	イリ条約
★★★★★☆ 29 □□□	ウズベク人が建国したブハラ=ハン国、ヒヴァ=ハン国、コーカンド=ハン国をロシアが併合または保護国化して、形成した領域を何と呼ぶか。	ロシア領トルキスタン

■内乱と秩序の再編

★★★★★★★★
| 1 □□□ | 1850〜60年代、長江以北の農民反乱軍は何と呼ばれたか。 | 捻軍 |

★★★★★★★★
| 2 □□□ | 19世紀後半に陝西・甘粛・雲南の各地で蜂起した、中国のイスラーム教徒を何と呼ぶか。 | 回民 |

★★★★★★★★
| 3 □□□ | 中国南部に居住し、清朝の同化政策に抵抗して蜂起した少数民族は何か。 | ミャオ族 |

★★★★★★★★
| 4 □□□ | 1851〜64年に展開された、近代中国史上最大の農民反乱は何か。 | 太平天国の乱 |

★★★★★★★★
| 5 □□□ | 広西省での挙兵から始まった、太平天国の乱の指導者は誰か。 | 洪秀全 |

★★★★★★★★
| 6 □□□ | 洪秀全が組織したキリスト教的宗教結社は何か。 | 上帝会 |

★★★★★★★★
| 7 □□□ | 洪秀全や運動に多く参加した、古代より華北から華南の山間部に移り住んだ人々を何と呼ぶか。 | 客家 |

★★★★★★★★
| 8 □□□ | 1851年に洪秀全の反乱軍が建てた国の名称は何か。 | 太平天国 |

★★★★★★★★
| 9 □□□ | 太平天国は南京占領後、同都市を何と改称したか。 | 天京 |

★★★★★★★★
| 10 □□□ | 太平天国が禁止した、女性の足に関わる風習は何か。 | 纏足 |

★★★★★★★★
| 11 □□□ | 太平天国が発布した、土地均分と相互扶助的な機能をもたせた土地制度・社会組織の名称は何か。 | 天朝田畝制度 |

★★★★★★★★
| 12 □□□ | 地方官僚や郷紳が募集した義勇軍を何と呼ぶか。 | 郷勇 |

★★★★★★★★
| 13 □□□ | 太平天国軍との戦いに湘軍を組織した人物は誰か。 | 曽国藩 |

★★★★★★★★
| 14 □□□ | 湘軍を手本に、安徽地方で淮軍を組織した人物は誰か。 | 李鴻章 |

★★★★★★★★
| 15 □□□ | 太平天国軍との戦いに活躍した、上海の欧米人が指揮した中国人部隊の名称は何か。 | 常勝軍 |

★★★★★★★★
| 16 □□□ | 常勝軍を創設したアメリカ人は誰か。 | ウォード |

★★★★★★★★
| 17 □□□ | ウォードの死後、常勝軍を率いたイギリス人は誰か。 | ゴードン |

★★★★★★★★
| 18 □□□ | 第2次アヘン戦争後の1861年に皇帝に即位したのは誰か。 | 同治帝 |

★★★★★★☆ **19** □□□	同治帝の母で、摂政として実権を握った女性は誰か。	西太后
★★★★★★★ **20** □□□	清の内政・外交が表面的に安定したことにちなみ、同治帝の治世を何と呼ぶか。	「同治中興」
★★★★★★★ **21** □□□	「同治中興」時代に展開された、西洋技術の導入により富国強兵をはかろうとした近代化運動を何と呼ぶか。	洋務運動
★★★★☆☆☆ **22** □□□	洋務運動の推進者の基本的な精神は何と呼ばれたか。	「中体西用」
★★★☆☆☆☆ **23** □□□	曽国藩や李鴻章とともに洋務運動を推進、回民の蜂起を鎮圧し福州に造船所をつくった漢人官僚は誰か。	左宗棠

■日本・朝鮮の開港と東アジアの貿易拡大

★★★★★★★ □□□	1853年、浦賀に来航したアメリカ艦隊司令官は誰か。	ペリー
★★★★★★☆ **2** □□□	1854年、江戸幕府がアメリカと結んだ開国条約は何か。	日米和親条約
★★★★★★★ **3** □□□	1858年、江戸幕府とアメリカ総領事ハリスとのあいだで結ばれた不平等条約は何か。	日米修好通商条約
★★★★★☆☆ **4** □□□	1863年に幼年で即位した朝鮮国王は誰か。	高宗
★★★★★★★ **5** □□□	高宗の父で、摂政として鎖国政策を推進した人物は誰か。	大院君（テ ウォングン）
★★★★★★★ **6** □□□	1875年、朝鮮沿岸での日本軍艦への砲撃を口実に、日本が上陸・略奪をおこなった事件は何か。	江華島事件
★★★★★★★ **7** □□□	1876年、江華島事件を契機に日朝間で結ばれ、朝鮮を開国させた不平等条約は何か。	日朝修好条規（江華条約）
★★★★★★☆ **8** □□□	日朝修好条規で開港した3港は、元山・仁川とどこか。	釜山

■明治維新と東アジア国際秩序の変容

★★☆☆☆☆☆ □□□	江戸幕府15代将軍が政権を朝廷に返したことを、何と呼ぶか。	大政奉還
★★★★★★★ **2** □□□	江戸幕府から天皇親政体制に転換させた政治・社会・経済の一大変革期を何と呼ぶか。	明治維新

★★★★★★★		
3 □□□	明治政府が、1871年に清と結んだ国交樹立条約は何か。	日清修好条規
★★★★★★★		
4 □□□	台湾に漂着した琉球人の問題から、1874年に日本が出兵した事件は何か。	台湾出兵
★★★★★★		
5 □□□	日本政府が<u>琉球王国</u>を廃して日本に統合したことを何というか。	琉球処分
★★★★★★★		
6 □□□	1879年、明治政府は<u>琉球</u>を何県として編入したか。	沖縄県
★★★★★★★		
7 □□□	1875年、明治政府とロシアとのあいだで成立した領域画定に関する条約は何か。	樺太・千島交換条約
★★★★★★★		
8 □□□	明治政府が1889年に発布した、ドイツ憲法を範とした欽定憲法は何か。	大日本帝国憲法
★★☆☆☆☆☆		
9 □□□	1868年、10年前に設立した私塾を慶應義塾と名づけた、明治時代の啓蒙思想家は誰か。	福沢諭吉
★★★★★★★		
10 □□□	<u>高宗</u>の妃(皇后)の一族の名称は何か。	閔氏 (ミン)
★★★★★★★		
11 □□□	1882年、<u>大院君</u>派の軍隊が首都でおこした反乱は何か。	壬午軍乱
★★★★☆☆☆		
12 □□□	<u>壬午軍乱</u>ののちに形成された、日本と結び近代化をはかろうとしたグループの名称は何か。	開化派(独立党)
★★★★★★★		
13 □□□	<u>開化派</u>の指導者は誰か。	金玉均 (キムオッキュン)
★★★★★★★		
14 □□□	1884年、<u>開化派</u>が企てたが、失敗に終わったクーデタを何と呼ぶか。	甲申政変
★★★★☆☆☆		
15 □□□	1885年、<u>甲申政変</u>の事後処理に関して日本と清が結んだ条約は何か。	天津条約
★★★★★☆☆		
16 □□□	在来の民間信仰に、儒教・仏教・道教などを融合して創始された新宗教(学問)を何と呼ぶか。	東学
★★★★☆☆☆		
17 □□□	1860年頃、<u>東学</u>を創始した人物は誰か。	崔済愚 (チェジェウ)
★★★★★★★		
18 □□□	1894年、<u>東学</u>の信徒を中心におこった農民反乱は何か。	甲午農民戦争(東学の乱)
★★★★☆☆☆		
19 □□□	<u>東学</u>の幹部で、<u>甲午農民戦争</u>の指導者は誰か。	全琫準 (チョンボンジュン)

★★★★★★★ **20** □□□ 出兵した日清両国が、1894年に朝鮮支配をめぐっておこした戦争は何か。	日清戦争	
★★★★★★★ **21** □□□ 1895年に締結された、<u>日清戦争</u>の講和条約は何か。	下関条約	
★★★★★★★ **22** □□□ <u>下関条約</u>で、一時日本に割譲されることになった、中国の黄海と渤海とのあいだに突き出た半島はどこか。	遼東半島	
★★★★★★★ **23** □□□ <u>下関条約</u>で、澎湖諸島とともに清が日本に割譲した福建省対岸の島はどこか。	台湾	
★★★☆☆☆☆ **24** □□□ <u>下関条約</u>締結後、日本が<u>台湾</u>統治のため台北に設置した行政機構は何か。	台湾総督府	
★★★★★★★ **25** □□□ <u>下関条約</u>で日本が列強に先がけて獲得した権利は何か。	開港場での企業設立	
★★★★★★★ **26** □□□ <u>下関条約</u>での日本の<u>遼東半島</u>獲得に反対して、ロシア・ドイツ・フランスがおこなった動きを何と呼ぶか。	三国干渉	

第15章　帝国主義とアジアの民族運動

　　第2次産業革命の進展により、**列強が植民地・従属地域を支配して勢力圏の拡大を争う帝国主義**の時代が始まった。

　アフリカでは、**列強による分割**が進んだ結果、20世紀初めには**エチオピア帝国**と**リベリア共和国**を除く全土が植民地となった。エジプトで発生した**ウラービー運動**やイランの**タバコ＝ボイコット運動**など、植民地支配下におかれた世界の諸地域で、**宗主国に対する様々な抵抗運動や改革運動**がおこった。

　中国では、**義和団戦争**の敗北後、清朝が**光緒新政**で中央集権国家樹立をめざす改革を始めた。しかし、**鉄道利権**をめぐる民衆の暴動から**辛亥革命**が勃発し、**孫文**を臨時大総統とする共和政の**中華民国**が成立した。孫文から大総統の地位を引き継いだ**袁世凱**が、**宣統帝**を退位させて**清朝は滅亡**した。

【19世紀末以後のアジア・アフリカにおける植民地化に対する抵抗運動】

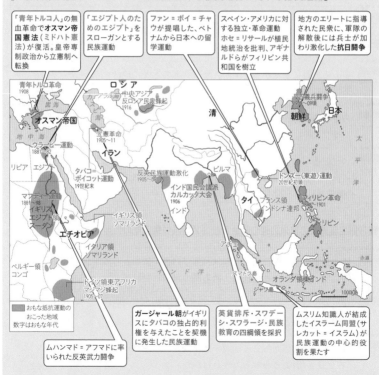

「青年トルコ人」の無血革命で**オスマン帝国憲法（ミドハト憲法）**が復活。皇帝専制政治から立憲制へ転換

「エジプト人のためのエジプト」をスローガンとする民族運動

ファン＝ボイ＝チャウが提唱した、ベトナムから日本への留学運動

スペイン・アメリカに対する独立・革命運動。ホセ＝リサールが植民地統治を批判、アギナルドらがフィリピン共和国を樹立

地方のエリートに指導された民衆に、軍隊の解散後には兵士が加わり激化した**抗日闘争**

ムハンマド＝アフマドに率いられた反英武力闘争

ガージャール朝がイギリスにタバコの独占的利権を与えたことを契機に発生した民族運動

英貨排斥・スワデーシ・スワラージ・民族教育の四綱領を採択

ムスリム知識人が結成したイスラーム同盟（サレカット＝イスラム）が民族運動の中心的役割を果たす

❶ 第2次産業革命と帝国主義

用語集 p.248〜254

イギリスは、スエズ運河会社株を買収して「インドへの道」を確保し、広大な植民地帝国を形成した。フランスも国際的孤立状態から脱して勢力圏を拡大した。後発の帝国主義国であるドイツは、「世界政策」を掲げて植民地の再分配を求め、アメリカは中米やカリブ海域で覇権を確立した。

■第2次産業革命

★★★★★★★ **1** □□□	1870年代から電力・石油を新動力源に、ドイツとアメリカを中心に始まった技術革新の動きを何と呼ぶか。	第2次産業革命
★★★★★★★ **2** □□□	第2次産業革命の中心となった工業分野の総称は何か。	重化学工業
★★★★★★★ **3** □□□	金融業者や銀行がもつ資本が産業資本家に使用されて形成された、生産や資本の独占形態は何か。	金融資本
★★★★★★★ **4** □□□	企業連合と呼ばれる独占形態は何か。	カルテル
★★★★★★★ **5** □□□	企業合同と呼ばれる独占形態は何か。	トラスト
★★★★★★★ **6** □□□	多くの分野にまたがる企業が、単一資本のもとに統合・支配された独占形態は何か。	コンツェルン
★★★★★★★ **7** □□□	19世紀後半〜20世紀初めは、大陸間の労働力の移動が多かったため、「何の世紀」といわれるか。	「移民の世紀」
★★★★★★★ **8** □□□	19世紀後半に多くの移民を生み出す要因ともなった、ウィーンでの株価暴落をきっかけとするヨーロッパの不況（低成長）は、何年代に始まったか。	1870年代

■帝国主義時代の欧米列強の政治と社会／国際労働運動の発展

★★★★★★★ **1** □□□	独占資本主義段階に入った欧米列強が19世紀後半から展開した、対外膨張と植民地・勢力圏の獲得行動は何か。	帝国主義
★★★★★★★ **2** □□□	19世紀以降のヨーロッパで広がった、先天的に人種間には優劣があるとする考え方は何か。	人種主義
★★★★★★★ **3** □□□	第一次世界大戦がおこる前の十数年間を、ヨーロッパが「古き良き時代」とみなした呼称は何か。	「ベルエポック」
★★★★★★★ **4** □□□	20世紀にマス゠メディアの発達などを背景に形成された、	現代大衆文化

大衆を担い手とする文化は何か。

★☆☆☆☆☆☆
5
□□□ 1840〜60年代にイギリスの自由貿易論者がとなえた植民地政策は何か。 | 植民地不要論

★★★★★★☆
6
□□□ 自治権を与えられたイギリスの白人系植民地を何と呼ぶか。 | 自治領

★★★★★★☆
7
□□□ 1867年に形成された<u>イギリス帝国</u>内最初の<u>自治領</u>はどこか。 | カナダ連邦

★★★★★★★
8
□□□ 1875年にイギリス政府が<u>ロスチャイルド家</u>の融資を受けて購入した株はどこの会社のものか。 | スエズ運河会社

★★★★★★☆
9
□□□ <u>スエズ運河会社株</u>の購入を決定し、イギリスで<u>帝国主義政策</u>を開始したとされる保守党の政治家は誰か。 | ディズレーリ

★★★☆☆☆☆
10
□□□ 「<u>世界の工場</u>」の地位を失ったあと、イギリスが金融面で世界支配をおこなった状態を指す表現は何か。 | 「世界の銀行」

★★★★☆☆☆
11
□□□ 金融機関が集まっている、ロンドン旧市街を何と呼ぶか。 | シティ

★★★★★★☆
12
□□□ 自由党を離れたのち、植民相として<u>南アフリカ戦争</u>など、<u>帝国主義</u>政策を推進した政治家は誰か。 | ジョゼフ゠チェンバレン

★★★★★★☆
13
□□□ バーナード゠ショーらの知識人を中心に結成され、イギリスの漸進（ぜんしん）的な社会改革を主張した社会主義者の団体は何か。 | フェビアン協会

★★★★★☆☆
14
□□□ 1900年、イギリスで3つの社会主義団体と65の労働組合の代表で結成された組織は何か。 | 労働代表委員会

★★★★★★★
15
□□□ <u>労働代表委員会</u>は1906年に名称を何と改めたか。 | 労働党

★★★☆☆☆☆
16
□□□ <u>自由党</u>のロイド゠ジョージ蔵相を中心に1911年に制定された、ドイツの社会保険法にならった法は何か。 | 国民保険法

★★★★☆☆☆
17
□□□ 自由党アスキス内閣が1911年に制定した、下院の優位を確立した法は何か。 | 議会法

★★★★★☆☆
18
□□□ 1905年に提唱された政策をきっかけとして結成され、アイルランドの完全独立を主張した急進的な民族主義政党は何か。 | シン゠フェイン党

★★★★★☆☆ **19** ☐☐☐	自由党アスキス内閣のもと1914年に成立したが、<u>第一次世界大戦</u>の勃発で実施が延期された法は何か。	アイルランド自治法
★★★★☆☆☆ **20** ☐☐☐	大戦中の1916年 4 月、<u>アイルランド自治法</u>の実施延期に抗議するアイルランドの急進派がおこなった武装蜂起を何と呼ぶか。	イースター蜂起
★★★☆☆☆☆ **21** ☐☐☐	1894年にロシアとフランスが正式調印した政治・軍事同盟は何か。	露仏同盟
★★★★★★☆ **22** ☐☐☐	1887年、<u>第三共和政</u>下のフランスでおこった、対ドイツ強硬派の元陸相を中心とするクーデタ未遂事件は何か。	ブーランジェ事件
★★★★★★★ **23** ☐☐☐	1894〜99年のフランスにおける、ユダヤ系軍人に対するスパイ容疑事件を何と呼ぶか。	ドレフュス事件
★★★★★☆☆ **24** ☐☐☐	<u>ドレフュス事件</u>の際に軍部が利用した、キリスト教世界に古くから存在した偏見や感情は何か。	反ユダヤ主義
★★★★★☆☆ **25** ☐☐☐	<u>ドレフュス事件</u>の際に被告の無罪を弁護した自然主義作家は誰か。	ゾラ
★★★★☆☆☆ **26** ☐☐☐	<u>ドレフュス事件</u>に衝撃を受け、近代<u>シオニズム</u>運動を始めたオーストリアのユダヤ系ジャーナリストは誰か。	ヘルツル
★★★☆☆☆☆ **27** ☐☐☐	フランスで盛んな、議会主義を否定し、<u>労働組合</u>の直接行動で社会革命をめざす考えを何と呼ぶか。	サンディカリズム
★★★☆☆☆☆ **28** ☐☐☐	1905年、社会主義諸団体が結集して成立した、<u>議会主義</u>の考えに立つフランスの社会主義政党は何か。	フランス社会党(統一社会党)
★★★★★★☆ **29** ☐☐☐	カトリックの政治介入を禁じた、フランスで1905年に制定された法は何か。	政教分離法
★★★★★★☆ **30** ☐☐☐	1888年に即位し、90年に<u>ビスマルク</u>を引退させて親政を開始したドイツ皇帝は誰か。	ヴィルヘルム 2 世
★★★★★★☆ **31** ☐☐☐	<u>ヴィルヘルム 2 世</u>の掲げた<u>帝国主義</u>政策は、とくに何と呼ばれるか。	「世界政策」
★★★★★☆☆ **32** ☐☐☐	イギリスとの対立を深める要因の 1 つとなった、1897年以降、<u>ヴィルヘルム 2 世</u>が力を入れた軍事面での政策は何か。	海軍の大拡張

★★★★☆☆☆		
33 ☐☐☐	ドイツ帝国の世界制覇を実現するため、すべてのドイツ系民族の結集を呼びおこそうとする主張を何と呼ぶか。	パン゠ゲルマン主義
★★★★★★☆		
34 ☐☐☐	1890年の<u>社会主義者鎮圧法</u>廃止を機に、ドイツ社会主義労働者党が改称した党名は何か。	ドイツ社会民主党
★★★★★★☆		
35 ☐☐☐	<u>ドイツ社会民主党</u>で19世紀末から出てきた、<u>議会</u>を重視して社会主義の実現をめざす考え方は、批判的な意味を込めて何と呼ばれたか。	修正主義
★★★★☆☆☆		
36 ☐☐☐	<u>ドイツ社会民主党</u>において、<u>修正主義</u>の考えをとなえた理論的指導者は誰か。	ベルンシュタイン
★★★☆☆☆☆		
37 ☐☐☐	19世紀後半〜20世紀初めにロシアでおこなわれた、ユダヤ人に対する集団的な略奪や虐殺を何と呼ぶか。	ポグロム
★★★★★★☆		
38 ☐☐☐	<u>ウィッテ</u>が建設を推進した、ロシア内の東西を結んだ鉄道は何か。	シベリア鉄道
★★★★★★☆		
39 ☐☐☐	19世紀末に創立宣言が出され、1903年に結成されたが、その直後に分裂したロシアの<u>マルクス主義</u>政党は何か。	ロシア社会民主労働党
★★★★★★☆		
40 ☐☐☐	<u>ロシア社会民主労働党</u>の分裂の際、少数の革命家の武装蜂起による革命を主張した一派の呼び名は何か。	ボリシェヴィキ
★★★★★☆☆		
41 ☐☐☐	<u>ボリシェヴィキ</u>の中心的指導者は誰か。	レーニン
★★★★★★☆		
42 ☐☐☐	<u>ロシア社会民主労働党</u>の分裂の際、幅広い大衆に基盤をおき、漸進的革命を主張した一派の呼び名は何か。	メンシェヴィキ
★★☆☆☆☆☆		
43 ☐☐☐	<u>メンシェヴィキ</u>の指導者の1人で、ロシアのマルクス主義の父と称された人物は誰か。	プレハーノフ
★★★★★★☆		
44 ☐☐☐	1901年に結成された、<u>ナロードニキ</u>の流れをくみ、通称エスエルと呼ばれた社会主義政党は何か。	社会革命党（社会主義者・革命家党）
★★★★★★☆		
45 ☐☐☐	日露戦争中の1905年1月、首都<u>ペテルブルク</u>で発生した、多数の死傷者を出した事件は何か。	血の日曜日事件
★★★☆☆☆☆		
46 ☐☐☐	<u>血の日曜日事件</u>の際、請願（せいがん）デモを指導した聖職者は誰か。	ガポン
★★★★★★☆		
47 ☐☐☐	<u>血の日曜日事件</u>が発端（ほったん）となって始まった革命運動は何と呼ばれるか。	1905年革命（第1次ロシア革命）

★★★★☆☆☆ **48** □□□	1905年革命の際に発足した、ロシア語で「会議(評議会)」を意味する組織は何か。	ソヴィエト
★★★★☆☆☆ **49** □□□	1905年革命の際の皇帝で、1917年のロシア革命で退位した、ロマノフ朝最後の皇帝は誰か。	ニコライ2世
★★★★★☆☆ **50** □□□	1905年10月に皇帝が発布した勅令(ちょくれい)は何と呼ばれるか。	十月宣言
★★★★☆☆☆ **51** □□□	十月宣言を起草し、首相に登用された人物は誰か。	ウィッテ
★★★★☆☆☆ **52** □□□	十月宣言発布後に設立された、ブルジョワ政党は何か。	立憲民主党
★★★★★★☆ **53** □□□	1905年革命後に開設された国会を何と呼ぶか。	ドゥーマ
★★★★★★☆ **54** □□□	1906年に首相となり、反動政治を強行する一方、ミール解体などの土地改革を進めた政治家は誰か。	ストルイピン
★★★☆☆☆☆ **55** □□□	1882年に制定されたアメリカ史上最初の移民規制法は、西海岸の中国人労働者(クーリー)の移民が禁止されたところから別名で何と呼ばれるか。	中国人移民禁止法
★★★★☆☆☆ **56** □□□	1882年にスタンダード石油トラストを形成し、石油業界の支配者となったアメリカの実業家は誰か。	ロックフェラー(1世)
★★★☆☆☆☆ **57** □□□	巨大企業による市場の支配を禁止するアメリカの法は、何と総称されるか。	反トラスト法
★★★★★★★ **58** □□□	1898年、キューバ独立運動支援とメイン号爆沈(ばくちん)事件を口実にアメリカが開始した戦争は何か。	アメリカ=スペイン(米西)(べいせい)戦争
★★★★★★★ **59** □□□	アメリカ=スペイン戦争を開始して、帝国主義政策を推進した共和党の大統領は誰か。	マッキンリー
★★★★★☆☆ **60** □□□	アメリカ=スペイン戦争ののち、アメリカに併合されたカリブ海の島はどこか。	プエルトリコ
★★★☆☆☆☆ **61** □□□	アメリカ=スペイン戦争ののち、アメリカが事実上保護国化したキューバの憲法の付属項目を何と呼ぶか。	プラット条項
★★★★★★★ **62** □□□	1899~1900年に国務長官ジョン=ヘイが中国進出のため列強に提唱した宣言を、何と総称するか。	門戸開放宣言
★★★★★★★ **63** □□□	マッキンリーの暗殺により、1901年に大統領に昇格した	セオドア=ローズヴ

共和党の政治家は誰か。		ェルト

★★★★★★★☆☆☆

64 □□□ セオドア゠ローズヴェルトが内政面で掲げた、独占の規制と労働者の保護を内容とする社会改革政策など、20世紀初めのアメリカでおこった革新的な思想・運動は何と呼ばれるか。 | 革新主義

★★★★★★★☆☆☆

65 □□□ 軍事力を背景としたセオドア゠ローズヴェルトのカリブ海政策は何と呼ばれるか。 | 棍棒外交
(こんぼう)

★★★★☆☆☆☆☆☆

66 □□□ 独立後のパナマに、アメリカは何を建設したか。 | パナマ運河

★★★★★★★☆☆☆

67 □□□ 「ドル外交」と呼ばれるカリブ海政策をとったアメリカ大統領は誰か。 | タフト

★★★★★★★☆☆☆

68 □□□ 選挙の際に「新しい自由」をスローガンに掲げ、1913年に大統領に就任した民主党政治家は誰か。 | ウィルソン

★★★☆☆☆☆☆☆☆

69 □□□ ウィルソンがおこなった、アメリカ民主主義の道徳的優位を掲げたラテンアメリカ外交は何と呼ばれるか。 | 宣教師外交

★★★★★★★☆☆☆

70 □□□ 1889年にパリで欧米の社会主義政党や労働者組織の代表によって結成された、国際組織は何か。 | 第2インターナショナル

❷ 列強の世界分割と列強体制の二分化

用語集 p.254～260

アフリカは**植民地獲得競争の場**となり、ファショダ事件やモロッコ事件がおこった。列強の支配に対し、ウラービー運動やマフディー運動といった**民族の抵抗運動**が発生したが武力で鎮圧され、20世紀初めには、エチオピア帝国とリベリア共和国を除くアフリカの全土が**列強の支配下**におかれた。

■アフリカの植民地化

★★★★★★☆☆☆☆

1 □□□ 19世紀半ば以降、ヴィクトリア滝を発見するなどしながら、アフリカ南部の内陸部を探検し、大陸の横断をした、イギリスの宣教師・探検家は誰か。 | リヴィングストン

★★★★★☆☆☆☆☆

2 □□□ 19世紀後半、アフリカ内陸部の探検で消息を絶ったリヴィングストンを救出した探検家は誰か。 | スタンリー

★★★☆☆☆☆☆☆☆

3 □□□ スタンリーのコンゴ探検を援助したベルギー国王は誰か。 | レオポルド2世

★★★★★★★☆☆☆

4 □□□ ベルギーのコンゴ領有をめぐる紛争を調停するために | ベルリン会議(ベル

1884〜85年に<u>ビスマルク</u>が主催し、<u>アフリカ分割の原則</u>を定めた国際会議は何か。		リン＝コンゴ会議）

★★★★☆☆☆☆

5	<u>ベルリン会議</u>で認められ、ベルギー国王が<u>私領</u>として建設した植民地は何か。	コンゴ自由国

★★★★★★☆☆

6	17世紀半ば以降<u>ケープ植民地</u>に入植した、<u>オランダ系移民の子孫</u>はイギリス側から何と呼ばれたか。	ブール人

★★☆☆☆☆☆☆

7	19世紀末から民族意識をもって使用された、<u>ブール人</u>の<u>自称</u>は何か。	アフリカーナー

★★★★★★☆☆

8	<u>ブール人</u>が19世紀半ばに建国し、その後ダイヤモンドや金の鉱山が発見された共和国はどこか。	トランスヴァール共和国

★★★★★★☆☆

9	<u>ブール人</u>が19世紀半ばに建国し、その後ダイヤモンドの鉱山が発見された自由国はどこか。	オレンジ自由国

★★★★★★★☆

10	1880年代以降、南アフリカでダイヤモンドと金の採掘権を独占した、イギリスの企業家・政治家は誰か。	ローズ

★★☆☆☆☆☆☆

11	1890年に<u>ケープ植民地</u>首相となった<u>ローズ</u>が、自分の会社を使って征服した内陸部の地域は、何と呼ばれたか。	ローデシア

★★★★★★★☆

12	エジプトと<u>ケープ植民地</u>を結ぶ地域の確保をめざした、イギリスのアフリカ進出政策を何と呼ぶか。	アフリカ縦断政策

★★★★☆☆☆☆

13	つぎのページの地図中の(A)・(B)・<u>カルカッタ</u>を結ぶインド洋支配のためのイギリスの<u>帝国主義</u>政策を、日本では何と呼ぶか。	3C政策

★★★★☆☆☆☆

14	アフリカにおけるイギリスの<u>帝国主義</u>政策の拠点となった、つぎのページの地図中の(A)・(B)の都市名は何か。	(A)カイロ (B)ケープタウン

★★★★★★★☆

15	1899〜1902年、<u>帝国主義</u>政策を実現するため、イギリスがブール人の2国と戦った戦争を何と呼ぶか。	南アフリカ（南ア、ブール）戦争

★★★★★☆☆☆

16	ケープ植民地と征服したブール人の国々をあわせ、1910年に成立したイギリスの<u>自治領</u>の名称は何か。	南アフリカ連邦

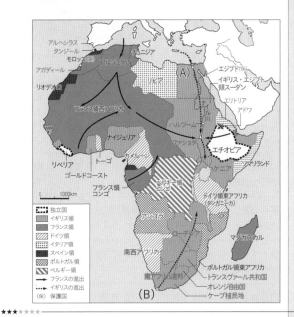

地図内ラベル：
アルヘシラス
タンジール
モロッコ（保護国）
アガディール
リオデオロ
アルジェリア
チュニジア
リビア
エジプト
イギリス・エジプト領スーダン
エリトリア
アドワ
フランス領西アフリカ
ハルツーム
ファショダ
エチオピア
ナイジェリア
カメルーン
ソマリランド
リベリア
トーゴ
ゴールドコースト
ケニア
フランス領コンゴ
ベルギー領コンゴ
ドイツ領東アフリカ（タンガニーカ）
アンゴラ
マダガスカル
南西アフリカ
ポルトガル領東アフリカ
トランスヴァール共和国
南アフリカ連邦
オレンジ自由国
ケープ植民地

凡例：
独立国
イギリス領
フランス領
ドイツ領
イタリア領
スペイン領
ポルトガル領
ベルギー領
→ フランスの進出
···▶ イギリスの進出
（保）保護国

0　1000km

(A)
(B)

★★★☆☆☆☆ 17 □□□	南アフリカ連邦で、1911年以降とられた白人優位の人種差別と人種隔離政策は何と呼ばれるか。	アパルトヘイト
★★★★★★☆ 18 □□□	1881年、フランスが北アフリカで保護国とした地域はどこか。	チュニジア
★☆☆☆☆☆☆ 19 □□□	19世紀末にフランスに征服された、西アフリカ内陸部のサモリ帝国の建国者は誰か。	サモリ=トゥーレ
★★★☆☆☆☆ 20 □□□	1884〜85年のベルリン会議でフランスの勢力圏とされた、アフリカ南東沖の大きな島はどこか。	マダガスカル
★★★★☆☆☆ 21 □□□	19世紀末にフランスが領有した、紅海からインド洋への出口に位置する港市はどこか。	ジブチ
★★★★★★☆ 22 □□□	西アフリカからサハラ砂漠を横断してマダガスカル・ジブチの島や港市との連結をめざす、フランスの政策は何と呼ばれるか。	アフリカ横断政策
★★★★★★★ 23 □□□	1898年、イギリスとフランスのアフリカ進出政策が、スーダンで衝突・対立した事件を何と呼ぶか。	ファショダ事件
★★★★★☆☆ 24 □□□	ファショダ事件ののちの1904年、イギリスとフランスが	英仏協商

北アフリカ地域での相互の優越権を承認した協定は何か。

★★★★☆☆☆
25 □□□ <u>英仏協商</u>で、フランスの優越権が認められた地域はどこか。 | モロッコ

★★★☆☆☆☆
26 □□□ ギニア湾岸で、ドイツが領有した地域はどこか。 | カメルーン

★☆☆☆☆☆☆
27 □□□ ドイツが植民地とした、現在のタンザニア・ルワンダ地域は何と呼ばれたか。 | 東アフリカ植民地

★★★★★☆☆
28 □□□ 1905年と1911年の2度にわたる、北西アフリカでのドイツとフランスの帝国主義の衝突事件は何か。 | モロッコ事件

★★★★★★☆
29 □□□ 2度の<u>モロッコ事件</u>の後、モロッコを1912年に保護国化した国はどこか。 | フランス

★★★☆☆☆☆
30 □□□ 北からフランス領・イギリス領・イタリア領に分割された、「アフリカの角」と呼ばれた地域はどこか。 | ソマリランド

★★★★★★☆
31 □□□ 1870年代から西欧列強が干渉・侵入したが、独立を維持したアフリカ北東部の内陸国はどこか。 | エチオピア帝国

★★★★☆☆☆
32 □□□ イタリアが<u>エチオピア帝国</u>から分離させて領有した、紅海沿岸地域はどこか。 | エリトリア

★★★★☆☆☆
33 □□□ 19世紀末のイタリアと<u>エチオピア帝国</u>の戦いにおいて、イタリアの敗北を決定づけた決戦は、エチオピア北部のどこでおこなわれたか。 | アドワ

★★★★★☆☆
34 □□□ 1911～12年、イタリアがトリポリ・キレナイカを領有するためにおこなった侵略戦争は何か。 | イタリア=トルコ戦争

★★★★★★☆
35 □□□ オスマン帝国から獲得したトリポリ・キレナイカ両地域をあわせて、イタリアは何と改称したか。 | リビア

★★★★★★☆
36 □□□ 19世紀前半にアメリカ合衆国で解放された奴隷の居住地としてアフリカ西岸に建てられ、その後も独立を維持した国はどこか。 | リベリア共和国

■太平洋地域の分割

★★★★★★☆
1 □□□ <u>オセアニア</u>を探検した<u>クック</u>によって、1770年に領有が宣言され、のちに<u>金鉱</u>が発見された大陸は何か。 | オーストラリア

★★★★★★☆ 2 □□□	**オーストラリア**で、イギリスによる植民地化後に迫害と病気により人口が激減した先住民は何と呼ばれるか。	アボリジニー
★★★☆☆☆☆ 3 □□□	1901年、**オーストラリア**が**イギリス**帝国内の**自治領**として成立した時の名称は何か。	オーストラリア連邦
★★★★☆☆☆ 4 □□□	**オーストラリア連邦**が白人以外の移民を禁止した政策を何と呼ぶか。	白豪主義 はくごう
★★☆☆☆☆☆ 5 □□□	19世紀前半に西部をオランダに、19世紀後半に東部をイギリスとドイツに占領された世界第2位の大きさの島はどこか。	ニューギニア
★★★★★★☆ 6 □□□	1840年にイギリス領とされ、1907年に自治領が成立した、オーストラリア東方の島国はどこか。	ニュージーランド
★★★★★★☆ 7 □□□	**ニュージーランド**でイギリスの支配に対して、抵抗運動をおこした先住民は何と呼ばれるか。	マオリ人
★★☆☆☆☆☆ 8 □□□	19世紀後半にイギリス領となった、**ニュージーランド**北方の群島はどこか。	フィジー
★☆☆☆☆☆☆ 9 □□□	19世紀半ばにフランス領となり、今日までフランス領のままのオーストラリア東方の島はどこか。	ニューカレドニア
★★☆☆☆☆☆ 10 □□□	フランス**ポスト印象派**の画家**ゴーガン**が晩年に住んだ、ポリネシアの島はどこか。	タヒチ
★★☆☆☆☆☆ 11 □□□	1899年にドイツが買収した、ミクロネシアの西北部の島々を何と呼ぶか。	マリアナ諸島
★☆☆☆☆☆☆ 12 □□□	ドイツによる占領後、第一次世界大戦後には日本が**委任統治領**としたミクロネシアの東部の島々は何か。	マーシャル諸島
★☆☆☆☆☆☆ 13 □□□	ミクロネシアのうち、**マリアナ諸島・マーシャル諸島**以外の、**パラオ**などの島々の総称は何か。	カロリン諸島
★★★☆☆☆☆ 14 □□□	19世紀後半にドイツ領とされた、赤道以南のニューギニア東方の群島はどこか。	ビスマルク諸島
★★★★★☆☆ 15 □□□	1898年にアメリカがスペインとの戦争中にマニラを占領し、戦後スペインから買収した群島はどこか。	フィリピン

★★★★★☆☆ 16 □□□	アメリカ＝スペイン戦争の結果、1898年にアメリカ領となったマリアナ諸島南端の島はどこか。	グアム
★★★☆☆☆☆ 17 □□□	カメハメハ朝が1810年にハワイ全島を統一して建てた国名は何か。	ハワイ王国
★★★★☆☆☆ 18 □□□	ハワイ諸島の、カメハメハ朝最後の女王は誰か。	リリウオカラニ

■ラテンアメリカ諸国の従属と発展

★★★★★★☆ 1 □□□	1889年に第1回大会がワシントンで開かれた、アメリカ大陸の諸問題について討議する国際会議は何か。	パン＝アメリカ会議
★★☆☆☆☆☆ 2 □□□	19世紀末から、ラテンアメリカの農・畜産物の<u>対欧米輸出</u>を増加させる要因となった新技術は何か。	冷凍技術
★★☆☆☆☆☆ 3 □□□	先住民出身で1858年にメキシコ大統領に就任し、メキシコの民主化につとめた人物は誰か。	フアレス
★★★★★☆☆ 4 □□□	<u>フアレス</u>政権の対外債務支払い拒否宣言に対して1861年に<u>メキシコ遠征(出兵)</u>を開始し、メキシコ皇帝にオーストリア皇帝の弟マクシミリアンを擁立したフランス皇帝は誰か。	ナポレオン3世
★★★★★★☆ 5 □□□	1876年にクーデタをおこし、翌年にメキシコ大統領となり、その後長期にわたって独裁体制をしいた軍人は誰か。	ディアス
★★★★★★☆ 6 □□□	1910～17年に展開され、<u>メキシコ憲法</u>を定めるなどラテンアメリカ最初の本格的な<u>民主主義革命</u>となったできごとは何か。	メキシコ革命
★★★☆☆☆☆ 7 □□□	1910年に<u>ディアス</u>の政権打倒の武装蜂起を国民に呼びかけた、メキシコの自由主義者は誰か。	マデロ
★★★★★★☆ 8 □□□	<u>メキシコ革命</u>のなかで農地改革を主張し、農民軍を率いた、南部出身の人物は誰か。	サパタ
★★★☆☆☆☆ 9 □□□	<u>サパタ</u>と同盟した、メキシコ北部出身の農民指導者は誰か。	ビリャ
★☆☆☆☆☆☆ 10 □□□	1888年の<u>奴隷制廃止後</u>に発生したクーデタの結果、ブラジルはどのような政体に移行したか。	共和政

■列強体制の二分化

★★☆☆☆☆☆☆
1 □□□ 1873年、ドイツ・オーストリア・ロシアの3皇帝間で結ばれた同盟は何か。 | 三帝同盟

★★★★★★☆
2 □□□ 1882年、ドイツ・オーストリア・イタリアの3国間で結ばれた同盟は何か。 | 三国同盟

★★★★★★☆
3 □□□ 1887年、ドイツ・ロシア間で結ばれた秘密条約は何か。 | 再保障条約

★★★★★★☆
4 □□□ 1894年に正式調印された、ロシアとフランスとのあいだで結ばれた同盟は何か。 | 露仏同盟

★★★★★★☆
5 □□□ <u>ベルリン・ビザンティウム(イスタンブル)・バグダード</u> 3都市の頭文字をとったドイツの中東進出政策の、日本での呼称は何か。 | 3B政策

★★★★★☆☆
6 □□□ 19世紀末にドイツがオスマン帝国から敷設権を獲得し、20世紀に入って建設に着手した鉄道は何か。 | バグダード鉄道

★★★☆☆☆☆
7 □□□ <u>クリミア戦争</u>後、経済力と強力な海軍力を背景に、イギリスのとった<u>孤立主義</u>外交を象徴する言葉は何か。 | 「光栄ある孤立」

★★★★★★☆
8 □□□ 1902年、ロシアの東アジア進出に対抗するため、イギリスが<u>孤立主義</u>外交を放棄して結んだ同盟は何か。 | 日英同盟

★★★★★★☆
9 □□□ 1904年、ドイツの進出政策に対抗するため、イギリスとフランスが結んだ協定は何か。 | 英仏協商

★★★★★★☆
10 □□□ 1907年、イラン・アフガニスタン・チベット地域に関して、イギリスとロシアが結んだ協定は何か。 | 英露協商

★★★★★★☆
11 □□□ <u>英露協商</u>の結果成立した<u>イギリス・フランス・ロシア</u>による、対ドイツ包囲網体制は何と呼ばれるか。 | 三国協商

③ アジア諸国の変革と民族運動

用語集 p.260〜270

<u>義和団戦争</u>の敗北後、清朝は<u>光緒新政</u>で政治体制の変革に着手した。**列強の中国進出が本格化**するなか、鉄道利権をめぐる民衆の暴動が発端となり<u>辛亥革命</u>が勃発した。インドでは、<u>ベンガル分割令</u>の発布をきっかけに反英運動が発生、東南アジアや西アジアでも**宗主国に対する民族の抵抗運動**がおこった。

■列強の中国進出と清朝

<table>
<tr><td>★★★★★★☆
1
□□□</td><td><u>日清戦争</u>の敗北後、清朝の若手官僚を中心に、<u>明治維新</u>を規範に立憲制の樹立をめざした改革を何と呼ぶか。</td><td>「変法」
<small>へんぽう</small></td></tr>
<tr><td>★★★★★★★
2
□□□</td><td><u>公羊学</u>の立場から<u>変法</u>を指導した中心人物は誰か。</td><td>康有為
<small>こうゆうい</small></td></tr>
<tr><td>★★★★★★☆
3
□□□</td><td><u>康有為</u>に学び、列強の進出に対して「中国」という名称を創出してナショナリズムの誕生に貢献した人物は誰か。</td><td>梁啓超
<small>りょうけいちょう</small></td></tr>
<tr><td>★★★★★★★
4
□□□</td><td><u>康有為・梁啓超</u>らを登用して政治改革を断行した皇帝は誰か。</td><td>光緒帝
<small>こうしょてい</small></td></tr>
<tr><td>★★★★★★☆
5
□□□</td><td><u>光緒帝</u>のもと、1898年に開始された政治改革を、干支を用いて何と呼ぶか。</td><td>戊戌の変法
<small>ぼじゅつ</small></td></tr>
<tr><td>★★★★★★★
6
□□□</td><td>変法を弾圧した、宮廷保守派の実権者は誰か。</td><td>西太后
<small>せいたいこう</small></td></tr>
<tr><td>★★★★★★★
7
□□□</td><td>保守派が変法派を弾圧し、<u>光緒帝</u>を幽閉したクーデタを何と呼ぶか。</td><td>戊戌の政変</td></tr>
<tr><td>★★★★★★☆
8
□□□</td><td>条約によってある国が他国の領土を借り受けることを、何と呼ぶか。</td><td>租借
<small>そしゃく</small></td></tr>
<tr><td>★★★☆☆☆☆
9
□□□</td><td>1891年の同盟合意後、<u>フランス</u>資本の導入でロシアが建設を始めた、東方政策推進のための鉄道は何か。</td><td>シベリア鉄道</td></tr>
<tr><td>★★★★★★★
10
□□□</td><td><u>シベリア鉄道</u>の東部を最短で結ぶため、1896年<u>三国干渉</u>の代償にロシアが清から敷設権を獲得した鉄道は何か。</td><td>東清鉄道
<small>とうしん</small></td></tr>
<tr><td>★★★★★★★
11
□□□</td><td>1898年、ドイツが<u>租借</u>した山東半島南西岸の湾はどこか。</td><td>膠州湾
<small>こうしゅうわん</small></td></tr>
<tr><td>★★★★★★☆
12
□□□</td><td>1898年、ロシアが租借して、<u>要塞</u>・軍港と商港を建設した<u>遼東半島</u>南部の都市はどことどこか。</td><td>旅順・大連
<small>りょじゅん だいれん</small></td></tr>
<tr><td>★★★★★★☆
13
□□□</td><td>ロシアに対抗するため、1898年にイギリスが租借して東洋艦隊の基地とした山東半島の海港はどこか。</td><td>威海衛
<small>いかいえい</small></td></tr>
<tr><td>★★★★★★☆
14
□□□</td><td>イギリスが租借した、<u>九竜半島地域</u>と付属の島嶼を加えた地域を何と総称するか。</td><td>新界
<small>しんかい</small></td></tr>
<tr><td>★★★★★★☆
15
□□□</td><td>1899年にフランスが租借した、広東省南岸の湾はどこか。
<small>カントン</small></td><td>広州湾</td></tr>
<tr><td>★★★★★★★
16
□□□</td><td>1899年、アメリカの中国進出の宣言を列国に対して発表</td><td>ジョン＝ヘイ</td></tr>
</table>

した国務長官は誰か。

★★★★☆☆☆☆
| 17 □□□ | 一般に門戸開放宣言と呼ばれる、1899年と1900年に提唱された3つの原則とは何か。 | 門戸開放・機会均等・領土保全 |

★★★★★☆☆☆
| 18 □□□ | 1860年にキリスト教布教の自由が認められて以後、中国各地で発生した民衆の反キリスト教運動を何と呼ぶか。 | 教案(仇教運動) |

★★★★★☆☆☆
| 19 □□□ | 1898年に山東省で始まった仇教運動の中心となった宗教結社が掲げた、排外主義のスローガンは何か。 | 「扶清滅洋」 |

★★★★★★★☆
| 20 □□□ | 排外主義の運動が1900年に北京に広まると、清朝政府がこれを利用して列国に宣戦した事件は何か。 | 義和団戦争 |

★★★★★★★☆
| 21 □□□ | 義和団戦争に対して、何カ国が共同出兵して戦ったか。 | 8カ国 |

★★★★★★★☆
| 22 □□□ | 1901年に清が11カ国と調印した、義和団戦争の講和に関する議定書は何か。 | 北京議定書(辛丑和約) |

★★★★★★★☆
| 23 □□□ | 北京議定書で列強は、公使館所在区防衛のため何を認めさせたか。 | 北京駐屯権 |

■日露戦争と韓国併合

★★★★★★★☆
| 1 □□□ | 1897年、独立国であることを示すため、朝鮮が採用した国号は何か。 | 大韓帝国 |

★★☆☆☆☆☆☆
| 2 □□□ | 19世紀末の朝鮮で、自主独立の確保と政治改革をめざした政治結社の名称は何か。 | 独立協会 |

★★★★★★★☆
| 3 □□□ | 1904〜05年、朝鮮・中国東北地方の支配をめぐる対立が激化して勃発した帝国主義戦争は何か。 | 日露戦争 |

★★★★★☆☆☆
| 4 □□□ | 日露戦争で、日本海軍がロシアのバルチック艦隊を撃破した戦いは何か。 | 日本海海戦 |

★★☆☆☆☆☆☆
| 5 □□□ | 日露戦争で、中国東北地方において日本がロシア軍に勝利した戦いを何と呼ぶか。 | 奉天会戦 |

★★★★★★☆☆
| 6 □□□ | 日露戦争のさなかで、血の日曜日事件をきっかけに勃発したロシアの革命運動は何か。 | 1905年革命(第1次ロシア革命) |

★★★★★★☆☆
| 7 □□□ | 日露戦争の講和を仲介したアメリカ大統領は誰か。 | セオドア゠ローズヴ |

★★★★★★☆ **8** □□□	1905年9月に結ばれた<u>日露戦争</u>の講和条約は何か。	ポーツマス条約
★★★★★★★ **9** □□□	<u>ポーツマス条約</u>で、日本がロシアから租借権と関連する全利権を継承した地域はどこか。	遼東半島南部
★★☆☆☆☆☆ **10** □□□	<u>遼東半島南部</u>の租借地を、日本は何と呼んだか。	関東州
★★★★★★☆ **11** □□□	東清鉄道支線の長春～旅順間の鉄道と関連利権を獲得して、日本は何と呼ばれる鉄道を経営したか。	南満洲鉄道
★★★★★★★ **12** □□□	日本が北緯50度以南の地域を獲得した島はどこか。	樺太(サハリン)
★★★★★★☆ **13** □□□	1907年以後、4回にわたって結ばれた、日本とロシア両国の権益の共同擁護を目的とした協定は何か。	日露協約
★★★★☆☆☆ **14** □□□	1904・05・07年の3回にわたる、日本が韓国に対する干渉・支配を強化する目的で強要した協約は何か。	日韓協約
★★★★★★☆ **15** □□□	1905年の第2次の<u>日韓協約</u>で、日本は韓国をどのような状態においたのか。	保護国
★★★★☆☆☆ **16** □□□	第2次の<u>日韓協約</u>をもとに、日本の政府が設けた統治官庁の長官の名称は何か。	統監
★★★★★★★ **17** □□□	初代の<u>韓国統監</u>に就任した日本人は誰か。	伊藤博文
★★★★★★☆ **18** □□□	韓国の保護国化に対して、1905年以降再びおこった朝鮮民衆の反日武装闘争を何と呼ぶか。	義兵闘争
★★★★☆☆☆ **19** □□□	1906年以降、韓国の都市部を中心に展開された、富強と国権の回復をめざした運動は何か。	愛国啓蒙運動
★★★★★☆☆ **20** □□□	1907年、韓国が第2回万国平和会議に密使を派遣して<u>日韓協約</u>の無効を訴えようとした事件を何と呼ぶか。	ハーグ密使事件
★★★★★★★ **21** □□□	1909年、初代<u>韓国統監</u>の<u>伊藤博文</u>がハルビン駅で暗殺された。これを実行した朝鮮の愛国者は誰か。	安重根 (アンジュングン)
★★★★★★★ **22** □□□	1910年、日本が韓国を完全に植民地化したことは何と呼ばれるか。	韓国併合
★★★★★★★ **23** □□□	<u>韓国併合</u >ののち、日本が<u>京城(現ソウル)</u>においた朝鮮統	朝鮮総督府

治機関は何か。

★★★★☆☆☆☆ 24 □□□	朝鮮総督府がおこなった、憲兵や軍隊の力による専制的政治は何と呼ばれるか。	武断政治
★★★★★☆☆☆ 25 □□□	朝鮮総督府がおこなった、土地の所有権を明らかにしようとした事業は何と呼ばれるか。	土地調査事業
★★★☆☆☆☆☆ 26 □□□	日清戦争後に日本で導入され、通貨の安定につながった通貨制度は何か。	金本位制

■清朝の改革と辛亥革命

★★★★★★★★ 1 □□□	義和団事件後、清朝が開始した近代国家に向けての改革（新政）は、元号を付して何と呼ばれるか。	光緒新政
★★★★★☆☆☆ 2 □□□	日清戦争後に、清で創建された西洋式軍隊の略称は何か。	新軍
★★★★★★★☆ 3 □□□	1905年、光緒新政の改革で廃止された官吏登用制度は何か。	科挙
★★★★★★★☆ 4 □□□	1908年、清朝が政治改革のため、日本の明治憲法を模範として発布したものは何か。	憲法大綱
★★★★★★★★ 5 □□□	憲法大綱のなかで、清朝政府は9年以内での何の開設を公約したか。	国会
★★★★☆☆☆☆ 6 □□□	1894年、ハワイで華人（華僑）を中心に組織された革命派の結社は何か。	興中会
★★★★★★★☆ 7 □□□	興中会の中心となった、広東出身の革命派の指導者は誰か。	孫文
★★★★★★★☆ 8 □□□	1905年、革命諸団体が結集して東京で結成され、『民報』などを発行した組織は何か。	中国同盟会
★★★★★★★☆ 9 □□□	民族の独立、民権の伸張、民生の安定を内容とした、中国革命へ向けての基本理念を何と呼ぶか。	三民主義
★★★★☆☆☆☆ 10 □□□	梁啓超ら、清朝に立憲君主制を導入しようとした勢力を何と呼ぶか。	立憲派
★★★☆☆☆☆☆ 11 □□□	民族資本家を中心に展開されていた、利権の回収と民族	利権回収運動

資本による産業の発展をめざす運動は何か。

	内容	解答
★★★★☆☆☆ **12** □□□	民族運動や独立運動の初期にその推進主体にもなった、従属国や植民地の人々の資本を何と呼んだか。	民族資本
★★★★★★☆ **13** □□□	1911年5月、外国からの借款によって鉄道建設をはかるため、清朝政府が出した政策は何か。	幹線鉄道国有化
★★★★★★★ **14** □□□	<u>幹線鉄道国有化</u>に反対して、1911年9月におこった民衆の武装蜂起はどこで発生したか。	四川省
★★★★★★★ **15** □□□	<u>1911年10月10日</u>、湖北新軍が挙兵した都市はどこか。	武昌
★★★★★★★ **16** □□□	<u>武昌</u>での新軍の挙兵が発端となった、1911〜12年の革命は何か。	辛亥革命
★★★★★★★ **17** □□□	1912年1月1日、<u>南京</u>を首都に成立した国は何か。	中華民国
★★★★★★★ **18** □□□	<u>中華民国</u>の樹立後、<u>孫文</u>が就任した地位は何か。	臨時大総統
★★★★★★★ **19** □□□	<u>辛亥革命</u>の勃発後、清朝が総理大臣に任命した人物は誰か。	袁世凱
★★☆☆☆☆☆ **20** □□□	<u>袁世凱</u>の統轄下にあった<u>新軍</u>は、とくに何と呼ばれたか。	北洋軍
★★★★★★★ **21** □□□	1912年2月、退位した清朝最後の皇帝は誰か。	宣統帝(溥儀)
★★☆☆☆☆☆ **22** □□□	1912年3月に<u>中華民国</u>で発布された、憲法制定までの暫定基本法は何か。	臨時約法
★★★★★★☆ **23** □□□	1912年8月、宋教仁らが<u>中国同盟会</u>を中心に、選挙に備えて結成した政党は何か。	国民党
★★★★★☆☆ **24** □□□	第二革命失敗後、<u>孫文</u>が亡命先の日本(東京)で結成した革命的秘密結社は何か。	中華革命党
★★★★★☆☆ **25** □□□	1915年末、<u>袁世凱</u>が復活を宣言し、<u>第三革命</u>の発端となった政体は何か。	帝政
★★★★☆☆☆ **26** □□□	<u>袁世凱</u>の死後、北京政府の実権をめぐって争った、各地に割拠する軍事的指導者の私的集団を国民党側は批判的に何と呼んだか。	軍閥
★★★★★★★ **27** □□□	<u>辛亥革命</u>勃発を機に、1911年12月に独立を宣言した藩部	外モンゴル

の地域はどこか。

★★★★★★☆		
28 ☐☐☐	1920年、スへバートルらを中心に結成された<u>モンゴル</u>解放の中心組織は何か。	モンゴル人民革命党
★★★★★★☆		
29 ☐☐☐	1924年、<u>外モンゴル</u>で成立した国の名称は何か。	モンゴル人民共和国
★★★☆☆☆☆		
30 ☐☐☐	スへバートルの盟友で、1939年にモンゴル人民共和国の首相に就任した人物は誰か。	チョイバルサン
★★★☆☆☆☆		
31 ☐☐☐	1913年にチベット独立の布告を発した、当時の<u>チベット仏教</u>教主の名前は何か。	ダライ=ラマ13世

■インドにおける民族運動の形成

★★★★★☆☆		
1 ☐☐☐	残された妻が、夫の火葬の火にとびこんで殉死するヒンドゥー教の風習を何と呼んだか。	サティー(寡婦殉死)
★★☆☆☆☆☆		
2 ☐☐☐	1810年代に<u>サティー</u>の廃止の運動を進めたり、ヒンドゥー教の偶像崇拝を批判した社会改革運動家は誰か。	ラーム=モーハン=ローイ
★★★☆☆☆☆		
3 ☐☐☐	インド東北部のアッサム地方やセイロン島などの<u>プランテーション</u>で生産・輸出された商品作物は何か。	茶
★★★☆☆☆☆		
4 ☐☐☐	インド帝国において、とくにインド人の資本によって成長がみられた産業分野は何か。	綿紡績業
★★★★★★★		
5 ☐☐☐	1885年、対英協調を求めるイギリスの支援で創設され、<u>ボンベイ</u>で第1回大会が開かれた組織は何か。	インド国民会議
★★★★★★☆		
6 ☐☐☐	1905年、民族運動の分断をねらってイギリスが出した、ある州を宗教別にわけようとした法令は何か。	ベンガル分割令
★★★★★★☆		
7 ☐☐☐	1906年、<u>ベンガル分割令</u>に反対する<u>インド国民会議</u>が4綱領を採択したのは、どこの都市での大会か。	カルカッタ
★★★★☆☆☆		
8 ☐☐☐	<u>カルカッタ</u>でおこなわれた大会で、<u>4綱領</u>の採択に貢献した指導者は誰か。	ティラク
★★★★★★☆		
9 ☐☐☐	<u>4綱領</u>のうち、国産品愛用を意味する言葉は何か。	スワデーシ
★★★★★★☆		
10 ☐☐☐	<u>4綱領</u>のうち、自治・独立を意味する言葉は何か。	スワラージ

★★★★★★★ **11** □□□	4綱領のうち、あと2つは英貨排斥と何か。	民族教育
★★★★★★★ **12** □□□	1906年、国民会議派の運動の分断のため、イギリスがイスラーム教徒を支援して結成させた組織は何か。	全インド＝ムスリム連盟
★★★★★★★ **13** □□□	1911年、イギリス政庁はインド帝国の首都をカルカッタからどこに移したか。	デリー

■東南アジアにおける民族運動の形成

★★★★★★★ **1** □□□	19世紀末〜20世紀初めの、インドネシアの女性解放運動・民族運動の先駆者は誰か。	カルティニ
★★★★★★★ **2** □□□	オランダが1901〜20年代半ばに採用したインドネシア統治策の名称は何か。	「倫理政策」
★★★★★★★ **3** □□□	1908年、「最高の英知」を意味し、知識人中心に結成された、インドネシア最初の民族運動団体は何か。	ブディ＝ウトモ
★★★★★★★ **4** □□□	1911年、ジャワ中部で商人が組織し、やがて知識人も加わり組織を拡大して、オランダからの自治を求める民族運動団体となったものは何か。	イスラーム同盟(サレカット＝イスラム)
★★★★★★★ **5** □□□	政治小説『われにふれるな』で植民地支配を批判し、スペインからの平和的な独立をめざした運動家は誰か。	ホセ＝リサール
★★★★★★★ **6** □□□	1892年、ボニファシオを中心に結成された、スペイン支配からの解放をめざすフィリピンの秘密結社は何か。	カティプーナン
★★★★★★★ **7** □□□	カティプーナンが1896年から開始した、武装蜂起による独立運動は何と呼ばれるか。	フィリピン革命
★★★★★★★ **8** □□□	フィリピン革命のなか、1899年1月に憲法を発布して発足した、マロロス共和国とも呼ばれる国は何か。	フィリピン共和国
★★★★★★★ **9** □□□	フィリピン共和国の独立を宣言して、いったんは大統領に就任した独立運動の指導者は誰か。	アギナルド
★★★★★★★ **10** □□□	スペインから領有権を得た合衆国が、フィリピンに侵攻したことから始まった戦争は何か。	フィリピン＝アメリカ戦争
★★★★★★★ **11** □□□	19世紀末より、フランス支配からの解放をめざす運動の	ファン＝ボイ＝チャ

	中心となったベトナムの指導者は誰か。	ウ
★★★★☆☆☆☆ 12 □□□	1904年に<u>ファン＝ボイ＝チャウ</u>が結成した、反仏独立の秘密結社は何か。	維新会
★★★★★★★☆ 13 □□□	<u>日露戦争</u>後、日本の援助を期待し、<u>ファン＝ボイ＝チャウ</u>の呼びかけで始まった日本への留学運動を何と呼ぶか。	ドンズー(東遊)運動
★★★★★☆☆☆ 14 □□□	日仏協約による取締りで<u>ドンズー運動</u>が挫折したのち、1912年に<u>ファン＝ボイ＝チャウ</u>が広東で結成した反仏秘密結社は何か。	ベトナム光復会

■西アジアの民族運動と立憲運動

★★★★★★★☆ 1 □□□	イスラーム教徒が広く団結して、外国からの侵略に対抗しようとする思想を何と呼ぶか。	パン＝イスラーム主義
★★★★★★★☆ 2 □□□	19世紀後半に<u>パン＝イスラーム主義</u>を提唱した、イラン出身(みずからはアフガン人と称した)の思想家は誰か。	アフガーニー
★★★☆☆☆☆☆ 3 □□□	<u>アフガーニー</u>の影響を受け、<u>ウラービー運動</u>にも参加し、その後もイスラーム改革思想の普及につとめたエジプト人は誰か。	ムハンマド＝アブドゥフ
★★★★★★★☆ 4 □□□	柴四朗(東海散士)の著作『佳人之奇遇』の登場人物のモデルともなった、エジプトの民族運動の指導者は誰か。	ウラービー(オラービー)
★★★★★☆☆☆ 5 □□□	1881〜82年の、立憲制の確立、議会開設などを求めた、エジプトの民族運動を何と呼ぶか。	ウラービー(オラービー)運動
★★★★★★★☆ 6 □□□	<u>ウラービー運動</u>の際に掲げられたスローガンは何か。	「エジプト人のためのエジプト」
★★★★★☆☆☆ 7 □□□	<u>ウラービー運動</u>の鎮圧後の1882年、イギリスはエジプトに対してどのような措置をとったか。	事実上の保護国化
★★★☆☆☆☆☆ 8 □□□	エジプトでの<u>ウラービー運動</u>と同じ1881年、その南のスーダンでおこった運動を何と呼ぶか。	マフディー運動
★★☆☆☆☆☆☆ 9 □□□	アラビア語の「救世主」を称し、<u>マフディー運動</u>を指導したイスラームの説教師は誰か。	ムハンマド＝アフマド
★★☆☆☆☆☆☆ 10 □□□	スーダンの知事・総督を歴任し、1885年にハルツームで	ゴードン

ムハンマド゠アフマドの軍と戦い戦死したイギリス軍人は誰か。		
★★★★★★☆ 11 □□□ ガージャール朝がイギリス商人にタバコに関する独占的権利を与えたことに抗議して、1891年におこったイランの抵抗運動は何か。	タバコ゠ボイコット運動	
★★★★★★☆ 12 □□□ 1906年にいったん成功したが、イギリス・ロシア両国の干渉で挫折したイランの運動は何と呼ばれるか。	立憲革命	
★★★★★★☆ 13 □□□ イランの立憲革命を挫折させる一因となった、1907年にイギリスとロシアが結んだ協約は何か。	英露協商	
★★★★★★☆ 14 □□□ 19世紀末に結成された、トルコでの立憲政治の確立を掲げた、青年将校や知識人たちの総称は何か。	「青年トルコ人」	
★★★★☆☆☆ 15 □□□ 「青年トルコ人」の中心的組織となった憲法復活をめざした政治組織は何か。	「統一と進歩団」	
★★★★★★☆ 16 □□□ 1908年、「青年トルコ人」がサロニカで成功し、ミドハト憲法(オスマン帝国憲法)を復活させた無血革命を何と呼ぶか。	青年トルコ革命	
★★★★☆☆☆ 17 □□□ オスマン主義やパン゠イスラーム主義と異なり、「民族」としてのトルコ人を優先する考え方は何か。	トルコ民族主義	

第一次世界大戦と世界の変容

第16章

　勢力圏拡大をはかる**列強の対立は激化**し、**1914年**にバルカン半島で**サライェヴォ事件**がおこると**第一次世界大戦**が勃発した。協商国・同盟国の双方が**総力戦体制**をとったため戦争は**長期化**、**秘密外交**にもとづく**戦時外交**が展開され、戦後に紛争の火種を残した。**ロシア**では大戦中に**2度の革命**がおこり、**帝政は打倒**され、**レーニン**が率いる共産党の一党独裁体制が成立した。4年におよんだ戦争は、**アメリカ合衆国**の参戦で優位に立った**協商国側の勝利**で終わった。

　パリ講和会議では、敗戦国**ドイツ**にきびしい条件を課す**ヴェルサイユ条約**が調印された。大戦後のヨーロッパの国際秩序を**ヴェルサイユ体制**、太平洋・アジア地域の国際秩序を**ワシントン体制**と呼ぶ。これらの体制下、**1920年代**は、**ウィルソン**の提唱で設立された**国際連盟**を中心に**協調外交**が展開された。

　民族自決が適用されなかったアジア・アフリカの各地では、**植民地主義への抵抗運動や社会運動**が高まり、宗主国は新たな対応をせまられることとなった。

【20世紀初頭の国際関係】

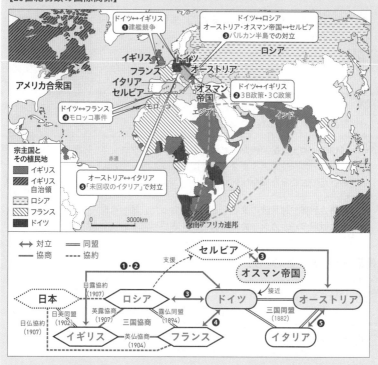

❶ 第一次世界大戦とロシア革命

用語集 p.271〜277

サライェヴォ事件をきっかけに発生した**第一次世界大戦**は、<u>総力</u><u>戦体制</u>のもと**長期化**し、秘密条約にもとづく<u>戦時外交</u>が展開された。<u>新兵器</u>の投入で**甚大な被害**を出した戦争は、<u>アメリカ合衆国</u>の参戦で優位に立った<u>協商国</u>側が勝利し、終結した。**ロシア**では**2度の革命**がおこって**帝政は打倒**され、<u>共産党の一党独裁体制</u>が成立した。

■バルカン半島の危機

★★★★★★☆☆ 1 ◻◻◻	ロシアの帝国主義政策と結びついた、スラヴ系民族の統一と連帯をめざす思想と運動を何と呼ぶか。	パン゠スラヴ主義
★★★★★☆☆☆ 2 ◻◻◻	隣国のオーストリアと対立を深め、バルカンで<u>パン゠スラヴ主義</u>の先頭に立った1878年独立の小国はどこか。	セルビア
★★★☆☆☆☆☆ 3 ◻◻◻	1908年、<u>青年トルコ革命</u>による混乱に乗じて、完全独立を達成した自治国はどこか。	ブルガリア
★★★★★★☆☆ 4 ◻◻◻	1908年、<u>青年トルコ革命</u>による混乱に乗じて、オーストリアが併合した地域はどこか。	ボスニア・ヘルツェゴヴィナ
★★★★★★☆☆ 5 ◻◻◻	1912年、<u>セルビア・モンテネグロ・ギリシア・ブルガリア</u>が結成した反オーストリアの同盟は何か。	バルカン同盟
★★★★★★☆☆ 6 ◻◻◻	1912〜13年、<u>バルカン同盟</u>とオスマン帝国とのあいだで勃発した戦争は何か。	第1次バルカン戦争
★★★★★★☆☆ 7 ◻◻◻	1913年、領土分配問題からセルビア・モンテネグロ・ギリシア・ルーマニア・オスマン帝国と、ブルガリアとのあいだでおこった戦争は何か。	第2次バルカン戦争
★★★★★★☆☆ 8 ◻◻◻	列強の利害や諸民族の要求などが絡み合った、<u>第一次世界大戦</u>前のバルカン半島の情勢を示す表現は何か。	「ヨーロッパの火薬庫」

■第一次世界大戦の勃発

★★★★★★☆☆ 1 ◻◻◻	1914年6月28日、オーストリア帝位継承者夫妻が暗殺された<u>ボスニア・ヘルツェゴヴィナ</u>の中心都市はどこか。	サライェヴォ
★★★★★☆☆☆ 2 ◻◻◻	1914年7月28日、オーストリアがどこの国に宣戦したことで<u>第一次世界大戦</u>が勃発したか。	セルビア

★★★★★★☆ **3** □□□	第一次世界大戦で<u>協商国</u>(連合国)側と戦った側のグループを何と呼ぶか。	同盟国
★★★★★☆☆ **4** □□□	1914年8月、ドイツは短期決戦をめざし、どこの国の中立を侵犯してフランスへ侵入を開始したか。	ベルギー
★★★★★☆☆ **5** □□□	1914年8月末の<u>東部戦線</u>で、ドイツが、侵入したロシアの大軍を撃破した戦場はどこか。	タンネンベルク
★★★★★★☆ **6** □□□	1914年9月、<u>西部戦線</u>では、侵入してきたドイツ軍をフランスがある戦場でくいとめた。それはどこか。	マルヌ
★★★☆☆☆☆ **7** □□□	1916年、ドイツの強襲をフランス軍が守り抜いた、<u>西部戦線</u>における最大の激戦地はどこか。	ヴェルダン
★★☆☆☆☆☆ **8** □□□	1916年、英仏連合軍がドイツ軍に大攻勢をかけた戦場はどこか。	ソンム
★★★★★★☆ **9** □□□	<u>ソンムの戦い</u>で、<u>塹壕戦</u>に対応するためにイギリスが使用した新兵器は何か。	戦車
★★★★★★☆ **10** □□□	1915年のイープルの戦いで、ドイツが使用した新兵器は何か。	毒ガス
★★★★★★☆ **11** □□□	<u>偵察</u>用から始まり、爆撃用・戦闘用へと分化・発達した新兵器は何か。	航空機

■戦時外交と総力戦／大戦の結果

★★★★☆☆☆ **1** □□□	開戦当初中立を宣言していたイタリアは、1915年に<u>協商国</u>側で参戦した。それはイギリス・フランス・ロシアと何という条約を結んだ結果か。	ロンドン秘密条約
★★★★★★☆ **2** □□□	イタリアは<u>ロンドン秘密条約</u>を結んでの参戦によって、戦後における何の割譲を約束されたか。	「未回収のイタリア」
★★★★★★★ **3** □□□	1915年、対オスマン帝国戦のための戦争協力を条件に、イギリスがアラブ人居住区の独占と独立をアラブ人指導者に約束した書簡は、何と通称されるか。	フセイン(フサイン)・マクマホン協定(書簡)
★★★★★★☆ **4** □□□	1916年、イギリス・フランス・ロシアがオスマン帝国領の分割や、パレスチナの国際管理などを秘密裏に結んだ	サイクス・ピコ協定

協定は何か。

★★★★★★★

5 ☐☐☐	1917年、ユダヤ系金融資本の協力を得るため、イギリス外相がパレスチナにおけるユダヤ人の民族的郷土の設立を約束したものは、何と呼ばれるか。	バルフォア宣言

★★★★★★★

6 ☐☐☐	第一次世界大戦が長期化するなか、参戦国が全国民を動員して生産し、補給を整えていった体制を何と呼ぶか。	総力戦

★★★★☆☆☆

7 ☐☐☐	大戦中に多くの国で実施された、物資の供給・分配を政府が統制するしくみは何か。	配給制

★★★★☆☆☆

8 ☐☐☐	長びく戦争に勝利するため、1916年にイギリスで成立した内閣のように、諸政党が結束して政府を支持する体制を何と呼ぶか。	挙国一致体制

★★★☆☆☆☆

9 ☐☐☐	オスマン帝国が<u>同盟国</u>側で参戦した結果、1914年にイギリスは<u>エジプト</u>の地位をどのように変化させたか。	正式保護国化

★★★☆☆☆☆

10 ☐☐☐	1915年5月に発生した、イギリス客船がドイツの潜水艦によって撃沈されて100人以上のアメリカ人乗客が犠牲となった事件は何か。	ルシタニア号事件

★★★☆☆☆☆

11 ☐☐☐	第一次世界大戦中の1916年に挙国一致内閣をつくった、イギリスの自由党首相(政治家)は誰か。	ロイド＝ジョージ

★★★☆☆☆☆

12 ☐☐☐	<u>ハノーヴァー朝</u>は1901年に改称していたが、第一次世界大戦中の17年、ドイツ風の名前をきらって現在使われている王朝名に改称した。その名称は何か。	ウィンザー朝

★★☆☆☆☆☆

13 ☐☐☐	第一次世界大戦中の1917年に挙国一致内閣をつくった、フランスの首相は誰か。	クレマンソー

★★★☆☆☆☆

14 ☐☐☐	第一次世界大戦が始まった1914年に実質的に活動を停止し、1920年に事実上解散した国際的労働者組織は何か。	第2インターナショナル

★☆☆☆☆☆☆

15 ☐☐☐	第一次世界大戦中には滞在先のスイスで反戦・平和を訴えた、フランスの作家・思想家は誰か。	ロマン＝ロラン

★★★★★★★

16 ☐☐☐	1917年、ドイツが開始した通商破壊作戦を何と呼ぶか。	無制限潜水艦作戦

★★★★★★★

17 ☐☐☐	ドイツによる<u>無制限潜水艦作戦</u>の開始を理由として第一次世界大戦に参戦した国はどこか。	アメリカ合衆国

★★★★★★☆ 18 □□□	1918年3月に調印され、ロシアが第一次世界大戦から離脱した、ドイツとの単独講和条約は何か。	ブレスト=リトフスク条約
★★★☆☆☆☆ 19 □□□	同盟国のうち、1918年9月に協商国に降伏した国はどこか。	ブルガリア
★★★☆☆☆☆ 20 □□□	同盟国のうち、1918年10月に協商国に降伏した国はどこか。	オスマン帝国
★★★★☆☆☆ 21 □□□	1918年10月末、領内のハンガリー人やスラヴ人の分離独立宣言が出され、11月に降伏した国はどこか。	オーストリア
★★★★★★★ 22 □□□	1918年11月、ドイツ帝国崩壊のきっかけとなる水兵の反乱がおきた。それはどこでおこったか。	キール軍港
★★★★★★★ 23 □□□	1918年にドイツで、皇帝ヴィルヘルム2世を退位させて帝政を打倒し、ドイツ社会民主党を中心とする臨時政府による共和政が誕生したできごとを何と呼ぶか。	ドイツ革命
★★★★☆☆☆ 24 □□□	ドイツ革命の際、労働者と兵士が組織した評議会は、ドイツ語で何と呼ばれるか。	レーテ
★☆☆☆☆☆☆ 25 □□□	1918〜22年に『西洋の没落』を著し、大きな反響を呼んだドイツの歴史哲学者は誰か。	シュペングラー
★★★★★☆☆ 26 □□□	女性参政権運動や第一次世界大戦での女性の貢献を背景に、アメリカ、イギリスなどで実現した権利は何か。	女性参政権
★★★★☆☆☆ 27 □□□	1918年にアメリカから世界中に広まったインフルエンザの、ある国での流行が大きく報道されたことに由来する呼称は何か。	スペイン風邪

■ロシア革命

★★★★★★★ 1 □□□	1917年3月、市民や労働者が参加したペトログラード蜂起により、皇帝が退位してロマノフ朝が崩壊した。この革命をロシア暦では何と称するか。	二月革命
★★★★★★☆ 2 □□□	二月革命で退位した皇帝は誰か。	ニコライ2世
★★★★★★★ 3 □□□	蜂起の際に労働者や兵士が組織し、その後の革命の中心となったものは何か。	ソヴィエト(評議会)

第16章 第一次世界大戦と世界の変容

★★★★☆☆☆		
4 □□□	二月革命のあとに成立した臨時政府の中心となった政党は何か。	立憲民主党
★★★★★★★		
5 □□□	ロシアの二月革命後、亡命先のスイスから帰国したボリシェヴィキの指導者は誰か。	レーニン
★★★★★★★		
6 □□□	「すべての権力をソヴィエトへ」をスローガンとして、レーニンが発表した基本方針は何と呼ばれるか。	四月テーゼ
★★★★★★★		
7 □□□	臨時政府に加わった唯一の社会主義者で、7月の改組で首相となった社会革命党右派の指導者は誰か。	ケレンスキー
★★★★★☆☆		
8 □□□	二月革命後、社会革命党とともにソヴィエト内の多数派を形成したが、その後の革命前後に影響力を失った勢力は何か。	メンシェヴィキ
★★★★★★☆		
9 □□□	二月革命後の、ソヴィエトと臨時政府が政治権力として併存していた状況を何と呼ぶか。	二重権力
★★★★★★★		
10 □□□	1917年11月、ボリシェヴィキ派の労働者や兵士の武装蜂起で、社会主義政権を樹立した革命をロシア暦では何と称するか。	十月革命
★★★★★★☆		
11 □□□	二月革命後にメンシェヴィキからボリシェヴィキに移って十月革命を指導し、その後外務人民委員になった人物は誰か。	トロツキー
★★★★★★★		
12 □□□	1917年11月、成立したロシアの新政権は何を出して、全交戦国に講和を呼びかけたか。	「平和に関する布告」
★★★★★★★		
13 □□□	1917年11月、ロシアの新政権が「平和に関する布告」で示した原則的考えは何か。	無併合・無償金・民族自決
★★★★★★☆		
14 □□□	ロシアの新政権が「平和に関する布告」と同時に採択した土地の私的所有廃止を内容とする布告は何か。	「土地に関する布告」
★★★★★★★		
15 □□□	1917年11月の普通選挙で社会革命党が約6割の議席を占め、18年1月に開催された会議は何か。	憲法制定会議
★★★★★★★		
16 □□□	憲法制定会議初日の冒頭でソヴィエト提出の宣言が否決されたため、翌日レーニンが武力で会議を解散させた。これによって実現された支配形態を何と呼ぶか。	ボリシェヴィキの一党支配

★★★★★★★
17
□□□ 1918年3月の政権掌握後、党大会で**ボリシェヴィキ**から 改称し、一党独裁体制を確立した政党は何か。 | ロシア共産党

★★★★☆☆☆
18
□□□ 1918年3月、ソヴィエト政権はどこへ遷都したか。 | モスクワ

★★★★★☆☆☆
19
□□□ 革命後、サボタージュや反革命の動きに対処するために つくられた全ロシア非常委員会の略称は何か。 | チェカ

★★★★★★★
20
□□□ <u>反革命軍(白軍)</u>や外国干渉軍と戦った、労働者や兵士か らなるソヴィエト政権の軍隊は何か。 | 赤軍

★★★☆☆☆☆
21
□□□ 外国軍による<u>対ソ干渉戦争</u>のうち、チェコ兵救出を名目 に日本軍が主力でおこなったものを何と呼ぶか。 | シベリア出兵

★★★★★★☆
22
□□□ 1918〜21年、内戦と干渉戦争に対処するため、ソヴィエ ト政権がとった極端な統制経済政策を何と呼ぶか。 | 戦時共産主義

★★★★★★★
23
□□□ 1919年にモスクワで結成され、別名、第3インターナシ ョナルとも呼ばれた組織は何か。 | コミンテルン(共産 主義インターナショ ナル)

★★★★★★☆
24
□□□ ロシアで1921年に採用された、資本主義経済の一部復活 を認めた<u>新経済政策</u>の略称は何か。 | ネップ(NEP)

❷ ヴェルサイユ体制下の欧米諸国　　　　　用語集 p.277〜286

大戦後、**ヨーロッパ**では<u>ヴェルサイユ体制</u>、太平洋・アジア地域 では<u>ワシントン体制</u>と呼ばれる国際秩序が形成され、**1920年代**、 <u>国際連盟</u>を中心とする国際協調の気運が形成された。アメリカ合 衆国では、**経済的繁栄**のなかで**大量生産・大量消費・大衆文化**を 特徴とする<u>大衆社会</u>が本格的に展開され始めた。

■ヴェルサイユ体制とワシントン体制

★★★★★★★
1
□□□ 1919年1月に開会され、<u>第一次世界大戦</u>の連合国が同盟 国との講和会議を開いた都市はどこか。 | パリ

★★★★★★★
2
□□□ <u>パリ講和会議</u>を主導したアメリカ大統領は誰か。 | ウィルソン

★★★★★★★
3
□□□ 1918年1月に<u>ウィルソン</u>によって発表されたのち、<u>パリ</u> <u>講和会議</u>の原則とされたものは何か。 | 十四カ条

★★★★★☆☆
4
□□□ <u>パリ講和会議</u>を主導したイギリス首相は誰か。 | ロイド=ジョージ

★★★★★☆☆		
5 ☐☐☐	<u>パリ講和会議</u>を主導したフランス首相は誰か。	クレマンソー
★★★★★★★		
6 ☐☐☐	<u>パリ講和会議</u>で、ドイツに<u>巨額の賠償金</u>・<u>全植民地の放棄</u>・大幅な<u>軍備制限</u>などを課した条約は何か。	ヴェルサイユ条約
★★★★★★☆		
7 ☐☐☐	<u>ヴェルサイユ条約</u>でフランスに割譲された、地図中の(A)・(B)の2地域はどこか。	(A)アルザス (B)ロレーヌ
★★★★★★★		
8 ☐☐☐	<u>ヴェルサイユ条約</u>では地図中の(C)が非武装地帯とされた。この地域は何と呼ばれるか。	(C)ラインラント

地図凡例:
- オランダ
- ドイツ
- ベルギー
- オイペン
- マルメディ
- (C)
- ザール
- ルクセンブルク
- (B)
- (A)
- フランス
- 連合軍の保障占領
- ローザンヌ
- ジュネーヴ
- ロカルノ
- スイス
- 2 322mo
- 72mo

- 非武装地帯
- ● 主要条約締結地
- ドイツの国境の変化
- ── 第一次世界大戦前
- ‥‥ 第一次世界大戦後

★★★★★☆☆		
9 ☐☐☐	1919年に結ばれた、連合国と<u>オーストリア</u>との講和条約は何か。	サン゠ジェルマン条約
★★★★★☆☆		
10 ☐☐☐	1919年に結ばれた、連合国と<u>ブルガリア</u>との講和条約は何か。	ヌイイ条約
★★★★★☆☆		
11 ☐☐☐	1920年に結ばれた、連合国と<u>ハンガリー</u>との講和条約は何か。	トリアノン条約
★★★★★☆☆		
12 ☐☐☐	1920年に結ばれた、連合国と<u>オスマン帝国</u>との講和条約は何か。	セーヴル条約
★★★★★★★		
13 ☐☐☐	パリ講和会議での一連の講和条約がもとになってつくられたヨーロッパの国際体制を何と呼ぶか。	ヴェルサイユ体制
★★★★★★☆		
14 ☐☐☐	東欧諸国の独立を促した、<u>十四カ条</u>の理念は何か。	民族自決
★★★★☆☆☆		
15 ☐☐☐	第一次世界大戦末期に二重帝国からの分離を宣言し、1918年11月に共和政を宣言した国はどこか。	ハンガリー
★★★★★★☆		
16 ☐☐☐	<u>サン゠ジェルマン条約</u>によって独立が承認され、のちに<u>ユーゴスラヴィア</u>と改称した王国は何か。	セルブ゠クロアート゠スロヴェーン王国
★★★★☆☆☆		
17 ☐☐☐	1918年10月にオーストリアからの独立を宣言し、翌年<u>サン゠ジェルマン条約</u>で正式に承認された国はどこか。	チェコスロヴァキア

★★★★☆☆☆		
18 ☐☐☐	1918年11月、<u>ピウスツキ</u>を指導者にして独立復活を宣言した国はどこか。	ポーランド

★☆☆☆☆☆☆		
19 ☐☐☐	ロシア革命の際、ロシアからの独立を宣言した北ヨーロッパの国はどこか。	フィンランド

★★★☆☆☆☆		
20 ☐☐☐	ロシア革命の際、ロシアからの独立を宣言し、1920年に独立を承認されたバルト3国の一番北の国はどこか。	エストニア

★★★☆☆☆☆		
21 ☐☐☐	1918年にロシアからの独立を宣言し、1920年に独立を承認されたバルト3国の中央の国はどこか。	ラトヴィア

★★★☆☆☆☆		
22 ☐☐☐	1918年にロシアからの独立を宣言し、1920年に独立を承認されたバルト3国の一番南の国はどこか。	リトアニア

★★★★★★★		
23 ☐☐☐	ウィルソンの<u>十四カ条</u>にもとづき、1920年に正式に発足した史上初の集団国際安全保障機構は何か。	国際連盟

★★★★★☆☆		
24 ☐☐☐	<u>国際連盟</u>の<u>理事会</u>の設置当初、イギリス・フランス・イタリア・日本の4カ国に与えられた地位は何か。	常任理事国

★★★★★★☆		
25 ☐☐☐	全加盟国によって構成され、原則、<u>全会一致</u>の議決方法を採用した<u>国際連盟</u>の最高機関は何か。	総会

★★★★★☆☆		
26 ☐☐☐	<u>国際連盟</u>に付設された、各国の労働問題の調整機関は何か。	国際労働機関(ILO)

★★★★☆☆☆		
27 ☐☐☐	1920年、オランダの<u>ハーグ</u>に設置された、<u>国際連盟</u>に付属する紛争仲裁のための機関は何か。	常設国際司法裁判所

★★☆☆☆☆☆		
28 ☐☐☐	<u>国際連盟</u>の常設諮問機関として設置され、保健分野での国際協力を推進した組織は何か。	国際連盟保健機関

★★★★★★☆		
29 ☐☐☐	第一次世界大戦後、敗戦国ドイツとオスマン帝国の領土に適用された、国際連盟による領土処分の方式は何か。	委任統治 (いにんとうち)

★★★☆☆☆☆		
30 ☐☐☐	1920年にフランスの<u>委任統治</u>領とされた旧オスマン帝国領のうち、46年に独立した地域はどこか。	シリア

★★☆☆☆☆☆		
31 ☐☐☐	1920年にイギリスの<u>委任統治</u>領とされ、翌年<u>ファイサル</u>を国王とした旧オスマン帝国領の地域はどこか。	イラク

★★★☆☆☆☆		
32 ☐☐☐	1919年にイギリスの<u>委任統治</u>領、23年に首長国となり、	トランスヨルダン

	46年に独立した旧オスマン帝国領の地域はどこか。	

★★★☆☆☆☆
33 □□□ サイクス・ピコ協定と異なり、1920年にイギリスの委任統治領とされた旧オスマン帝国領の地域はどこか。 → パレスチナ

★★★★★★★
34 □□□ 国際連盟の提唱国であったが、上院でのヴェルサイユ条約批准拒否により不参加となった国はどこか。 → アメリカ合衆国

★★★★★★★
35 □□□ 1921〜22年、アメリカ大統領ハーディングの提唱で開かれた、太平洋・中国方面に関する国際会議は何か。 → ワシントン会議

★★★★★★★
36 □□□ ワシントン会議で1922年に調印された、主力艦保有比率を定めた条約を何と呼ぶか。 → ワシントン海軍軍備制限条約

★★★★★★★
37 □□□ ワシントン会議で1921年に調印された、太平洋地域の現状維持などを定めた条約は何か。 → 四カ国条約

★★★★★★★
38 □□□ ワシントン会議で1922年に調印された、中国に関する条約は何か。 → 九カ国条約

★★★★★★☆
39 □□□ 四カ国条約の成立で、何が解消されたか。 → 日英同盟

★★★★★★★
40 □□□ ワシントン会議で形成された、第一次世界大戦後の東アジア・太平洋地域の国際体制を何と呼ぶか。 → ワシントン体制

■西欧諸国の模索

★★★★★★☆
1 □□□ イギリスにおいて、21歳以上の男性と30歳以上の女性に選挙権を認めた1918年の選挙法改正は、第何回にあたるか。 → 第4回

★★★★★★☆
2 □□□ イギリスにおいて、21歳以上の男女に選挙権を認めた1928年の選挙法改正は、第何回にあたるか。 → 第5回

★★★★★★☆
3 □□□ 1924年に第1次、1929年に第2次が成立した、イギリスの労働党内閣の首相は誰か。 → マクドナルド

★★☆☆☆☆☆
4 □□□ 独立を宣言したアイルランドと、これを認めないイギリスとのあいだで1919年に始まった争いは何か。 → アイルランド独立戦争

★★★★★★☆
5 □□□ 1922年、イギリスの自治領として成立したアイルランドの国名は何か。 → アイルランド自由国

★★☆☆☆☆☆		
6 ☐☐☐	アイルランド島北部の、プロテスタントが比較的多い地域は何と呼ばれるか。	アルスター
★★★★★★☆		
7 ☐☐☐	1937年、<u>アイルランド自由国</u>は新憲法を制定し、共和政に移るとともに、国名を何と改称したか。	エール
★★★★★☆☆		
8 ☐☐☐	1926年の<u>イギリス帝国会議</u>以降、イギリス帝国は何と改称されたか。	イギリス連邦
★★★★★★☆		
9 ☐☐☐	1926年の<u>イギリス帝国会議</u>をへて31年に成文化された、<u>自治領</u>に本国と同等の地位を認めた法律は何か。	ウェストミンスター憲章
★★☆☆☆☆☆		
10 ☐☐☐	1922〜24年に右派内閣を組閣した、フランスの保守派の政治家は誰か。	ポワンカレ
★★★★★★☆		
11 ☐☐☐	1923年、フランスの<u>ポワンカレ内閣</u>が<u>ベルギー</u>を誘い、ドイツに対しておこなった強硬策は何か。	ルール占領
★★★☆☆☆☆		
12 ☐☐☐	1924年にフランスで成立した、社会党・急進社会党が連合して生まれた政権を何と呼ぶか。	左派連合政権
★★★★★★☆		
13 ☐☐☐	<u>左派連合政権</u>での外相・首相で、対ドイツ<u>協調外交</u>を展開して<u>不戦条約</u>を提唱した政治家は誰か。	ブリアン
★★★★☆☆☆		
14 ☐☐☐	<u>ドイツ社会民主党</u>内の戦争反対派が結成した急進勢力の名称は何か。	スパルタクス団
★★★☆☆☆☆		
15 ☐☐☐	1918年末に<u>スパルタクス団</u>を中心に結成され、19年の蜂起に失敗したが、その後も勢力を拡大した政党は何か。	ドイツ共産党
★★★☆☆☆☆		
16 ☐☐☐	<u>スパルタクス団</u>を理論的に指導した、女性革命家は誰か。	ローザ゠ルクセンブルク
★★★☆☆☆☆		
17 ☐☐☐	<u>スパルタクス団</u>の指導者で、第一次大戦開戦時に<u>社会民主党</u>議員としてただ1人反戦を主張した人物は誰か。	カール゠リープクネヒト
★★★★★★☆		
18 ☐☐☐	1919年に制定され、当時世界でもっとも民主的とうたわれた共和政ドイツの憲法は一般に何と呼ばれるか。	ヴァイマル憲法
★★★★★★☆		
19 ☐☐☐	<u>ヴァイマル憲法</u>制定後の共和政ドイツの通称は何か。	ヴァイマル共和国
★★★★★★☆		
20 ☐☐☐	<u>ドイツ社会民主党</u>出身の<u>ヴァイマル共和国</u>初代大統領は誰か。	エーベルト

★★★★★★☆ **21** □□□	フランスとベルギーによる<u>ルール占領</u>の結果、ドイツ国内で発生した経済現象は何か。	インフレーション
★★★★★★☆ **22** □□□	<u>ヴァイマル共和国</u>の首相として<u>インフレーション</u>を鎮静(ちんせい)化させた人物は誰か。	シュトレーゼマン
★★★★☆☆ **23** □□□	<u>インフレーション</u>を鎮静化させるために発行されたドイツの紙幣は何か。	レンテンマルク
★★★★☆☆ **24** □□□	1925年に<u>ヴァイマル共和国</u>第2代大統領に就任した軍人は誰か。	ヒンデンブルク
★★★★★★☆ **25** □□□	1924年、アメリカの関与で成立した、<u>ドイツの賠償金支払い</u>に関する新方式案は何か。	ドーズ案
★★★★★☆ **26** □□□	1929年にアメリカの銀行家を中心とする委員会で成立した、ドイツの賠償金を削減する案は何か。	ヤング案
★★☆☆☆☆ **27** □□□	1932年に開かれて、ドイツの賠償総額の減額を決定した国際会議は何か。	ローザンヌ会議

■国際協調と軍縮の進展

★★★☆☆☆ **1** □□□	第一次世界大戦後、連合軍の支援を受けてアナトリア西海岸に侵攻しトルコ軍と戦ったのはどこの国か。	ギリシア
★★★☆☆☆ **2** □□□	1920〜21年、復活したポーランドが旧領土の回復を目的に、ロシアに侵入しておこした戦争は何か。	ポーランド＝ソヴィエト戦争
★★★★★★☆ **3** □□□	<u>国際協調</u>の気運が高まるなか、1925年に7カ国で調印された西ヨーロッパの安全保障条約は何か。	ロカルノ条約
★★★★★★☆ **4** □□□	<u>ロカルノ条約</u>の締結で国際連盟への加盟が実現した国はどこか。	ドイツ
★★☆☆☆☆ **5** □□□	1927年に補助艦の制限を目的に開かれた軍縮会議だが、不満をもつ伊・仏の参加辞退で、米・英・日の3国による会議となったものは何か。	ジュネーヴ軍縮会議
★★★★★★☆ **6** □□□	1928年、アメリカ国務長官とフランス外相<u>ブリアン</u>が中心となり、パリで15カ国が結んだ条約は何か。	不戦条約（ブリアン・ケロッグ条約）

★★★★☆☆☆ **7** □□□	不戦条約の成立につとめたアメリカ国務長官は誰か。	ケロッグ
★★★☆☆☆☆ **8** □□□	1930年、日本・イギリス・アメリカ間の補助艦保有比率を規定した会議は何か。	ロンドン会議
★☆☆☆☆☆☆ **9** □□□	母は日本人で、第一次世界大戦後、ヨーロッパ統合の運動を提唱したオーストリアの政治家は誰か。	クーデンホーフ＝カレルギー

■イタリアのファシズム

★★★★★☆☆ **1** □□□	第一次世界大戦後にイタリアで出現し、世界恐慌発生後にドイツでも台頭した、議会制民主主義を否定する独裁政治を何と呼ぶか。	ファシズム
★★★★★★☆ **2** □□□	1919年に創設されたイタリアのファシズム政党は何か。	ファシスト党
★★★★★★★ **3** □□□	ファシスト党を創設し、政権を掌握して一党独裁のファシズム体制を築いた政治家は誰か。	ムッソリーニ
★★★★★☆☆ **4** □□□	1922年、ムッソリーニが政権獲得のためにおこした示威行動は何か。	「ローマ進軍」
★★☆☆☆☆☆ **5** □□□	ファシスト党の最高議決機関であったが、1928年に正式に国家の最高機関となったものは何か。	ファシズム大評議会
★★★★★★☆ **6** □□□	1924年、ムッソリーニがユーゴスラヴィアと協定を結び、併合した地域はどこか。	フィウメ
★★★★★★☆ **7** □□□	1926年、イタリアはどこの国を保護国としたか。	アルバニア
★★★★★★☆ **8** □□□	1929年、イタリア政府とローマ教皇庁が和解した協定は何か。	ラテラノ（ラテラン）条約
★★★★★★☆ **9** □□□	ラテラノ条約によって独立権を確認された、ローマ市内の一角にある教皇庁の所在地区を何と呼ぶか。	ヴァチカン市国

■東欧・バルカン諸国の動揺／ソ連の成立

★★★★☆☆☆ **1** □□□	ポーランドの独立を指導し、クーデタで1926年から独裁体制を固めた政治家は誰か。	ピウスツキ
★★★★☆☆☆ **2** □□□	1919年、ソヴィエト政権を樹立したが、軍人やルーマニ	ハンガリー

	ア軍の侵入で革命が打倒された国はどこか。	

★★★★☆☆☆		
3 □□□	革命圧殺後、1920年からハンガリーで国王不在のまま摂政となり、<u>権威主義体制</u>を続けた軍人は誰か。	ホルティ

★★★★★☆☆		
4 □□□	<u>オーストリア＝ハンガリー帝国</u>から独立して議会政治を安定させた、チェコ人とスロヴァキア人の国家は何か。	チェコスロヴァキア

★★★★★☆☆		
5 □□□	1929年、<u>セルブ＝クロアート＝スロヴェーン王国</u>は「南スラヴ」の民族意識による国民統合をめざす国王によって、国名を何と改称されたか。	ユーゴスラヴィア

★★★★★☆☆		
6 □□□	1922年、ソヴィエト政権とドイツとのあいだで結ばれた、国交回復の条約は何か。	ラパロ条約

★★★★★★★		
7 □□□	1922年12月、4つの社会主義共和国が結成したロシアの新国家の正式名称は何か。	ソヴィエト社会主義共和国連邦

★★★★★★☆		
8 □□□	<u>ソヴィエト社会主義共和国連邦</u>を構成した4つの社会主義共和国は、ロシアのほかこの国か。	ウクライナ・ベラルーシ（白ロシア）・ザカフカース

★★★☆☆☆☆		
9 □□□	1924年のレーニンの死後、ソ連の時代に<u>ペトログラード</u>（現サンクト＝ペテルブルク）は何と呼ばれていたか。	レニングラード

★★★☆☆☆☆		
10 □□□	<u>1924年</u>、イギリスについでソ連を承認した西ヨーロッパの国を2つ、<u>1925年</u>に承認した東アジアの国を1つ答えなさい。	イタリア、フランス、日本

★★★★★★☆		
11 □□□	レーニンの死後、<u>スターリン</u>がとなえた社会主義建設理論を何と呼ぶか。	一国社会主義論

★★★★★★★		
12 □□□	<u>トロツキー</u>が主張した、社会主義勢力の拡大をはかる理論は何と呼ばれるか。	世界革命論

★★★★★★★		
13 □□□	1928年から開始された、重工業の発展を最優先する社会主義計画経済は何か。	第1次五カ年計画

★★★★★☆☆		
14 □□□	穀物の増産をめざす<u>スターリン</u>が、反対者や富農を強制収容所に送り込みながら推進した政策は何か。	農業の集団化

★★★★★★☆		
15 □□□	<u>第1次五カ年計画</u>で全国に拡大した<u>集団農場</u>を何と呼ぶか。	コルホーズ

★★★★★★☆ **16** □□□ 第１次五カ年計画で拡大した国営農場を何と呼ぶか。		ソフホーズ

■アメリカ合衆国の繁栄

★★★★★★★ **1** □□□ 第一次世界大戦後のアメリカのように、対外資産が対外債務を上まわっている国のことを何と呼ぶか。		債権国
★★★★★★★ **2** □□□ モンロー主義の延長上にある、アメリカ外交の立場を何と呼ぶか。		孤立主義
★★★★★★☆ **3** □□□ 保護貿易主義をとる共和党政権では、どのような関税が設定されたか。		保護主義関税
★★☆☆☆☆☆ **4** □□□ 「平常への復帰」をとなえ、保守主義の風潮にのって、1921年に大統領に就任した共和党の政治家は誰か。		ハーディング
★★☆☆☆☆☆ **5** □□□ ハーディングの急死で副大統領から昇格し、自由放任主義を進めた共和党の大統領は誰か。		クーリッジ
★★☆☆☆☆☆ **6** □□□ 1929年の世界恐慌発生時の大統領で、市場への政府の介入に消極的であった共和党の政治家は誰か。		フーヴァー
★★★★★★★ **7** □□□ 1920年代にアメリカで本格的に始まった、大量生産・大量消費・大衆文化を特徴とする社会を何と呼ぶか。		大衆社会
★★★★★☆☆ **8** □□□ 自動車・家庭電化製品が普及した、豊かなアメリカの生活様式を何と呼ぶか。		アメリカ的生活様式
★★★★★★★ **9** □□□ 流れ作業方式で大量生産を実現し、自動車の量産化・低価格化に成功した実業家は誰か。		フォード
★★★★★★☆ **10** □□□ 流れ作業方式をとる製品の組み立て工程を何と呼ぶか。		「組み立てライン」方式
★★★★★★☆ **11** □□□ 黒人音楽を起源とし、第一次世界大戦後に黄金期を迎えたアメリカ音楽は何か。		ジャズ
★★★★★★★ **12** □□□ 1917年に憲法を修正し、19年に公布された、酒類の製造・販売を禁止した法律は何か。		禁酒法
★★★★★★★ **13** □□□ 1924年に制定された、人数の大幅制限や、アジア系移民の全面禁止などが盛り込まれた法律は何か。		移民法

★★☆☆☆☆☆ 14 □□□	都市のホワイトカラー層など、豊かな資本家と比較的貧しい労働者の中間に位置する階層を何と呼ぶか。	新中間層
★★★★☆☆☆ 15 □□□	アメリカ建国以来、支配層を構成し、彼らにみられた保守的な思想により禁酒法や移民法が定められることになった、プロテスタントのイギリス系白人を何と呼ぶか。	ワスプ(WASP)
★★★★★☆☆ 16 □□□	南北戦争後に結成され、第一次世界大戦後の保守的な風潮のもとで復活したアメリカの人種差別的秘密結社は何か。	クー゠クラックス゠クラン(KKK)
★★☆☆☆☆☆ 17 □□□	第一次世界大戦後のアメリカ社会の保守主義を象徴する、2人のアナーキストに対する冤罪事件は何か。	サッコ・ヴァンゼッティ事件

❸ アジア・アフリカ地域の民族運動 用語集 p.287~296

民族自決が適用されなかったアジア・アフリカ地域では、**列強の植民地主義への抵抗運動や社会運動**が高まった。朝鮮では<u>三・一独立運動</u>が、中国では<u>五・四運動</u>が発生、インドでは<u>国民会議派</u>が<u>プールナ゠スワラージ(完全独立)</u>を目標とすることを決議した。西アジアには<u>トルコ共和国</u>など多くの独立国家がうまれたが、**秘密外交**にもとづき**イギリス・フランスの委任統治領**がおかれた。

■第一次世界大戦と東アジア

★★★★★★★ 1 □□□	日本の大正時代に強まった民主主義的・自由主義的傾向を何と呼ぶか。	大正デモクラシー
★★★★☆☆☆ 2 □□□	1918年成立の原敬内閣から本格化した、議会の多数派の政党の党首が組織する内閣を何と呼ぶか。	政党内閣
★★★★★★★ 3 □□□	1918年、米価の高騰を背景に富山県で始まった自然発生的な民衆運動を何と呼ぶか。	米騒動
★★★★★★★ 4 □□□	1925年、加藤高明内閣で成立した改正衆議院選挙法は、一般に何と呼ばれる法か。	男性普通選挙法
★★★★★★★ 5 □□□	1925年、男性普通選挙法の成立の一方、その直前に制定された労働運動・民主化運動の弾圧法は何か。	治安維持法
★★★★★★★ 6 □□□	1915年から中国でおこった啓蒙運動は何と呼ばれるか。	新文化運動
★★★★★★★ 7 □□□	新文化運動で知識人・青年・学生らが展開した、文語体	文学革命

を否定した運動を一般に何と呼ぶか。

★★★★★★★ 8 ☐☐☐	1915年に上海で雑誌を発刊し、<u>文学革命</u>の中心的指導者となったのは誰か。	陳独秀 （ちんどくしゅう）
★★★★★★★ 9 ☐☐☐	「<u>民主と科学</u>」を掲げた<u>文学革命</u>の啓蒙雑誌は何か。	『新青年』
★★★★★★★ 10 ☐☐☐	『<u>新青年</u>』で口語による<u>白話</u>文学を提唱した学者は誰か。	胡適 （こせき）（こてき）
★★★★★★★ 11 ☐☐☐	『<u>新青年</u>』に『<u>狂人日記</u>』を発表し、<u>白話文学</u>を推進した作家は誰か。	魯迅
★★★★☆☆☆ 12 ☐☐☐	<u>魯迅</u>が1921年から発表した、貧農を主人公として中国人の実態を批判した代表作は何か。	『阿Ｑ正伝』 （あきゅうせいでん）
★★★★★☆☆ 13 ☐☐☐	1917年からの<u>文学革命</u>で中心的役割を果たした大学はどこか。	北京大学
★★★★☆☆☆ 14 ☐☐☐	<u>北京大学</u>の教授をつとめ、中国に<u>マルクス主義</u>思想を紹介した学者は誰か。	李大釗 （りたいしょう）

■日本の進出と東アジアの民族運動

★★★★★★☆ 1 ☐☐☐	日英同盟を根拠に第一次世界大戦に参戦した日本が、中国でドイツ軍と戦い占領した地域はどこか。	膠州湾(青島) （こうしゅうわん）（チンタオ）
★★★★★★★ 2 ☐☐☐	ドイツに宣戦した日本が1914年10月までに占領した、マリアナ諸島・マーシャル諸島などを何と呼ぶか。	ドイツ領南洋諸島
★★★★★★★ 3 ☐☐☐	第一次世界大戦中の1915年、日本の大隈内閣は<u>袁世凱</u>政権に何を提出したか。	二十一カ条の要求
★☆☆☆☆☆☆ 4 ☐☐☐	第一次世界大戦中の1917年、アメリカが日本の中国における特殊権益を承認した協定は何と呼ばれるか。	石井・ランシング協定
★★★★★★☆ 5 ☐☐☐	韓国併合後、日本が<u>朝鮮総督府</u>を通じておこなった韓国支配の方法を何と呼ぶか。	武断政治 （ぶだん）
★★★★★★★ 6 ☐☐☐	1919年、朝鮮民衆が日本からの独立を求めておこした運動を何と呼ぶか。	三・一独立運動 （さん）（いち）
★★★★★★☆ 7 ☐☐☐	<u>三・一独立運動</u>の鎮圧後、日本がこれまでの方法を変更しておこなった朝鮮統治策の呼称は何か。	「文化政治」

★★★★★☆☆		
8 ☐☐☐	三・一独立運動のあと、李承晩（イ スンマン）を首班として上海（シャンハイ）で設立された朝鮮の独立運動諸団体による政府は何か。	大韓民国臨時政府
★★★★★★★		
9 ☐☐☐	1919年5月、パリ講和会議で中国の要求が拒否されたことに反対し、北京で始まった民衆運動は何か。	五・四（ご し）運動
★★★★★☆☆		
10 ☐☐☐	五・四運動の拡大を無視できなくなった中華民国政府が、調印を拒否した条約は何か。	ヴェルサイユ条約
★★★★★★★		
11 ☐☐☐	第一次世界大戦中に日本が占領し、パリ講和会議で日本に利権が認められたが、日中間の交渉で中国に返還された、もとはドイツが利権を保持していた省はどこか。	山東省

■南京国民政府の成立と共産党

★★☆☆☆☆☆		
1 ☐☐☐	1919・20年の2度、ソヴィエト政権が発表した帝政ロシア時代の対中国不平等条約の撤廃宣言で、実際には放棄した特権はなかったというものは何か。	カラハン宣言
★★★★★★★		
2 ☐☐☐	1919年、五・四運動の影響下、秘密結社中華革命党を改編して孫文（そんぶん）が組織した大衆政党は何か。	中国国民党
★★★★★★★		
3 ☐☐☐	1921年、陳独秀（ちんどくしゅう）を初代委員長として上海で結成された政党は何か。	中国共産党
★★★★★★☆		
4 ☐☐☐	1924年の中国国民党一全大会で採用された、新方針を示す用語は何か。	「連ソ（れん）・容共（ようきょう）・扶助（ふじょ）工農（こうのう）」
★★★★★★★		
5 ☐☐☐	中国国民党一全大会で成立した、中国国民党に中国共産党の党員が個人加入するかたちの協力体制を何と呼ぶか。	国共合作（第1次）
★★☆☆☆☆☆		
6 ☐☐☐	国共合作の下で進められた、中国統一運動を何と呼ぶか。	国民革命
★★★★★★★		
7 ☐☐☐	1925年5月、上海でおこった反日・反英の反帝国主義運動を何と呼ぶか。	五・三〇運動
★★★★★★☆		
8 ☐☐☐	1925年7月、中国国民党が成立させた政府は何か。	広州国民政府
★★★★★★☆		
9 ☐☐☐	1925年、中国国民党が黄埔軍官学校（こう ほ ぐんかん）の卒業生を中心に編制した軍隊は何と呼ばれるか。	国民革命軍
★★★★★★★		
10 ☐☐☐	孫文の死後、中国国民党内で軍事権を握った人物は誰か。	蔣介石（しょうかいせき）

★★★★★★★ **11** □□□	1926年7月より開始された、中国統一をめざした北部の軍事勢力との戦いは何と呼ばれるか。	北伐
★★★★★★★ **12** □□□	1927年4月12日、蔣介石が強行して国共分裂を発生させた反共クーデタを何と呼ぶか。	上海クーデタ
★★★★★★★ **13** □□□	上海クーデタののち、蔣介石が国民党右派を集めて成立させた政権を何と呼ぶか。	南京国民政府
★★★★☆☆☆ **14** □□□	上海クーデタで蔣介石を支援した、上海を拠点とする民族資本家たちを日本では何と呼ぶか。	浙江財閥
★★★☆☆☆☆ **15** □□□	中国共産党との国共合作維持をはかって失敗、蔣介石と妥協して南京国民政府に合流した、汪兆銘を中心とする勢力は何か。	国民党左派
★★★★★★☆ **16** □□□	1927〜28年、田中義一内閣が国民革命軍の北伐の際に、居留民保護を名目に出兵させた事件は何か。	山東出兵
★★☆☆☆☆☆ **17** □□□	1928年の第2次山東出兵の際に発生した、日本軍と北伐軍の衝突事件を何と呼ぶか。	済南事件 (せいなん)
★★★★★★☆ **18** □□□	関東州と南満洲鉄道の警備を担当した日本陸軍部隊を何と呼んだか。	関東軍
★★★☆☆☆☆ **19** □□□	東三省(遼寧・吉林・黒竜江)に拠点をおき、日本軍に支援された軍事勢力を何と呼ぶか。	奉天派
★★★★★★☆ **20** □□□	日本軍に支援された、奉天派の代表は誰か。	張作霖
★★★★★★☆ **21** □□□	1928年、北伐軍に敗れた張作霖を関東軍が爆殺した事件を何と呼ぶか。	張作霖爆殺事件(奉天事件)
★★★★★★☆ **22** □□□	張作霖の爆死後に中国東北地方の実権を握り、蔣介石が率いる国民政府による全国統一を支持した人物は誰か。	張学良
★★★★★☆☆ **23** □□□	農村地域において革命運動を進める方針を出した、中国共産党の指導者は誰か。	毛沢東
★★★★★★☆ **24** □□□	1927年に誕生した、中国共産党の軍隊を何と呼ぶか。	紅軍
★★★★★★☆ **25** □□□	1931年11月、江西省につくられた中国共産党の臨時政府の名称は何か。	中華ソヴィエト共和国臨時政府

| 26 ☐☐☐ | 中華ソヴィエト共和国臨時政府の首都とされた都市はどこか。 | 瑞金 |

■インドにおける民族運動の展開

★★★★★★☆ 1 ☐☐☐	1919年に制定され21年に実施された、大戦中のインドへの自治の約束とはほど遠い内容の法令は何か。	1919年インド統治法
★★★★★★★ 2 ☐☐☐	1919年、インド政庁が発布した、逮捕状なしの逮捕、裁判なしの投獄などを認める弾圧法は何か。	ローラット法
★★★☆☆☆☆ 3 ☐☐☐	ローラット法の発布への抗議集会に対して、イギリスが弾圧をおこなったパンジャーブ地方の都市はどこか。	アムリットサール
★★★★★★★ 4 ☐☐☐	1915年に南アフリカから帰国し、19年から国民会議派の指導者として反英運動を進めた人物は誰か。	ガンディー
★★★★★★☆ 5 ☐☐☐	第1次が1919〜22年に、第2次が1930〜34年に展開された、ガンディーの反英闘争を示す言葉は何か。	非暴力・不服従
★★★☆☆☆☆ 6 ☐☐☐	反英運動と連携してインドで発生した、オスマン帝国のカリフを擁護する運動は何か。	ヒラーファト運動
★☆☆☆☆☆☆ 7 ☐☐☐	インド地域におけるヒンドゥー教徒とイスラーム教徒との対立のように、宗教などで区分される集団間の排他的な対立関係を何と呼ぶか。	コミュナリズム
★★☆☆☆☆☆ 8 ☐☐☐	1919年インド統治法修正の方向を探るため、27年にイギリスが派遣したインド人を含まない委員会の名称は何か。	憲政改革調査委員会（サイモン委員会）
★★☆☆☆☆☆ 9 ☐☐☐	1929年に国民会議派の大会が開かれた、パンジャーブ地方の中心都市はどこか。	ラホール
★★★★★★☆ 10 ☐☐☐	ラホール大会で決議された、「完全独立」を意味する言葉は何か。	プールナ＝スワラージ
★★★★★★☆ 11 ☐☐☐	1920年代後半より国民会議派議長をつとめ、ラホール大会で反英闘争を指導した人物は誰か。	ネルー
★★★★★★☆ 12 ☐☐☐	1930年にガンディーがおこなった非暴力・不服従運動を象徴した行動は何と呼ばれるか。	「塩の行進」

★★★★★★★☆ **13** ☐☐☐	独立運動の抑止をねらい、1930〜32年にイギリスがインド側指導者をまねいて開いた会議は何か。	英印円卓会議
★★★★★★★☆ **14** ☐☐☐	1935年、連邦制と各州の自治制を導入した、イギリスのインド統治に関する法令を何と呼ぶか。	1935年インド統治法
★★★★★★★☆ **15** ☐☐☐	全インド＝ムスリム連盟の指導者で、のちに初代パキスタン総督となった人物は誰か。	ジンナー

■東南アジアにおける民族運動の展開

★★★★★★★★ **1** ☐☐☐	1920年に結成されたアジア最初の社会主義政党は何か。	インドネシア共産党
★★★★★★★★ **2** ☐☐☐	1927年に結成されたインドネシアの民族主義政党の、翌年の改称後の名称は何か。	インドネシア国民党
★★★★★★★★ **3** ☐☐☐	インドネシア国民党の創設者で、インドネシア独立運動を推進した人物は誰か。	スカルノ
★★★★☆☆☆☆ **4** ☐☐☐	1925年、中国の広州でホー＝チ＝ミンが結成した、ベトナム人の民族主義組織は何か。	ベトナム青年革命同志会
★★★★★★★★ **5** ☐☐☐	1930年に結成され、独立運動の中心となったベトナム共産党は、同年、何と改称されたか。	インドシナ共産党
★★★★★★★★ **6** ☐☐☐	ベトナム共産党を結成し、インドシナ民族運動を推進したベトナムの革命家は誰か。	ホー＝チ＝ミン
★☆☆☆☆☆☆☆ **7** ☐☐☐	1930年にビルマでおこった農民蜂起の指導者は誰か。	サヤ＝サン
★★★★★★★★ **8** ☐☐☐	1930年に結成され、その後即時完全独立を要求し、都市を中心に活動を展開したビルマ人の組織は何か。	タキン党
★★★★☆☆☆☆ **9** ☐☐☐	1940年にタキン党の書記長となった、ビルマ独立運動の指導者は誰か。	アウン＝サン
★★★★★★★☆ **10** ☐☐☐	1934年にアメリカ議会で成立した、ある地域の独立に向けた自治政府の設立と、その発足から10年後の独立を認めた法は何か。	フィリピン独立法
★★★★★★★☆ **11** ☐☐☐	1935年、フィリピン独立法の成立を受けて発足した、フィリピンの自治政府を何と呼ぶか。	フィリピン独立準備政府

12 □□□	1932年に<u>立憲革命</u>がおこった東南アジアの国はどこか。	タイ

■西アジアの民族運動

★★★★★★‐		
1 □□□	1920年8月、連合国と<u>オスマン帝国</u>とのあいだで結ばれた講和条約は何か。	セーヴル条約
★★★★★★‐		
2 □□□	ギリシア軍の<u>トルコ侵攻</u>に対処するため、1920年に<u>アンカラ</u>で開催された議会は何か。	トルコ大国民議会
★★★★★★‐		
3 □□□	1919〜23年の<u>トルコ革命</u>の中心的指導者は誰か。	ムスタファ゠ケマル
★★★★★★‐		
4 □□□	1934年に<u>トルコ大国民議会</u>が<u>ムスタファ゠ケマル</u>に呈上した、「父なるトルコ人」を意味する尊称は何か。	アタテュルク
★★★★★★‐		
5 □□□	1922年、何の廃止によってオスマン帝国は名実ともに滅亡したか。	スルタン制
★★★★★★‐		
6 □□□	1923年に成立を宣言した新国家の名称は何か。	トルコ共和国
★★★★★★‐		
7 □□□	<u>トルコ共和国</u>の首都はどこか。	アンカラ
★★★★★★‐		
8 □□□	1923年の<u>トルコ共和国</u>と連合国の新講和条約は何か。	ローザンヌ条約
★★★★★★‐		
9 □□□	1924年、<u>政教分離</u>のため廃止したものは何か。	カリフ制
★★★★★★‐		
10 □□□	1928年の<u>文字改革</u>で、<u>トルコ共和国</u>がアラビア文字を廃止して採用した文字は何か。	ローマ字
★★★★☆☆‐		
11 □□□	<u>トルコ共和国</u>で、ヒジュラ暦にかえて採用された暦は何か。	太陽暦
★★★★★★‐		
12 □□□	<u>トルコ共和国</u>で一夫多妻制の廃止や<u>女性参政権</u>の付与などによって実現したことがらは何か。	女性解放
★★★☆☆☆‐		
13 □□□	イラン・イラク・シリア・トルコなどの山岳地帯に居住し、多くがスンナ派イスラーム教徒である、インド゠ヨーロッパ語系の民族は何か。	クルド人
★★★☆☆☆‐		
14 □□□	<u>1919年革命</u>をきっかけに、サアド゠ザグルール指導下に結成され、独立後のエジプトで政権を握った民族主義政党は何か。	ワフド党

★★★★★★☆
15
□□□ 1919年革命後にイギリスの保護国から脱して、1922年に
成立したエジプトの国名は何か。 | エジプト王国

★★★★☆☆☆
16
□□□ エジプト王国の成立後、エジプト゠イギリス同盟条約に
よって合法化され、イギリスが駐屯権を保持し続けた場
所はどこか。 | スエズ運河地帯

★★★★★★☆
17
□□□ 1921年のクーデタで実権を握り、25年にガージャール朝
を滅ぼしたペルシア軍人は誰か。 | レザー゠ハーン

★★★★★★☆
18
□□□ 1925年にレザー゠ハーンが創始したペルシアの新王朝は
何か。 | パフレヴィー朝

★★★★★☆☆
19
□□□ 1935年、パフレヴィー朝は国号を何と改称したか。 | イラン

★★★★☆☆☆
20
□□□ 1919年の第3次アフガン戦争の結果、イギリスの保護国
から独立した国はどこか。 | アフガニスタン

★★★★★☆☆
21
□□□ マクマホンと協定を結んだ翌年、アラビア半島に王国を
建てたアラブ人指導者は誰か。 | フセイン（フサイン）

★☆☆☆☆☆☆
22
□□□ 1916年にフセインが独立を宣言した、アラビア半島西岸
の王国は何か。 | ヒジャーズ王国

★★★★★☆☆
23
□□□ 1925年にヒジャーズ王国を滅ぼした、アラビア半島中部
のワッハーブ派の指導者は誰か。 | イブン゠サウード

★★★★★★☆
24
□□□ アラビア半島の大部分を統一してイブン゠サウードが建
てた王国は、1932年、何という国名に改称したか。 | サウジアラビア王国

★★★★☆☆☆
25
□□□ 1920年にイギリスの委任統治領とされ、21年に王国が成
立し、32年に独立が認められた国はどこか。 | イラク王国

★★★★☆☆☆
26
□□□ 1923年にイギリスの委任統治下で首長国が成立、46年に
王国として独立し、49年に改称した国はどこか。 | ヨルダン王国

★★★☆☆☆☆
27
□□□ フランスの委任統治領とされ、1936年に自治を認められ、
46年に共和国として独立した国はどこか。 | シリア

★★★☆☆☆☆
28
□□□ シリアとともにフランスの委任統治領となったが、のち
分離して1943年に共和国として独立した国はどこか。 | レバノン

★★★★★☆☆
29
□□□ 19世紀末、ヨーロッパでおこった、ユダヤ人国家の建設 | シオニズム

をめざす運動は、何と呼ばれるか。

★★★★★☆☆
30
□□□ ポグロムや<u>シオニズム</u>運動、イギリスの三枚舌外交によりユダヤ人がパレスチナ地方に移住するようになっておこった、<u>パレスチナ地方</u>をめぐる<u>ユダヤ人</u>と<u>アラブ人</u>の対立・紛争を何と呼ぶか。

パレスチナ問題

■アフリカの民族運動

★★★☆☆☆☆
1
□□□ 1912年に南アフリカで創設され、23年に改称した、人種差別撤廃運動を推進した組織は何か。

アフリカ民族会議（ANC）

★★★☆☆☆☆
2
□□□ アフリカの解放運動を活発化させるため、19世紀末から欧米で活躍するアフリカ系知識人が展開した考え方は何か。

パン＝アフリカニズム

★★★☆☆☆☆
3
□□□ 1919年にパリで開かれた、<u>パン＝アフリカニズム</u>推進のための会議は何か。

パン＝アフリカ会議

★☆☆☆☆☆☆
4
□□□ 1919年の<u>パン＝アフリカ会議</u>の開催を指導した、アメリカ合衆国の黒人解放運動指導者は誰か。

デュボイス

第二次世界大戦と新しい国際秩序の形成

ドイツ・イタリア・日本などの枢軸国と、イギリス・ソ連・アメリカ・中国などの連合国が対決した第二次世界大戦は、人類史上最大の犠牲者を出して終結した。戦後、勝利した連合国側で中心的な役割を果たしたアメリカとソ連の対立が深まり、アメリカを盟主とする資本主義陣営と、ソ連を盟主とする社会主義陣営との間で「冷戦」と呼ばれる緊張状態が高まった。

【第一次世界大戦から第二次世界大戦勃発までの国際秩序の変化】

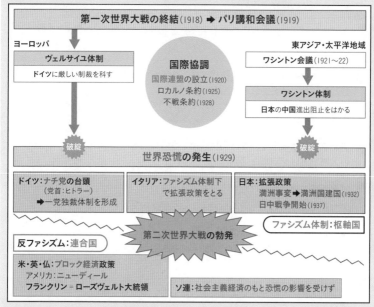

【世界恐慌中の各国工業生産指数の推移】

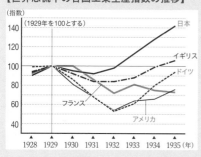

【第二次世界大戦の戦死者数（兵士のみ）】

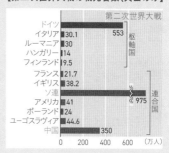

世界恐慌に対して、**アメリカ合衆国はニューディール政策を開始**、イギリスもブロック経済政策で危機の打開をはかった。ドイツはヴェルサイユ条約・ロカルノ条約を破って、イタリアとともにファシズム体制を形成、**日本は中国進出を加速**させて満洲国を建国、1937年には日中戦争が始まった。

■世界恐慌とその影響／アメリカのニューディール

★★★★★★★ **1** ☐☐☐	1929年10月、ニューヨーク株式市場での株価大暴落が引き金となり、世界中に広がった大不況を何と呼ぶか。	世界恐慌
★★★★★★★ **2** ☐☐☐	ニューヨークで証券取引所や金融機関が集中する一角を何と呼ぶか。	ウォール街
★★★★☆☆☆ **3** ☐☐☐	ウォール街のニューヨーク株式市場で株価が大暴落した1929年10月24日を、何と呼んだか。	「暗黒の木曜日」
★★★★★★★ **4** ☐☐☐	世界恐慌が発生した時のアメリカ大統領は誰か。	フーヴァー
★☆☆☆☆☆☆ **5** ☐☐☐	フーヴァー政権下で、保護関税政策をさらに強めて関税の大幅引上げを定めた法律は何か。	スムート゠ホーリー関税法
★★★★★★★ **6** ☐☐☐	世界恐慌の影響を受けたドイツを救済するため、フーヴァーが出した賠償・戦債支払いの1カ年停止の宣言を何と呼ぶか。	フーヴァー゠モラトリアム
★★★★★★★ **7** ☐☐☐	世界恐慌中の選挙で勝利し、1933年に就任した民主党の大統領は誰か。	フランクリン゠ローズヴェルト
★★★★★★★ **8** ☐☐☐	フランクリン゠ローズヴェルトが実施した、積極的な市場介入によって恐慌を克服しようとする経済政策を何と呼ぶか。	ニューディール
★★★☆☆☆☆ **9** ☐☐☐	ローズヴェルト政権が、1933年に離脱した通貨制度は何か。	金本位制
★★★★★★☆ **10** ☐☐☐	ニューディール政策のうち、1933年に制定された、農業に関する重要立法は何か。	農業調整法(AAA)
★★★★★★☆ **11** ☐☐☐	ニューディール政策のうち、1933年に制定された、産業全般に関する最重要立法は何か。	全国産業復興法(NIRA)

★★★★★★☆		
12 □□□	ローズヴェルト政権は、公共事業による失業者救済をはかった。そのために設立された、テネシー川流域の総合開発を目的とした政府機関は何か。	テネシー川流域開発公社(TVA)
★★★★★★★		
13 □□□	違憲とされた全国産業復興法のなかの労働者の権利に関する部分を、1935年に立法化したものは何か。	ワグナー法
★★★☆☆☆☆		
14 □□□	1935年、アメリカ労働総同盟内に成立し、38年に分離・独立した未熟練労働者中心の組織は何か。	産業別組合(組織)会議(CIO)
★★☆☆☆☆☆		
15 □□□	1935年、ニューディール政策の一環として、連邦政府が失業保険・老齢年金などを包括的な名称で法制化した。この法の名称は何か。	社会保障法
★★★★★★☆		
16 □□□	フランクリン゠ローズヴェルト大統領の対ラテンアメリカ外交政策は、何と呼ばれるか。	善隣外交
★★★★★★☆		
17 □□□	1933年、アメリカはどこの国を承認したか。	ソ連
★★★★★★☆		
18 □□□	プラット条項を廃止して、1934年にアメリカが完全独立を承認した国はどこか。	キューバ
★☆☆☆☆☆☆		
19 □□□	1930年代に農地の再分配、石油の国有化などをおこない、メキシコの政治に安定をもたらした大統領は誰か。	カルデナス
★★★★★☆☆		
20 □□□	アメリカが、ラテンアメリカ諸国などを組み入れて形成した、ブロック経済圏を何と呼ぶか。	ドル゠ブロック
★★☆☆☆☆☆		
21 □□□	1935年、アメリカが交戦国への武器・軍需品の売却の禁止などを取り決めた法律は何か。	中立法

■ブロック経済

★★★★★★☆		
1 □□□	失業保険の削減を提案したために、1931年に倒れた、イギリスの労働党の内閣は何か。	第2次マクドナルド内閣
★★★★★★☆		
2 □□□	恐慌を克服するため、1931年にイギリスで成立した内閣は何か。	マクドナルド挙国一致内閣
★★★★★★☆		
3 □□□	1931年、マクドナルド挙国一致内閣が停止した通貨制度は何か。	金本位制

★★★★★☆ **4** □□□	世界恐慌を克服するため、1932年に<u>イギリス連邦経済会議</u>が開かれたカナダの都市はどこか。	オタワ
★★★★★★★ **5** □□□	<u>オタワ</u>連邦会議で採用された、排他的な経済政策を何と呼ぶか。	ブロック経済
★★★★★★☆ **6** □□□	広大な植民地の上に成立したイギリスの経済圏を、その通貨にちなんで何と呼ぶか。	スターリング＝ブロック（ポンド＝ブロック）
★★☆☆☆☆☆☆ **7** □□□	1933年、世界恐慌に対応するためにイギリスで開かれた国際経済会議の名称は何か。	ロンドン世界経済会議
★★★★★★☆ **8** □□□	フランスが自国の植民地を囲い込んで形成した経済ブロックを何と呼ぶか。	フラン＝ブロック
★★☆☆☆☆☆☆ **9** □□□	イギリスの経済学者で、『雇用・利子および貨幣の一般理論』を著し、政府の積極的な経済への介入を主張したのは誰か。	ケインズ

■ナチス＝ドイツ

★★★★★★★ **1** □□□	1920年にドイツ労働者党から改称した、<u>国民社会主義ドイツ労働者党</u>の略称は何か。	ナチ党
★★★★★★☆ **2** □□□	1921年に<u>ナチ党</u>の党首となった独裁政治家は誰か。	ヒトラー
★★★★☆☆☆☆ **3** □□□	1923年に<u>ナチ党</u>がおこした、<u>ルール占領</u>とインフレで動揺するヴァイマル政府に対するクーデタは何か。	ミュンヘン一揆
★★☆☆☆☆☆☆ **4** □□□	<u>ナチ党</u>の「聖典」となった、<u>ヒトラー</u>の著作は何か。	『わが闘争』
★★★☆☆☆☆☆ **5** □□□	<u>ユダヤ人を排斥</u>して国民を同質なドイツ民族だけにしようと、<u>ナチ党</u>が建設目標として掲げた考えを何と呼ぶか。	民族共同体
★★☆☆☆☆☆☆ **6** □□□	<u>ヴァイマル憲法</u>で認められた、非常事態や議会が機能しない時、大統領に認められた非常立法権を何と呼ぶか。	大統領緊急令
★★★★★★☆ **7** □□□	<u>ナチ党</u>が第一党となったのは、何年の選挙か。	1932年
★★★☆☆☆☆☆ **8** □□□	<u>ナチ党</u>の中心的支持者となったのはどのような階層の人々か。	中間層（中産階級）

★★★★★☆☆		
9 ☐☐☐	1933年2月末におこり、<u>ヒトラー</u>内閣が共産党を非合法化して弾圧する口実に利用した事件は何か。	国会議事堂放火事件
★★★★★★☆		
10 ☐☐☐	1933年3月に国会で成立した、<u>ナチ党の一党独裁体制</u>を合法的に確立させた法律は何か。	全権委任法 （ぜんけんいにんほう）
★★★★★★☆		
11 ☐☐☐	1934年に<u>ヒトラー</u>が就任した独裁的地位は何か。	総統（フューラー） （そうとう）
★★★☆☆☆☆		
12 ☐☐☐	<u>ナチ党の一党独裁</u>下のドイツを称する国名は何か。	第三帝国
★★☆☆☆☆☆		
13 ☐☐☐	1921年創設の、ナチ党の直接行動隊の名称は何か。	突撃隊（SA） （とつげきたい）
★★★★☆☆☆		
14 ☐☐☐	1925年、<u>突撃隊</u>より独立した、ナチ党幹部の身辺警護組織は何か。	親衛隊（SS） （しんえいたい）
★★★★☆☆☆		
15 ☐☐☐	ゲーリングが設立した国家秘密警察で、のちに<u>親衛隊</u>に統合された組織の略称は何か。	ゲシュタポ
★★★☆☆☆☆		
16 ☐☐☐	生産・流通・消費などの経済活動が、政府のつくる計画に従って管理・運営されるしくみを何と呼ぶか。	計画経済
★★★☆☆☆☆		
17 ☐☐☐	1936年に開始された、ナチ党による<u>計画経済政策</u>を何と呼ぶか。	四カ年計画
★★★★★★★		
18 ☐☐☐	1920年代から計画され、ナチ党政権が建設を推進した、ドイツの自動車専用道路を何と呼ぶか。	アウトバーン
★★★★★☆☆		
19 ☐☐☐	ナチ党が政権獲得と同時に開始した、人種論にもとづく排斥の対象はどのような人々か。	ユダヤ人
★★★★★☆☆		
20 ☐☐☐	迫害を避け、1933年にアメリカに亡命した、<u>相対性理論</u>で有名なユダヤ系のドイツ人物理学者は誰か。	アインシュタイン
★★★☆☆☆☆		
21 ☐☐☐	ナチスを批判してアメリカに亡命した、代表作『魔の山』で知られるドイツ人作家は誰か。	トーマス＝マン
★★☆☆☆☆☆		
22 ☐☐☐	1938年11月におこなわれた、ナチスによる<u>ユダヤ人</u>商店の打ち壊しなどの迫害を何と呼ぶか。	「水晶の夜」 （すいしょう）

■ソ連の計画経済とスターリン体制

★★★☆☆☆☆
1
□□□ 1930年代に確立されたソ連の独裁政治体制を、その指導者の名を付して何と呼ぶか。 — スターリン体制

★★★★☆☆☆
2
□□□ 1933年から開始された、消費財の生産にも配慮した計画経済は何か。 — 第2次五カ年計画

★★★★★★★
3
□□□ 1933年に日本・ドイツが脱退し、翌34年にソ連の加入を認められた国際機関は何か。 — 国際連盟

★★★★☆☆☆
4
□□□ 1935年、反ファシズム「人民戦線」形成の方針を採択したコミンテルンの大会は、第何回大会か。 — 第7回大会

★★★★★☆☆
5
□□□ 1936年に制定されたソ連憲法の通称は何か。 — スターリン憲法

★★★★☆☆☆
6
□□□ 1936～37年が最高潮だった、スターリンの反対派とみなされた人々に対する大量処刑を何と呼ぶか。 — 粛清（しゅくせい）

■満洲事変と日中戦争

★★★★★☆☆
1
□□□ 蔵相の失言をきっかけに1927年3月から日本で発生し、台湾銀行など大銀行の破綻も引きおこした経済恐慌を何と呼ぶか。 — 金融恐慌

★★☆☆☆☆☆
2
□□□ 浜口内閣による金解禁の実施と世界恐慌の影響を受けて発生した、日本での深刻な不況を何と呼ぶか。 — 昭和恐慌

★★☆☆☆☆☆
3
□□□ 加藤高明、浜口雄幸両内閣で外相となり、ワシントン体制下での国際協調を推進した人物は誰か。 — 幣原喜重郎（しではらきじゅうろう）

★★★★★★★
4
□□□ 関東州と南満洲鉄道の警備を担当した、日本陸軍部隊を何と呼んだか。 — 関東軍

★★★★★★★
5
□□□ 1931年9月、関東軍が引きおこした南満洲鉄道爆破事件を何と呼ぶか。 — 柳条湖事件（りゅうじょうこ）

★★★★★★★
6
□□□ 柳条湖事件が発端となった満洲侵略の戦争を何と呼ぶか。 — 満洲事変

★★★★☆☆☆
7
□□□ 1932年、日本軍が戦闘を開始した事変は何か。 — 上海事変（シャンハイ）

★★★★★★★
8
□□□ 1932年、日本の満洲侵略を調査するため、国際連盟が派遣した調査委員会を何と呼ぶか。 — リットン調査団

★★★★★★★		
9 □□□	1932年3月に建国が宣言された傀儡国家は何か。	満洲国
★★★★★★★		
10 □□□	1932年に満洲国の執政に就任し、34年には皇帝となった、清朝最後の皇帝であった人物は誰か。	溥儀
★★★★★★☆		
11 □□□	1932年5月、海軍青年将校の一団が、首相官邸などを襲撃し、首相を暗殺した事件は何か。	五・一五事件
★★★★★★☆		
12 □□□	1933年2月、リットン調査団の報告書採択と満洲国不承認を不満として、日本は何を脱退したか。	国際連盟
★★☆☆☆☆☆		
13 □□□	1933年に関東軍が占領し、満洲国に組み込んだ地域はどこか。	熱河
★★★★★★☆		
14 □□□	1936年2月、日本国内で陸軍の皇道派が決起し、軍部政権の樹立をめざしたクーデタは何か。	二・二六事件
★★★★☆☆☆		
15 □□□	南京条約の追加条約で失われたが、1928～30年にかけて中国が回復し、財源確保につながった権利は何か。	関税自主権
★★★★★★☆		
16 □□□	1935年、国民政府がおこなった通貨改革を何と呼ぶか。	幣制改革
★★★★★☆☆		
17 □□□	幣制改革にともない統一通貨とされた、国民政府系の4銀行が発行した銀行券を何と呼ぶか。	法幣
★★★☆☆☆☆		
18 □□□	蔣介石が、反共産主義と抗日運動へと国民を総動員するために開始した全国規模の運動は何か。	新生活運動
★★★☆☆☆☆		
19 □□□	1935年、日本が河北省に設立させた傀儡政権は何か。	冀東防共自治政府
★★★★★☆☆		
20 □□□	国民党の圧迫を受けて、1934年10月～36年10月におこなわれた中国共産党とその軍隊の大移動を何と呼ぶか。	長征
★★★★★☆☆		
21 □□□	中華ソヴィエト共和国臨時政府の主席で、長征中に開催された遵義会議で指導的立場を強化したのは誰か。	毛沢東
★★★★★★☆		
22 □□□	長征の途上の1935年8月に中国共産党が発表した、内戦停止と民族統一戦線の結成を訴えた宣言を何と呼ぶか。	八・一宣言
★★★★☆☆☆		
23 □□□	長征の結果、あらたな根拠地とされた陝西省の都市はどこか。	延安
★★★★★★☆		
24 □□□	1936年、張学良らが蔣介石を監禁した事件は何か。	西安事件

第17章　第二次世界大戦と新しい国際秩序の形成

★★★★★★★ **25** ☐☐☐	八・一宣言においてその結成が呼びかけられ、西安事件をきっかけに、1937年9月に第2次国共合作というかたちで成立することになる民族的抵抗運動の形態は何か。	抗日民族統一戦線
★★★★★★★ **26** ☐☐☐	1936年11月、日本とドイツが共産主義の拡大阻止を理由に結成した協定は何か。	日独防共協定
★★★★★★★ **27** ☐☐☐	1937年7月、北京郊外で発生した日本と中国の軍事衝突事件は何か。	盧溝橋事件
★★★★★★★ **28** ☐☐☐	盧溝橋事件を機に始まった全面的な戦争は何か。	日中戦争
★★★★★★★ **29** ☐☐☐	日中戦争の勃発後、具体化した国民党と共産党の対等な立場での協力体制を何と呼ぶか。	国共合作(第2次)
★★★★★★★ **30** ☐☐☐	1937年12月、日本軍の南京占領部隊がおこした、捕虜・一般市民の大量虐殺事件は何と呼ばれるか。	南京事件
★★★☆☆☆☆ **31** ☐☐☐	1938年11月、近衛文麿首相が戦争遂行の口実として発表した、経済ブロックの建設構想は何か。	東亜新秩序
★★★★★★★ **32** ☐☐☐	1938年以降、抗日戦を継続した国民政府は首都を南京から、どことどこへ移したか。	武漢・重慶
★★★★★★★ **33** ☐☐☐	1938年12月重慶を脱出し、40年南京に日本の傀儡政権を建てた、蔣介石のライバルの政治家は誰か。	汪兆銘
★★★☆☆☆☆ **34** ☐☐☐	日中戦争期に、蔣介石の国民政府を支援するための物資が運ばれた補給ルートを何と呼ぶか。	援蔣ルート

■ファシズム諸国の攻勢と枢軸の形成

★★★★★★★ **1** ☐☐☐	1932年のジュネーヴ軍縮会議で軍備平等権が否定されると、翌年ドイツは何から脱退したか。	国際連盟
★★★★★☆☆ **2** ☐☐☐	1935年、住民投票でドイツに編入した地域はどこか。	ザール
★★★★★★★ **3** ☐☐☐	1935年の、ヴェルサイユ条約の破棄、徴兵制の復活、国防軍の拡大を内容とした宣言を何と呼ぶか。	再軍備宣言
★★★★★★★ **4** ☐☐☐	1935年、イギリスがヴェルサイユ条約を無視して、ドイツの軍艦と潜水艦の保有を認めた協定は何か。	英独海軍協定

★★★★☆☆☆		
5 ☐☐☐	ナチス＝ドイツの進出に対抗するため、1935年にフランスとソ連とのあいだで結ばれ、ヒトラーが<u>ロカルノ条約</u>違反と主張した条約は何か。	仏ソ相互援助条約
★★★★★★★		
6 ☐☐☐	1936年、<u>ロカルノ条約</u>を破棄して<u>ヒトラー</u>が軍を進駐させた地域はどこか。	ラインラント
★★★★★★★		
7 ☐☐☐	1935年イタリアが侵入し、翌年併合した国はどこか。	エチオピア
★★★★☆☆☆		
8 ☐☐☐	1936年に成立した、ドイツ・イタリアの提携を何と呼ぶか。	ベルリン＝ローマ枢軸
★★☆☆☆☆☆		
9 ☐☐☐	スペインでは、1931年の選挙の結果、<u>ブルボン朝</u>にかわって何という政体が成立したか。	スペイン第二共和政
★★★★★★★		
10 ☐☐☐	<u>コミンテルン</u>第7回大会で採択された、<u>ファシズム</u>に対抗するための協力体制は何か。	人民戦線
★★★★★★★		
11 ☐☐☐	1936年に成立したフランスの<u>人民戦線内閣</u>の首相となった、<u>社会党</u>の政治家は誰か。	ブルム
★★★★★★★		
12 ☐☐☐	1936年に成立したアサーニャを首班としたスペインの内閣は、何内閣と呼ばれるか。	人民戦線内閣
★★★★★★★		
13 ☐☐☐	1936〜39年に、<u>人民戦線政府</u>側と反共和派勢力とのあいだでおこなわれた戦いを何と呼ぶか。	スペイン内戦
★★★★★★★		
14 ☐☐☐	反乱軍の指導者で、内戦勝利ののち独裁体制を築いたスペインの軍人は誰か。	フランコ
★★★★★★★		
15 ☐☐☐	<u>スペイン内戦</u>の際にイギリス・フランスがとった政策は何か。	不干渉政策
★★★★★★★		
16 ☐☐☐	反ファシズムの立場で、世界各地からスペイン政府軍に参加した人々を何と呼ぶか。	国際義勇軍
★★★★☆☆☆		
17 ☐☐☐	スペイン内戦時、<u>国際義勇軍</u>に参加し、のち『誰がために鐘は鳴る』を著したアメリカ人作家は誰か。	ヘミングウェー
★★☆☆☆☆☆		
18 ☐☐☐	スペイン内戦時、<u>国際義勇軍</u>に参加し、のち『カタロニア賛歌』を著したイギリス人作家は誰か。	オーウェル
★★☆☆☆☆☆		
19 ☐☐☐	スペイン内戦時、<u>国際義勇軍</u>に参加し、第二次世界大戦	マルロー

	中はレジスタンスに参加した、フランスの作家・政治家は誰か。	
★★★★★★★ 20 □□□	反乱軍を支援したドイツ・イタリアが無差別爆撃を加えた小都市を、作品「ゲルニカ」に描いた画家は誰か。	ピカソ
★★☆☆☆☆☆ 21 □□□	独裁者として内外のファシズムを支援し、スペイン内戦でもフランコを支持したポルトガルの首相は誰か。	サラザール
★★★★★★★ 22 □□□	コミンテルンとソ連に対抗することを目的とする日独防共協定に、1937年にイタリアが加わり成立した協定を何と呼ぶか。	三国防共協定
★★★☆☆☆☆ 23 □□□	三国防共協定を結んだ、ドイツ・イタリア・日本の協力体制を何と呼ぶか。	三国枢軸

❷ 第二次世界大戦

用語集 p.305～312

1939年、ドイツ軍がポーランドに侵攻して第二次世界大戦が始まった。41年半ばまでにヨーロッパ全土がほぼドイツ側の支配下に入り、41年6月には独ソ戦が始まって戦局は転換した。アジアでは、41年12月に太平洋戦争が始まった。枢軸国と連合国との戦いは、枢軸国側の無条件降伏で終結した。

■ナチス＝ドイツの侵略と開戦

★★★★★★★ 1 □□□	1938年3月、ドイツが侵入・併合した国はどこか。	オーストリア
★★★★★★★ 2 □□□	オーストリアの併合後、ナチス＝ドイツはチェコスロヴァキアのどこの割譲を要求したか。	ズデーテン地方
★★★★★★★ 3 □□□	ズデーテン地方の問題に関して、1938年にイギリス・フランス・ドイツ・イタリアの首脳が会談を開いた都市はどこか。	ミュンヘン
★★★★★☆☆ 4 □□□	ミュンヘン会談に参加したイギリス首相は誰か。	ネヴィル＝チェンバレン
★★★★☆☆☆ 5 □□□	ミュンヘン会談に参加したフランス首相は誰か。	ダラディエ
★★★★★★★ 6 □□□	ミュンヘン会談で、イギリス・フランスがドイツに譲歩した政策を何と呼ぶか。	宥和政策
★★★★★★☆ 7 □□□	ミュンヘン協定に違反してドイツが解体した国はどこか。	チェコスロヴァキア

★★★★★☆ **8** ☐☐☐	1939年3月以降ドイツが併合を要求した、ドイツと東プロイセンのあいだのポーランド領は何と呼ばれるか。	ポーランド回廊^{かいろう}
★★★★★★ **9** ☐☐☐	1939年3月以降ドイツが併合を要求した、国際連盟管理下の自由市でポーランド唯一の海港はどこか。	ダンツィヒ
★★★☆☆☆☆ **10** ☐☐☐	1939年4月、イタリアが一方的に併合を宣言した国はどこか。	アルバニア
★★★★★★★ **11** ☐☐☐	1939年8月、ドイツとソ連が自国の立場強化の目的で結んだ条約は何か。	独ソ不可侵条約
★★★★★★★ **12** ☐☐☐	<u>1939年9月1日</u>、ドイツが侵攻を開始した国はどこか。	ポーランド
★★★★★★★ **13** ☐☐☐	ドイツ軍による<u>ポーランド</u>への侵攻で始まった史上最大の戦争は何か。	第二次世界大戦
★★☆☆☆☆☆ **14** ☐☐☐	ソ連が、1940年に捕虜とした<u>ポーランド</u>人将校をスモレンスク近郊で大量虐殺した事件は何か。	「カティンの森」事件

■ヨーロッパの戦争

★★★★★★☆ **1** ☐☐☐	1939年11月にソ連から開戦し、ソ連の国際連盟からの除名に結びついた戦争の相手国はどこか。	フィンランド
★★★★★★☆ **2** ☐☐☐	<u>独ソ不可侵条約</u>の秘密条項に従って1939年にソ連軍が占領し、40年正式に併合した地域の総称は何か。	バルト3国
★★☆☆☆☆☆ **3** ☐☐☐	1940年6月、ロシア革命後ルーマニア領となっていた地域をソ連が奪い返した。その地域名は何か。	ベッサラビア
★★★★★★★ **4** ☐☐☐	1940年4月、「奇妙な戦争」状態を打ち破って、ドイツが軍事占領した北ヨーロッパの2つの中立国はどこか。	デンマーク・ノルウェー
★★★★★★☆ **5** ☐☐☐	1940年5月、ドイツが<u>フランス侵入</u>にあたって侵攻した2つの中立国はどこか。	オランダ・ベルギー
★★★★★★☆ **6** ☐☐☐	1940年6月、ドイツ軍の<u>パリ占領</u>直前、その優勢をみて参戦に踏み切った国はどこか。	イタリア
★★★★★★☆ **7** ☐☐☐	フランス降伏後の1940年7月、中部の町に軍人ペタンが建てた対独協力政権を何と呼ぶか。	ヴィシー政府

★★★★★★☆	
8 □□□ 降伏に反対してロンドンに亡命したフランス軍人は誰か。	ド=ゴール
★★★★★☆☆	
9 □□□ ド=ゴールがロンドンで樹立し、ドイツへの抗戦を呼びかけた政府を何と呼ぶか。	自由フランス政府
★★★★★★☆	
10 □□□ ド=ゴールがフランス人に呼びかけたような、ファシズム支配地域における抵抗運動を何と総称するか。	レジスタンス
★★★★★☆☆	
11 □□□ 1941年4月、イタリア支援のためドイツがユーゴスラヴィア・ギリシアに侵攻し、ソ連との対立を深めることとなった軍事行動は何か。	バルカン制圧
★★★★★★★	
12 □□□ 1940年5月、ドイツ軍の猛攻に対して、徹底抗戦を掲げてイギリス首相となった政治家は誰か。	チャーチル

■独ソ戦

★★★★★★☆	
1 □□□ 1941年6月、ドイツの一方的侵攻で始まったヨーロッパ東部での戦いは何か。	独ソ戦
★★★☆☆☆☆	
2 □□□ 独ソ戦の開始後、対ドイツ戦のためイギリスとソ連が結んだ条約は何か。	英ソ軍事同盟
★★★★★☆☆	
3 □□□ 1941年、アメリカ大統領に外国政府への武器・軍需物資を提供する権限を与え、連合国への軍事援助を可能にした法は何か。	武器貸与法
★★★★☆☆☆	
4 □□□ 1943年5月、連合国との結束強化のため、スターリンが決定したことは何か。	コミンテルン解散
★★★★★★★	
5 □□□ ナチスが政治犯やユダヤ人などを大量に収容するために設置した拘禁施設を何と呼ぶか。	強制収容所
★★★★★★★	
6 □□□ ドイツによりユダヤ人を中心に多くの人が虐殺された強制収容所がつくられた、ポーランド南部の都市はどこか。	アウシュヴィッツ
★★★★★☆☆	
7 □□□ 中世から始まった、ヨーロッパの都市で強制隔離されたユダヤ人の集合居住区は、何と呼ばれたか。	ゲットー
★★★★★☆☆	
8 □□□ ナチス=ドイツによるユダヤ人大虐殺を何と呼ぶか。	ホロコースト
★★★★☆☆☆	
9 □□□ 同じくナチ党政権下で迫害の対象とされた、「ジプシー」	ロマ

の蔑称で呼ばれる人々の自称は何か。

★★★★☆☆☆☆
10
□□□ ドイツ軍の占領したバルカン地域などで展開された、非正規軍による遊撃戦方式を何と呼ぶか。 | パルチザン

★★★★★★☆☆
11
□□□ <u>ユーゴスラヴィア</u>地域で<u>パルチザン</u>による対独闘争を指導し、ほぼ独力で解放を達成した人物は誰か。 | ティトー

■太平洋戦争

★★★☆☆☆☆☆
1
□□□ 1939年、<u>満洲国</u>とモンゴルの国境付近で発生した日本軍とソ連軍による武力衝突を何と呼ぶか。 | ノモンハン事件

★★★★★★★☆
2
□□□ 1940年9月、ベルリンで調印されて成立した、全体主義3国の同盟は何か。 | 日独伊三国同盟

★★★★★★★☆
3
□□□ フランスの降伏後、1940年9月から日本が進駐（しんちゅう）を開始した地域はどこの南部か。 | フランス領インドシナ

★★★★★★☆☆
4
□□□ 1941年4月に成立した日本とソ連との条約は何か。 | 日ソ中立条約

★★★★★☆☆☆
5
□□□ 1941年夏頃から日本が使いはじめた、日本包囲網を指した名称は何か。 | 「ABCDライン」

★☆☆☆☆☆☆☆
6
□□□ 日米交渉末期の1941年11月、アメリカ国務長官が提示したアメリカ側の対案を何と呼ぶか。 | 「ハル=ノート」

★★★★★★★☆
7
□□□ <u>太平洋戦争</u>の始まりとなった、1941年12月8日の日本軍の軍事行動は、マレー半島上陸と何か。 | パールハーバー（真珠湾（しんじゅわん）） 攻撃

★★☆☆☆☆☆☆
8
□□□ 1941年12月、日本は中国のイギリス植民地であるどこを占領したか。 | 香港（ホンコン）

★★★☆☆☆☆☆
9
□□□ 1941年12月〜42年1月、日本は東南アジアのイギリス領であるどこを占領したか。 | マレー半島

★★★☆☆☆☆☆
10
□□□ 1942年、日本は東南アジアのアメリカ領であるどこを占領したか。 | フィリピン

★★★★☆☆☆☆
11
□□□ 1942年2月、日本は東南アジアのイギリス領の島を占領して、昭南島と改称した。それはどこか。 | シンガポール

★★★☆☆☆☆☆
12
□□□ 1942年、日本はオランダ領東インドの2島を占領して石 | ジャワ島・スマトラ

油資源を確保した。それはどことどこか。	島

13 ☐☐☐	1942年、日本が連合国による中華民国支援のルートを切断する目的で占領した、東南アジアのイギリス領の国（地域）はどこか。	ビルマ

14 ☐☐☐	1940年に発表され、太平洋戦争中は日本のアジア支配の正当化に用いられた、日本を盟主とするアジアの経済・政治・軍事ブロック構想は何と呼ばれるか。	「大東亜共栄圏」

15 ☐☐☐	国民会議派の指導者で、第二次世界大戦期に日本の協力でインド国民軍を編制したのは誰か。	チャンドラ゠ボース

16 ☐☐☐	日中戦争開始後、朝鮮や台湾で強化された、同化政策を何と呼ぶか。	皇民化政策

17 ☐☐☐	皇民化政策の一環として朝鮮でおこなわれた、日本式の氏名を名乗らせる政策は何か。	創氏改名

18 ☐☐☐	戦争の激化にともない、対象年齢の引下げや植民地の朝鮮や台湾へも適用された軍隊の制度は何か。	徴兵制

19 ☐☐☐	日本軍の統制下に、アジア各地から徴用された女性は何と呼ばれたか。	慰安婦

20 ☐☐☐	戦争などによって獲得した地域で、軍隊の司令官が統治する行政活動を通常何と呼ぶか。	軍政

21 ☐☐☐	1942年6月、日本海軍の主力が壊滅的な打撃を受けた戦いは何か。	ミッドウェー海戦

■枢軸諸国の敗北／大戦の特徴と結果

1 ☐☐☐	連合国に対し、日本・ドイツ・イタリアの3国側に属した国を何と呼ぶか。	枢軸国

2 ☐☐☐	1942年8月以降、日米両軍が争奪戦を展開し、日本が撤退したソロモン諸島南部の島はどこか。	ガダルカナル島

3 ☐☐☐	1942年7月～43年2月、ヴォルガ河畔で戦われた独ソ戦でドイツ軍が壊滅的打撃を受けた戦いは何か。	スターリングラードの戦い

4 ☐☐☐	1943年7月、イタリア本土侵攻の前に米英軍が上陸した	シチリア島

場所はどこか。

★★★★★★☆ 5 ▢▢▢	1943年9月、無条件降伏を受け入れたイタリアの新政府（内閣）は何か。	バドリオ政府
★★★★★★☆ 6 ▢▢▢	1941年8月にローズヴェルトとチャーチルが艦上でおこなった会談を何と呼ぶか。	大西洋上会談
★★★★★★★ 7 ▢▢▢	1941年8月、ローズヴェルトとチャーチルが大西洋上会談で公表した8カ条からなる文章を何と呼ぶか。	大西洋憲章
★★★★☆☆☆ 8 ▢▢▢	1942年1月に発表された、連合国26カ国の戦争目的とたがいの結束の宣言は何か。	連合国共同宣言
★★★★★★☆ 9 ▢▢▢	1943年11月、ローズヴェルト・チャーチル・蔣介石（しょうかいせき）が対日戦の基本方針を討議した会談は何か。	カイロ会談
★★★★★★☆ 10 ▢▢▢	1943年12月、日本降伏後の中国東北地方と台湾の中国への返還、朝鮮の独立などを発表した宣言は何か。	カイロ宣言
★★★★★★☆ 11 ▢▢▢	1943年11〜12月、ローズヴェルト・チャーチル・スターリンがおもにヨーロッパでの第二戦線問題を討議した会談は何か。	テヘラン会談
★★★★★★☆ 12 ▢▢▢	テヘラン会談を受けて1944年6月に実施された、連合軍による北フランスへの大規模な作戦は何と呼ばれるか。	ノルマンディー上陸作戦
★★★☆☆☆☆ 13 ▢▢▢	ノルマンディー上陸作戦時の連合国軍最高司令官は誰か。	アイゼンハワー
★★★★☆☆☆ 14 ▢▢▢	つぎのできごとを発生した順に並べ替えよ。 (A) ヤルタ会談　(B) ベルリン陥落　(C) パリ解放	(C)1944年8月 →(A)45年2月 →(B)45年5月
★★★★☆☆☆ 15 ▢▢▢	1944年7月に陥落し、その後、東京大空襲などのアメリカ空軍による日本本土空襲の拠点となったマリアナ諸島の島はどこか。	サイパン島
★★★☆☆☆☆ 16 ▢▢▢	1945年1月にアメリカ軍がルソン島に上陸し、2月に奪回した国（地域）はどこか。	フィリピン
★★★★★★★ 17 ▢▢▢	1945年2月、ローズヴェルト・チャーチル・スターリンが戦後処理を討議した会談は何か。	ヤルタ会談
★★★★★★☆ 18 ▢▢▢	ドイツの共同管理の公表や、ソ連がドイツ降伏後3カ月	ヤルタ協定

以内に対日参戦することをひそかに合意した協定は何か。

★★★★★★★		
19 ☐☐☐	1945年2月、連合軍により無差別大空襲を受けたドイツ中東部の古都はどこか。	ドレスデン
★★★★★★★		
20 ☐☐☐	1945年3月、日本軍が全滅し、アメリカ軍が占領して日本爆撃の中継基地となった島はどこか。	硫黄島
★★★★★★★		
21 ☐☐☐	1945年4月、アメリカ軍が上陸して日本軍は壊滅し、住民も多数まきぞえとなった日本南西部の島はどこか。	沖縄本島
★★★★★★★		
22 ☐☐☐	<u>ドイツの無条件降伏</u>後、1945年7～8月にアメリカ・イギリス・ソ連首脳が戦後処理を討議した会談は何か。	ポツダム会談
★★★★★★★		
23 ☐☐☐	1945年7月にアメリカ・イギリス・中国(8月ソ連が参加)が発表し、8月14日に日本が受諾した対日共同宣言は何か。	ポツダム宣言
★★★★★★★		
24 ☐☐☐	1945年4月の<u>ローズヴェルト</u>の急死を受けて、<u>ポツダム会談</u>に参加したアメリカ大統領は誰か。	トルーマン
★★★★★★★		
25 ☐☐☐	1945年イギリス総選挙の結果、<u>ポツダム会談</u>の途中から<u>チャーチル</u>にかわって参加したイギリス首相は誰か。	アトリー
★★★★★★★		
26 ☐☐☐	1945年8月6日と9日に<u>原子爆弾</u>が投下された都市は、どことどこか。	広島・長崎
★★★★★★★		
27 ☐☐☐	1945年8月8日、<u>ヤルタ会談</u>の秘密協定にそって<u>対日宣戦</u>をした国はどこか。	ソ連
★★★★★★★		
28 ☐☐☐	戦後、ソ連各地に60万人以上の日本の元軍人や居留民が拘束され労働を強制されたことを何というか。	シベリア抑留

❸ 新しい国際秩序の形成

用語集 p.312～321

戦後、国際連合を中心とする**新しい国際秩序**が形成された。経済では<u>自由貿易</u>を維持するために<u>ブレトン゠ウッズ体制</u>が形成された。**ヨーロッパで共産党勢力が力を伸ばす**と、アメリカは社会主義陣営の「<u>封じ込め</u>」政策を宣言、ソ連もこれに対抗し、「**冷戦**」と呼ばれる**緊張状態**が始まった。

■戦後国際秩序の形成

★☆☆☆☆☆☆ 1 ☐☐☐	1943年のモスクワでのアメリカ・イギリス・ソ連・中国の外相会議で、国際平和機構設立の必要を宣言したものを、何と呼ぶか。	モスクワ宣言
★★★★☆☆☆ 2 ☐☐☐	1944年8月からワシントン郊外で開かれ、アメリカ・イギリス・ソ連・中国の代表によって、設立する国際平和機構の憲章原案がつくられた会議は何か。	ダンバートン＝オークス会議
★★★★★★★ 3 ☐☐☐	1945年4〜6月、連合国側の50カ国によって開かれ、設立する国際平和機構の憲章を採択した会議は何か。	サンフランシスコ会議
★★★★★★★ 4 ☐☐☐	1945年10月、ニューヨークに本部をおき、51カ国の原加盟国で発足した国際平和機構は何か。	国際連合
★★★★★★☆ 5 ☐☐☐	全加盟国で構成され、意思決定は各国1票の多数決制をとる国際連合の会議は何か。	総会
★★★★★★★ 6 ☐☐☐	国際連合でもっとも強大な権限をもつ、5常任理事国を中心とした主要機関は何か。	安全保障理事会
★★★★★★★ 7 ☐☐☐	安全保障理事会の5常任理事国が保有する権利は何か。	拒否権
★★★☆☆☆☆ 8 ☐☐☐	国際連合で、経済・社会・文化・教育・保健などの分野での国際協力を促進する主要機関は何か。	経済社会理事会
★★★★★☆☆ 9 ☐☐☐	1946年にオランダのハーグに設置された、国際問題の法的処理をおこなう国連の一機関は何か。	国際司法裁判所
★★★★★★★ 10 ☐☐☐	1946年に設立された、教育・科学・文化の分野に関する国連専門機関の略称は何か。	ユネスコ(国際連合教育科学文化機関、UNESCO)
★★★★★★★ 11 ☐☐☐	国際連盟の組織を受け継いだ、労働問題に関する国連専門機関は何か。	国際労働機関(ILO)
★★★★★★★ 12 ☐☐☐	保健衛生分野を担当する国連専門機関は何か。	世界保健機関(WHO)
★★★☆☆☆☆ 13 ☐☐☐	国連憲章に定められた軍事組織で、国際連合が国際平和を守る目的で組織する陸海空軍は何か。	国連軍

★★★★★★ **14** □□□	1944年7月、連合国側44カ国の代表がアメリカで開いた会議の名称にもとづく、戦後の国際通貨と世界経済の体制を何と呼ぶか。	ブレトン゠ウッズ国際経済体制
★★★☆☆☆ **15** □□□	基軸通貨ドルと金の交換比率を定め、ドルと各国通貨との換算を固定相場制によって一定とする制度は何か。	金・ドル本位制
★★★★★★ **16** □□□	1945年末、国際通貨体制の確立と為替の安定をはかる目的で設立された国連専門機関は何か。	国際通貨基金(IMF)
★★★★★★ **17** □□□	1945年末、戦後復興と開発途上国への融資を目的に設立された国連専門機関は何か。	国際復興開発銀行 (IBRD、世界銀行)
★★★★★★ **18** □□□	1947年に調印された、「関税と貿易に関する一般協定」の略称は何か。	ガット(GATT)
★★★★★★ **19** □□□	1948年の第3回国連総会で採択された、あらゆる国家と人々の基本的人権と自由に関する宣言は何か。	世界人権宣言
★★★★★★ **20** □□□	ドイツの非ナチ化をめざす連合国がとった、ドイツ本土の占領体制は何か。	4カ国分割占領(分割管理)
★★★★★★ **21** □□□	アメリカ・イギリス・フランス・ソ連の4カ国によって分割管理された、旧ドイツの首都はどこか。	ベルリン
★★★★★★ **22** □□□	ナチス゠ドイツの中心的指導者を裁くために、連合国が国際軍事裁判所をおいた都市はどこか。	ニュルンベルク
★★★★★★ **23** □□□	連合国は、オーストリアをどのように管理したか。	4カ国共同管理
★★★★★☆ **24** □□□	1947年に締結された、ドイツ・日本を除く敗戦5カ国と連合国との講和条約は何か。	パリ講和条約
★★★★★★ **25** □□□	連合国が、日本の中心的な戦争指導者を裁くために極東国際軍事裁判所をおいた都市はどこか。	東京
★★★☆☆☆ **26** □□□	太平洋戦争開戦時の首相で、極東国際軍事裁判においてA級戦犯として絞首刑となったのは誰か。	東条英機
★★☆☆☆☆ **27** □□□	マッカーサーを最高司令官とする、連合国軍総司令部(GHQ)による日本の民主的改革として適切なものをすべて選べ。 (A)農地改革　(B)女性参政権の付与　(C)自衛隊設置	(A)(B) ※(C)は主権回復後の1954年

★★★★★★☆ **28** □□□	1947年5月3日に施行された、日本の新憲法の名称は何か。	日本国憲法

■米ソ冷戦の始まり

★★★★★★☆ **1** □□□	1945年7月の選挙で成立した、イギリス労働党内閣の名称は何か。	アトリー内閣
★★★★☆☆☆ **2** □□□	アトリー内閣のもとでおこなわれた、イングランド銀行や石炭産業などの国有化を何と総称するか。	重要産業国有化
★★★★★☆☆ **3** □□□	第二次世界大戦中に発表されたベヴァリッジ報告を基礎として、アトリー内閣で実施された政策は何の充実か。	社会福祉制度
★★★★☆☆☆ **4** □□□	1949年にイギリス連邦から離脱したエールは、英語での国名を何と定めたか。	アイルランド
★★★★★☆☆ **5** □□□	新憲法にもとづき、1946年10月に発足したフランスの新政体は何か。	第四共和政
★★★★☆☆☆ **6** □□□	社会党からわかれて結成され、戦後急速に伸張して何度か政権にも参加し、またコミンフォルムにも参加したフランスの政党は何か。	フランス共産党
★★★★☆☆☆ **7** □□□	1946年、イタリアで女性参政権が認められておこなわれた国民投票の結果、何が決定したか。	王政廃止
★★★★☆☆☆ **8** □□□	第二次世界大戦中にレジスタンスの中心となり、戦後勢力を拡大したイタリアの政党は何か。	イタリア共産党
★★★★★★★ **9** □□□	第二次世界大戦末期から始まる、アメリカ・ソ連両国のきびしい緊張による対立を示す言葉は何か。	「冷戦」
★★★★★★★ **10** □□□	1946年にアメリカのフルトンでおこなわれた演説で、イギリスの元首相チャーチルが使用した、ヨーロッパにおける2つの勢力圏の存在を比喩した言葉は何か。	「鉄のカーテン」
★★★★★★★ **11** □□□	共産圏の拡大を防止するため、アメリカのトルーマン政権がとった対外政策は何と呼ばれるか。	「封じ込め政策」
★★★★★★★ **12** □□□	1947年、アメリカ大統領がギリシア・トルコの共産化阻止を表明した宣言を何と呼ぶか。	トルーマン゠ドクトリン

★★★★★★★		
13 ☐☐☐	1947年、アメリカ国務長官の名で提案された、ヨーロッパの経済復興援助計画は何か。	マーシャル゠プラン
★★☐☐☐☐☐		
14 ☐☐☐	<u>マーシャル゠プラン</u>を受け入れるため、1948年、西欧16カ国が結成した略称が OEEC の組織名は何か。	ヨーロッパ経済協力機構
★★★★★★☆		
15 ☐☐☐	1947年、<u>マーシャル゠プラン</u>に対抗して、ソ連など9カ国の共産党が組織した情報交換組織の略称は何か。	コミンフォルム(共産党情報局)

■東西ヨーロッパの分断

★★★★☆☆☆		
1 ☐☐☐	第二次世界大戦直後の東ヨーロッパに成立した、ソ連型の社会主義国の政治形態は何と呼ばれるか。	人民民主主義
★★★★★★☆		
2 ☐☐☐	1948年2月、クーデタによって共産党政権が樹立された東欧の国はどこか。	チェコスロヴァキア
★★★★★★☆		
3 ☐☐☐	1948年6月、ソ連の指導を嫌ったため、<u>コミンフォルム</u>から除名された東欧の国はどこか。	ユーゴスラヴィア
★★★★★★☆		
4 ☐☐☐	第二次世界大戦中のパルチザン闘争の指導者で、戦後のユーゴスラヴィアを指導した人物は誰か。	ティトー
★★★★☆☆☆		
5 ☐☐☐	1948年3月、<u>チェコスロヴァキア</u>での<u>クーデタ</u>に衝撃を受けたイギリス・フランス・ベネルクス3国が結んだ、<u>ブリュッセル条約</u>とも呼ばれる条約は何か。	西ヨーロッパ連合条約
★★★★★★☆		
6 ☐☐☐	1949年1月、ソ連と東欧諸国(ユーゴスラヴィアを除く)で設立された、<u>COMECON</u>の略称をもった経済協力機構は何か。	経済相互援助会議
★★★★★★☆		
7 ☐☐☐	1949年4月、ワシントンで調印された、<u>アメリカ</u>を中心とする集団安全保障機構は何か。	北大西洋条約機構(NATO)
★★★★★★☆		
8 ☐☐☐	1955年5月に調印された、<u>東ヨーロッパ相互援助条約</u>にもとづく軍事同盟の別名は何か。	ワルシャワ条約機構
★★★★★★★		
9 ☐☐☐	1948年6月、西側管理地区での<u>通貨改革</u>に対して、ソ連が西ベルリンに対して開始した措置は何か。	ベルリン封鎖
★★★★★★★		
10 ☐☐☐	1949年5月に成立し、ボンを暫定的な首都とした、通称<u>西ドイツ</u>の正式国名は何か。	ドイツ連邦共和国

★★★★★★★		
11 □□□	1949年10月、ソ連占領地区に樹立され、東ベルリンを首都とした、通称東ドイツの正式国名は何か。	ドイツ民主共和国
★★★★★★★		
12 □□□	キリスト教民主同盟の党首で、「経済の奇跡」を指導した西ドイツの首相は誰か。	アデナウアー
★★★★★★★		
13 □□□	西ドイツの主権回復と、その後の再軍備・NATO加盟につながった、1954年の協定は何か。	パリ協定
★★★★★★★		
14 □□□	1955年5月、共同管理4カ国の合意で、永世中立国として独立を回復した国はどこか。	オーストリア

■中華人民共和国の成立

★★★☆☆☆☆		
1 □□□	1947年、南京に遷都した国民政府が施行した憲法を何と呼ぶか。	中華民国憲法
★★★★☆☆☆		
2 □□□	1949年9月、共産党が蔣介石派を除く諸党派や団体に呼びかけて北京で開いた会議は何か。	人民政治協商会議
★★★★★★★		
3 □□□	人民政治協商会議の決議にもとづき、1949年10月1日に建国が宣言された国名は何か。	中華人民共和国
★★★★★★★		
4 □□□	中華人民共和国の初代主席は誰か。	毛沢東
★★★★★★☆		
5 □□□	中華人民共和国の初代首相は誰か。	周恩来
★★★★★★☆		
6 □□□	1947年に台湾の台北を起点に発生した、中国大陸から来た統治者への民衆の抗議やデモを何と呼ぶか。	二・二八事件
★★★★★☆☆		
7 □□□	1949年12月、台湾に逃れた蔣介石政権は何と称していたか。	中華民国政府
★★★★★★★		
8 □□□	1950年、中国・ソ連両国がモスクワで締結した軍事同盟の条約名は何か。	中ソ友好同盟相互援助条約
★★★☆☆☆☆		
9 □□□	つぎの国家を、中華人民共和国を承認した時期が早い順に並べ替えよ。 (A) ソ連　(B) 日本　(C) イギリス	(A)1949年 →(C)50年 →(B)72年
★★★☆☆☆☆		
10 □□□	1950年に中国政府が開始した、大地主からの土地没収と農民の土地所有を目的とする改革は何か。	土地改革

★★★★☆☆☆		
11 ☐☐☐	1953年、ソ連の援助を受けて中国で開始された計画経済は何と呼ばれるか。	第1次五カ年計画

■朝鮮戦争と東アジア

★★★★★★★ **1** ☐☐☐	第二次世界大戦終結後、朝鮮半島におけるアメリカとソ連の占領地の境界線は北緯何度線におかれたか。	北緯38度線
★★★★★★★ **2** ☐☐☐	1948年8月、朝鮮半島南部に成立した国は何か。	大韓民国(韓国)
★★★★★★★ **3** ☐☐☐	大韓民国の初代大統領に就任したのは誰か。	李承晩
★★★★★★★ **4** ☐☐☐	1948年9月、朝鮮半島北部に成立した国は何か。	朝鮮民主主義人民共和国(北朝鮮)
★★★★★★★ **5** ☐☐☐	朝鮮民主主義人民共和国の初代首相(1972年から主席)に就任したのは誰か。	金日成
★★★★★★☆ **6** ☐☐☐	1950年6月に朝鮮半島で勃発し、国連軍が韓国側を、中国の人民義勇軍が北朝鮮側を支援して拡大した戦いは何か。	朝鮮戦争
★★★★★★☆ **7** ☐☐☐	1953年、板門店における会談で成立した協定は何か。	朝鮮休戦協定
★★★★☆☆☆ **8** ☐☐☐	台湾と中国の分断固定化につながった、朝鮮戦争中のアメリカ艦隊の派遣先はどこか。	台湾海峡
★★★★★★★ **9** ☐☐☐	1950年8月、朝鮮戦争の勃発で、GHQの指令により日本で発足した治安部隊は何か。	警察予備隊
★★★★★★☆ **10** ☐☐☐	警察予備隊は、のちに保安隊に改編され、1954年には組織を拡大して名称を変更した。新たな名称は何か。	自衛隊
★★☆☆☆☆☆ **11** ☐☐☐	朝鮮戦争の勃発後、1951年9月に開かれた、日本と連合国側48カ国との講和会議は何か。	サンフランシスコ講和会議
★★★★★★☆ **12** ☐☐☐	サンフランシスコ講和会議で1951年に調印され、日本が主権を回復した条約は何と呼ばれるか。	サンフランシスコ平和条約
★★★★★★★ **13** ☐☐☐	サンフランシスコ平和条約と同時に、1951年にアメリカとのあいだで調印されたのは何か。	日米安全保障条約

■東南アジアの独立

★★★★★★☆		
1	第二次世界大戦での日本の占領・降伏を経て、1946年にアメリカから独立した東南アジアの国はどこか。	フィリピン共和国
★★★★★★☆		
2	1945年8月に独立を宣言したがオランダが認めず、4年にわたる武力闘争ののちに独立が承認された国はどこか。	インドネシア共和国
★★★★★★☆		
3	<u>インドネシア共和国</u>の初代大統領となった独立の指導者は誰か。	スカルノ
★★★★☆☆☆		
4	1941年に、独立をめざして、<u>インドシナ共産党</u>を中心に諸党派が結集した組織は何か。	ベトナム独立同盟会（ベトミン）
★★★★★★★		
5	1945年9月、ハノイで独立宣言が出されて成立したベトナムの国名は何か。	ベトナム民主共和国
★★★★★★★		
6	<u>ベトナム民主共和国</u>の初代大統領となった独立の指導者は誰か。	ホー゠チ゠ミン
★★★★★★☆		
7	<u>ベトナム民主共和国</u>と植民地支配の回復をめざすフランスとのあいだで、1946年より始まった戦争は何か。	インドシナ戦争
★★★★★★★		
8	1949年、フランスの後援でベトナム南部に成立した国は何か。	ベトナム国
★★★★☆☆☆		
9	<u>ベトナム国</u>の元首とされた、阮朝最後の王は誰か。	バオダイ
★★☆☆☆☆☆		
10	第四共和政下のフランスで結成された、旧植民地や旧保護国などに平等な権利を与えて1つの統合体にまとめたものは何か。	フランス連合
★★★★★★☆		
11	1954年5月、休戦会議の最中にフランス軍が大敗したベトナム北西部の町はどこか。	ディエンビエンフー
★★☆☆☆☆☆		
12	1954年、朝鮮統一と<u>インドシナ戦争</u>の休戦を話し合うための会議はどこで開かれたか。	ジュネーヴ
★★★★★★☆		
13	1954年7月に調印され、暫定軍事境界線と南北統一選挙の実施を定めた、<u>インドシナ戦争</u>の休戦協定は何か。	ジュネーヴ休戦協定
★★★★★★☆		
14	<u>ジュネーヴ休戦協定</u>による暫定軍事境界線は北緯何度線か。	北緯17度線

★★★★★☆☆☆ 15 ☐☐☐	1955年、ジュネーヴ休戦協定を無視し、アメリカの支援を受けてベトナム南部に樹立された国は何か。	ベトナム共和国
★★★★★☆☆☆ 16 ☐☐☐	バオダイを追放してベトナム共和国を建て、アメリカの援助で独裁政治をおこなった初代大統領は誰か。	ゴ゠ディン゠ジエム
★★★☆☆☆☆☆ 17 ☐☐☐	1953年、フランスから独立したインドシナの国はどこか。	カンボジア
★★★☆☆☆☆☆ 18 ☐☐☐	独立後、王制社会主義をとなえた、カンボジアの国王・元首は誰か。	シハヌーク
★★★☆☆☆☆☆ 19 ☐☐☐	1946年に王国として復活し、54年のジュネーヴ休戦協定で完全独立を承認されたインドシナの国はどこか。	ラオス
★★★★★★★☆ 20 ☐☐☐	1948年に連邦共和国として、イギリス連邦を脱して完全に独立した東南アジアの国はどこか。	ビルマ
★★★★★★★☆ 21 ☐☐☐	1957年、イギリス連邦の自治領として独立した東南アジアの国はどこか。	マラヤ連邦

■南アジアの独立／中東の動向

★★★☆☆☆☆☆ 1 ☐☐☐	1947年7月、イギリスのアトリー内閣のもとで成立したインド地域の独立に関する法は何か。	インド独立法
★★★★☆☆☆☆ 2 ☐☐☐	1947年に独立したインドの国名は何か。	インド連邦
★★★★★★★☆ 3 ☐☐☐	自治領として独立したインド連邦の初代首相は誰か。	ネルー
★★★★★★★☆ 4 ☐☐☐	イスラーム教徒との融和をとなえていたため、1948年、ヒンドゥー教急進派に暗殺された人物は誰か。	ガンディー
★☆☆☆☆☆☆☆ 5 ☐☐☐	反カースト運動に貢献し、独立後インド憲法起草委員長となった宗教家・政治家は誰か。	アンベードカル
★★★★☆☆☆☆ 6 ☐☐☐	1950年、新憲法の発布にもとづきインドの国名は何となったか。	インド共和国
★★★★★★★☆ 7 ☐☐☐	1947年にインドと分離して独立した国はどこか。	パキスタン
★★★★★★★☆ 8 ☐☐☐	1948年に独立し、72年にスリランカと改称した国はどこか。	セイロン
★★☆☆☆☆☆☆ 9 ☐☐☐	ヨーロッパ人による東方世界の地域区分の1つで、現在	中東

では、北アフリカを含むアラブ諸国とトルコ・イラン・アフガニスタンをあわせた地域を指す名称は何か。

10 □□□	1945年3月、アラブ諸国民の主権擁護と相互協力を目的に7カ国が結成した地域機構は何か。	アラブ(諸国)連盟
11 □□□	1947年11月、国連総会で決議された、イギリスの委任統治終了後のパレスチナに関する法案は何か。	パレスチナ分割案
12 □□□	1948年5月、<u>パレスチナ分割案</u>を受けて、ユダヤ人が建てた国は何か。	イスラエル
13 □□□	<u>イスラエル</u>の建国が契機となって、1948～49年におこった戦争は何か。	パレスチナ戦争(第1次中東戦争)
14 □□□	<u>パレスチナ戦争後のイスラエル</u>占領地は、地図中(A)、(B)のどちらか。	(A) ※(B)はエジプトとヨルダンの占領地
15 □□□	<u>パレスチナ戦争</u>の結果、パレスチナを追われたアラブ系の人々を何と呼ぶか。	パレスチナ難民
16 □□□	1951年、イランで急進的民族主義者が政権を握って、出した宣言は何か。	石油国有化
17 □□□	<u>石油国有化</u>を強行したイランの首相は誰か。	モサッデグ(モサデグ)
18 □□□	1953年、アメリカの支援によるクーデタで実権を奪い返したイラン国王は誰か。	パフレヴィー2世

地図:
レバノン / シリア / 地中海 / ヨルダン川 / テルアヴィヴ / アンマン / イェルサレム / 死海 / (B) / (A) / トランスヨルダン / エジプト / シナイ半島 / 0 100km

第18章

冷戦と第三世界の台頭

冷戦が続くなか、経済成長を果たした**西ドイツ**や**日本**は、西側陣営の一員として国際社会に復帰した。**フルシチョフ**による**スターリン批判**後には「**雪どけ**」と呼ばれる緊張緩和が生じたが、**キューバ危機**で米・ソの緊張は一気に高まり、人類は**核戦争の危機**にさらされた。危機回避後は核兵器制限の動きが進んだ。

東西対立が激化するなか、**アジア・アフリカの新興諸国**は**第三勢力**として国際社会での存在感を強めた。**中ソ対立**と**文化大革命**をへて**米中の国交正常化**が実現するなど、冷戦の対立構造は変容していった。

【冷戦体制の変化】

西側（自由主義）陣営	東西の対立	緊張の度合い（低 → 高）	東側（社会主義）陣営
トルーマン=ドクトリン(1947)	第二次世界大戦の終結		
マーシャル=プラン(47)			コミンフォルム結成(47)
			チェコスロヴァキア=クーデタ(48)
			ベルリン封鎖(48〜49)
ドイツ、東西に分裂(49)			コメコン創設(49)
北大西洋条約機構(NATO) 結成(49)	朝鮮戦争(50〜53)		**中華人民共和国**成立(49)
サンフランシスコ平和条約(51)	ジュネーヴ4巨頭会談(55)		**ワルシャワ条約機構**結成(55)
	「雪どけ」		フルシチョフの**スターリン批判**(56)
			ポズナニ暴動(56)
	キューバ危機(62)		ハンガリー反ソ暴動(56)
フランス、NATO軍事機構脱退(66)	ベトナム戦争(65〜75)		ベルリンの壁建設(61)
ヨーロッパ共同体(EC) 成立(67)			・この頃から**中ソ対立**が表面化
フランス、五月革命(68)			「プラハの春」(68)
西ドイツ、ポーランドと国交正常化(70)	緊張緩和（デタント）		中ソ国境紛争(69)
ドル=ショック(71)			
ニクソン訪中(72)	東西両ドイツ、相互承認(72)		

【ベトナム戦争に関連するできごと】

冷戦の対立構造は固定化され、**核開発競争**が過熱した。ヨーロッパでは、アメリカからの自立をめざす地域統合が始まった。西ドイツや日本は、**経済成長**をとげて西側陣営の一員として国際社会に復帰した。フルシチョフのスターリン批判は「雪どけ」と呼ばれる冷戦の緩和をもたらしたが、東欧諸国の自立化は阻止された。

■軍事同盟の広がりと核兵器開発

★★★★★☆☆ 1 □□□	1948年の第9回パン゠アメリカ会議で成立した、リオ協定などにもとづく南北アメリカ大陸の地域協力組織は何か。	米州機構（OAS）
★★★★★☆☆ 2 □□□	1951年に結ばれた、オーストラリア・ニュージーランド・アメリカによる集団防衛条約は何か。	太平洋安全保障条約（ANZUS）
★★★★★★☆ 3 □□□	1954年に結ばれた、SEATO の略称をもつ、8カ国による反共軍事同盟は何か。	東南アジア条約機構
★★★★★☆☆ 4 □□□	1955年に結成された、中東条約機構（METO）とも呼ばれる反共軍事同盟は何か。	バグダード条約機構
★★★☆☆☆☆ 5 □□□	アラブ民族主義が高まるなか、1958年カセムらによる王政打倒の革命がおこった西アジアの国はどこか。	イラク
★★★★☆☆☆ 6 □□□	1958年の革命でイラクが脱退したあと、1959年にバグダード条約機構は、何という名称で再編成されたか。	中央条約機構（CENTO）
★★★★★☆☆ 7 □□□	アメリカが1950年代に結んだ、2国間の反共安全保障条約の相手国として適当なものはつぎのどれか。 (A)インド　(B)フィリピン　(C)ベトナム	(B)フィリピン（米比相互防衛条約〈1951〉）
★★☆☆☆☆☆ 8 □□□	1952年、日本と台湾の蔣介石政権とのあいだで結ばれた条約は何か。	日華平和条約
★★★★★☆☆ 9 □□□	朝鮮戦争の休戦直後、アメリカと大韓民国が結んだ反共安全保障条約は何か。	米韓相互防衛条約
★★★☆☆☆☆ 10 □□□	1954年、アメリカと台湾の蔣介石政権が結んだ反共安全保障条約は何か。	米華相互防衛条約
★★★★★★★ 11 □□□	1949年、アメリカについで2番目に核実験に成功した国はどこか。	ソ連

★★★★★★☆☆ **12** ☐☐☐	1952年、3番目に核実験に成功した国はどこか。	イギリス
★★★★★★★★ **13** ☐☐☐	アメリカが1952年に実験に成功した、<u>原子爆弾</u>よりも強力な破壊力をもつ兵器は何か。	水素爆弾
★★★★★★☆☆ **14** ☐☐☐	1960年、4番目に核実験に成功した国はどこか。	フランス
★★★★★★☆☆ **15** ☐☐☐	1964年、5番目に核実験に成功した国はどこか。	中国
★★★★★★☆☆ **16** ☐☐☐	アメリカが、1946年以降は<u>原子爆弾</u>、54年以降は<u>水素爆弾</u>の実験をおこなった、中部太平洋の環礁はどこか。	ビキニ環礁
★★★★★★☆☆ **17** ☐☐☐	1954年、<u>ビキニ環礁</u>での<u>水爆</u>実験による「死の灰」を日本の漁船があびた事件は何か。	第五福竜丸事件
★★★☆☆☆☆☆ **18** ☐☐☐	1955年にイギリスの哲学者とアメリカ在住の物理学者らが出した、核兵器と核戦争の危険性を訴えた宣言は何か。	ラッセル・アインシュタイン宣言
★★★★★★★☆ **19** ☐☐☐	<u>ラッセル・アインシュタイン宣言</u>にもとづいて1957年にカナダで開かれ、その後科学者による<u>核兵器</u>禁止運動の組織名となった会議の名称は何か。	パグウォッシュ会議

■戦後のアメリカ社会

★★☆☆☆☆☆☆ **1** ☐☐☐	1947年にアメリカで創設された諜報機関名は何か。	中央情報局（CIA）
★★★★★★☆☆ **2** ☐☐☐	1950〜54年、ある上院議員が先頭にたって「<u>赤狩り</u>」の名目でおこなわれた反共活動を何と呼ぶか。	マッカーシズム
★★★★★★☆☆ **3** ☐☐☐	朝鮮戦争の解決を公約して選挙に当選した、<u>共和党</u>出身の大統領は誰か。	アイゼンハワー
★★☆☆☆☆☆☆ **4** ☐☐☐	第二次世界大戦後に開発がすすんだ、原子炉で発生する熱エネルギーを利用した発電方法は何か。	原子力発電
★★★☆☆☆☆☆ **5** ☐☐☐	1957年に発足した、<u>原子力の平和利用</u>をめざす国際機関は何か。	国際原子力機関（IAEA）
★★☆☆☆☆☆☆ **6** ☐☐☐	<u>アイゼンハワー</u>は離任の際、軍と軍需産業の相互依存によって軍備拡大に向かう構造を、何という言葉で警告したか。	「軍産複合体」

■西欧・日本の経済復興

★★★★☆☆☆		
1 □□□	1950年、フランス外相が提唱した、西欧諸国の地域統合を目標とする経済協力機構の創設案は、何と呼ばれるか。	シューマン=プラン
★★★★★★☆		
2 □□□	1952年、フランス・西ドイツ・イタリア・ベネルクス3国が発足させた、略称 ECSC と呼ばれるものは何か。	ヨーロッパ石炭鉄鋼共同体
★★☆☆☆☆☆		
3 □□□	フランス・西ドイツ・イタリア・ベネルクス3国が1957年に調印した条約は何か。	ローマ条約
★★★★★★☆		
4 □□□	ローマ条約により1958年に発足し、略称 EEC と呼ばれる組織は何か。	ヨーロッパ経済共同体
★★★★★☆☆		
5 □□□	ローマ条約により1958年に発足し、略称 EURATOM と呼ばれる組織は何か。	ヨーロッパ原子力共同体
★★★★☆☆☆		
6 □□□	EEC に対抗して、1960年にイギリスなど7カ国が発足させた、略称 EFTA と呼ばれる組織は何か。	ヨーロッパ自由貿易連合
★★★★★★☆		
7 □□□	1967年、ECSC・EEC・EURATOM が広い分野での統合をめざして発足させた、略称 EC と呼ばれる組織は何か。	ヨーロッパ共同体
★★★☆☆☆☆		
8 □□□	1973年、イギリス・デンマーク・アイルランドが加わって成立した EC を何と呼ぶか。	拡大 EC
★★★★★☆☆		
9 □□□	1958年、大統領の権限を著しく強化した新憲法の制定にともない発足した、フランスの新政体は何か。	第五共和政
★★★★★★★		
10 □□□	第五共和政のもとで最初の大統領についたのは誰か。	ド=ゴール
★★★★★★★		
11 □□□	1962年、ド=ゴールがエヴィアン協定で独立を認めた国はどこか。	アルジェリア
★★★★★★★		
12 □□□	1964年、独自外交を進めるド=ゴールはどこの国と国交を樹立したか。	中国
★★★★★★★		
13 □□□	1966年、独自外交を進めるフランスが脱退した機構は何か。	NATO の軍事機構
★★★☆☆☆☆		
14 □□□	1969年のド=ゴール退陣の要因となった、68年の大規模な反ド=ゴール体制運動は何と呼ばれるか。	五月危機（五月革命）
★★★★★★★		
15 □□□	朝鮮戦争時の日本において経済復興のきっかけとなった、	朝鮮戦争特需

アメリカ軍の戦時需要は何と呼ばれるか。

16 □□□	分裂していた<u>社会党</u>が統一され、自由党と民主党が<u>自由民主党</u>を結成したことで出現した日本の政治体制は何か。	55年体制
	★★★☆☆☆☆	
17 □□□	1956年に調印され、<u>北方領土問題</u>の解決を棚上げにしつつも日本とソ連の国交を回復させた宣言は何か。	日ソ共同宣言
	★★★★★★☆	
18 □□□	<u>日ソ共同宣言</u>によって、1956年12月に日本は何という国際機関への加盟が実現したか。	国際連合
	★★★★★★☆	
19 □□□	1960年、条約批准を強行したため激しい反対闘争がおこり、<u>岸信介</u>内閣辞職につながったできごとは何か。	日米安全保障条約改定
	★★☆☆☆☆☆	
20 □□□	1960年に、「<u>所得倍増計画</u>」を提示した、日本の首相は誰か。	池田勇人
	★★★★★★☆	
21 □□□	1960年代の日本の急速な経済成長を何と呼ぶか。	高度経済成長
	★★★★★★★	
22 □□□	1965年に調印された、日本と韓国の国交正常化のための条約は何か。	日韓基本条約

■ソ連の「雪どけ」

	★★★★★★★	
1 □□□	1953年、<u>スターリンの死後</u>、ソ連共産党第一書記となった人物は誰か。	フルシチョフ
	★★★★★★★	
2 □□□	1956年の<u>ソ連共産党第20回大会</u>で、<u>フルシチョフ</u>がおこなった秘密報告を何と呼ぶか。	スターリン批判
	★★★★★★☆	
3 □□□	<u>ソ連共産党第20回大会</u>で打ち出された、社会主義国と資本主義国とが共存できるとする考え方を何と呼ぶか。	平和共存政策
	★★★★★★☆	
4 □□□	<u>ソ連共産党第20回大会</u>のあと、1956年4月に何が解散されたか。	コミンフォルム(共産党情報局)
	★★★★★☆☆	
5 □□□	<u>スターリン</u>死後のソ連社会の解放感を、エレンブルクの小説名にちなんで表現した言葉は何か。	「雪どけ」
	★★★★☆☆☆	
6 □□□	「雪どけ」の言葉が国際関係面で用いられた、1955年に開かれたアメリカ・イギリス・フランス・ソ連4カ国の首脳会談を何と呼ぶか。	ジュネーヴ4巨頭会談

★★★★★☆☆		
7 □□□	1955年にソ連は<u>ユーゴスラヴィアと和解</u>したが、同じ年にソ連が国交を結んだ西側の国家はどこか。	西ドイツ
★★★★★☆☆		
8 □□□	1959年、<u>平和共存政策</u>をとる<u>フルシチョフ</u>が、ソ連指導者としてはじめて訪問した国家はどこか。	アメリカ合衆国
★★★★★★☆		
9 □□□	1956年6月、<u>ポズナニ</u>で生活改善と自由化を要求する運動がおこった東ヨーロッパの国はどこか。	ポーランド
★★★★★☆☆		
10 □□□	<u>ポーランド</u>で<u>ポズナニ暴動</u>を収拾し、党第一書記となった人物は誰か。	ゴムウカ(ゴムルカ)
★★★★★★☆		
11 □□□	1956年10月、反ソ・民主化要求の運動が広まり、ソ連軍の全面介入をまねいた東ヨーロッパの国はどこか。	ハンガリー
★★★★★★☆		
12 □□□	<u>ハンガリー</u>事件で失脚し処刑された、この国の首相は誰か。	ナジ(=イムレ)
★★★★★☆☆		
13 □□□	1961年、東ドイツ政府が亡命者の増大を防ぐため、西ベルリンの周囲に築いたものは何か。	ベルリンの壁
★★★★☆☆☆		
14 □□□	大陸をまたぐ、長い射程距離の核弾頭による攻撃を可能にした兵器は何か。	大陸間弾道ミサイル (ICBM)
★★★☆☆☆☆		
15 □□□	1957年、ソ連が打ち上げに成功した人工衛星の名称は何か。	スプートニク1号
★★★☆☆☆☆		
16 □□□	1961年、ソ連のガガーリンがボストーク1号に搭乗して史上はじめて達成したできごとは何か。	有人宇宙飛行

❷ 第三世界の台頭とキューバ危機

用語集 p.327〜330

東西対立が激化するなか、**アジア・アフリカの新興諸国**は<u>第三勢力</u>として国際社会での存在感を強め、アフリカには地域連合である<u>アフリカ統一機構</u>が発足した。<u>キューバ革命</u>後、キューバはアメリカとの関係を悪化させて**ソ連に接近**、<u>キューバ危機</u>が発生した。衝突は回避されたが、核戦争勃発の危機感から**核兵器制限の動き**が始まった。

■アジア・アフリカ諸国の非同盟運動

★★★★★★☆		
1 □□□	1950年代後半から、アメリカ・ソ連両陣営のいずれにも与せず積極的中立を主張した新興諸国を何と総称したか。	第三世界(第三勢力)

★★★☆☆☆☆ **2** ☐☐☐	1954年4月、南アジア地域5カ国の首脳がスリランカで開いた会議は何か。	コロンボ会議
★★★★★☆☆ **3** ☐☐☐	1954年6月、<u>ネルー・周恩来会談</u>で合意・発表された外交上の原則を何と呼ぶか。	平和五原則
★★★★★★★ **4** ☐☐☐	1955年、29カ国の参加によりインドネシアで開かれた、<u>バンドン会議</u>の別名をもつ首脳会議は何か。	アジア=アフリカ会議
★★★★★★★ **5** ☐☐☐	<u>アジア=アフリカ会議</u>で確認された原則を何と呼ぶか。	平和十原則
★★★★★★☆ **6** ☐☐☐	1961年、ユーゴスラヴィア・エジプト・インド首脳の呼びかけで、25カ国が参加して開かれた国際会議は何か。	非同盟諸国首脳会議
★★★★★★☆ **7** ☐☐☐	ユーゴスラヴィア大統領<u>ティトー</u>の呼びかけにより、<u>非同盟諸国首脳会議</u>が開催されたユーゴスラヴィアの都市はどこか。	ベオグラード
★★☆☆☆☆☆ **8** ☐☐☐	1952年に<u>エジプト革命</u>を断行した、青年将校らのグループ名は何か。	自由将校団
★★★★★★★ **9** ☐☐☐	<u>自由将校団</u>結成の中心指導者で、1956年に<u>エジプト共和国</u>の大統領に就任した人物は誰か。	ナセル
★★★★★★☆ **10** ☐☐☐	1952年にナイル川中流に建設が計画された、巨大ダムの名称は何か。	アスワン=ハイダム
★★☆☆☆☆☆ **11** ☐☐☐	1928年にエジプトで結成されイスラーム復興をとなえたが、54年に<u>ナセル大統領</u>に弾圧され非合法化された組織は何か。	ムスリム同胞団
★★★★★★★ **12** ☐☐☐	ダム建設資金の提供を英・米が拒否したことに対して、1956年に<u>ナセル大統領</u>は何を宣言したか。	スエズ運河国有化
★★★★★★★ **13** ☐☐☐	<u>スエズ運河国有化</u>の宣言に対して、イギリス・フランス・イスラエルが出兵しておこした戦争は何か。	スエズ戦争（第2次中東戦争）
★★★★★★★ **14** ☐☐☐	アラビア語を中心とする文化的伝統をもつ人々と地域を統合しようとする考え方は何か。	アラブ民族主義
★★☆☆☆☆☆ **15** ☐☐☐	1968年、経済危機に対処するため、イギリスがくだした、大植民地帝国の終焉につながる決定は何か。	スエズ以東からの撤兵

■アフリカ諸国の独立と南北問題

★★☆☆☆☆☆

1
□□□
イタリアの旧植民地で、1951年に連合王国として独立した地図中(A)の国はどこか。

リビア

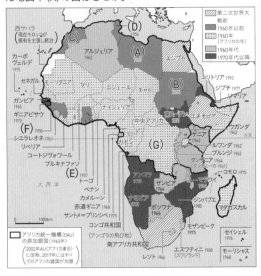

★★☆☆☆☆☆

2
□□□
1956年、イギリス・エジプトの共同統治から独立した地図中の(B)の国はどこか。

スーダン

★★★★☆☆☆

3
□□□
1956年にフランスから独立し、スペイン領地域も併合して、57年に王国となった地図中の(C)の国はどこか。

モロッコ

★★★★☆☆☆

4
□□□
1881年からフランスに占領されていたが、1956年に独立した地図中の(D)の国はどこか。

チュニジア

★★★★★☆☆

5
□□□
1957年にサハラ以南最初の黒人国家としてイギリスから独立し、60年に共和国になった地図中の(E)の国はどこか。

ガーナ

★★★★★☆☆

6
□□□
アフリカ統一運動をも進めた、<u>ガーナ</u>の初代大統領は誰か。

ンクルマ(エンクルマ)

★★☆☆☆☆☆

7
□□□
<u>セク=トゥーレ</u>の指導のもと、1958年にフランスから独立した地図中の(F)の国はどこか。

ギニア

★★★★★☆☆

8
□□□
1960年にベルギーから独立したが、独立直後に動乱がお

コンゴ民主共和国

こった地図中の(G)の国はどこか。

★★ ★★★★★★ **9** □□□	独立運動の指導者で<u>コンゴ</u>の初代首相となったが、動乱で反対派に殺害された人物は誰か。	ルムンバ
★★★★★★★★ **10** □□□	アフリカで17の国が一挙に独立した<u>1960年</u>のことを、何と呼ぶか。	「アフリカの年」
★★★★★★★★ **11** □□□	1954年、<u>アルジェリア独立</u>をめざして結成された、対フランス武装抵抗組織は何か。	民族解放戦線(FLN)
★★★★★★★★ **12** □□□	1963年、エチオピアのアジスアベバで開かれたアフリカ諸国首脳会議で結成された組織は何か。	アフリカ統一機構 (OAU)
★★ ★★★★★★ **13** □□□	イギリスから独立後、1967〜70年にイボ人の分離独立宣言から内戦がおこったギニア湾岸の国はどこか。	ナイジェリア
★★★ ★★★★★ **14** □□□	1965年、南ローデシアの白人政権は一方的に独立を宣言し、国名を改称した。新たな国名は何か。	ローデシア
★★★★★★★★ **15** □□□	1964年に第1回が開かれた、開発途上国の経済発展を促進する目的で国連が設けた常設機関は何か。	国連貿易開発会議 (UNCTAD)
★★★★★★★★ **16** □□□	世界の課題を、北の先進諸国と南の開発途上国とのあいだの対立ととらえる考え方は何か。	南北問題

■ラテンアメリカ諸国の動向とキューバ革命

★★★★★★★★ **1** □□□	1946年から、民族主義的な国家社会主義政策を実施したアルゼンチン大統領は誰か。	ペロン
★★★★★★★★ **2** □□□	1930〜45年と51〜54年に大統領となり、反米の民族主義的政策をおこなったブラジルの政治家は誰か。	ヴァルガス
★★★★★★★★ **3** □□□	1951〜54年に左翼政権が成立した、ラテンアメリカの国はどこか。	グアテマラ
★★★★★★★★ **4** □□□	1940〜50年代の、<u>キューバ</u>における親米政権は何か。	バティスタ政権
★★★★★★★★ **5** □□□	1959年の<u>キューバ革命</u>の中心的指導者は誰か。	カストロ
★★★★★★★★ **6** □□□	<u>カストロ</u>の協力者で、1965年以後ボリビアのゲリラ闘争に加わって殺された人物は誰か。	ゲバラ

7 □□□	1961年、アメリカがキューバと断交したのち、キューバがおこなった宣言は何か。	社会主義宣言

■キューバ危機と核不拡散体制の成立

1 □□□	1962年、キューバにおけるソ連のミサイル基地建設をきっかけに生まれた国際緊張を何と呼ぶか。	キューバ危機
2 □□□	キューバ危機後に設置が始まった、2国の政府首脳間を直接つなぐ通信線は何か。	直通通信(ホットライン)
3 □□□	1963年にアメリカ・イギリス・ソ連のあいだで調印された核実験に関する条約は何か。	部分的核実験禁止条約
4 □□□	1968年にアメリカ・イギリス・ソ連など62カ国が調印し、70年に発効した核兵器所有に関する条約は何か。	核拡散防止条約(NPT)
5 □□□	アメリカ・ソ連が1969〜72年にかけておこなった、略称でSALT Iと呼ばれる軍縮交渉は何か。	第1次戦略兵器制限交渉
6 □□□	戦略兵器の性能向上にともなって、1972〜79年におこなわれた、略称でSALT IIと呼ばれるアメリカ・ソ連の軍縮交渉は何か。	第2次戦略兵器制限交渉

③ 冷戦体制の動揺

用語集 p.331〜338

ベトナム戦争の泥沼化と反戦運動の高揚を受けて、ニクソン政権はベトナムからの撤兵を決め、ベトナムは社会主義国家として統一を達成した。また、アメリカは中ソ対立で孤立する中国に接近して79年に国交を正常化させた。ヨーロッパでは緊張緩和が進み、第三世界では開発独裁体制下で経済成長をめざす動きが現れた。

■ベトナム戦争とインドシナ半島

1 □□□	1960年、ベトナム共和国で、腐敗したゴ゠ディン゠ジエム政権を打倒するために結成された組織は何か。	南ベトナム解放民族戦線
2 □□□	1965年の北ベトナムへの爆撃からアメリカが本格的に介入した、米・ソの代理戦争の1つを何と呼ぶか。	ベトナム戦争
3 □□□	1973年1月に調印され、アメリカ軍のベトナムからの撤	ベトナム(パリ)和平

<ruby>退<rt>たい</rt></ruby>を実現させた協定は何か。	協定	
★★★★★★★ 4 □□□ 北ベトナム軍と<u>南ベトナム解放民族戦線</u>が1975年に陥落させた、南ベトナムの首都はどこか。	サイゴン	
★★★★★★☆ 5 □□□ <u>ベトナム戦争</u>の終結後の1976年、南北ベトナムの統一で成立した国家の名称は何か。	ベトナム社会主義共和国	
★★★★★★★ 6 □□□ 1969年に大統領に就任し、72年に<u>訪中</u>、73年にアメリカ軍の<u>ベトナム撤退</u>をおこなった<u>共和党</u>の政治家は誰か。	ニクソン	
★★★★★☆☆ 7 □□□ 1971年の返還協定で、翌年日本に復帰した地域はどこか。	沖縄	
★★★☆☆☆☆ 8 □□□ 1974年に発覚し、<u>ニクソン</u>辞任の引き金となった民主党本部への<ruby>盗聴<rt>とうちょう</rt></ruby>事件の名称は何か。	ウォーターゲート事件	
★★★☆☆☆☆ 9 □□□ 1976年1月、<u>シハヌーク</u>追放のクーデタをおこした<u>ロン=ノル政権</u>が打倒され、<u>赤色クメール</u>など解放勢力によって成立したカンボジアの国名は何か。	民主カンプチア(民主カンボジア)	
★★★★★☆☆ 10 □□□ <u>民主カンプチア</u>で極端な共産主義建設を掲げて大量虐殺などをおこなった人物は誰か。	ポル=ポト	
★★★★★★☆ 11 □□□ 1978年末、カンボジアに侵攻した国はどこか。	ベトナム	
★★☆☆☆☆☆ 12 □□□ <u>ベトナム</u>軍の支援を受けて成立したカンボジア人民共和国で樹立された政権は何か。	ヘン=サムリン政権	
★★★★☆☆☆ 13 □□□ 1979年に、<u>ベトナム</u>軍のカンボジア侵攻を原因としておこった戦争は何か。	<ruby>中越<rt>ちゅうえつ</rt></ruby>戦争	
★★☆☆☆☆☆ 14 □□□ 「パテ=ラオ」とも呼ばれる、1950年に組織されたラオスの革命勢力の名称は何か。	ラオス愛国戦線	
★★☆☆☆☆☆ 15 □□□ 1975年、<u>ラオス愛国戦線</u>が全国を制圧して樹立した社会主義国家の名称は何か。	ラオス人民民主共和国	

■アメリカ合衆国とソ連の変容

★★★★★★★ 1 □□□ アメリカ最初のカトリック教徒の大統領として1961年に就任し、63年に暗殺された<u>民主党</u>の政治家は誰か。	ケネディ	
★★★★☆☆☆ 2 □□□ <u>ケネディ</u>が大統領立候補の際に掲げた、新しいアメリカ	ニューフロンティア	

を建設しようと訴えたスローガンは何か。	政策	

★★★★★★★

3 ☐☐☐	1963年の<u>ケネディ大統領</u>暗殺で、副大統領から昇格した人物は誰か。	ジョンソン

★★★★★★★

4 ☐☐☐	1964年に制定された、黒人などへの人種差別を禁止する法は何か。	公民権法

★★★★★☆☆

5 ☐☐☐	1965年にジョンソン大統領が発表した、貧困と差別の解消などをめざす改革計画は何か。	「偉大な社会」計画

★★★★★★☆

6 ☐☐☐	非暴力主義で人種差別撤廃運動を推進したが、1968年に暗殺された<u>公民権運動</u>の指導者は誰か。	キング牧師

★★★☆☆☆☆

7 ☐☐☐	<u>トンキン湾事件</u>(1964)をきっかけに1965年から<u>北爆</u>を開始し、アメリカは何を本格化したか。	ベトナムへの軍事介入

★★★★★★☆

8 ☐☐☐	アメリカの<u>ベトナムへの軍事介入</u>に反対して世界各地で広がった運動を何と呼ぶか。	ベトナム反戦運動

★★★★★★☆

9 ☐☐☐	1964年の<u>フルシチョフ解任</u>後、ソ連共産党第一書記となり、その後、大きな権力を握った人物は誰か。	ブレジネフ

★★☆☆☆☆☆

10 ☐☐☐	中ソ論争の際に中国を支持し、ソ連から国交を断たれた東ヨーロッパの国はどこか。	アルバニア

★★★★☆☆☆

11 ☐☐☐	1965年以降、<u>チャウシェスク</u>の指導のもとで、ソ連支配から距離をおく独自外交を進めた東ヨーロッパの国はどこか。	ルーマニア

★★★★★★☆

12 ☐☐☐	1968年におこったチェコスロヴァキアの民主化運動は、何と呼ばれたか。	「プラハの春」

★★★★★★☆

13 ☐☐☐	「<u>プラハの春</u>」を指導したため、解任されたチェコスロヴァキアの共産党第一書記は誰か。	ドプチェク

★★★☆☆☆☆

14 ☐☐☐	<u>チェコスロヴァキアへの軍事介入</u>を正当化するため、ソ連がとなえた、社会主義国への内政干渉権をもつとした外交方針は何と呼ばれるか。	ブレジネフ=ドクトリン

■ヨーロッパでの緊張緩和

★★★★★★☆

1 ☐☐☐	1970年代にアメリカ・ソ連のあいだで進められた<u>緊張緩</u>	デタント

和を別名で何と呼ぶか。

★★★★★★★ 2 □□□	1969年に西ドイツ首相となり、「東方外交」を展開して緊張緩和につとめたドイツ社会民主党の指導者は誰か。	ブラント
★★★★☆☆☆ 3 □□□	1972年、西ドイツが国交正常化をおこなった国はどこか。	ポーランド
★★☆☆☆☆☆ 4 □□□	東ドイツとポーランドの国境線は何と呼ばれるか。	オーデル＝ナイセ線
★★★★★☆☆ 5 □□□	1972年に東西ドイツが、双方の主権および東ドイツとポーランドの国境線を確認した条約は何か。	東西ドイツ基本条約
★★★★★★★ 6 □□□	1970年からのブラントの「東方外交」や東西ドイツ基本条約締結を受け、73年東西ドイツは何に加盟したか。	国際連合
★★☆☆☆☆☆ 7 □□□	1975年、米ソを含む35カ国首脳がヨーロッパの安全保障について話し合った会議は何と呼ばれるか。	全欧安全保障協力会議(CSCE)
★★★☆☆☆☆ 8 □□□	全欧安全保障協力会議で出された、ヨーロッパ各国の主権の平等や基本的人権の尊重を内容とする宣言は何と呼ばれるか。	ヘルシンキ宣言
★★☆☆☆☆☆ 9 □□□	冷戦体制終了後の1995年、全欧安全保障協力会議は何という名称の常設機関に改組されたか。	全欧安全保障協力機構(OSCE)
★★★☆☆☆☆ 10 □□□	1974年の軍部クーデタで新政府が樹立され、民主化が開始された南ヨーロッパの国はどこか。	ポルトガル
★★★★☆☆☆ 11 □□□	1961年以降解放闘争がおこなわれて1975年にポルトガルから独立した、アフリカ南西部の国はどこか。	アンゴラ
★★★★★☆☆ 12 □□□	1975年にポルトガルから人民共和国として独立した、アフリカ南東部の国はどこか。	モザンビーク
★★☆☆☆☆☆ 13 □□□	1975年のフランコ死後、復活した王政のもとで民主化が開始された南ヨーロッパの国はどこか。	スペイン
★☆☆☆☆☆☆ 14 □□□	1975年に復活したスペイン＝ブルボン朝の国王に即位したのは誰か。	フアン＝カルロス1世
★★★☆☆☆☆ 15 □□□	1974年にクーデタで軍部独裁が崩壊し、国民投票で翌年民主制へ復帰した南ヨーロッパの国はどこか。	ギリシア

■中ソ対立と文化大革命

★★★★★★☆
1 □□□ 毛沢東が1958年に開始した、急激な社会主義建設をめざし、農村の組織化や専門技術を軽視した農業・工業政策を強行したのは、何という政策・スローガンか。

「大躍進」

★★★★★★☆
2 □□□ 「大躍進」政策の際、農村部において建設された、生産・行政・教育を一体化した組織は何か。

人民公社

★★☆☆☆☆☆
3 □□□ 中華人民共和国の成立後に設置されたチベット、新疆ウイグル、内モンゴル自治区の場所をそれぞれ地図中の(A)～(C)から選べ。

チベット自治区：(C)
新疆ウイグル自治区：(B)
内モンゴル自治区：(A)

★★★★★★☆
4 □□□ 1959年にチベット自治区のラサでおこった、仏教僧侶を中心とした反政府運動は何か。

チベットの反中国運動

★★★★★★☆
5 □□□ チベットの反中国運動に対する中国からの弾圧で、インドに亡命したチベット仏教の指導者は誰か。

ダライ゠ラマ14世

★★★★★★☆
6 □□□ ダライ゠ラマ14世のインド亡命を契機におこった武力紛争は何か。

中印国境紛争

★★★★★★★
7 □□□ 1956年のスターリン批判に始まり、63年からは公開論争に発展した、社会主義建設をめぐる対立を何と呼ぶか。

中ソ対立

★★★★★☆☆
8 □□□ 1969年の珍宝島(ダマンスキー島)での事件のような、60年代に中ソ間で発生した国境紛争を何と総称するか。

中ソ国境紛争

★★★★★★★ 9 □□□	1966年から中国で始まった、文化闘争・思想闘争の形をとって展開された権力闘争を何と呼ぶか。	プロレタリア文化大革命
★★★★☆☆☆ 10 □□□	プロレタリア文化大革命の際、毛沢東派は劉少奇らを何と呼んだか。	実権派(走資派)
★★★★★★★ 11 □□□	文化大革命の際、学生を中心に編制された組織は何か。	紅衛兵
★★★★★★★ 12 □□□	1959年に毛沢東にかわって国家主席に就任したが、文化大革命の際に失脚し、獄死した人物は誰か。	劉少奇
★★★☆☆☆☆ 13 □□□	文化大革命のなかで、いったんは毛沢東の後継者に指名されたが、のち毛沢東暗殺に失敗し、亡命途上で墜落死したといわれる人物は誰か。	林彪
★★★★★★★ 14 □□□	1971年の国連総会で、中国の代表権が台湾の中華民国政府から中華人民共和国に移ったことを何と称するか。	中国の国連代表権交代
★★☆☆☆☆☆ 15 □□□	大統領補佐官として1972年のニクソンの訪中を実現し、その後アメリカ国務長官となったのは誰か。	キッシンジャー
★★★★☆☆☆ 16 □□□	1972年、田中首相の訪中で調印され、日本と中国の戦争状態の終結と国交回復を実現した声明は何か。	日中共同声明
★★★★★★★ 17 □□□	1978年に北京で調印された、日本と中国が不戦と友好を約束した条約は何か。	日中平和友好条約
★★★★★★☆ 18 □□□	1979年に、アメリカのカーター政権と中国の華国鋒政権とのあいだで実現したことは何か。	米中国交正常化
★★★☆☆☆☆ 19 □□□	1976年、周恩来の死後に首相となり、毛沢東の死後に「四人組」を逮捕して党主席となった人物は誰か。	華国鋒
★★★★★★☆ 20 □□□	文化大革命期に失脚を繰り返したが、「四人組」逮捕後に復活して最大実力者となった人物は誰か。	鄧小平
★★★★★★☆ 21 □□□	文化大革命後に鄧小平が提起した、農業・工業・国防・科学技術の近代化目標を何と呼ぶか。	「四つの現代化」
★★★★★★★ 22 □□□	1978年以降、鄧小平の指導でおこなわれた経済政策を何と総称するか。	改革開放政策

■第三世界の開発独裁と東南・南アジアの自立化

★★★★★★★ 1 □□□	1960年代半ば以降アジアやラテンアメリカで出現した、経済開発の効率化を理由にした強権的な政治体制を何と呼ぶか。	開発独裁
★★★☆☆☆☆ 2 □□□	輸入に頼っていた工業製品を国産化することで、工業化や経済発展を進めようとする政策を何というか。	輸入代替工業化
★★★★★★★ 3 □□□	1961年の大韓民国の軍部クーデタを指導して実権を握り、63年に大統領に就任した軍人政治家は誰か。	朴正熙（パクチョンヒ）
★★★★★☆☆ 4 □□□	朴正熙（パクチョンヒ）暗殺の翌1980年、韓国南西部での学生と労働者の民主化運動を軍隊が弾圧した事件は何か。	光州事件（こうしゅう）（クァンジュ）
★★☆☆☆☆☆ 5 □□□	光州事件を制圧し、1980年9月に大統領に就任した軍人は誰か。	全斗煥（チョンドゥファン）
★★★★☆☆☆ 6 □□□	1947年の二・二八事件後に戒厳令を発布し、台湾で独裁体制を築いた政党は何か。	中国国民党
★★★★★★☆ 7 □□□	1965年にインドネシアで発生し、陸軍が共産党勢力を一掃した事件は何か。	九・三〇事件
★★★★★★★ 8 □□□	九・三〇事件を収拾（しゅうしゅう）して実権を握り、1968年に大統領に就任し、その後独裁体制を築いた人物は誰か。	スハルト
★★★★★★★ 9 □□□	1965〜86年のあいだ、フィリピンで独裁的な長期政権を維持した大統領は誰か。	マルコス
★★★★★★★ 10 □□□	1963年、マラヤ連邦はシンガポール・サバ・サラワクを加え、国名を何と変更したか。	マレーシア
★★★★★★★ 11 □□□	1965年に、マレーシアから分離・独立した国はどこか。	シンガポール
★★★☆☆☆☆ 12 □□□	1959〜90年のあいだ、シンガポールの強力な指導者として経済発展を成功させた人物は誰か。	リー＝クアンユー
★★★★★★★ 13 □□□	1967年に東南アジア5カ国が反共軍事同盟として結成したが、71年より政治・経済面の協力機構に移行し、現在では東南アジアのほとんどの国が加盟する組織は何か。	東南アジア諸国連合（アセアン）（ASEAN）
★☆☆☆☆☆☆ 14 □□□	1962年の軍事クーデタから88年の引退まで、「ビルマ式	ネ＝ウィン

社会主義」建設をめざして政権の座にあった政治家は誰
か。

15 □□□	独立時より、インド・パキスタン両国間で帰属問題から争いの的となっている地方はどこか。	カシミール

16 □□□	1971年の第3次<u>インド゠パキスタン戦争</u>の際、インドの支援でパキスタンから分離・独立した国はどこか。	バングラデシュ

17 □□□	1970年、史上初の選挙による社会主義政権の樹立に成功して、チリ大統領に就任した政治家は誰か。	アジェンデ

18 □□□	1973年、<u>アジェンデ</u>の政権を打倒した<u>チリ軍部</u>クーデタ後の、軍部独裁政権の指導者は誰か。	ピノチェト

第19章　冷戦の終結と今日の世界

　1989年12月、米・ソ首脳は<u>マルタ会談</u>で<u>冷戦の終結</u>を宣言し、90年には<u>東西ドイツが統一</u>し、91年には<u>ソ連が消滅</u>した。冷戦終結後の旧社会主義圏では、<u>ユーゴスラヴィア紛争</u>など、おさえられていた<u>民族運動</u>や<u>民族紛争</u>が表面化したが、その他の地域でも宗教・政治・領土などを巡る地域紛争は絶えず発生している。

　今日の世界は、<u>グローバリゼーション</u>が進み、**大量のヒト・モノ・資本・情報が国境をこえて移動**している。また、<u>地域連合</u>や<u>経済統合</u>が各地で形成され、世界は<u>多極化</u>の様相を示している。**国家や地域の枠をこえ、地球規模での食料・資源・環境といった課題に協力して取り組む**ことが急務である。

【冷戦の終結とソ連の解体】

- 1985　<u>ゴルバチョフ</u>、ソ連共産党書記長に就任
　　「<u>ペレストロイカ</u>」開始：「<u>グラスノスチ</u>」「<u>新思考外交</u>」を展開
- 86　<u>チョルノービリ原発</u>事故発生
- 87　米・ソ、中距離核戦力(INF)全廃条約締結
- 88　新ベオグラード宣言(ソ連、東欧諸国への内政干渉を否定)
- 89　ソ連、<u>アフガニスタン</u>撤退を完了
　　米・ソ、<u>マルタ会談</u>で冷戦終結を宣言
- 91　コメコン・ワルシャワ条約機構解体
　　ソ連で<u>保守派のクーデタ</u>失敗→ソ連共産党解散
　　<u>バルト3国独立回復</u>
　　<u>独立国家共同体(CIS)</u>結成→ソ連邦解体

【原油価格の推移】

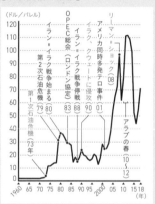

【世界のおもな地域経済圏の人口と経済規模】

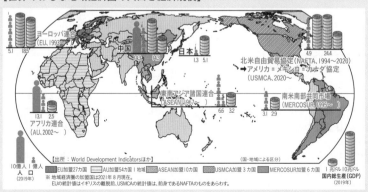

❶ 産業構造の変容

用語集 p.339〜343

1970年代、世界経済は大きな変動を迎えた。アメリカが<u>金兌換停止</u>を発表すると、**戦後の国際経済体制**であった<u>ブレトン=ウッズ国際経済体制</u>は終わりを迎え、諸国は変動相場制へ移行した。第1次石油危機後は、産業構造の転換や経済の効率性が求められるようになり、西側先進国では<u>新自由主義</u>が台頭した。

■福祉国家と公害

★★★★★★★☆☆
1 ☐☐☐ 国民の生活の保障と福祉の増大をめざす国家を何と呼ぶか。	福祉国家

★★☆☆☆☆☆☆☆☆
2 ☐☐☐ 積極的に経済に介入し、支出を増大させながらも国民生活の安定や社会資本の整備をめざす政府を何と呼ぶか。	「大きな政府」

★★★★☆☆☆☆
3 ☐☐☐ 資本主義経済のなかで、社会保障の拡充などを通じ、経済・社会的な不平等の是正をおこなっていく考え方を何というか。	社会民主主義

★★☆☆☆☆☆☆
4 ☐☐☐ 『<u>沈黙の春</u>』を著し、農薬による人体への影響や農薬の蓄積による生態系の破壊を警告した、アメリカの海洋生物学者は誰か。	レイチェル=カーソン

★★★★★☆☆
5 ☐☐☐ <u>公害</u>の発生や自然破壊への抗議運動の高まりを背景に、1972年にストックホルムで開かれた、環境をテーマにした最初の国際会議は何か。	国連人間環境会議

■ドル=ショックとオイル=ショック

★★★★★★★
1 ☐☐☐ 1971年にニクソン大統領が発表した金とドルの兌換停止により、急速に進んだドル価値の下落現象を何と呼ぶか。	ドル=ショック

★★★★★★★☆
2 ☐☐☐ <u>ドル=ショック</u>が進むなか、1973年以降、主要各国の為替取引は何という制度に変化したか。	変動相場制

★★★★★☆☆
3 ☐☐☐ <u>変動相場制</u>への移行によって崩壊した、戦後の国際通貨体制は何か。	ブレトン=ウッズ国際経済体制

★★★★★★★
4 ☐☐☐ 1960年、主要産油国が欧米の国際石油資本に対抗するために結成した国際カルテル組織は何か。	石油輸出国機構（OPEC）

★★★★★☆☆
5 ☐☐☐ 1968年、<u>石油輸出国機構</u>のなかのアラブ諸国が結成した	アラブ石油輸出国機

	国際カルテル組織は何か。	構(OAPEC)

★★★★★★★☆		
6 □□□	1973年、アラブ石油輸出国機構が石油戦略を発動した戦争は何か。	第4次中東戦争

★★★★★★★★		
7 □□□	1973年、石油戦略の実施で発生した世界的な経済混乱は何か。	第1次石油危機(オイル=ショック)

★★★★★☆☆		
8 □□□	資源保有国が、経済的自立のために自国資源の支配権を保持しようとする活動を何というか。	資源ナショナリズム

★★★★★★★☆		
9 □□□	第1次石油危機に対処するため、1975年、先進6カ国の首脳が開催し、その後、7カ国首脳によって毎年開かれるようになった会議は何か。	先進国首脳会議(サミット)

■量から質へ

★★★☆☆☆☆		
1 □□□	コンピュータやエレクトロニクスといった先端技術に関連する産業分野は何か。	ハイテクノロジー産業

★★★★☆☆☆		
2 □□□	第1次石油危機への対応から始まった、エネルギー資源の節約と効率的な利用をはかる方針を何というか。	省エネルギー化

★☆☆☆☆☆☆		
3 □□□	移民や難民などの外国人を、労働者として雇用することによって生じる社会問題を何と呼ぶか。	外国人労働者問題

★★★★★★☆		
4 □□□	1970年代末から80年代のイギリス・アメリカ・日本などの経済政策の背景となった、市場経済を最優先し、競争原理を重視する考え方を何と呼ぶか。	新自由主義

★★★★★★☆		
5 □□□	非効率とされた国営・公営部門の民営化や、経済の規制緩和により、経済への介入を最小限にする政府を何と呼ぶか。	「小さな政府」

★★★★★★★★		
6 □□□	1979年、イギリス初の女性首相となったのは誰か。	サッチャー

★★☆☆☆☆☆		
7 □□□	戦後実現した福祉国家の構造が、1960年代イギリスの深刻な経済不振と国際競争力の低下の要因と考えてつけられた呼称は何か。	「イギリス病」

★★★★★★★☆		
8 □□□	1981年に就任し、「強いアメリカ」をとなえて軍備拡大を進めた共和党の第40代米大統領は誰か。	レーガン

★★☆☆☆☆☆ **9** □□□ 1980年代のアメリカで拡大した、財政収支と貿易収支などの経常収支の赤字を何と呼ぶか。	「双子(ふたご)の赤字」
★★★★★☆☆ **10** □□□ 1982〜98年のあいだ、西ドイツと統一ドイツの首相をつとめたキリスト教民主同盟の党首は誰か。	コール
★★★★☆☆☆ **11** □□□ 1980年代の日本で電電公社(現NTT)・専売公社(現JT)・国鉄(現JR)を民営化したのは、何内閣か。	中曽根(なかそね)内閣
★★☆☆☆☆☆ **12** □□□ ヨーロッパの統合を強力に進めた、フランス第五共和政初の社会党出身の大統領は誰か。	ミッテラン
★★★☆☆☆☆ **13** □□□ 1982年、アルゼンチン軍がイギリス領の諸島を占領したが、奪回されて敗れた戦争は何か。	フォークランド戦争
★★☆☆☆☆☆ **14** □□□ 1979年、サンディニスタ民族解放戦線がソモサ独裁政権を打倒したラテンアメリカの国はどこか。	ニカラグア
★★☆☆☆☆☆ **15** □□□ 貧しい人の救済という現実活動を重視した、1960年代半ばよりラテンアメリカのカトリック教会で広まった神学を何と呼ぶか。	「解放の神学」
★★★★★☆☆ **16** □□□ 1980年代からとくにラテンアメリカ諸国で顕在化(けんざいか)した、返済の困難な多額の対外債務(さいむ)を何と呼ぶか。	累積債務(るいせき)

■中東の変容

★★★★★★☆ **1** □□□ イスラエルに奪われた土地と権利の回復のため、パレスチナ人が1964年に結成した組織は何か。	パレスチナ解放機構(PLO)
★★★★★★☆ **2** □□□ 1969年に、パレスチナ解放機構の議長となった指導者は誰か。	アラファト
★★★★★★★ **3** □□□ 1967年に勃発(ぼっぱつ)し、6日戦争とも呼ばれ、イスラエルがアラブ側に圧勝した戦争は何か。	第3次中東戦争
★★★★★☆☆ **4** □□□ 第3次中東戦争でイスラエルがエジプトに侵攻して占領した、紅海北端の半島は何か。	シナイ半島
★★★★☆☆☆ **5** □□□ 第3次中東戦争でイスラエルがエジプトに侵攻して占領した、パレスチナ南西部のパレスチナ人居住地区はどこか。	ガザ地区

★★★☆☆☆☆

6
☐☐☐ <u>第3次中東戦争</u>でイスラエルがヨルダンに侵攻して占領した、死海の北西地域はどこか。 | ヨルダン川西岸

★★☆☆☆☆☆

7
☐☐☐ 第3次中東戦争でイスラエルがシリアに侵攻して占領した、シリア南西部の高原地帯はどこか。 | ゴラン高原

★★★★★☆☆

8
☐☐☐ 1973年、エジプト・シリアが失地回復をめざしてイスラエルを攻撃して始まった戦争は何か。 | 第4次中東戦争

★★★★★★☆

9
☐☐☐ <u>第4次中東戦争</u>の時のエジプト大統領で、1981年に暗殺されたのは誰か。 | サダト

★★★★★★☆

10
☐☐☐ 1979年、アメリカ大統領カーターの仲介（ちゅうかい）で調印された条約で、エジプトはイスラエルを公式に承認した。この条約は何か。 | エジプト＝イスラエル平和条約

★★☆☆☆☆☆

11
☐☐☐ イランの<u>パフレヴィー2世</u>がおこなった、上からの近代化政策を何と呼ぶか。 | 白色（はくしょく）革命

★★★★★★★

12
☐☐☐ 1979年、<u>パフレヴィー2世</u>を国外亡命に追いやった、イランの政治改革は何か。 | イラン＝イスラーム革命

★★★★★★★

13
☐☐☐ 亡命先から<u>イラン＝イスラーム革命</u>を指導したイランのシーア派指導者は誰か。 | ホメイニ

★★★★★☆☆

14
☐☐☐ <u>イラン＝イスラーム革命</u>で成立した新国家の名称は何か。 | イラン＝イスラーム共和国

★★★★★★☆

15
☐☐☐ <u>イラン＝イスラーム革命</u>を契機に発生した、世界的な経済混乱は何か。 | 第2次石油危機

★★★★★☆☆

16
☐☐☐ <u>イラク</u>において、1979年の大統領就任後、国内で独裁体制を強化した<u>バース党</u>の政治家は誰か。 | サダム＝フセイン

★★★★★★☆

17
☐☐☐ 1979年のイラン＝イスラーム革命の混乱に乗じて、80年より<u>サダム＝フセイン</u>の側から開始した戦争は何か。 | イラン＝イラク戦争

■開発途上国の工業化

★★★★★★★

1
☐☐☐ 1970年代以降、開発途上国のなかから急速な工業化に成功した国や地域を何と総称するか。 | 新興工業経済地域（NIES（ニーズ））

第19章　冷戦の終結と今日の世界

❶ 産業構造の変容　373

★★★☆☆☆☆		
2 □□□	先進国は開発途上国を従属させて搾取し、経済発展を続けるという経済理論は何か。	従属理論
★★★★★★★		
3 □□□	開発途上国間における、産油国や工業化に成功した国と最貧諸国との格差の問題を何と呼ぶか。	南南問題
★★★★★★★☆		
4 □□□	1980年代、日本の貿易黒字とアメリカの貿易赤字拡大が日米の対立をまねいたように、貿易の不均衡を原因として生じる国家間の対立を何と呼ぶか。	貿易摩擦
★★★★★★☆☆		
5 □□□	1985年の、先進5カ国による、ドル高是正のための協調介入をおこなうという合意を何と呼ぶか。	プラザ合意

❷ 冷戦の終結 用語集 p.343〜348

「新冷戦」期、ソ連の経済は停滞し、社会に閉塞感が広まった。<u>ゴルバチョフ</u>書記長は、1986年から「<u>ペレストロイカ</u>」を開始し、「<u>グラスノスチ</u>」や「<u>新思考外交</u>」を展開した。大胆な外交政策の転換によって、<u>東欧社会主義圏は消滅し</u>、<u>マルタ会談</u>で<u>米・ソは冷戦終結</u>を宣言した。91年の<u>CIS</u>の結成によって<u>ソ連は消滅</u>した。

■デタントの終わりと「新冷戦」

★★☆☆☆☆☆		
1 □□□	1974年、軍部が皇帝ハイレ=セラシエを退位させ、政権を奪った革命は何か。	エチオピア革命
★★★☆☆☆☆		
2 □□□	<u>ローデシア</u>では黒人による解放運動が続き、1979年に白人政権が倒された。80年に改めて正式に独立し、国名は何と改称されたか。	ジンバブエ
★★★☆☆☆☆		
3 □□□	1975年にポルトガルから独立したアンゴラで発生した、社会主義政権と反政府勢力のあいだの紛争は何か。	アンゴラ内戦
★★★★★☆☆		
4 □□□	1977年に就任し、「<u>人権外交</u>」を展開した民主党出身の第39代アメリカ大統領は誰か。	カーター
★★★★★★★		
5 □□□	1979年12月、政権争いの続くなか、親ソ派勢力のクーデタに乗じて<u>ソ連が軍事侵攻</u>した国はどこか。	アフガニスタン
★★★★☆☆☆		
6 □□□	<u>レーガン</u>大統領がアメリカ外交の目標として掲げた言葉は何か。	「強いアメリカ」
★★★★☆☆☆		
7 □□□	1983年、アメリカが社会主義政権を打倒するために軍事	グレナダ

介入した、カリブ海の国はどこか。

★★★★★★☆
| 8 □□□ | ソ連のアフガニスタン侵攻を契機として、1970年代末〜80年代前半に再燃した、アメリカ・ソ連間の対立を何と呼ぶか。 | 「第2次冷戦」(新冷戦) |

■ペレストロイカから東欧革命へ

★★★★★★★
| 1 □□□ | 1985年、ソ連共産党書記長に就任した人物は誰か。 | ゴルバチョフ |

★★★★★★★
| 2 □□□ | ゴルバチョフが始めた、ソ連社会の全般にわたる大規模な改革を何と呼ぶか。 | 「ペレストロイカ」 |

★★★★★★★
| 3 □□□ | チョルノービリ原子力発電所の事故を契機にさらに進められた、ゴルバチョフの情報公開政策を何と呼ぶか。 | 「グラスノスチ」 |

★★★★★★☆
| 4 □□□ | ゴルバチョフが展開した、緊張緩和に向けた外交は何と呼ばれるか。 | 「新思考外交」 |

★★★★★★★
| 5 □□□ | 1987年、アメリカとソ連が中距離ミサイルの廃棄とその後も製造しないことに同意した条約は何か。 | 中距離核戦力(INF)全廃条約 |

★★★★★★★
| 6 □□□ | 1988年のジュネーヴ合意にもとづき、89年にソ連はどこから撤退を完了させたか。 | アフガニスタン |

★★★★★★★
| 7 □□□ | 1980年にポーランドで結成された、政府から自立した新しいタイプの労働組合の名称は何か。 | 自主管理労組「連帯」 |

★★★★★★★
| 8 □□□ | 自主管理労組「連帯」の指導者で、1990年にポーランド大統領に就任した人物は誰か。 | ワレサ |

★★★★★★☆
| 9 □□□ | 1989年、全土にストライキが拡大したルーマニアで、政権崩壊後に処刑された指導者は誰か。 | チャウシェスク |

★★★★★☆☆
| 10 □□□ | 1989年に民主化運動が高まるなか退陣した、東ドイツの社会主義統一党(共産党)書記長は誰か。 | ホネカー |

★★★★★★★
| 11 □□□ | 1989年11月にドイツでおこり、これによって東欧社会主義圏の消滅を象徴したできごとは何か。 | ベルリンの壁開放 |

★☆☆☆☆☆☆
| 12 □□□ | ナチス時代への反省を呼びかけたことでも有名な、統一ドイツ初代大統領は誰か。 | ヴァイツゼッカー |

	米・ソの緊張緩和のなかで、ソ連離れが生じていた東欧諸国では、1988年のゴルバチョフによる新ベオグラード宣言を受けて、「自由化」「民主化」が加速した。東欧社会主義圏の消滅に至るこの動きを何と呼ぶか。	東欧革命

■中国の動向と民主化の広がり

	1985年の農家ごとの生産請負制の実施で、中国では何の解体がなされたか。	人民公社
	中国では、政治的には社会主義を追求しながら、経済的には資本主義経済を導入する体制を何と称しているか。	社会主義市場経済
	中国の改革開放政策の1つで、外国の資本や技術の導入のために設定した区域は何か。	経済特区
	1992年、鄧小平が中国南部の各地で改革開放政策を呼びかけたことを何というか。	南巡講話
	1989年、中国の民主化を求める学生や市民の大規模な運動を、保守派が軍隊を使って弾圧した事件は何と呼ばれるか。	天安門事件
	改革開放政策を進めたが、天安門事件発生の責任を追及されて失脚した、当時の党総書記は誰か。	趙紫陽
	趙紫陽の解任後に党総書記、1993年からは国家主席に就任した指導者は誰か。	江沢民
	1992年に社会主義色を一掃した新憲法を制定し、国名もかえた北アジアの国はどこか。	モンゴル国
	民主化宣言をおこない1987年12月の大統領選挙で当選し、ソ連・中国との国交樹立や北朝鮮との国連同時加盟を実現させたのは誰か。	盧泰愚
	冷戦終結宣言を受け、韓国が1990年に国交を樹立した国はどこか。	ソ連
	冷戦終結後、貿易拡大の一環として、韓国が1992年に国交を樹立した国はどこか。	中国

★★★★★☆☆☆ **12** ☐☐☐	冷戦終結の影響を一因として、1991年に南北朝鮮が同時加盟を認められた国際機関は何か。	国際連合
★★★★★★★☆ **13** ☐☐☐	1988年、台湾出身者ではじめて総統に就任し、台湾の国際的地位の向上につとめた国民党の政治家は誰か。	李登輝
★★★★★★★☆ **14** ☐☐☐	1948年から南アフリカの国民党政権下で進められた、黒人や有色人種に対する人種差別的隔離政策を何と呼ぶか。	アパルトヘイト
★★★★★☆☆☆ **15** ☐☐☐	アパルトヘイトを続ける南アフリカ連邦は、1961年にイギリス連邦から離脱して、国名を何と改称したか。	南アフリカ共和国
★★★★☆☆☆☆ **16** ☐☐☐	1912年の結成以来、南アフリカ地域でアフリカ人の権利擁護の戦いを継続してきた組織は何か。	アフリカ民族会議 （ANC）
★★☆☆☆☆☆☆ **17** ☐☐☐	1990年にアフリカ民族会議の合法化を認め、91年にアパルトヘイト関連諸法の撤廃をおこなった大統領は誰か。	デクラーク
★★★★★★★☆ **18** ☐☐☐	1990年に釈放され、94年に全人種参加の選挙をへて大統領となった、反アパルトヘイト運動の指導者は誰か。	マンデラ

■ソ連の崩壊と冷戦の終結

★★★★★★☆☆ **1** ☐☐☐	1989年に就任した、共和党の第41代アメリカ大統領は誰か。	ブッシュ（父）
★★★★★★☆☆ **2** ☐☐☐	1989年12月、ブッシュ（父）とゴルバチョフが冷戦の終結を宣言したとされる会談は何か。	マルタ会談
★★★★★★★☆ **3** ☐☐☐	1990年10月、西ドイツのコール政権により何が達成されたか。	ドイツ統一
★★★★★★★☆ **4** ☐☐☐	1991年に解消した、東欧中心の経済協力機構は何か。	経済相互援助会議 （コメコン）
★★★★★★☆☆ **5** ☐☐☐	1991年に解消した、ソ連と東欧諸国との軍事同盟は何か。	ワルシャワ条約機構
★★☆☆☆☆☆☆ **6** ☐☐☐	1993年、それぞれが主権をもつ2つの共和国に分離した、東ヨーロッパの国はどこか。	チェコスロヴァキア
★★★★★★☆☆ **7** ☐☐☐	1991・93年にアメリカとソ連（ロシア）が調印した、STARTという略称の条約は何か。	戦略兵器削減条約

★★★★☆☆☆		
8 □□□	1996年に国連総会で採択された、あらゆる核兵器の実験を禁止する、<u>CTBT</u>という略称の条約は何か。	包括的核実験禁止条約
★★★★★★★		
9 □□□	石油資源をねらい1990年イラクが侵攻した国はどこか。	クウェート
★★★★★★★		
10 □□□	イラクの<u>クウェート</u>への侵攻に対し、1991年1月にアメリカを中心とする連合軍が開始した戦争は何か。	湾岸戦争
★★★★★★★		
11 □□□	<u>湾岸戦争</u>の時のように、<u>国連安全保障理事会</u>の決議にもとづいて派遣される連合軍は何と呼ばれるか。	多国籍軍
★★★★☆☆☆		
12 □□□	1990年、<u>ゴルバチョフ</u>は連邦人民代議員によって選出されて何という地位に就任したか。	大統領
★★★☆☆☆☆		
13 □□□	計画経済にかわり、ソ連では1986年から、東欧諸国では89年の革命以降に導入された経済システムは何か。	市場経済
★★★★★☆☆		
14 □□□	1991年8月の<u>保守派のクーデタ</u>の失敗後、<u>ゴルバチョフ</u>は何の解散を宣言したか。	ソ連共産党
★★★★★☆☆		
15 □□□	1991年12月の<u>ソ連消滅</u>にともない、旧ロシア共和国は何と改称したか。	ロシア連邦
★★★★★★☆		
16 □□□	<u>ロシア連邦</u>の初代大統領に就任したのは誰か。	エリツィン
★★★★★★☆		
17 □□□	1990年に独立を宣言し、1991年9月、ソ連からの独立回復を承認された諸国の総称は何か。	バルト3国
★★★★★★☆		
18 □□□	1991年12月、ウクライナ・ロシア・ベラルーシの首脳が中心となって、旧ソ連内の11共和国によって成立した組織は何か。	独立国家共同体（CIS）

❸ 今日の世界

冷戦の終結後、旧社会主義国では<u>民族運動</u>や<u>民族対立</u>が表面化し、紛争が多発した。世界的規模でモノ・ヒト・資本・情報が自由に行き交う現状に対応して、**EUをはじめとする地域連合や経済統合が各地で進んでいる**。超大国アメリカの地位は戦争や経済危機でゆらぎ、世界は<u>多極化</u>の様相を示している。

■旧社会主義圏の民族紛争

★★★★★★☆		
1 □□□	ロシア連邦からの独立運動をおこしたが、武力で鎮圧さ	チェチェン共和国

れた、北カフカスのイスラーム系共和国は何か。

2 □□□ ティトーの死と冷戦の終結で、民族対立が表面化して内戦状態となった東ヨーロッパの国はどこか。　ユーゴスラヴィア

3 □□□ 1991年6月にスロヴェニアとともに独立宣言を出した、地図中(A)の共和国はどこか。　クロアティア

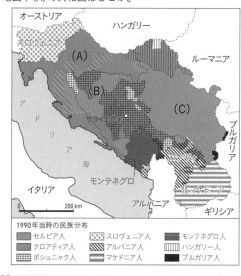

オーストリア
ハンガリー
スロヴェニア
(A)
ルーマニア
(B)
ア
ド
リ
ア
海
サライェヴォ
(C)
ブルガリア
イタリア
モンテネグロ
0　200 km
アルバニア
ギリシア

第19章　冷戦の終結と今日の世界

1990年当時の民族分布
　セルビア人　　スロヴェニア人　　モンテネグロ人
　クロアティア人　アルバニア人　　ハンガリー人
　ボシュニャク人　マケドニア人　　ブルガリア人

4 □□□ 1992年3月に独立宣言を出したが、ムスリム勢力を含む民族問題と宗教対立から内戦が激化した地図中の(B)の国はどこか。　ボスニア゠ヘルツェゴヴィナ

5 □□□ ユーゴスラヴィア解体の過程で、連邦維持を望むセルビアとモンテネグロの2国によって結成されたが、2003年に解消した連邦国家は何か。　新ユーゴスラヴィア連邦

6 □□□ セルビアのなかで、アルバニア系住民が多数を占める自治州が独立運動を展開した。この自治州の名前は何か。　コソヴォ

7 □□□ コソヴォのアルバニア系住民の独立運動を弾圧して国際戦犯裁判にかけられた、新ユーゴスラヴィア連邦の大統領は誰か。　ミロシェヴィッチ

8 □□□ ミロシェヴィッチの指導下での残虐行為を理由に、NATO軍はどこの国に対する空爆をおこなったか。　セルビア

■東アジアの動向

★★★★★★★ **1** □□□	1997年、イギリスからどこが中国に返還されたか。	香港
★★★★★★ **2** □□□	1999年、ポルトガルからどこが中国に返還されたか。	マカオ
★★★★★★ **3** □□□	中国返還後、香港・マカオに適用された社会制度は何と呼ばれるか。	一国二制度
★★★★★★ **4** □□□	2002年に共産党総書記、03年に国家主席に就任し、国際社会における中国の存在感を高めた人物は誰か。	胡錦濤
★★★☆☆☆ **5** □□□	2008年の北京五輪などの際に、中国からの独立運動をおこした民族は何か。	チベット
★★★☆☆☆ **6** □□□	新疆地域で急増した漢族の経済的優位などへの反発から、中国からの独立運動をおこしている民族は何か。	ウイグル
★★★★☆☆ **7** □□□	1992年12月の選挙で大統領に当選し、韓国で32年ぶりの文民政権を誕生させた政治家は誰か。	金泳三
★★★★★☆ **8** □□□	長らく韓国の民主化運動の指導者として活躍し、1997年12月の選挙で大統領に当選した政治家は誰か。	金大中
★★★★★☆ **9** □□□	太陽政策をとなえる金大中が、2000年に平壌を訪問することで実現したものは何か。	南北首脳会談
★★★★★☆ **10** □□□	金日成の死後、1997年に北朝鮮の最高指導者に就任した人物は誰か。	金正日
★★★★★☆ **11** □□□	1992年の国際原子力機関の査察で浮上し、朝鮮半島の不安要因となっている北朝鮮の動きは何か。	核開発
★★★★☆☆ **12** □□□	1970年代後半から北朝鮮によっておこなわれ、2002年に5名の日本人の帰国が実現することになった問題は何か。	日本人拉致
★☆☆☆☆☆ **13** □□□	北朝鮮の核開発の問題への対応をはかるために、2003年から開始された会議は何と呼ばれるか。	六カ国協議
★★★★☆☆ **14** □□□	金正日の死後、2011年に北朝鮮の最高指導者に就任した人物は誰か。	金正恩
★★★★☆☆ **15** □□□	長年野党の地位にあったが、2000年の総統選挙で国民党を破った台湾の政党は何か。	民進党

★★★★☆☆☆ 16 □□□	2000年、総統に就任した<u>民進党</u>の政治家は誰か。	陳水扁 (ちんすいへん)
★★☆☆☆☆☆ 17 □□□	2016年、総統に就任した<u>民進党</u>の政治家は誰か。	蔡英文 (さいえいぶん)

■東南アジア・南アジアの変化

★★☆☆☆☆☆ 1 □□□	1970年代後半から、戦乱や政治的混乱、貧困などを理由にベトナム・ラオス・カンボジアを脱出した民衆を何と呼ぶか。	インドシナ難民
★★★★★★☆ 2 □□□	1986年に採用された、刷新 (さっしん) と呼ばれる<u>ベトナム</u>の開放経済政策は何か。	「ドイモイ」
★★★☆☆☆☆ 3 □□□	1991年の和平協定成立後、93年に新憲法が制定され、<u>シハヌーク</u>が再び国王となって成立した、立憲君主制のカンボジア国家の名称は何か。	カンボジア王国
★★★★☆☆☆ 4 □□□	1990年に国民民主連盟を率いて総選挙に圧勝したが、2021年の軍部のクーデタ以降、軟禁 (なんきん) 状態となっているミャンマー(ビルマ)の<u>民主化</u>運動の指導者は誰か。	アウン=サン=スー=チー
★★★☆☆☆☆ 5 □□□	ミャンマー西部に住むムスリムで、政府から抑圧を受け、難民となってバングラデシュに流入している少数民族は何か。	ロヒンギャ
★★★★★★★ 6 □□□	1997年、タイでの為替 (かわせ) 自由化をきっかけに、韓国・インドネシアなどに広がった通貨下落の混乱を何と呼ぶか。	アジア通貨危機
★★★★★★☆ 7 □□□	長年の<u>開発独裁</u>と経済混乱に対する国民の暴動により、1998年に退陣したインドネシア大統領は誰か。	スハルト
★★★★☆☆☆ 8 □□□	1976年のインドネシアによる併合以来、独立闘争を続け、2002年5月に分離・独立を達成した国はどこか。	東ティモール
★★☆☆☆☆☆ 9 □□□	1986年、独裁に対する反発が高まるなか、退陣したフィリピン大統領は誰か。	マルコス
★★★★★☆☆ 10 □□□	1974年、6番目に核実験に成功した国はどこか。	インド
★★★★★★☆ 11 □□□	1988年、インドの核実験再開に対抗して、核実験をおこなった国はどこか。	パキスタン

★★☆☆☆☆☆ **12** □□□	<u>ネルー</u>の娘で、インド首相として社会主義的政策を推進したが、弾圧したシク教徒によって1984年に暗殺された政治家は誰か。	インディラ゠ガンディー
★★★☆☆☆☆ **13** □□□	インドの急速な経済発展の背景となった、1990年代の政策は何か。	経済の自由化
★★★☆☆☆☆ **14** □□□	ヒンドゥー至上主義を掲げ、1998年には政権を獲得し、核実験を再開したインドの政党は何か。	インド人民党

■アフリカ諸国の困難と経済成長

★★★★★☆☆ **1** □□□	1980年代から武装勢力間の争いが続き、隣国のエチオピアやスーダンも介入して解決が困難な状態になっている、アフリカ東部での内戦は何か。	ソマリア内戦
★★★★★★☆ **2** □□□	1990～94年に<u>ツチ人</u>と<u>フツ人</u>の部族対立が内戦に発展し、大量虐殺や難民の発生などがおこった、中央アフリカ内陸国の内戦は何か。	ルワンダ内戦
★★☆☆☆☆☆ **3** □□□	1990年代前半に、エチオピア・アンゴラ・モザンビークで消滅した体制は何か。	社会主義体制
★★☆☆☆☆☆ **4** □□□	2000年代前半に<u>スーダン</u>西部で始まった、アラブ民族と非アラブ民族との対立を背景とする武力衝突は何か。	ダルフール紛争
★★☆☆☆☆☆ **5** □□□	2006年に<u>リベリア</u>大統領に就任して、アフリカ初の女性国家元首となった人物は誰か。	サーリーフ
★★★★☆☆☆ **6** □□□	2011年にスーダンから分離・独立した、非イスラームのアフリカ系住民を中心とした国の名称は何か。	南スーダン共和国

■民族・地域紛争の動向

★★★★★★☆ **1** □□□	1987年以降イスラエル占領地区のパレスチナ人が続けている、<u>投石</u>などによる抵抗運動を何と呼ぶか。	インティファーダ
★☆☆☆☆☆☆ **2** □□□	1991年にアメリカとソ連の主導で開かれた、イスラエルや周辺アラブ諸国が一堂に会した会議は何か。	中東和平会議
★★★★★★☆ **3** □□□	1993年に調印された、イスラエル占領地区におけるパレ	パレスチナ暫定自治

スチナ人の当面の自治を認めた協定は何か。 | 協定（オスロ合意）

★★★★★☆☆
4
□□□ 1993年に<u>パレスチナ解放機構</u>の<u>アラファト</u>議長と<u>パレスチナ暫定自治協定</u>を調印したが、95年にユダヤ教急進派に暗殺されたイスラエル首相は誰か。 | ラビン

★★★☆☆☆☆
5
□□□ 中東問題に関して、1993年にイスラエルと<u>パレスチナ解放機構</u>による<u>パレスチナ暫定自治協定</u>の調印の仲介をおこなったアメリカ大統領は誰か。 | クリントン

★★★★☆☆☆
6
□□□ 1993年の<u>パレスチナ暫定自治協定</u>の調印にもとづき、翌年成立した、パレスチナ人の政府を何と呼ぶか。 | パレスチナ暫定自治政府

★★☆☆☆☆☆
7
□□□ 2003年にアメリカ・EU・ロシア・国連がイスラエルとパレスチナに示した、「平和共存のための行程表」は一般には何と呼ばれるか。 | ロードマップ

★☆☆☆☆☆☆
8
□□□ <u>パレスチナ解放機構</u>のなかの主流派で、イスラエルとの対話路線をとっている組織（一派）は何と呼ばれるか。 | ファタハ

★★☆☆☆☆☆
9
□□□ <u>インティファーダ</u>の進展とともに生まれた、<u>パレスチナ暫定自治協定</u>に反対の姿勢をとり、パレスチナ解放をめざす組織は何と呼ばれるか。 | ハマース

★★★★★☆☆
10
□□□ 近代以降、各地で進行したなし崩しの政教分離に反対して、政治や文化をイスラームの根本原理に戻そうとする考え方の呼称は何か。 | イスラーム主義（イスラーム復興運動）

★★★★★☆☆
11
□□□ 1980年代以降、独立や自治拡大を求める運動を展開してきた、イラン・イラク・シリア・トルコにまたがる地域に居住する民族は何と呼ばれる人々か。 | クルド人

★★☆☆☆☆☆
12
□□□ 1998年に和平が成立するまで混乱が続いた、イギリス領北アイルランドのカトリック系住民とプロテスタント系住民のあいだの対立状態を何と呼ぶか。 | 北アイルランド紛争

★★☆☆☆☆☆
13
□□□ 1983〜2009年のあいだ内戦が続いたスリランカで、人口の70％以上を占める仏教徒は何と呼ばれる人々か。 | シンハラ人

★★★☆☆☆☆
14
□□□ 多数派で仏教徒の<u>シンハラ人</u>への優遇に、ヒンドゥー教徒の少数民族の<u>タミル人</u>が反発し、分離独立を求めて長期の内戦がおこった国はどこか。 | スリランカ

■通商の自由化と地域統合の進展

★☆☆☆☆☆☆☆		
1 □□□	1986年に南米のある都市で交渉が開始(94年妥結)され、知的サービスや知的所有権も交渉の対象になった、<u>GATT</u>の多角的貿易交渉のことを何と呼ぶか。	ウルグアイ=ラウンド
★★★★★☆☆☆		
2 □□□	1995年に<u>GATT</u>を引き継ぐかたちで設立された、国際貿易の諸問題を処理する国際機関の名称は何か。	世界貿易機関 (WTO)
★★☆☆☆☆☆☆		
3 □□□	1987年に発効された、1992年までに<u>EC</u>が完全市場統合をめざすことを決定した文書は何か。	単一欧州議定書
★★★★★★☆☆		
4 □□□	1992年、<u>EC</u>加盟国がオランダの地方都市で結んだ、欧州統合推進のための条約は何と呼ばれるか。	マーストリヒト条約
★★★★★★★★		
5 □□□	<u>マーストリヒト条約</u>の各国での批准(ひじゅん)を経て、1993年に正式に発足したヨーロッパ地域統合の名称は何か。	ヨーロッパ連合 (EU)
★★★★★★☆☆		
6 □□□	1999年から決済通貨として導入され、2002年から12カ国の共通通貨として一般の流通が開始された、ヨーロッパ連合の単一通貨の名称は何か。	ユーロ
★☆☆☆☆☆☆☆		
7 □□□	ドイツのフランクフルトにおかれ、<u>ユーロ</u>の発行権をもち、<u>ユーロ</u>を使用する諸国の金融政策を実施するための銀行は何か。	ヨーロッパ中央銀行
★★☆☆☆☆☆☆		
8 □□□	<u>EU憲法</u>の批准拒否によって新たに政治統合を進める基準となり、<u>EU大統領</u>の新設などを定めた条約は何か。	リスボン条約
★★★★★☆☆☆		
9 □□□	2004〜07年にかけてEU加盟国は12カ国増加した。この12カ国は主にヨーロッパのどの地域に属するか。	東欧
★★★★★★★☆		
10 □□□	1992年、アメリカ・カナダの自由貿易協定にメキシコが加わって形成されたものを何と呼ぶか。	北米自由貿易協定 (NAFTA)
★★★☆☆☆☆☆		
11 □□□	1995年、ブラジル・アルゼンチン・パラグアイ・ウルグアイが設立した共同市場を何と呼ぶか。	南米南部共同市場 (MERCOSUR)
★★★★★☆☆☆		
12 □□□	<u>北米自由貿易協定</u>の3カ国が調印し2020年に発効した、より保護主義的な地域協定は何か。	アメリカ=メキシコ=カナダ協定 (USMCA)
★★★★☆☆☆☆		
13 □□□	1989年に結成された、アジア・太平洋地域の経済発展を	アジア太平洋経済協

	目的とする協力体制を何と呼ぶか。	カ(APEC)
★★★☆☆☆☆ **14** □□□	2000年以降に高い経済成長を続けるブラジル・ロシア・インド・中国・南アフリカの5カ国を指す略称は何か。	BRICS
★★★★★★★ **15** □□□	2002年7月、旧来の<u>アフリカ統一機構(OAU)</u>が発展的に解消され、何と呼ばれる地域統合機構が発足したか。	アフリカ連合(AU)
★★★★★★★ **16** □□□	現代社会において、人・モノ・資本・情報などの交流が活発化して、<u>世界が一体化</u>してきた現象を何と呼ぶか。	グローバリゼーション(グローバル化)
★★★★☆☆☆ **17** □□□	1999年から開かれている、ロシア・EUを含む主要国と新興国の計20カ国で構成された、金融に関する国際会議の名称は何か。	G20
★★★★☆☆☆ **18** □□□	一般に<u>リーマン゠ショック</u>とも呼ばれる、金融危機を契機とした経済危機は、何年におこったか。	2008年
★★☆☆☆☆☆ **19** □□□	2009年に明らかになった、ギリシアの財政危機に端を発した通貨危機は何と呼ばれるか。	ユーロ危機
★★★★★★☆ **20** □□□	<u>TPP</u>が、アメリカの離脱によって発効しなかったため、11カ国が新たに調印・発効させたアジア・太平洋地域の経済的連携のための協定の略称は何か。	CPTPP(TPP11協定)
★★☆☆☆☆☆ **21** □□□	<u>ASEAN</u>域内に自由貿易圏をつくるために設立され、1993年から域内貿易の関税の引下げに着手した組織は何か。	ASEAN自由貿易地域(AFTA)
★★☆☆☆☆☆ **22** □□□	<u>ASEAN</u>諸国と日本・中国・韓国で構成される地域協力体制は何か。	ASEAN＋3
★☆☆☆☆☆☆ **23** □□□	1996年に発足した、<u>ASEAN</u>と<u>EU</u>の協力関係を強化するための組織は何か。	アジア゠ヨーロッパ会合(ASEM)
★★★★★☆☆ **24** □□□	複数の国家に拠点をおき、他地域で取引をおこなう大規模企業を何と呼ぶか。	多国籍企業
★★★☆☆☆☆ **25** □□□	<u>グローバリゼーション</u>による競争激化の悪影響を批判し、グローバル化を否定する立場を何というか。	反グローバリズム
★★★☆☆☆☆ **26** □□□	貧困解消と経済的自立の促進をめざし、開発途上国の産物を公正な価格で取引することを何というか。	フェアトレード

■同時多発テロと対テロ戦争

★★★★★★☆
1
□□□ 2001年9月11日、ニューヨークの貿易センタービルなどが旅客機の突入で倒壊した事件は何と呼ばれるか。 | 同時多発テロ事件

★★★★★☆☆
2
□□□ 第41代アメリカ大統領の息子で、2001年に第43代大統領に就任した共和党の政治家は誰か。 | ブッシュ（子）

★★★★★★★
3
□□□ 同時多発テロ事件のあとにアメリカのブッシュ大統領がおこなった宣言で用いられた、一連の戦争を指す言葉は何か。 | 「対テロ戦争」

★★☆☆☆☆☆
4
□□□ ブッシュ大統領時代のアメリカがとっていた、国際機関などの了解を得ずに、対外的に自国本位の政策で行動する立場は何と呼ばれるか。 | 単独行動主義

★★★★★☆☆
5
□□□ アメリカによる攻撃以前にアフガニスタンを支配し、2021年の米軍撤退後に再び政権を掌握したイスラーム急進派の名称は何か。 | ターリバーン

★☆☆☆☆☆☆
6
□□□ 2001年の同時多発テロ事件の首謀者（しゅぼうしゃ）とみなされている、サウジアラビア出身のイスラーム急進派の指導者は誰か。 | ビン=ラーディン

★★★★★★☆
7
□□□ 同時多発テロ事件の実行を発表した、ビン=ラーディンを指導者としたイスラーム武装組織は何か。 | アル=カーイダ

★★★★★★☆
8
□□□ ビン=ラーディンをかくまっているとして、イギリスの協力を得てアメリカが攻撃した国はどこか。 | アフガニスタン

★★★★★★★
9
□□□ 2003年3月、大量破壊兵器保有を理由にアメリカがイギリスとともに攻撃し、フセイン政権を崩壊させた国はどこか。 | イラク

★★★★★★★
10
□□□ 2010年にチュニジアで発生した反政府デモを発端に、アラブ諸国で民主化運動が高まり、長期独裁政権が崩壊した動きを何と呼ぶか。 | 「アラブの春」

★★★★★★☆
11
□□□ 2011年からの、シリアでの反政府勢力とアサド政権との武力闘争は何か。 | シリア内戦

■多極化と国際協力

★★★★★★★☆ **1** □□□	2009年に就任した、アフリカ系黒人を父とする初のアメリカ大統領は誰か。	オバマ
★★★★☆☆☆☆ **2** □□□	<u>オバマ</u>が、2009年にプラハでおこない、同年のノーベル平和賞受賞の対象となった演説は何か。	核兵器廃絶演説(プラハ演説)
★★★★★★★☆ **3** □□□	2017年に大統領に就任し、「アメリカ第一主義」を掲げてグローバリゼーションから距離をおいた人物は誰か。	トランプ
★★★★☆☆☆☆ **4** □□□	2021年にアメリカ大統領に就任した、<u>民主党</u>の政治家は誰か。	バイデン
★★★★★★★☆ **5** □□□	2012年に中国共産党総書記に就任し、<u>一帯一路</u>構想を打ち出し、国際社会での中国の存在感を強める一方で、領土問題などで近隣諸国との摩擦を生んでいる人物は誰か。	習近平 (しゅうきんぺい)
★★★☆☆☆☆☆ **6** □□□	周辺に石油資源が確認され、日本・中国によって領有権争いが尖鋭化している八重山諸島北方の小島群はどこか。	尖閣諸島 (せんかく)
★★★★☆☆☆☆ **7** □□□	1949年の設立後、加盟国が東方へ拡大し、2023年にはフィンランドが新たに加盟した軍事同盟は何か。	北大西洋条約機構 (ナトー) (NATO)
★★★★★★☆☆ **8** □□□	2000年にロシア連邦第2代大統領に就任し、12年に再度大統領に当選した人物は誰か。	プーチン
★★★★★★★☆ **9** □□□	<u>プーチン</u>政権が、2014年に<u>ウクライナ</u>に侵攻して一方的に併合を宣言した地域はどこか。	クリミア半島
★★☆☆☆☆☆☆ **10** □□□	2022年からロシアの<u>プーチン</u>政権による軍事侵攻を受けた国家はどこか。	ウクライナ
★★★★★☆☆☆ **11** □□□	戦災や政治的圧力、困窮などのために居住地から逃れた人々を何と呼ぶか。	難民
★★★★☆☆☆☆ **12** □□□	1950年に設立された、<u>難民</u>への国際的保護などをおこなう<u>国連難民高等弁務官事務所</u>の略称は何か。	UNHCR
★★★☆☆☆☆☆ **13** □□□	大衆の考え方や要求を代弁しているという政治的主張・運動は何か。	ポピュリズム
★★★★★★★☆ **14** □□□	イギリスは、保守党政権のもとで2020年に<u>EU</u>から離脱	ブレグジット

した。この離脱を表現する造語は何か。

★★★★★☆☆ 15 □□□	1992年、日本も参加して国連カンボジア暫定機構（UNTAC）が結成されたが、このような国連を中心とする平和維持のための活動は何と呼ばれるか。	国連平和維持活動（PKO）
★★★☆☆☆☆ 16 □□□	1997年に締結された、対人地雷の使用や製造などを禁じた条約は何か。	対人地雷全面禁止条約
★★★★★★★ 17 □□□	2020年に世界に拡大し、渡航や外出の制限など人々に様々な行動変容を強いた感染症は何か。	新型コロナウイルス感染症（COVID-19）
★★★★★★★ 18 □□□	営利を目的とせず、人権・平和・医療・環境など、とくに国際的な分野で活躍する民間組織を何と呼ぶか。	非政府組織（NGO）

❹ 現代文明の諸相　　　　　　　　　　　　用語集 p.357〜362

20世紀の科学技術の発展は、人類の生活水準の向上をもたらす一方で、原子力利用のリスク、科学技術の軍事転用、生命倫理などの新たな問題を生み出した。**地球規模での食料・資源・環境に関する課題を解決するため**、国連サミットで SDGs が目標に掲げられ、その実現が急務となっている。

■科学技術の進歩と環境問題

★★★★☆☆☆ 1 □□□	20世紀初めに相対性理論を発表し、ナチスの迫害を避けて1933年にアメリカに亡命した物理学者は誰か。	アインシュタイン
★★☆☆☆☆☆ 2 □□□	分子・原子・原子核・素粒子などのミクロな物体の物理現象を扱う力学は何か。	量子力学
★★★★☆☆☆ 3 □□□	1979年に放射能もれ事故をおこし、現在廃炉が難航している原子力発電所はアメリカのどこにあるか。	スリーマイル島
★★★★★★★ 4 □□□	1986年4月、ウクライナのキーウ北方でおこった、史上最悪の原子力発電所事故を何と呼ぶか。	チョルノービリ原子力発電所事故
★★★★★★★ 5 □□□	2011年3月、東日本大震災の発生後、メルトダウン（炉心溶融）をおこした東京電力の発電所はどこか。	福島第一原子力発電所
★☆☆☆☆☆☆ 6 □□□	太陽光や風力、水力など、持続的に利用可能な自然界のエネルギー資源のことを何というか。	再生可能エネルギー
★★★☆☆☆☆ 7 □□□	1903年に人類初の飛行に成功し、長距離飛行と大量輸送	ライト兄弟

を実現した<u>飛行機開発</u>の先駆となった、アメリカの技術者兄弟の名は何か。

★★★☆☆☆☆ 8 □□□	1957年にソ連が打ち上げに成功し、<u>宇宙開発</u>の先駆となった<u>スプートニク1号</u>のような飛行物体を何と呼ぶか。	人工衛星
★★★★★★☆ 9 □□□	1969年、人類初の月面着陸に成功したアメリカの宇宙船の名称は何か。	アポロ11号
★★★★☆☆☆ 10 □□□	人類の長期の宇宙滞在を可能にした、大型の有人宇宙船を何と呼ぶか。	宇宙ステーション
★★★★★★☆ 11 □□□	1946年にアメリカでつくられ、<u>集積回路(IC)</u>などの開発で飛躍的に発展した、超高速で情報処理をおこなう装置は何か。	コンピュータ
★★★☆☆☆☆ 12 □□□	1948年にアメリカで発明された電気の流れをコントロールする装置で、現在はラジオから<u>コンピュータ</u>まで、多くの電化製品に使用されているものは何か。	トランジスタ
★★★★☆☆☆ 13 □□□	1970年代以降に普及した、個人使用に適する<u>コンピュータ</u>を指す用語は何か。	パソコン
★★★★★★☆ 14 □□□	1990年代から急速に拡大した、<u>コンピュータ</u>を通信回線で接続して構成されたネットワークを何と呼ぶか。	インターネット
★★★★★★☆ 15 □□□	<u>インターネット</u>や携帯電話などの普及によって引きおこされた、社会の急激な変化を何と呼ぶか。	情報通信技術(ICT)革命
★★★★★★☆ 16 □□□	<u>コンピュータ</u>に、学習・判断・推理などの人間の知能の働きを代行させようとする情報処理システムは何か。	人工知能(AI)
★★★★☆☆☆ 17 □□□	新しい知識・情報・技術を基盤として、柔軟な思考力にもとづいて判断することを必要とする社会を何というか。	知識基盤社会
★★★☆☆☆☆ 18 □□□	1929年に抗生物質のペニシリンを発見したイギリスの細菌学者は誰か。	フレミング
★★★☆☆☆☆ 19 □□□	1950年代から発展した、<u>DNA構造の解明</u>など、生命現象を分子レベルで解明しようとする学問を何と呼ぶか。	分子生物学
★★★★★☆☆ 20 □□□	生命・生物の機能を効果的に利用することを目的とした、バイオテクノロジーなどの学問を何と呼ぶか。	生命工学(遺伝子工学)

★★★★★☆☆		
21 ☐☐☐	2003年に解読が完了した、人間の遺伝子構成や遺伝子情報を何と呼ぶか。	ヒトゲノム
★★★★★☆☆		
22 ☐☐☐	再生医療の分野でその可能性が期待されている、臓器や細胞のもととなるものを何というか。	iPS細胞(人工多能性幹細胞)
★★★★★★★		
23 ☐☐☐	危険性も懸念されている、生物の細胞から同じ遺伝子をもつ個体をつくる技術は何と呼ばれるか。	クローン技術
★★★☆☆☆☆		
24 ☐☐☐	1960年代におこった、技術革新で農業の生産性を上げて食糧問題を解決しようとする動きを何と呼ぶか。	「緑の革命」
★★★★☆☆☆		
25 ☐☐☐	第二次世界大戦後からみられる、開発途上国を中心とした世界人口の急増現象を何と呼ぶか。	人口爆発
★★★★☆☆☆		
26 ☐☐☐	人口構成において、年少者の人口が少なく老年人口の比率が高い現象を何というか。	少子高齢化
★★☆☆☆☆☆		
27 ☐☐☐	地域紛争、人口の急増、砂漠化などが原因と考えられ、とくにアフリカで深刻化している問題は何か。	飢餓
★★★★★★☆		
28 ☐☐☐	地球規模で進み、国際的に対応しなければ解決できないとされる環境悪化の問題は、何と総称されるか。	環境問題(環境破壊)
★★★☆☆☆☆		
29 ☐☐☐	環境問題のうち、フロンガスの放出がおもな原因とされるものは何か。	オゾン層の破壊
★★★★★☆☆		
30 ☐☐☐	環境問題のうち、二酸化炭素による温室効果がおもな原因とされるものは何か。	地球温暖化
★★★☆☆☆☆		
31 ☐☐☐	環境問題のうち、過度の放牧・耕作、森林破壊がおもな原因とされるものは何か。	砂漠化
★★★★☆☆☆		
32 ☐☐☐	1992年にリオデジャネイロで開かれ、環境問題でのNGOの役割を重視し「持続可能な開発」をめざすことを定めた会議は何か。	「環境と開発に関する国連会議」(地球サミット)
★★★☆☆☆☆		
33 ☐☐☐	1987年に発表され、92年の地球サミットで合意されたリオ宣言に盛り込まれた、環境保全と開発を両立させようとするキーワードは何か。	「持続可能な開発」
★★★★★★☆		
34 ☐☐☐	1997年に開催された地球温暖化防止京都会議(COP 3)で定められた議定書は何と呼ばれるか。	京都議定書

35 □□□ 2015年に気候変動枠組み条約の第21回締約国会議（COP21）で採択された、温暖化防止の枠組みは何か。	パリ協定
36 □□□ 2015年に国連サミットで決定された、持続可能でよりよい世界を2030年までに実現しようとする国際目標は何か。	「持続可能な開発目標(SDGs)」

■現代思想・文化の動向

★★★★☆☆☆☆ **1** □□□ 『プロテスタンティズムの倫理と資本主義の精神』を主著とする、ドイツの社会学者・経済史学者は誰か。	マックス＝ヴェーバー
★★★★★☆☆☆ **2** □□□ 20世紀アメリカ哲学の主流となった、<u>実用主義</u>と訳される哲学は何か。	プラグマティズム
★★★★★☆☆☆ **3** □□□ <u>プラグマティズム</u>を大成したアメリカの哲学・教育学者は誰か。	デューイ
★★★☆☆☆☆☆ **4** □□□ 人間を非合理的存在として考え、思索の目標は、主体的・自覚的な人間の存在そのものの解明にあるとする哲学は何か。	実存哲学(実存主義)
★★★☆☆☆☆☆ **5** □□□ 『存在と無』を主著とする、フランスの<u>実存哲学</u>を代表する哲学者・文学者は誰か。	サルトル
★★★★☆☆☆☆ **6** □□□ 人間の精神を理解する際に、無意識の深層心理の重要性をとなえた学問は何か。	精神分析学
★★★★★☆☆☆ **7** □□□ <u>精神分析学</u>を確立した、オーストリアの精神医学者は誰か。	フロイト
★★★☆☆☆☆☆ **8** □□□ 弁証法的唯物論を基礎とし、唯物史観に立脚する哲学や経済学を何と総称するか。	マルクス主義
★★☆☆☆☆☆☆ **9** □□□ 歴史学において長期的に持続する構造やシステムを重視した、フランスのアナール学派の中心的歴史学者は誰か。	ブローデル
★★☆☆☆☆☆☆ **10** □□□ 長期的に持続する構造やシステムを通して親族・儀礼・神話などを分析した、フランスの社会人類学者は誰か。	レヴィ＝ストロース
★☆☆☆☆☆☆☆ **11** □□□ 主著『オリエンタリズム』で、ヨーロッパのオリエント（アジア）に対する見方・偏見を鋭く指摘・批判した、パレスチナ生まれのアメリカ人文学研究者は誰か。	サイード

★★☆☆☆☆☆ 12 □□□	植民地支配が終了したのちも、宗主国による文化面での支配・影響力が存在し、被支配民族の文化がゆがめられている状況を批判的にみる研究は、何と称されるか。	ポスト゠コロニアル研究
★★★★★☆☆ 13 □□□	民族集団がそれぞれの文化の独自性を保持しつつ、他民族の文化を尊重すべきとする考え方を何と称するか。	多文化主義
★☆☆☆☆☆☆ 14 □□□	理性や進歩を重んじる近代思想への反動から高まった、文化の多様性を重視する思潮は何か。	ポスト゠モダニズム
★★☆☆☆☆☆ 15 □□□	戦間期にロスト゠ジェネレーション(失われた世代)と呼ばれた作家群の代表でもある、アメリカ人作家は誰か。	ヘミングウェー
★★☆☆☆☆☆ 16 □□□	『百年の孤独』などで知られ、1982年にノーベル文学賞を受賞したコロンビアの作家は誰か。	ガルシア゠マルケス
★★☆☆☆☆☆ 17 □□□	印象派の画風に反発して、単純化されたフォルムと鮮明な原色による大胆な描写を特徴とする画派を何と呼ぶか。	野獣派(フォーヴィスム)
★★☆☆☆☆☆ 18 □□□	野獣派を代表するフランスの画家は誰か。	マティス
★★★★★☆☆ 19 □□□	20世紀初頭のフランスを中心におこった、物体の構成を総体的に表現しようとする画派を何と呼ぶか。	立体派(キュビスム)
★★★★★☆☆ 20 □□□	スペイン生まれで立体派を創始し、その後独自な画風を発展させた20世紀絵画の巨匠は誰か。	ピカソ
★☆☆☆☆☆☆ 21 □□□	第一次世界大戦中にヨーロッパで始まった、伝統的美意識や価値観念を徹底的に否定する虚無的・破壊的な芸術運動は何か。	ダダイズム
★★★☆☆☆☆ 22 □□□	夢や潜在意識下にある精神内部を、先入観にとらわれずに表現することを主眼とした芸術運動を何と呼ぶか。	シュルレアリスム(超現実主義)
★★★☆☆☆☆ 23 □□□	スペイン生まれで、映画もつくった、シュルレアリスム後期を代表する画家は誰か。	ダリ
★★☆☆☆☆☆ 24 □□□	十二音技法の創始者でもある、ナチスに追われてアメリカに亡命したオーストリアの作曲家は誰か。	シェーンベルク
★☆☆☆☆☆☆ 25 □□□	20世紀後半にアメリカなどで影響力をもった、大衆音楽やマンガなどの大衆文化は、何と呼ばれるか。	ポップ゠カルチャー

★★☆☆☆☆☆		
26 ☐☐☐	1960年代後半以降アメリカから始まり、若者を中心に既成社会や文化への強い批判から生まれた、反体制的な文化を何と呼ぶか。	カウンター゠カルチャー
★★☆☆☆☆☆		
27 ☐☐☐	1950年代半ばにアメリカで生まれた、黒人音楽から影響を受けた強いリズムと躍動感にあふれる音楽は何か。	ロック
★☆☆☆☆☆☆		
28 ☐☐☐	社会一般に広まっている正統的で伝統的な文化に対して、一部の特定の人々に独特な文化を何というか。	サブカルチャー

■女性の平等化とジェンダー

★★★★★☆☆		
1 ☐☐☐	1960年代半ばにおこった、男性中心の価値観を批判する女性解放運動や思想は何と称されるか。	フェミニズム
★☆☆☆☆☆☆		
2 ☐☐☐	1979年、男女平等の社会的実現をめざして国連総会で採択された条約は何か。	女性差別撤廃条約
★★☆☆☆☆☆		
3 ☐☐☐	1970年代からの世界的な女性の社会進出を背景に、男女の社会的地位の平等を目的として85年に日本で制定された法律は何か。	男女雇用機会均等法
★★★★★☆☆		
4 ☐☐☐	男らしさ、女らしさといった、歴史的・社会的・文化的に形成された性差のことを何というか。	ジェンダー
★★★★★☆☆		
5 ☐☐☐	レズビアン、ゲイ、バイセクシュアル、トランスジェンダーといった、多数派とは異なる性的指向・性自認をもつ人々を何と総称するか。	LGBT

索引

この索引は、解答として掲載している用語のページを示しています。
※地図問題・選択問題などの解答を除く

山川 一問一答世界史

2024年 1 月 初版発行

編者	光森佐和子・増元良英
発行者	野澤武史
印刷所	株式会社 加藤文明社
製本所	有限会社 穴口製本所
発行所	株式会社 山川出版社

〒 101-0047 東京都千代田区内神田 1-13-13
電話 03(3293)8131(営業)　03(3293)8134(編集)
https://www.yamakawa.co.jp/

装幀	水戸部功
本文デザイン	株式会社 ウエイド(山岸全)

＊＊＊＊

ISBN978-4-634-03224-8　　　　　　　　NYZH0101